Carsten Müller
Nachhaltige Ökonomie

Carsten Müller

Nachhaltige Ökonomie

Ziele, Herausforderungen und Lösungswege

DE GRUYTER
OLDENBOURG

ISBN 978-3-11-037095-9
e-ISBN (PDF) 978-3-11-041386-1
e-ISBN (EPUB) 978-3-11-043991-5

Library of Congress Cataloging-in-Publication Data
A CIP catalog record for this book has been applied for at the Library of Congress.

Bibliografische Information der Deutschen Nationalbibliothek
Die Deutsche Nationalbibliothek verzeichnet diese Publikation in der Deutschen Nationalbibliografie; detaillierte bibliografische Daten sind im Internet über
http://dnb.dnb.de abrufbar.

© 2015 Walter de Gruyter GmbH, Berlin/Boston
Druck und Bindung: CPI books GmbH, Leck
Coverabbildung: leonello/iStock/Thinkstock
♾ Gedruckt auf säurefreiem Papier
Printed in Germany

www.degruyter.com

Vorbemerkung

Dieses Werk soll dem Menschheitstraum einer freien, gerechten, sicheren und ökologisch intakten Welt dienen, indem hierzu notwendige ökonomische Mechanismen und Instrumente vorgestellt und Vorschläge zu ihrer sinnvollen und notwendigen Weiterentwicklung gemacht werden. Die aktuelle Situation eröffnet ein vielleicht einmalig günstiges, da finales Zeitfenster für nachhaltige Veränderungen, denn die Ökonomie steht vor einer großen Krisengefahr, das globale Finanzsystem auf tönernen Füßen und die Europäische Wirtschafts- und Währungsunion vor ihrer größten Bewährungsprobe.

Das Buch richtet sich an Menschen, die Wege zu einem nachhaltigen Wirtschaftssystem suchen. Viele Menschen sind in der heute stark vernetzten Informationsgesellschaft über zahlreiche Medien und das Internet breit informiert, wobei Spreu und Weizen, Desinformation und Information manchmal nahe beieinanderliegen.

Die Entwicklung effektiver Handlungsvorschläge für eine nachhaltige Ökonomie macht die Auseinandersetzung mit zahlreichen miteinander verwobenen Einzelthemen erforderlich, aufgrund deren Interdependenz und Komplexität es notwendig erscheint, zu abstrahieren und Wesentliches von Unwesentlichem zu unterscheiden. Als Wirtschaftsingenieur betrachte ich das ökonomische System vorzugsweise als eine historisch gewachsene menschliche Konstruktion, die angesichts stetig wiederkehrender Finanz- und Wirtschaftskrisen, global zunehmender Umweltzerstörung sowie einer Ausweitung der sozialen Schere zwischen Arm und Reich augenscheinlich konstruktive Mängel aufweist, deren Folgen für die meisten Menschen weitreichender sind als die mit der anhaltenden Finanzkrise und Nachhaltigkeitsproblematik vielfach diskutierten ethischen und moralischen Verfehlungen von Individuen.

Mit dem Ziel, die tieferen systemischen Krisenursachen zu erforschen und anwendungsorientierte Vorschläge zu ihrer Beseitigung zu formulieren, um das ansonsten erfolgreiche marktwirtschaftliche System an den entscheidenden Stellen zu verbessern, wurden neben aktuellen empirischen Erkenntnissen auch frühere, teilweise verschüttete ökonomische Theorien verwendet, die zu erklären vermögen, wie das ökonomische und monetäre System im Innersten funktioniert, wo es systemische Probleme aufweist und wie diese gelöst werden können.

Fulda, den 17. April 2015 — Carsten Müller

Inhaltsverzeichnis

Abbildungsverzeichnis

Tabellenverzeichnis

Abkürzungsverzeichnis

ABS	Asset Backed Securities
AEUV	Vertrag über die Arbeitsweise der Europäischen Union
AG	Aktiengesellschaft nach deutschem Recht
AIIB	Asian Infrastructure Investment Bank
BaFin	Bundesanstalt für Finanzdienstleistungsaufsicht
BAFU	Bundesamt für Umwelt (Schweiz)
BAUM	Bundesdeutscher Arbeitskreis für umweltbewusstes Management
BCBS	Basel Committee on Banking Supervision
BCSD	Business Council for Sustainable Development
BetrVG	Betriebsverfassungsgesetz
BGBl.	Bundesgesetzblatt
BiB	Bundesinstitut für Bevölkerungsforschung
BIP	Bruttoinlandsprodukt
BIS	Bank for International Settlements (auch BIZ)
BIZ	Bank für Internationalen Zahlungsausgleich (auch BIS)
BMAS	Bundesministerium für Arbeit und Soziales
BMBF	Bundesministerium für Bildung und Forschung
BMEL	Bundesministerium für Ernährung und Landwirtschaft
BMF	Bundesministerium der Finanzen
BMFSFJ	Bundesministerium für Familien, Senioren, Frauen und Jugend
BMG	Bundesministerium für Gesundheit
BMI	Bundesministerium des Innern
BMUB	Bundesministerium für Umwelt, Naturschutz, Bau und Reaktorsicherheit
BMWi	Bundesministerium für Wirtschaft und Energie
BMVI	Bundesministerium für Verkehr und digitale Infrastruktur
BMZ	Bundesministerium für wirtschaftliche Zusammenarbeit und Entwicklung
BNE	Bruttonationaleinkommen
BNEpK	Bruttonationaleinkommen pro Kopf
BP	British Petroleum, heute: beyond petroleum
BRICS	Brasilien, Russland, Indien, China und Südafrika
BVerfG	Bundesverfassungsgericht
BvL	Registerzeichen beim BVerfG
CAPM	Capital Asset Pricing Model

CBD	Convention on Biological Diversity
CC	Corporate Citizenship
CDM	Clean Development Mechanism
CEO	Chief Executive Officer
CERES	Coalition of Environmentally Responsible Economies
CES	Center for Economic Studies
CETA	Comprehensive Economic and Trade Agreement
CGFS	Committee on the Global Financial System
CIA	Central Intelligence Agency
CLC	CORINE Land Cover
CNCR	Constant Natural Capital Rule
CO_2	Kohlendioxid
CORINE	Coordination of Information on the Environment
CPMI	Committee on Payments and Market Infrastructures
CPSS	Committee on Payment and Settlement Systems
CSD	Commission on Sustainable Development
CSR	Corporate Social Responsibility
CTPA	Centre for Tax Policy and Administration
DCF	Discounted Cashflow
DDT	Dichlordiphenyltrichlorethan (Insektizid)
Destatis	Statistisches Bundesamt
DI	Direktinvestition
DIN	Deutsches Institut für Normung e.V.
DMA	Disclosures of Management Approach
DSDI	Durchschnittliche Schulbesuchsdauer Index
DW	Deutsche Welle
EAWG	Eurasische Wirtschaftsgemeinschaft
ECA	Klassifizierung einer Exportkreditagentur
ECOFIN	Economic and Financial Affairs Council
EEA	European Environment Agency
EEG	Erneuerbare-Energien-Gesetz
EEX	European Energy Exchange (Energiebörse)
EFC	Economic and Financial Committee
EFSF	European Financial Stability Facility
EFTA	European Free Trade Association (Europäische Freihandelsassoziation)
EGV	Vertrag zur Gründung der Europäischen Gemeinschaft (EG-Vertrag)
EIB	Europäische Investitionsbank

Eionet	European Environment Information and Observation Network
EMAS	Eco Management and Audit Scheme
EN	englische Sprache (nach ISO 639-1)
EPS	Environmental Priority Strategy
ESDN	European Sustainable Development Network
ESM	Europäischer Stabilitätsmechanismus
ESRB	European Systemic Risk Board
ESZB	Europäisches System der Zentralbanken
EU	Europäische Union
EUA	Europäische Umweltagentur
EUV	Vertrag über die Europäische Union (EU-Vertrag)
Euro15	Euroraum ohne Irland und Estland (HFCN-Statistik)
EVABAT	Economically viable best available technology
EWR	Europäischer Wirtschaftsraum
EWWU	Europäische Wirtschafts- und Währungsunion
EZB	Europäische Zentralbank
FATCA	Foreign Account Tax Compliance Act
FAW	Forschungsinstitut für anwendungsorientierte Wissensverarbeitung
FAZ	Frankfurter Allgemeine Zeitung
FONA	Forschung für Nachhaltige Entwicklungen
FSB	Financial Stability Board
FSC	Forest Stewardship Council
FSF	Financial Stability Forum
FST	Financial Stability Table
FTD	Financial Times Deutschland
FTT	Financial Transaction Tax
G7	Gruppe der Sieben
G10	Group of Ten (Gruppe elf führender Industrienationen)
G20	Gruppe der zwanzig wichtigsten Industrie- und Schwellenländer
GAB	General Agreements to Borrow
GATS	General Agreement on Trade in Services
GATT	General Agreement on Tariffs and Trade
GDP	Gross Domestic Product (Bruttoinlandsprodukt)
GEF	Global Environment Facility
GEMI	Global Environmental Management Initiative
GG	Grundgesetz
GIN	Greening of Industry Network

GIPS	Griechenland, Italien (wahlweise Irland), Portugal und Spanien
GIPSIZ	Griechenland, Italien, Portugal, Spanien, Irland und Zypern
GRI	Global Reporting Initiative
G-SIFIs	Globally Systemically Important Financial Institutions
GW	Gigawatt
HDI	Human Development Index
HFCN	Household Finance and Consumption Network
HNWIs	High Net Worth Individuals
IAA	Internationales Arbeitsamt
IAIS	International Association of Insurance Supervisors
IAS	International Accounting Standards
IASB	International Accounting Standards Board
IASC	International Accounting Standards Committee
IASCF	International Accounting Standards Committee Foundation
IBRD	International Bank for Reconstruction and Development
ICSID	International Centre for Settlement of Investment Disputes
IDA	International Development Association
IFC	International Finance Corporation
IFRS	International Financial Reporting Standards
IHDI	Inequality adjusted Human Development Index
ILO	International Labour Organization
IMF	International Monetary Fund (auch IWF)
INEM	International Network for Environmental Management
IOSCO	International Organization of Securities Commissions
IÖW	Institut für ökologische Wirtschaftsforschung
IPAT	Impact, Population, Affluence, Technology
IRS	Internal Revenue Service
ISO	International Organization for Standardization
IWF	Internationaler Währungsfonds (auch IMF)
IZA	Institute for the Study of Labor
KEA	Kumulierter Energieaufwand
KfW	Kreditanstalt für Wiederaufbau
KKP	Kaufkraftparität
KOM	Europäische Kommission
KVP	Kontinuierlicher Verbesserungsprozess
LED	Leuchtdiode
LPI	Living Planet Index

LOHAS   Lifestyles of Health and Sustainability
LOVOS   Lifestyles of Voluntary Simplicity
MEW   Marx-Engels-Werke
MIGA   Multilateral Investment Guarantee Agency
MIPS   Materialinput pro Serviceeinheit
MitbestG   Mitbestimmungsgesetz
MontanMitbestG Montan-Mitbestimmungsgesetz
MoU   Memorandum of Understanding
NAWU   Neue Analysen für Wachstum und Umwelt
NGO   Non-Governmental Organization
NNS   Neue Neoklassische Synthese
NZZ   Neue Zürcher Zeitung
OECD   Organisation for Economic Cooperation and Development
OMT   Outright Monetary Transactions
OTC   Over the Counter
POP   Persistent organic pollutants
PSR   Pressure-State-Response
REDD   Reducing Emissions from Deforestation and Forest Degradation
RV   Radio Vatikan
RWA   Risk weighted Assets
SAICM   Strategic Approach to International Chemicals Management
SCM   Supply Chain Management
SCO   Shanghai Cooperation Organization (auch SOZ)
SCP   Sustainable Consumption and Production
SDC   Sustainable Development Commission
SE   Societas Europaea (Europäische Gesellschaft)
SNB   Schweizerische Nationalbank
SOEP   Sozio-oekonomisches Panel
SolvV   Solvabilitätsverordnung
SOZ   Shanghaier Organisation für Zusammenarbeit (auch SCO)
SPI   Sustainable Process Index
SSCM   Sustainable Supply Chain Management
SSM   Single Supervisory Mechanism
StabG   Gesetz zur Förderung der Stabilität und des Wachstums der Wirtschaft
SUV   Sport Utility Vehicle (Sport- und Nutzfahrzeug)
SVN   Social Venture Network
SVR   Sachverständigenrat zur Begutachtung der gesamtwirtschaftlichen Entwicklung

SZ	Süddeutsche Zeitung
TEN	Trans-European Networks (Transeuropäische Netze)
TFR	Total Fertility Rate
TiSA	Trade in Services Agreement
TQM	Total Quality Management
TRIPs	Trade-Related Aspects of Intellectual Property Rights
TTIP	Transatlantic Trade and Investment Partnership
TUHH	Technische Universität Hamburg-Harburg
UBA	Umweltbundesamt
UN	United Nations
UNASUR	Union Südamerikanischer Nationen
UNCCD	United Nations Convention to Combat Desertification
UNCED	United Nations Conference on Environment and Development
UNCHE	United Nations Conference on the Human Environment
UNCTAD	United Nations Conference on Trade and Development
UNDP	United Nations Development Programme
UNECE	United Nations Economic Commission for Europe
UNEP	United Nations Environment Programme
UNFCCC	United Nations Framework Convention on Climate Change
UNGC	United Nations Global Compact
UNGPs	United Nations Guiding Principles on Business and Human Rights
URL	Uniform Resource Locator
VDI	Verein Deutscher Ingenieure
VSDI	Voraussichtliche Schulbesuchsdauer Index
VWF	Verlag für Wissenschaft und Forschung
WACC	Weighted Average Cost of Capital
WBCSD	World Business Council for Sustainable Development
WCED	World Commission on Environment and Development
WFA	Wirtschafts- und Finanzausschuss
WSSD	World Summit on Sustainable Development
WTID	World Top Incomes Database
WTO	World Trade Organization
WWC	Wildlife Works Carbon LLC
WWF	World Wide Fund For Nature
WWID	World Wealth and Income Database
ZEW	Zentrum für Europäische Wirtschaftsforschung

1 Einleitung

1.1 Nachhaltigkeitsbegriff und -verständnis

Nachhaltigkeit umfasst viele Lebensbereiche und ist zu einem breiten öffentlichen Thema geworden. Angesichts der Vielschichtigkeit des Begriffs und Verständnisses von Nachhaltigkeit herrscht in der öffentlichen Diskussion wie in der wissenschaftlichen Literatur Divergenz hinsichtlich ihrer Merkmale und Wirkungszusammenhänge. Sicher richtig ist die vom Rat für Nachhaltige Entwicklung definierte Zielsetzung: „Nachhaltige Entwicklung heißt, Umweltgesichtspunkte gleichberechtigt mit sozialen und wirtschaftlichen Gesichtspunkten zu berücksichtigen. Zukunftsfähig wirtschaften bedeutet also: Wir müssen unseren Kindern und Enkelkindern ein intaktes ökologisches, soziales und ökonomisches Gefüge hinterlassen. Das eine ist ohne das andere nicht zu haben" (Rat für Nachhaltige Entwicklung 2015a), festzustellen ist aber auch, dass sich der Begriff der Nachhaltigkeit nicht gerade durch Eindeutigkeit und Klarheit auszeichnet, sondern zunehmend verwässert und als Catch-all-Kategorie verwendet wird. Dies ist problematisch, denn die Grundbegriffe entscheiden darüber, was innerhalb eines Theoriegebäudes begriffen werden kann. Angesichts der vielfältigen Verwendung und Kontextabhängigkeit des Nachhaltigkeitsbegriffs wird dessen Verständnis zunächst im historischen Kontext betrachtet.

1.1.1 Historische Entwicklung des Nachhaltigkeitsleitbildes

Grundlegende Gedanken und Ideen zu ökonomischer Nachhaltigkeit finden sich bereits bei den griechischen Philosophen.

Xenophon (ca. 430–355 v. Chr.) beschreibt in seinem Buch *Oikonomikós* den Dialog zwischen Sokrates und Kritobulos über die Prinzipien guter Hauswirtschaft und Agrarwirtschaft unter den begrenzten Bedingungen der Natur. Oikonomikós (übersetzt: Ökonomik) verband die Wortstämme *Oikos* (Hausgemeinschaft bzw. Haushalt)[1] und *Nomikós* (Normen), da es in der Ökonomik um die Normen für gute (heute: nachhaltige) Haushaltsführung ging.

Aristoteles (384–322 v. Chr.) unterscheidet zwischen *Ökonomik* als natürlicher Erwerbsweise, die notwendige Bedürfnisse befriedigt und lobende Anerkennung findet, und einer auf scheinbar unbegrenzte Geldvermehrung zielenden *Chrematistik*, die von ihm als verwerflich angesehen wird. Nach Aristoteles strebt die Ökonomik nach grundlegender Bedürfnisbefriedigung des Menschen für ein sittlich gutes Leben durch Beschaffung und Bewahrung nützlicher und notwendiger Güter, wobei Tauschhandel der Bedarfsdeckung und Einkommenserzielung privater und öffentlicher Haushalte dient und deren Autarkie ermöglicht. Die

---

[1] Aristoteles beschreibt den Oikos als „Gemeinschaft des edlen Lebens in Häusern und Familien um eines vollkommenen und selbständigen Lebens willen" (Aristoteles 1280b33).

Chrematistik als gewinnsüchtige Erwerbsweise fußt dagegen auf der mit der Einführung des (wertbeständigen) Münzgeldes möglich gewordenen Annahme grenzenlos mehrbaren Reichtums und Besitzes (Aristoteles 1257a, 1258b). Aus dem naturgemäßen Tauschhandel in lebensnotwendigen Dingen entstand, nachdem das Münzgeld eingeführt war, die Chrematistik als gewinnsüchtige Erwerbstätigkeit, der es um die unbegrenzte Anhäufung von Geld geht, das notwendiger Bestandteil und Zweck des Handels wurde. Die unbegrenzte Mehrung von Geld, das nur eine willkürlich gesetzte Geltung habe, ist nach Aristoteles nicht die Aufgabe der Ökonomik, wobei er hinzufügt, dass einige dies fälschlicherweise meinen (Aristoteles 1257a15, 1257b). Die Auffassung, man müsse Geldvermögen im Umfang bewahren oder bis zum Unendlichen steigern, basiere auf der Einstellung, dem bloßen Leben oder gar dem ausschweifenden Genuss, nicht aber dem vollkommenen Leben, zu dienen (Aristoteles 1258a). Die Ökonomik sei vielmehr die für das Leben unerlässliche Kunst, pflanzliche und tierische Nahrung zu beschaffen und die notwendigen Lebensbedürfnisse zu befriedigen (Aristoteles 1258). Gewinnsüchtiger Handel entspreche dagegen nicht der Natur, wobei der Geldverleih gegen Zinsen mit der allergrößten Berechtigung gehasst werde, denn dabei stamme der Gewinn aus dem Münzgeld selber und nicht aus dessen Verwendung, d. h. dem Warenumschlag, für den das Geld eigentlich geschaffen wurde. Zins sei vom Geld gezeugtes Geld und am meisten wider die Natur (Aristoteles 1258b).

Aristoteles betrachtet die Chrematistik aus einer ganz anderen Perspektive als die heutige Wirtschaftswissenschaft und stellt sie in Kontrast zur Ökonomik, die auf das rechte Mittel bzw. Maß und ein gutes Leben ausgerichtet ist. Gegenstand und Aufgabe der Ökonomik ist nach Aristoteles die materielle Sicherung des Vermögens, ein sittlich gutes Leben zu führen; sie kann jedoch nicht die unbegrenzte Anhäufung von Geld und Reichtümern sein, da der Erwerb naturgegebenen Grenzen unterliegt und nicht beliebig vermehrt werden kann. Erwerbskunst und naturgemäßer Reichtum fallen daher unter die Kunst der Haushaltsführung, bei der es Begrenzungen gibt (Aristoteles 1257b). Ökonomik im Sinne von Haushalten zielt auf Regeneration und Erhalt der natürlichen Lebensgrundlagen für ein dauerhaft gutes Leben der Menschen und einen verantwortlichen Umgang mit menschlichen und natürlichen Ressourcen, deren Ausbeutung zwecks Vermögensakkumulation unnatürlich und unmoralisch ist. Aristoteles betont auch die Verteilungsgerechtigkeit im Sinne sozialer Nachhaltigkeit: „Wenn nun das Maß und die Mitte anerkanntermaßen das Beste sind, so ist auch in Bezug auf die Glücksgüter der mittlere Besitz von allen der beste, denn in solchen Verhältnissen gehorcht man am leichtesten der Vernunft" (Aristoteles 1295b5–6). Egalitarismus lehnt Aristoteles hingegen ab, da sie zu Ungerechtigkeit und Unzufriedenheit führe: „So scheint die Gleichheit gerecht zu sein und sie ist es, aber nicht unter allen, sondern unter den Ebenbürtigen. Und ebenso scheint die Ungleichheit gerecht zu sein, und ist es auch, aber unter den Unebenbürtigen" (Aristoteles 1280a13–16). „Wenn es heißt, ‚in gleicher Ehre steht der Gemeine wie der Edle‘, [...] werden sich die Gebildeten ärgern, als verdienten sie es nicht, bloß gleich viel wie die anderen zu besitzen und darum werden sie sich oft verschwören und Aufstände machen" (Aristoteles 1267a39–41). Erst als die bis ins Mittelalter hinein wirkende praktische Philosophie und Ethik der Griechen, die Eingang in die mittelalterliche katholische Theologie fand, durch die protestantische Ethik der beginnenden Neuzeit abgelöst und das Erwerbsstreben Ausdruck gottgefälliger Frömmigkeit wurde, konnte sich die kapitalistische Chrematistik entwickeln (Schweitzer 1976, Weber 1981).

Der ressourcenschonende Aspekt der natürlichen Ökonomik tritt in der heutigen gewinn- und renditemaximierenden kapitalistischen Ökonomie in den Hintergrund, entspricht jedoch durchaus dem modernen Nachhaltigkeitsverständnis, das angesichts eines zunehmenden Kahlschlags von Wäldern zur Holzgewinnung vor rd. 300 Jahren in der Forstwirtschaft entwickelt wurde. Angesichts eines hohen Holzbedarfs und drohender Holzknappheit für Bergbau und Verhüttung formulierte der kursächsische Oberberghauptmann *Hans Carl von Carlowitz* (1645–1714) in seinem Werk „Sylvicultura Oeconomica", oder „Haußwirthliche Nachricht und Naturmäßige Anweisung zur Wilden Baum-Zucht" von 1713 das Prinzip der Nachhaltigkeit, dass immer nur so viel Holz geschlagen werden sollte, wie durch planmäßige Aufforstung, Säen und Pflanzen nachwachsen konnte.

Das Holzproblem wurde hierzulande allerdings nicht durch das formulierte Nachhaltigkeitsprinzip gelöst, sondern durch die Entdeckung der Kohle, die als unterirdischer Wald bezeichnet wurde und letztlich den Schutz des oberirdischen Waldes ermöglichte. Zur Sicherstellung des für Kriegsflotten erforderlichen Holzbedarfs hatte zuvor bereits der Sonnenkönig Ludwig XIV. (1638–1715) eine Grand Ordinance erlassen, immer nur so viel Holz zu entnehmen, wie nachwächst (Radermacher 2011).

Ausgehend von einer ursprünglich forstwirtschaftlichen Verwendung änderte und entwickelte sich der Nachhaltigkeitsbegriff im Laufe der Zeit, weshalb die Begriffe „nachhaltig" und „Nachhaltigkeit" kontextabhängig und mehrdeutig interpretiert werden. Der Begriff der Nachhaltigkeit wurde angesichts ökologischer Krisensymptome in der zweiten Hälfte des 20. Jahrhunderts aufgegriffen und in einem breiteren Kontext verwendet. Wesentliche Beiträge hierzu leisteten *Karl W. Kapp* (1950), der die sozialen Kosten und externen Effekte der Marktwirtschaft thematisierte, und die Biologin *Rachel Carson* (1962) mit dem Aufzeigen der ökologischen Schäden des DDT-Einsatzes und der Warnung vor den Gefahren von Industriechemikalien in der Nahrungskette, was zur Entstehung der Umweltbewegung und ökologischen Ökonomie sowie zur folgenden Auseinandersetzung mit nachhaltiger Entwicklung beitrug.[2]

1972 fand auf Vorschlag Schwedens und Beschluss der UN-Generalversammlung unter Beteiligung von 113 Staaten unter dem Motto *„Only one Earth"* die erste Weltumweltkonferenz statt, die ihre Ergebnisse im „Report of the United Nations Conference on the Human Environment" veröffentlichte und die Schaffung von Umweltministerien in vielen Ländern vorantrieb (UNCHE 1972).

Im ersten weltbekannten und in 30 Sprachen übersetzten Bericht *„Limits of Growth"* (Grenzen des Wachstums) an den Club of Rome vertraten Dennis Meadows et al. (1972) die durch Simulationsrechnungen begründete These, dass aufgrund endlicher natürlicher Ressourcen ein mit steigender Bevölkerungszahl stetig zunehmender materieller Ressourcenverbrauch ökologisch und ökonomisch nicht tragfähig sei: „Auf einer begrenzten Erde ist grenzenloses Wachstum nicht möglich. Wir werden diese Grenzen erreichen. Wir müssen und können dagegen etwas tun." Ein Jahr vor der ersten Ölkrise 1973 wird eine zunehmende Verknappung natürlicher Ressourcen, insbesondere von Erdöl, und eine vor allem von Industrieländern verursachte und mit der Weltbevölkerung exponentiell zunehmende Umweltverschmutzung beschrieben. Die Grenzen des Wachstums, die das neoklassische Wachstumsparadigma infrage stellten, wurden von Wallich (1972) als „irresponsible nonsense" bezeichnet und auch von anderen namhaften Ökonomen angezweifelt, die sich hierzu 1974 auf einer Konfe-

---

[2] Kapp (1950) machte auf die ökologischen und sozialen externen Kosten der Marktwirtschaft aufmerksam und bildete mit seinem zunächst ignorierten Buch „Social costs of private enterprise" die Basis für die ökologische Ökonomie.

renz in den USA trafen. Stiglitz (1974) kritisierte, ebenso wie Simon (1981, 1998), die unzureichende Berücksichtigung (1) des technischen Fortschritts, (2) der möglichen Substitution von Naturkapital durch Sachkapital und (3) von Skalenerträgen durch Meadows et al. (1972). Der ökologische Ökonom Kenneth E. Boulding (1973: 278) brachte dagegen das Problem exponentiellen Wirtschaftswachstums auf den Punkt: „Jeder, der glaubt, dass exponentielles Wachstum für immer weitergehen kann in einer endlichen Welt, ist entweder ein Verrückter oder ein Ökonom."

1.1.2   Definition und Leitbild nachhaltiger Entwicklung

Brundtland-Definition für Nachhaltigkeit

In der Folgezeit der 1970er Jahre wurden alternative Möglichkeiten qualitativen Wachstums öffentlich diskutiert und in den 1980er Jahren dann von der Naturschutz- und Umweltbewegung sowie der Umweltforschung das Leitbild der nachhaltigen Entwicklung formuliert und durch den Brundtland-Bericht 1987 und die Konferenz über Umwelt und Entwicklung der Vereinten Nationen 1992 in Rio weltweit etabliert (Harborth 1991, Huber 2011).

Die 1980 von den Vereinten Nationen implementierte „World Commission on Environment und Development" (WCED) besetzte eine aus Vertretern von Entwicklungs- und Industrieländern gebildete Kommission, die von der ehemaligen norwegischen Ministerpräsidentin Gro Harlem Brundtland geleitet wurde. Die *Brundtland-Kommission* veröffentlichte 1987 den Bericht „Our common future", in dem nachhaltige Entwicklung wie folgt definiert wurde: „Sustainable development is development that meets the needs of the present without compromising the ability of future generations to meet their own needs. It contains within it two key concepts: the concept of 'needs', in particular the essential needs of the world's poor, to which overriding priority should be given; and the idea of limitations imposed by the state of technology and social organization on the environment's ability to meet present and future needs." (WCED 1987: Kapitel 1).

Ins Deutsche übersetzt bezeichnet *nachhaltige Entwicklung* (sustainable development) demnach eine dauerhafte Entwicklung, welche *„die Bedürfnisse der Gegenwart befriedigt, ohne zu riskieren, dass künftige Generationen ihre eigenen Bedürfnisse nicht befriedigen können"* (Hauff 1987: 46). Sustainable development bedeutet auch eine erhaltende Entwicklung, bei der die materielle und immaterielle natürliche Ressourcenbasis der Welt erhalten bleibt.

Entscheidend für die Ermöglichung einer nachhaltigen Entwicklung sind die Auseinandersetzung mit menschlichen Bedürfnissen und die diesbezügliche Integration von ökonomischen, ökologischen und sozialen Zielen. Nachhaltige Entwicklung ist hier mit Nachhaltigkeit gleichzusetzen (Baumgartner 2010: 15 f, Weber et al. 2012: 14 f).

Aus der Brundtland-Definition wird die Forderung nach Gerechtigkeit sowohl innerhalb einer Generation (intragenerationelle Gerechtigkeit zwischen Arm und Reich) als auch im Hinblick auf zukünftige Generationen (intergenerationelle Gerechtigkeit im Sinne von Generationengerechtigkeit bzw. Enkelfähigkeit) abgeleitet. Hieraus erwuchs die globale Fragestellung, wie sich die Bedürfnisse gegenwärtiger und zukünftiger Generationen dauerhaft befriedigen lassen. Im Zentrum steht dabei das nachhaltige Zusammenwirken von ökonomischer, ökologischer und sozialer Entwicklung. Diese zunächst auf der globalen politischen Ebene im Nord-Süd-Dialog diskutierte Frage wurde danach im Rahmen des Agenda 21-Prozesses auf die nationale und lokale politische Ebene herunterdekliniert und anschließend auch auf Unternehmensebene als Nachhaltigkeitsmanagement thematisiert.

Rio- und Folgeprozess

Der Brundtland-Bericht schaffte die Grundlagen für die UN-Konferenz über Umwelt und Entwicklung (UNCED) in *Rio de Janeiro 1992*, auf der sich 178 Staaten zum Leitbild nachhaltiger Entwicklung verpflichteten. Als Ergebnis des *Weltgipfels* in Rio wurden zahlreiche Dokumente zu Umwelt und Entwicklung verabschiedet, insbesondere die drei völkerrechtlich verbindlichen Konventionen zu Klimaschutz[3] (Klima-Rahmenkonvention), Artenschutz (Biodiversitätskonvention) und zur Bekämpfung der Wüstenbildung und außerdem die erste internationale Walddeklaration (Waldgrundsatzerklärung) sowie die Agenda 21, die als ein weltweites vor allem an die nationalen Regierungen gerichtetes soziales, ökologisches und ökonomisches Aktionsprogramm das moderne Nachhaltigkeitsverständnis maßgeblich beeinflusste und prägte (UNCED 1992a, 1992b). In der Folge waren die Staaten dazu aufgerufen, hieraus abgeleitet eigene nationale Nachhaltigkeitsstrategien und Aktionspläne zu entwickeln. Der Rio-Konferenz von 1992 folgten als weitere wichtige Etappen:

- 1995 der *Weltsozialgipfel* in Kopenhagen, auf dem die soziale Entwicklung und das menschliche Wohlergehen als höchste Prioritäten für das 21. Jahrhundert deklariert und die Armutsbekämpfung als zentrales entwicklungspolitisches Ziel festgeschrieben wurde (UN World Summit for Social Development 1995: Annex I),
- 1996 der *Welternährungsgipfel* in Rom, der vor allem auf eine Erneuerung der globalen Verpflichtung zur Bekämpfung des Hungers in der Welt zielte,
- 1997 die *Weltklimakonferenz* in Kyoto, auf der das Kyoto-Protokoll zur weltweiten Reduzierung der Treibhausgasemissionen eingeführt und der Emissionszertifikatehandel als entsprechendes Instrument vorgesehen wurde,
- 2000 der *Millenniumsgipfel* (Millennium Summit) in New York, auf dem die teilweise aus den internationalen sozialen Entwicklungszielen abgeleiteten Millenniums-Entwicklungsziele verabschiedet wurden,
- 2002 der größte *Weltgipfel* für nachhaltige Entwicklung (World Summit on Sustainable Development, WSSD) in *Johannesburg*, der die zweite Rio-Folgekonferenz (Rio+10) war, nachdem die UN-Sondergeneralversammlung Rio+5 1997 in New York stattgefunden hatte. Auf dem WSSD wurden Armutsbekämpfung, nachhaltige Energie- und Wasserwirtschaft, Umweltschutz und biologische Vielfalt, Ressourcenschutz und Ressourceneffizienz, Globalisierung sowie die Stärkung und Finanzierung der UN-Strukturen in den Bereichen Umwelt und nachhaltige Entwicklung diskutiert, die Entwicklung kooperativer, partizipativer und umfassender nationaler Nachhaltigkeitsstrategien vorangetrieben und deren verbindliche und überprüfbare Implementierung geplant.
- 2012 fand die dritte Nachfolgekonferenz *Rio+20* in Rio de Janeiro statt, auf der Armutsbekämpfung, bestehende Umwelt- und Nachhaltigkeitsstrategien sowie die Einbindung des Leitbilds nachhaltiger Entwicklung in die nationalen und internationalen politischen Systeme bestätigt wurden. Dass Industrieländer darüber hinaus für eine grünere Wirt-

---

[3] Bereits mit dem 1989 in Kraft getretenen *Montrealer Protokoll* über die Ozonschicht abbauenden Stoffe verpflichteten sich 197 Staaten völkerrechtlich verbindlich zu die menschliche Gesundheit und Umwelt schützenden vorsorgenden Maßnahmen, was einen umweltvölkerrechtlichen Meilenstein darstellte.

schaft plädierten, wurde von einigen Entwicklungsländern als Versuch der Industrieländer interpretiert, ihre Märkte mit höheren Umweltstandards abschotten zu wollen.

Nachhaltigkeit als dreidimensionales normatives Handlungsprinzip

Nachhaltigkeit wird heute als Begriff für ein *Handlungsprinzip* der Ressourcennutzung bei Bewahrung der wesentlichen Eigenschaften, Stabilität und natürlichen Regenerationsfähigkeit des jeweiligen Systems verwendet. Meist werden mit Nachhaltigkeit normative Ziele beschrieben und der Begriff Nachhaltigkeit im Sinne eines Leitbildes für eine zukunftsfähige Entwicklung der Menschheit verwendet. Der gesellschaftliche Diskurs behandelt Nachhaltigkeit normativ im Sinne globaler Gerechtigkeit und der Frage, wie begrenzte Ressourcen intra- und intergenerativ gerecht verteilt werden sollen.

Die Brundtlandt-Kommission 1987 und die Rio-Konferenz 1992 wollten verschiedene politische Interessen vereinen, indem ökologische, ökonomische und soziale Ziele nicht gegeneinander ausgespielt, sondern gleichrangig zum Wohl aller Länder (globale Gerechtigkeit) und der zukünftigen Generationen (Generationengerechtigkeit) angestrebt wurden.

Dieser Ansatz wurde von der Enquete-Kommission des Deutschen Bundestages zu einem Drei-Säulen-Modell der Nachhaltigkeit zusammengefasst, welches die Gleichgewichtung der ökonomischen, ökologischen und sozialen Dimension beschreibt. In diesem *Triple-Bottom-Line*-Ansatz sind alle drei Dimensionen gleichermaßen wichtig für die Erzielung von Nachhaltigkeit (Weber et al. 2012: 16).

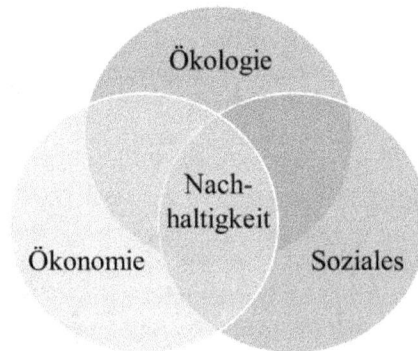

Abb. 1.1:   Drei Säulen der Nachhaltigkeit

Ideal wären Ideen und Konzepte zur Nachhaltigkeit, die zugleich zu einer Verbesserung der ökonomischen, ökologischen und sozialen Zieldimensionen beitragen. Die Identifikation und Entwicklung derartiger Ideen und struktureller Konzepte ist ein primäres Anliegen des Autors. Zielkongruenz zwischen den drei Nachhaltigkeitsdimensionen ist unter den derzeitigen Rahmenbedingungen bislang eher die Ausnahme, während empirisch zumeist Zielkonflikte und Widersprüche zu beobachten sind. Nachhaltige Entwicklung impliziert deshalb auch die Abstimmung konkurrierender ökonomischer, ökologischer und sozialer Interessen, d. h. ökonomisches Wachstum im Sinne einer weltweiten Wohlstandsentwicklung bei dauerhafter Erhaltung und Reproduktion der ökologischen Systeme und natürlichen Lebensgrundlagen des Menschen und unter Einhaltung sozialer Standards und insbesondere Chancengerechtigkeit und Verteilungsfairness im Hinblick auf ökologische und ökonomische Nutzen und Lasten, sowohl unter den heutigen Staaten als auch im Hinblick auf die Wahrung der Chancen künftiger Generationen (Huber 2011: 155). Um mehr inhaltliche Klarheit über die nachhaltigen Bestrebungen bzw. Entwicklungen zu schaffen gibt es Forderungen, das klassische Drei-Säulen-Modell zu einem integrierenden *Nachhaltigkeitsdreieck* weiter zu entwickeln, um die drei Dimensionen zusammenzuführen, ihre wechselseitigen Beziehungen transparenter darzustellen und Handlungsfelder besser zu definieren (Hauff und Jörg 2013: 12 f).

Die Triple-Bottom-Line unterscheidet als Strukturierungskriterium systematisch zwischen der ökonomischen, sozialen und ökologischen Dimension, wenngleich sich diese aufgrund ihrer wechselseitigen Interdependenzen nicht immer analytisch trennen lassen. Die Kritik am Drei-Säulen-Modell, dass die ökologischen Aspekte Priorität gegenüber den ökonomischen und sozialen Aspekten hätten, da eine intakte Umwelt die Grundlage des menschlichen Lebens und Handelns sei, wird ebenso zur Kenntnis genommen wie die Entgegnung, dass ökologisch bewusstes menschliches Verhalten nur wirkmächtig würde, wenn ökonomische und soziale Aspekte, etwa die Befriedigung von Grundbedürfnissen, Sicherheit, sozialem Zusammenhalt und Gerechtigkeit, erfüllt seien. Die Frage nach der Priorisierung der drei Dimensionen wird am Ende des zweiten Kapitels vertieft, wobei die drei Säulen der Nachhaltigkeit letztlich den Entscheidungsprozess in demokratisch-pluralistischen Systemen widerspiegeln, bei dem es um einen Ausgleich partiell gegenläufiger Interessen geht.

Die *drei Dimensionen* Ökologie, Ökonomie und Soziales gelten heute als Kategorien der Analyse nachhaltiger Entwicklung. Des Weiteren sei darauf verwiesen, dass der Begriff Nachhaltigkeit einerseits auch für dauerhaften wirtschaftlichen Erfolg verwendet und etwa auf die Finanzpolitik angewendet wird (Wissenschaftlicher Beirat beim Bundesministerium der Finanzen 2001) und andererseits umweltorientiert als Leitmotiv ökologischer Modernisierung verstanden wird. Im ersteren Sinne stehen ökonomische, im letzteren ökologische Aspekte im Vordergrund. Es existieren weitere separate Definitionen der drei Nachhaltigkeitsaspekte. So wird ökonomische Nachhaltigkeit als die Maximierung des ökonomischen Ertrags bei gleichzeitiger Aufrechterhaltung der ökologischen Eingangsressourcen definiert (Springer Gabler Verlag 2015). Im sozial erweiterten Kontext zielt ökonomische Nachhaltigkeit auf eine stabile wirtschaftliche Entwicklung als Voraussetzung für den langfristigen Erhalt und die Verbesserung des Lebensstandards der Menschen.

1.2 Erforschung ökonomischer Nachhaltigkeit

Nachhaltigkeit beschreibt einen langfristig stabilen, gleichsam harmonischen Gleichgewichtszustand, in dem verschiedene berechtigte Interessen adäquate Berücksichtigung finden. Die neoklassische ökonomische Theorie illustriert, wie sich auf funktionierenden Märkten Gleichgewichte bilden. Die empirische Beobachtung zeigt allerdings auffällige Disproportionalitäten hinsichtlich Vermögens- und Machtverteilung, Einkommensentwicklung, Zugang zu natürlichen Ressourcen etc. Stetig wiederkehrende Finanz- und Wirtschaftskrisen, Kriege und Umweltkatastrophen, wie Fukushima, sind das Gegenteil von nachhaltiger Entwicklung. Wesentlich für eine nachhaltige Entwicklung ist eine mindestens längere Zeit, idealerweise dauerhaft zukunftsfähige und positive Entwicklung von Wirtschaft, Gesellschaft und Umwelt. Im Zentrum steht die Frage, wie das ökonomische System zu gestalten ist, damit es über sehr lange Zeit, über viele Generationen hinweg, nachhaltig und ohne Eruptionen funktioniert, zur Befriedigung zumindest der Existenz- und Grundbedürfnisse aller Menschen beiträgt und dabei mit den Grenzen der Ressourcenverfügbarkeit und ökologischen Tragfähigkeit vereinbar ist. *Zu erforschen* ist, inwieweit Nachhaltigkeit mit dem derzeitigen kapitalistischen System kompatibel ist, welche systemischen Fehler Nachhaltigkeit ausschließen und wie diese behoben werden können um eine nachhaltige Ökonomie zu erreichen. Neben der Entwicklung von Maßnahmen zur Problemlösung (policy) ist die Beschaffung der erforderlichen politischen Mehrheiten zur Umsetzung der Maßnahmen (politics) die weitere Voraussetzung zur Lösung des Nachhaltigkeitsproblems.

1.2.1   Erfordernis makroökonomischer Nachhaltigkeitskonzepte

Die für die britische Regierung tätige Sustainable Development Commission (SDC) beklagt das Fehlen makroökonomisch belastbarer Nachhaltigkeitskonzepte: „There is no clear model for achieving economic stability without consumption growth. Nor do any of the existing models account fully for the dependency of the macro-economy on ecological variables such as resources and emissions. In short there is no macro-economics for sustainability and there is an urgent need for one." (SDC 2009: 10). Der *Bedarf an makroökonomisch fundierten Konzepten* zur Erreichung ökonomischer, sozialer und ökologischer Stabilität wird auch vor dem Hintergrund aktueller Instabilitäten, Ungleichgewichte und Krisen deutlich:

- Neben dem zur Bewältigung der *europäischen Schuldenkrise* zunächst mit 440 Milliarden Euro ausgestatteten vorläufigen Rettungsschirm EFSF und seinem dauerhaften Nachfolger ESM, mit einem gezeichneten Stammkapital von 700 Milliarden Euro zzgl. weiterer staatlicher Gewährleistungen von 620 Milliarden Euro (Bundesregierung 2015c), sind innerhalb der Europäischen Wirtschafts- und Währungsunion Verfahren zur Überwachung und Korrektur makroökonomischer Ungleichgewichte erforderlich, da Länder ihre Wettbewerbsnachteile nicht mehr durch Währungsabwertung ausgleichen können, sondern auf konzertierte Aktionen angewiesen sind. Die Politikempfehlungen zur Bewältigung der Zahlungsbilanzkrise reichen von einer realen Abwertung der GIPS-Länder (Sinn 2011) zu Steigerungen der Reallöhne in Deutschland (Flassbeck 2012).
- Nachdem die Europäische Zentralbank im Januar 2015 ankündigte, im Zeitraum März 2015 bis September 2016 Anleihen im Umfang von monatlich 60 Milliarden Euro vom Sekundärmarkt aufzukaufen (Quantitative Easing), nachdem sie den Geschäftsbanken im Dezember 2011 und im Februar 2012 bereits Kredite über eine Billion Euro für 3 Jahre zu einem Zins von 1 % zur Verfügung gestellt hatte, um eine *Kreditklemme* abzuwenden und Ländern wie Spanien und Italien am Kapitalmarkt Luft zu verschaffen, werden neben steigenden Inflationsraten im Euroraum vor allem Blasen an den Aktien-, Rohstoff- und Immobilienmärkten befürchtet.
- Die finanzwirtschaftlichen Transaktionen übersteigen die realwirtschaftlichen um ein Vielfaches: Etwa 95 % der täglichen weltweiten *Finanzmarkttransaktionen* haben keinen Bezug mehr zur Finanzierung der Realwirtschaft. Das ausstehende nominale außerbörsliche Over-the-Counter (OTC) Derivate-Volumen verzehnfachte sich von 72 Billionen Dollar in 1998 auf 601 Billionen Dollar in 2010 (Lane et al. 2011: 4), 708 Billionen Dollar in 2011 (Kleist, Pêtre 2011: 1), 711 Billionen Dollar in 2013 und 691 Billionen Dollar zur Jahresmitte 2014 (BIS 2014: 2). Derivative und spekulative Finanzmarkttransaktionen determinieren dadurch heute wichtige Preise, z. B. für Öl, und setzen die realwirtschaftliche Preisbildung von Angebot und Nachfrage außer Kraft. Folge ist eine finanzmarktgetriebene Fehlallokation von Ressourcen, bei der die Anbieter und Nachfrager

falsche Preis- und Knappheitssignale vermittelt bekommen und Preise, z. B. für fossile Energien, nicht etwa von umweltpolitischen Erwägungen oder der realwirtschaftlichen Produktionsmenge, sondern vom kurzfristigen Gewinnkalkül spekulativer Anleger determiniert werden (Flassbeck 2012a: 11 ff, 2012c).

1.2.2 Verbindung von Nachhaltigkeit und Geld

Lietaer et al. (2012) analysieren in ihrem jüngsten Bericht an den Club of Rome „*Money and Sustainability - The Missing Link*" die Verbindung zwischen Geld und Nachhaltigkeit und kommen zu dem Ergebnis, dass Nachhaltigkeit ohne Restrukturierung unseres Geldsystems ein naiver, zum Scheitern verurteilter Ansatz ist. Sie stellen fest, dass Nachhaltigkeitsthemen, wie Klimawandel, Umweltzerstörung, Lebensmittel- und Wasserknappheit, Bevölkerungswachstum und Energienutzung in der Regel nicht mit dem Geldsystem verknüpft behandelt werden, wobei sich selbst Ökonomen nur selten bewusst sind, dass unser Geldsystem systematisch nicht nachhaltiges Verhalten fördert, welches das Überleben der Menschheit auf diesem Planeten bedroht. Lietaer et al. (2012) zeigen, dass das gegenwärtige Geldsystem sowohl ein wichtiger Teil des Gesamtnachhaltigkeitsproblems als auch ein wichtiger Teil seiner Lösung darstellt. Ihr Bericht an den Club of Rome macht deutlich, dass das Geldsystem schlecht für soziale und ökologische Nachhaltigkeit ist, und beweist auch, dass das Geldsystem schlecht für das Geldsystem selbst ist, da ohne dessen grundlegende Restrukturierung keine Geldstabilität erreicht werden kann (Lietaer et al. 2012: 9).

Im Vorwort von „Money and Sustainability" schreibt *Dennis Meadows*, dass er durch Bernard Lietaers Analysen ein ganz anderes Bild von der Relevanz des Geldsystems für Nachhaltigkeit gewann, und ihm im Verlauf seines 40-jährigen Literaturstudiums und dem Besuch hunderter von Konferenzen zum Thema Nachhaltigkeit erstmals das Finanzsystem als Ursache für gesellschaftlichen Kollaps verdeutlicht wurde. Meadows schreibt, dass er jetzt verstehe, wie deutlich im Text bewiesen, dass das herrschende Finanzsystem mit Nachhaltigkeit in folgenden Punkten unvereinbar ist: es verursacht Boom und Bust-Zyklen in der Wirtschaft, es produziert kurzfristiges Denken, es benötigt unendliches Wachstum, es konzentriert Reichtum und es zerstört Sozialkapital (Lietaer et al. 2012: 6).

Bernard Lietaer beschäftigt sich bereits seit geraumer Zeit mit systemischer Nachhaltigkeit, wobei ein System oder dessen Eigenschaften bewahrt werden sollen. Nach Lietaer et al. (2010) unterliegen alle komplexen Strömungssysteme, einschließlich der natürlichen Ökosysteme, Wirtschafts- und Finanzsysteme, grundlegenden Gesetzen. An natürlichen Ökosystemen, die als ausdauernde, vitale und adaptive Systeme praktische Beispiele für Nachhaltigkeit darstellen, lässt sich empirisch zeigen, dass Nachhaltigkeit aus systemischer Sicht einem optimalen Trade-off (Austauschverhältnis) zwischen Effizienz[4] und *Resilienz* (Widerstandsfähigkeit) entspricht. Zwischen beiden Zielen besteht eine gegenläufige Abhängigkeit, denn eine höhere Effizienz geht mit einer abnehmenden Resilienz einher, und umgekehrt. Während Effizienz linear zielgerichtet ist, entsteht Resilienz durch Vielfältigkeit und Vernetzung. Nachhaltigkeit beschreibt die optimale Balance zwischen Effizienz und Resilienz, wobei die

---

[4] *Effizienz* setzt das erreichte Ergebnis (Output) und den Ressourceneinsatz (Input) ins Verhältnis und bewertet im Sinne einer Kosten/Nutzen-Relation, ob „die Dinge richtig gemacht werden". Dagegen bezeichnet *Effektivität* die Wirksamkeit einer Maßnahme zur Zielerreichung und fragt, ob „die richtigen Dinge gemacht werden."

Linie asymmetrisch und der optimale Bereich tendenziell etwas näher bei der Resilienz als
bei der Effizienz liegt (Lietaer et al. 2010: 6).

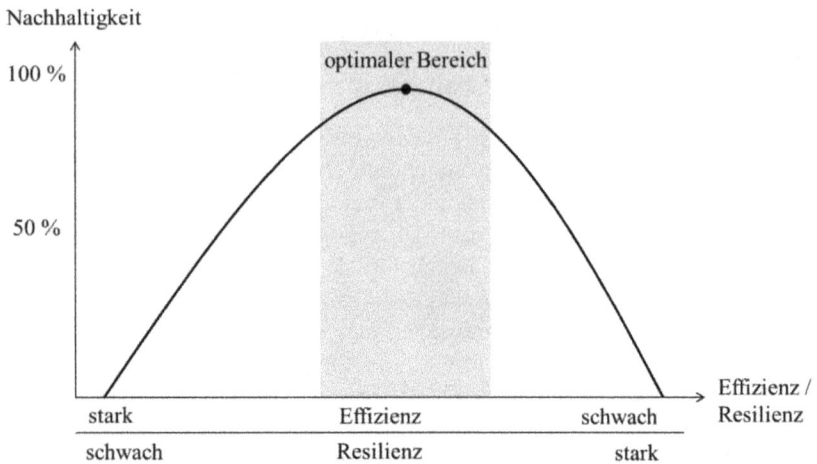

Abb. 1.2:   Systemische Nachhaltigkeit: Effizienz und Resilienz (Quelle: Lietaer et al. 2010: 7)

Lietaer et al. (2010: 8ff) übertragen diese Erkenntnis auf andere komplexe Systeme, insbesondere das Finanz- und Geldsystem, und leiten daraus ab, dass die Monokultur der nationalen Währungen, die auf der Grundlage von Markteffizienz gerechtfertigt erscheine, strukturelle Instabilität im globalen Finanzsystem erzeuge. Ökonomische Nachhaltigkeit erfordere
daher Diversifizierung in verschiedene Währungsarten, insbesondere durch Komplementärwährungen, um den Anforderungen des 21. Jahrhunderts zu entsprechen (Lietaer et al. 2010:
17). Lietaer (1999) befürwortet die Entwicklung und Einführung von Komplementärwährungen, da er nicht an die Reformierbarkeit des derzeitigen Finanzsystems glaubt. Er bietet den
Entwurf einer globalen durch Waren gedeckten Referenzwährung Terra, wobei er in Anlehnung an Gesell (1949) und Suhr (1983) eine Nachhaltigkeitsgebühr (Demurrage) für Geldinhaber vorschlägt, um die Währung in das bestehende Marktsystem der realen Volkswirtschaft
zu integrieren und die Kosten für die Lagerung von Waren (bei durch Geldhortung unterbro-
chenem Wirtschaftskreislauf) in Höhe von etwa 3 bis 3,5 % pro Jahr auf die Geldinhaber zu
übertragen.

Ausgehend von einem dreidimensionalen Nachhaltigkeitsverständnis bildet die Analyse des
Zusammenhangs zwischen *Geld und Nachhaltigkeit* ein Hauptthema dieses Buches, das sich
mit der Veröffentlichung von „Money and Sustainability" hinsichtlich dieser im ökonomischen Mainstream längere Zeit vernachlässigten Inhalte nun auf namhafte Quellen berufen
kann.

2 Grundlagen nachhaltiger Entwicklung

2.1 Ökonomische Grundlagen

Da sich dieses Buch an alle Menschen richtet, die Wege zu einem nachhaltigen Wirtschaftssystem suchen, behandelt der folgende Abschnitt zunächst *ökonomische Grundfragen* und kann deshalb von ökonomisch versierten Lesern überflogen und gegebenenfalls übersprungen werden.

2.1.1 Bedürfnisbefriedigung als ökonomisches Ziel

Wenn Studierenden der Ökonomie in der ersten Vorlesung des ersten Semesters die Frage gestellt wird, was aus ihrer Sicht das Ziel von Wirtschaften ist, lautet die Antwort meist: Geld verdienen. Diese Antwort ist nahe liegend und beschreibt unsere Realität treffend. Auf die Frage, warum wir denn das Geld brauchen, kommt die tiefergehende und letztlich richtige Antwort, dass das *Ziel wirtschaftlicher Tätigkeit* allgemein die *Befriedigung menschlicher Bedürfnisse* ist. Als Bedürfnis bezeichnen wir einen unerfüllten Wunsch respektive das Empfinden eines Mangels. Lebten wir im Schlaraffen- oder Traumland, in dem unsere Bedürfnisse unmittelbar befriedigt würden bzw. sich unsere Wünsche durch Gedankenkraft realisierten, wäre wirtschaften entbehrlich. In dieser Welt müssen wir jedoch arbeiten, um unsere Bedürfnisse zu befriedigen. Welche Rolle das Geld dabei spielt und wie Geld beschaffen sein könnte, damit wir Menschen unser volles Potenzial auf diesem Planeten entfalten, ist Gegenstand des fünften Kapitels. Zunächst wird es in den folgenden Abschnitten um die ökonomischen Grundlagen nachhaltigen Wirtschaftens gehen. Nach der Brundtland Definition ist eine Entwicklung nachhaltig, wenn sie den Bedürfnissen der heutigen Generation entspricht ohne die Möglichkeit zukünftiger Generationen zu gefährden, ihre eigenen Bedürfnisse zu befriedigen. Es geht nicht nur um das Überleben, sondern das gute Leben. Nachhaltigkeit zielt auch auf Lebensqualität jenseits des Ressourcenverbrauchs, beispielsweise Freunde zu haben, Familie zu führen, Bildung zu genießen usw. Unter Zugrundelegung der Bedürfnispyramide von Maslow (1977: 74 ff) können verschiedene *Kategorien menschlicher Bedürfnisse* nach ihrer Dringlichkeit unterschieden und sortiert werden:

1. *physiologische Bedürfnisse*: körperliche Elementarbedürfnisse, wie Atmen, Trinken, Schlafen, Essen, Wärme,
2. *Sicherheitsbedürfnisse*, z. B. Schutz vor Gefahr und Unrecht, Angst- und Schmerzvermeidung, Stabilität und Ordnung, soziale Sicherheit,
3. *soziale Bedürfnisse*, wie Geborgenheit, Liebe, Freundschaft, Partnerschaft, Integration,
4. *Ich-Bedürfnisse*, wie Anerkennung, Achtung, Erfolg, Freiheit, Prestige, Selbstwertgefühl, Unabhängigkeit, Wertschätzung,
5. *Selbstverwirklichungsbedürfnisse*, wie Entfaltung der eigenen Persönlichkeit, Ausschöpfung des eigenen Potenzials und persönlicher Fähigkeiten.

In der Regel werden die höheren Bedürfnisse der *Bedürfnishierarchie* bzw. -pyramide erst wirksam, nachdem die tieferen Bedürfnisse befriedigt sind. Während die physiologischen Bedürfnisse unabdingbar sind um zu überleben, man bezeichnet diese deshalb auch als primäre Bedürfnisse, ist die Reihung der höheren sekundären Bedürfnisse diskutabel und kann zwischen Individuen und Kulturen variieren und durch Bildung, etwa bezüglich Nachhaltigkeit, oder durch Werbung in erwünschte oder unerwünschte Richtungen beeinflusst und gesteuert werden. Dass Menschen bei erfüllten physiologischen und Sicherheitsbedürfnissen vor allem durch die weiter oben stehenden sozialen und individuellen Bedürfnisse motiviert und erreicht werden können, kann gezielt verkaufsfördernd oder bewusstseinsbildend angesprochen werden. Ein Markengetränk befriedigt z. B. nicht nur das physiologische Bedürfnis zu trinken, sondern auch durch Werbung geprägte soziale und individuelle Bedürfnisse. Andererseits können sekundäre Bedürfnisse durch Information und Aufklärung auch in Bezug auf ethisch nachhaltiges Verhalten gerichtet und verstärkt werden. Während die Ökonomie durch das Angebot von Gütern grundsätzlich einen positiven Beitrag zur menschlichen Bedürfnisbefriedigung leistet, kann sich eine in Gewinnerzielungsabsicht betriebene Ökonomisierung sozialer und sonstiger Bedürfnisse leicht ins Gegenteil verkehren. Dies ist etwa dann der Fall, wenn natürlicherweise von Mensch (wie Liebe, Anerkennung) und Natur (z. B. Wasser und andere Naturprodukte) verschenkte Dinge kommerzialisiert werden. Entsprechend ihrer Wichtigkeit unterscheidet die Ökonomie drei Arten menschlicher Bedürfnisse:

- *Existenzbedürfnisse*, die lebensnotwendig sind und der Selbsterhaltung dienen, wie Trinken, Essen, Kleidung und Unterkunft,
- *Grundbedürfnisse*, die dem allgemeinen Lebensstandard einer Gesellschaft entsprechen, wie z. B. Haushaltsgüter, Bildung (Schulen, Bücher), Kultur, Sport, Reisen
- *Luxusbedürfnisse*, die sich nur einige Menschen leisten können.

Die Übergänge zwischen den genannten Bedürfnisarten sind fließend und unterliegen dem zeitlichen und gesellschaftlichen Wandel. Dies gilt insbesondere für die Grund- und Luxusbedürfnisse, die auch als *Wahlbedürfnisse* bezeichnet werden, da ihre Auswahl von individuellen Präferenzen abhängig ist. Dabei unterscheiden wir *Individualbedürfnisse* (z. B. Autokauf), die der Entscheidung Einzelner unterliegen von *Kollektivbedürfnissen*, welche die Gemeinschaft oder einen Teil hiervon betreffen (z. B. öffentliche Infrastruktur).

Die menschlichen Bedürfnisse, also das Bestreben, einen als Mangel empfundenen Zustand zu beseitigen, lassen sich nach weiteren Kriterien unterscheiden:

Tab. 2.1:   Kategorisierung menschlicher Bedürfnisse

Kriterium	Bedürfnisart
Bewusstsein	Bewusste und latente Bedürfnisse
Entstehung	Ursprüngliche und geschaffene Bedürfnisse
Lebensnotwendigkeit	Grund-, Kultur- und Luxusbedürfnisse
Mittelart zur Befriedigung	Materielle und immaterielle Bedürfnisse
Zahl der Träger	Individual-, Gruppen- und Gesamtbedürfnisse
Zeit	Permanente, periodische und a-periodische Bedürfnisse

Zu beachten ist, dass Märkte nicht unmittelbar auf Bedürfnisse, sondern nur auf den mit Kaufkraft versehenen *Bedarf* reagieren. Während Bedürfnisse subjektive Mangelempfindungen jedes Einzelnen darstellen und folglich nicht direkt für Außenstehende erkennbar sind, handelt es sich bei Bedarf um Bedürfnisse, die sich mit Geld ausdrücken lassen. Zwischen den Bedürfnissen und dem Bedarf ist das Artikulationsmedium des wirtschaftlichen Subsystems, die monetäre Nachfrage bzw. das Geld geschaltet. Nicht die Bedürfnisse, sondern der Bedarf wird auf Märkten geäußert und durch Güterangebot befriedigt. Gesell (1949: 128 f) unterschied unter Verwendung anderslautender Begriffe zwischen dem Bedarf (gemeint sind im obigen Sinne die Bedürfnisse) an Gütern und der Nachfrage nach Gütern: Güternachfrage hat nur jener, der Geld für die Güter anbietet. Güterbedarf (im obigen Sinne Bedürfnisse) haben dagegen viele, auch Mittellose. Vor dem Bedarf an Gütern, für deren Kauf das Geld fehlt, verstecken sich die Kaufleute, die Nachfrage nach Gütern aber lockt sie herbei.

In der derzeitigen Ökonomie dienen Unternehmen vor allem der Bedürfnisbefriedigung von Kunden, die bereit und in der Lage sind, hierfür zu bezahlen. In einer freien Marktwirtschaft kümmern sich die Unternehmen im Wettbewerb mit anderen Unternehmen um die Existenz-, Grund- und gerne auch Luxusbedürfnisse ihrer Kunden und versuchen, diesen in qualitativer und quantitativer Hinsicht gerecht zu werden. Privatwirtschaftlich organisierte Unternehmen passen sich flexibel an die Nachfrage ihrer Kunden an und sind innovationsbereit, um im Wettbewerb zu bestehen.

Legt man die *Brundtland-Definition* zugrunde, so sollte eine nachhaltige Ökonomie darüber hinaus auf die Befriedigung der grundlegenden Bedürfnisse gegenwärtiger und zukünftiger Generationen ausgerichtet sein. Dabei fällt auf, dass es in vielen Bereichen und bei vielen Menschen zahlreiche Existenz- und Grundbedürfnisse gibt, auf die Privatunternehmen nicht im angemessenen und ausreichenden Maße reagieren, da es für sie keine monetäre Nachfrage bzw. Aufträge gibt.

Mittel zur Bedürfnisbefriedigung werden *Güter* genannt, wobei zwischen freien und knappen Gütern unterschieden wird:

- *Freie Güter* sind unentgeltlich zu einem Preis von Null erhältlich, da sie entweder keinen Nutzen stiften, nahezu unbegrenzt vorhanden oder allgemein öffentlich zugänglich sind. Hierzu zähl(t)en z. B. Sand in der Wüste, Luft oder Wasser, wobei letztere aufgrund der zunehmenden Umweltbelastung und -verschmutzung heute schon zu den knappen Gütern gezählt werden.
- *Knappe Güter*, auch wirtschaftliche Güter genannt, stiften Nutzen und dienen der Bedürfnisbefriedigung, sind jedoch nur begrenzt verfügbar. Da ihre Nutzbarmachung Kosten verursacht, haben sie einen positiven Preis. Die Gesamtheit der wirtschaftlichen Güter reicht nicht aus, um alle Bedürfnisse der Menschen zu erfüllen. Dies liegt an der Begrenztheit der natürlichen Ressourcen, der Knappheit der Produktionsfaktoren, aus denen Güter hergestellt werden, aber auch an der Vielzahl der Bedürfnisse, die immer wieder neu entstehen. Die Knappheit macht, neben der Funktion der Bedürfnisbefriedigung, eine Ware oder eine Dienstleistung erst zum wirtschaftlichen Gut.

Eine Nachhaltigkeitsproblematik besteht darin, dass nur Produkte, für die am Markt ein Preis erzielt werden kann, ökonomisch verwertbar sind und entsprechend als werthaltig bzw. wertvoll betrachtet werden. Freie Güter, wie Boden, Luft und Wasser, die keinen Preis haben, werden dagegen vom Markt nicht geschont. Beispielsweise werden Regenwälder, die keinen oder nur einen sehr geringen Preis haben, abgeholzt und etwa durch Grasflächen für Rinder oder Palmölplantagen substituiert, für die ein Marktpreis erzielt werden kann. Freie Güter, die am Markt keinen Preis erzielen, werden leider häufig wie wertlose Güter behandelt.

2.1.2   Grundprobleme ökonomischen Handelns und Entscheidens

Das *Grundproblem ökonomischen Handelns* besteht darin, dass umfangreiche menschliche Bedürfnisse nur begrenzt verfügbaren Ressourcen gegenüberstehen. Dies erfordert wirtschaftliche Entscheidungen, welche und wessen Bedürfnisse prioritär gedeckt und welche Ressourcen vermehrt bzw. abgebaut werden sollen.

Aus ökonomischer Sicht geht es im Kontext der *Nachhaltigkeit* um die Frage, wie absolut knappe Ressourcen rational bewirtschaftet werden können, d. h. um Fragen der Haushaltslehre, mit denen sich bereits Aristoteles auseinandersetzte. Nachhaltiges Wirtschaften bedeutet Haushalten mit knappen Ressourcen. Knapp sind heutzutage neben natürlichen Ressourcen auch Human- und Finanzressourcen, wobei es sich bei der Knappheit von Finanzressourcen bzw. Geld um eine menschengemachte und gewollte Situation handelt, deren Problembehandlung im Kapitel zur nachhaltigen Ökonomie und Geld erfolgt. Knappe Humanressourcen beziehen sich insbesondere auf qualifizierte Arbeitskräfte, wobei Bildung und Inklusion im Kontext sozialer Nachhaltigkeit behandelt wird. Der Umgang mit knappen natürlichen Ressourcen steht im Mittelpunkt des bisherigen Nachhaltigkeitsdiskurses und wird im Kapitel zur ökologischen Nachhaltigkeit vertieft.

Wirtschaftliche Entscheidungen werden letztlich von *Individuen* getroffen. Entscheiden diese im *Kollektiv*, z. B. als Regierung oder Geschäftsleitung, abstrahiert man und spricht von der Entscheidung des Staates bzw. Unternehmens als kollektivem Akteur. Die Regierung eines Landes steht bei knappen Finanzmitteln etwa vor der Entscheidung, die staatlichen Investitionen in erneuerbare Energien zu erhöhen oder mehr in Bildung zu investieren. In einem Unternehmen wird mit knappen Produktionsfaktoren, wie Maschinen oder Rohstoffen, gewirtschaftet. In der Zeit, in der auf einer Maschine ein Gut produziert wird, muss auf die Produktion eines anderen Gutes verzichtet werden. In der neoklassischen Wirtschaftstheorie werden ökonomische Entscheidungen unter Annahme des Menschenbildes des Homo Oeconomicus analysiert, das uneingeschränkt rationales Verhalten, bei Konsumenten Streben nach Nutzenmaximierung und bei Produzenten Streben nach Gewinnmaximierung unterstellt. Traditionell werden vollständige Information der Wirtschaftsakteure über ihre Entscheidungsalternativen und deren Folgen sowie vollkommene Markttransparenz angenommen. Modernere entscheidungs- und verhaltenstheoretische Ansätze ersetzen diese stark abstrahierenden Annahmen zunehmend durch realitätsnähere Verhaltensmodelle, die von begrenzt rationalen Entscheidungen der ökonomischen Akteure ausgehen.

Die *ökonomischen Grundfragen* betreffen die Allokation der Güter (Was und wie viel wird und wie wird produziert?), die Distribution bzw. Verteilung der Güter (Für wen wird produziert?) sowie die durch die Wirtschaftsordnung definierten ökonomischen Rahmenbedingungen, nach denen die ökonomischen Akteure eines Landes im Wirtschaftsgeschehen handeln können und sollen. Bezogen auf die Zielsetzung der Nachhaltigkeit stellt sich die Frage, wie die Güterproduktion erfolgen soll. Diese Frage betrifft sowohl die mikroökonomische Betrachtungsebene, die sich mit den wirtschaftlichen Entscheidungen einzelner ökonomischer Akteure befasst, als auch die makroökonomische Ebene unter Berücksichtigung der Kreislaufbeziehungen zwischen den volkswirtschaftlichen Akteuren. Maßgeblich ist hierbei der rationale Umgang mit knappen Gütern. Dieser ergibt sich aus dem allgemeinen Vernunftprinzip, das auch *ökonomisches Prinzip*, Wirtschaftlichkeitsprinzip oder Rationalprinzip genannt wird, und dem letztlich alle wirtschaftlichen Entscheidungen unterliegen. Das ökonomische Prinzip fordert, das Verhältnis aus Ergebnis (Output) und Einsatz (Input) zu optimieren. Unter der Maßgabe wirtschaftlichen Handelns sollte die Disposition über knappe Güter nach einer der folgenden Ausprägungen des ökonomischen Prinzips erfolgen:

- *Maximalprinzip* (Ergiebigkeitsprinzip): Mit einem gegebenen Einsatz an Wirtschaftsgütern (Input, Aufwand) soll ein möglichst hohes Ergebnis (Output, Ertrag) erwirtschaftet werden.
- *Minimalprinzip* (Sparsamkeitsprinzip): Ein vorgegebenes Ergebnis (Output) soll mit einem möglichst geringen Einsatz (Input) erreicht werden.
- *Optimum-Prinzip* (Extremum-Prinzip): Das Optimum-Prinzip will ein möglichst günstiges Verhältnis zwischen Ergebnis (Output) und Einsatz (Input) erreichen, indem es das Minimal- und das Maximalprinzip verknüpft, wobei sowohl der Input als auch der Output variabel optimiert werden.

Das ökonomische Prinzip zielt auf produktionswirtschaftliche Effizienz und optimiert den Ressourceneinsatz bei gegebenem Zielniveau. Die Höhe des Zielniveaus ist exogen, d. h. von außen vorgegeben und an anderer Stelle zu bestimmen. Bezogen auf eine nachhaltige Ökonomie wären hier *umweltverträgliche Niveaus (Caps)* zu definieren und dann nach dem ökonomischen Prinzip die Ressourcen- bzw. Energieeffizienz zu optimieren.

2.1.3   Ökonomische Entscheidungsträger

Das ökonomische Geschehen ist das Ergebnis einer Vielzahl von Entscheidungen der ökonomischen Akteure, wobei in der Wirtschaftstheorie zwischen den privaten Haushalten, den Unternehmen, dem Staat und dem Ausland unterschieden wird.

Haushalte sind konsumorientierte Wirtschaftssubjekte, die sich unabhängig von der Anzahl ihrer Mitglieder durch einen einheitlichen Willen und einheitliches Handeln auszeichnen und das Ziel der Eigenbedarfsdeckung verfolgen. Synonym werden Haushalte auch als Verbraucher, Nachfrager oder Konsumenten bezeichnet. Haushalte bieten auf den Faktormärkten die Produktionsfaktoren Arbeit und Kapital an und fragen auf den Gütermärkten Konsumgüter nach. Unter der Annahme von Konsumentensouveränität, d. h. dass Haushalte frei und ohne Bevormundung oder Zwang entscheiden können, stehen sie vor einem doppelten Optimierungsproblem, das ihr wirtschaftliches Handeln bestimmt: Einkommenserzielung und Einkommensverwendung. Haushalte haben zwei Möglichkeiten der Einkommensverwendung: Sie können ihr Einkommen entweder sparen oder konsumieren. Ihr Sparverhalten ist abhängig von der Höhe des Einkommens, da bei höherem Einkommen in der Regel mehr gespart werden kann, von den Zukunftserwartungen, Bedürfnissen und vom Zinssatz. Das Verhältnis der Ersparnis zum verfügbaren Einkommen wird als Sparquote bezeichnet. Analog gibt die Konsumquote den Anteil des Einkommens an, der konsumiert wird. Da Haushalte ihr Einkommen nur entweder konsumieren oder sparen können, addieren sich Konsum- und Sparquote immer zu eins.

Die *Unternehmen* als Produktionswirtschaften stehen den Haushalten als Konsumtionswirtschaften gegenüber. Unternehmen befriedigen die Bedürfnisse der privaten Haushalte, indem sie Produkte in Form von Sachgütern oder Dienstleistungen für fremde Bedarfe anbieten und hierdurch Einnahmen generieren. Unternehmen wollen nach der marktwirtschaftlichen bzw. kapitalistischen Zielfunktion Gewinne erzielen bzw. maximieren. Bei Non-Profit-Organisationen stehen andere, häufig altruistische Ziele im Vordergrund, weshalb sie lediglich Kostendeckung zu ihrer Existenzsicherung anstreben. In einer Marktwirtschaft haben

Unternehmen ein tripolares Optimierungsproblem zu lösen und zu entscheiden, erstens was produziert werden soll, zweitens wie produziert werden soll und drittens zu welchen Preisen die Güter angeboten werden sollen. Unter Zugrundelegung eines funktionierenden Marktmechanismus und der Annahme, dass das oberste Ziel der Unternehmen die langfristige Gewinnmaximierung ist, steuert die Gewinnerwartung den effizienten Einsatz der Produktionsfaktoren im Sinne des ökonomischen Prinzips.

Der *Staat* schafft mit dem Rechtssystem die allgemeinen Rahmenbedingungen wirtschaftlichen Handelns und regelt die Beziehungen der ökonomischen Akteure untereinander. Darüber hinaus nimmt er zahlreiche öffentliche Aufgaben war. Der Staat umfasst institutionell die verschiedenen Gebietskörperschaften zur politischen Führung und Verwaltung geographisch abgegrenzter Gebietseinheiten; in Deutschland sind dies der Bund, die Länder und die Gemeinden, wobei nach dem Grundsatz der Subsidiarität den unteren Gebietskörperschaften so viel Selbstverwaltung wie möglich zu übertragen ist. Ebenfalls zum staatlichen bzw. öffentlichen Sektor gehören die weitgehend selbständigen, zumeist als öffentlich-rechtliche Körperschaften organisierten Parafisci, z. B. Sozialversicherungsträger, Ständekammern, Kirchen, die wirtschaftliche und soziale Aufgaben erfüllen und mit dem Recht ausgestattet sind, sich über Zwangsabgaben zu finanzieren, ohne selbst Träger von Hoheitsrechten zu sein. Ein weiterer Bereich staatlicher Aktivität wird von öffentlichen Unternehmen wahrgenommen, die in privatrechtlicher Form nach dem erwerbswirtschaftlichen Prinzip handeln.[5]

2.1.4   Shareholder Value versus Stakeholder Management

Management als die Leitung soziotechnischer Systeme in personen- und sachbezogener Hinsicht mithilfe professioneller Methoden umfasst die Grundfunktionen (1) Unternehmensphilosophie, Unternehmensethik und Unternehmenspolitik, (2) Unternehmensplanung und Kontrolle, (3) Organisation und Führung sowie (4) Führungskräfteentwicklung.

Grundsätzlich alle vier Managementfunktionen betreffend unterscheiden Ulrich und Fluri (1992: 19 ff) drei Managementebenen: (i) Normatives konsensorientiertes Management zum Aufbau unternehmenspolitischer Verständigungs- und Glaubwürdigkeitspotenziale. Hier geht es um die Bewältigung von Konflikten zwischen verschiedenen Interessengruppen und um die gesellschaftliche Legitimation unternehmerischen Handelns. (ii) Strategisches Management zum Aufbau strategischer Erfolgspotenziale. Hier geht es um die qualitative Steuerung und strategische Beherrschung komplexer und ungewisser Marktbedingungen sowie die Sicherstellung der Fähigkeit, auf Innovations- und Wettbewerbsdruck sowie strategische Überraschungen adäquat reagieren zu können. (iii) Operatives Management zum Aufbau betrieblicher Produktivitätspotenziale zur kosten- und leistungsoptimalen Kombination knapper Ressourcen und Produktionsfaktoren sowie zur kalkulierbaren unternehmerischen Erfolgssicherung im Sinne des Kosten-/ Leistungsrechnungs- oder Bilanzerfolgs.

Unternehmenspolitik findet auf der obersten Managementebene statt und betrifft die Auseinandersetzung mit den Werten und Interessen der am Unternehmen beteiligten und von Handlungen des Unternehmens betroffenen Anspruchsgruppen, die als Stakeholder bezeich-

---

[5]   Hierzulande gibt es *öffentliche Unternehmen* im vollständigen Eigentum der Bundesrepublik Deutschland, wie die Deutsche Bahn AG oder die Bundesdruckerei GmbH, oder mit einer Beteiligung des Bundes, wie die Deutsche Post AG oder die Deutsche Telekom AG. Über den Aufsichtsrat bzw. die Gesellschafterversammlung hat der Staat hier volle Kontrollrechte und Einflussmöglichkeiten.

net werden. Interne Stakeholder sind die Anteilseigner (Shareholder) des Unternehmens; zu ihnen zählen aber auch das Management, die Mitarbeiter und interne Gremien, wie Aufsichtsrat und Betriebsrat. Außerhalb des Unternehmens sind Kunden, Lieferanten, Fremdkapitalgeber, Kooperationspartner, Konkurrenten, Regierung, Behörden, Kommunen, Gewerkschaften, Verbände, Bürgerinitiativen, Medien u. a. als externe Stakeholder zu berücksichtigen. Nach Ulrich und Fluri (1992: 75) muss eine rationale Unternehmensverfassung offen sein und „darf ebenso wenig wie eine akzeptable Staatsverfassung die partizipationsberechtigten «Stakeholder» (Anspruchsgruppen) im Voraus und abschließend materiell definieren."

Nach dem *Shareholder Value-Ansatz* von Rappaport (1986) soll das Management im Sinne der Anteilseigner (Shareholder) den langfristigen Unternehmenswert maximieren, der sich aus den zukünftigen abgezinsten Einzahlungsüberschüssen bzw. freien Cashflows ergibt. Das Konzept des Shareholder Value (Aktionärswert) fordert eine Eigenkapitalmindestverzinsung und versucht auf hochkonzentrierten Märkten eine möglichst maximale Kapitalverzinsung durch Target Return Pricing sicherzustellen (Bontrup 2008: 72). Die Interessen der Stakeholder werden zur Kenntnis genommen, jedoch nur im Sinne einer langfristigen Maximierung des Unternehmenswerts, des Gewinns und der Eigenkapitalrendite. Dementsprechend obliegt allein dem Staat die verantwortliche Vorgabe der Regeln, etwa zur Begegnung von Marktversagen, wirtschaftlicher Macht und externer Effekte sowie bezüglich sozialer und ökologischer Ziele, während Unternehmen ihrer sozialen Verantwortung nach Friedman (1970) durch Gewinnmaximierung unter Einhaltung der Spielregeln nachkommen: „There is one and only one social responsibility of business – to use its resources and engage in activities designed to increase its profits so long as it stays within the rules of the game, which is to say, engages in open and free competition without deception or fraud." Soziale und ökologische Nachhaltigkeitsziele rangieren demnach für Unternehmen hinter der ökonomischen Zielsetzung, d. h. sie stellen für sie Mittel und nicht Zweck ökonomischer Betätigung dar.

Der *Stakeholder-Ansatz* will dagegen die Ansprüche aller direkt oder indirekt von den Aktivitäten des Unternehmens betroffenen Interessengruppen möglichst optimal erfüllen und dadurch vorbeugen, dass Stakeholder dem Unternehmen das Vertrauen respektive die Existenzberechtigung (licence to operate) entziehen, indem beispielsweise Kunden nicht mehr kaufen, Lieferanten nicht mehr liefern, Banken keine Kredite mehr vergeben oder der Staat restriktiv regulierend eingreift. Unter der Annahme, dass Unternehmen nur dann langfristig bestehen können, wenn die Unternehmensziele mit jenen der Stakeholder vereinbar sind, werden einvernehmliche Verständigung und ggf. Kompromisse angestrebt, die zur Zufriedenheit bzw. Akzeptanz aller Betroffenen führen sollen (Freeman 2010). Die unternehmerische Zielfindung findet beim Stakeholder-Ansatz nicht mehr nur top-down und bottom-up innerhalb des Unternehmens, sondern auch outside-in und inside-out zwischen Unternehmen und ihrer Umwelt statt. Dies entspricht einer Reintegration der Wirtschaft in die Gesellschaft, wo bzw. nachdem sich diese im Kontext des industriellen technologischen Fortschritts entfremdet hatten (Huber 2011: 260), sowie der von Drucker (1977: 29) postulierten gesellschaftlichen Verantwortung freier Unternehmen: „Every one is an organ of society and exists for the sake of society. Business is no exception. Free enterprise cannot be justified as being good for business; it can be justified only as being good for society." Der Umgang mit sozialen Einflüssen und sozialer Verantwortung zählt demnach zu den primären Aufgaben des Managements, wobei gesellschaftliche Ziele nicht nur Mittel zur Gewinnmaximierung, sondern Zweck ökonomischer Betätigung darstellen (Drucker 1993).

Stakeholder können die Ziele von Unternehmen beeinflussen, da diese nicht von vornherein festliegen, sondern vor allem in größeren Unternehmen das Ergebnis von Entscheidungsprozessen sind, in denen unterschiedliche Zielsetzungen von Stakeholdern zum Ausgleich gebracht werden. Porter und Kramer (2006) konstatieren, dass die Vehemenz der von Anspruchsgruppen vorgetragenen Argumente dabei nicht unbedingt ihrer unternehmerischen oder gesellschaftlichen Bedeutung entspricht.

2.1.5   Produktion und Verteilung

Produkte bedürfen nach ihrer Aneignung von der Natur in der Regel weiterer Transformation, um sie dem menschlichen Gebrauch oder Verbrauch zugänglich zu machen. Wir sprechen von *Produktion*, wenn Güter im Rahmen eines technischen Prozesses, des Produktionsprozesses, verändert oder neu hergestellt werden. Produktion bezeichnet die Kombination und Allokation von Produktionsfaktoren, um Güter hervorzubringen. Das maximal erzielbare Produktionsergebnis wird durch den verfügbaren Bestand und die Qualität der Produktionsfaktoren sowie deren möglichst optimale Kombination determiniert.

In der Volkswirtschaftslehre werden traditionell die drei *Produktionsfaktoren* Arbeit, Boden und Kapital unterschieden, wobei Kapital als Produktionsfaktor das Realkapital und nicht das Geldkapital meint. Heutzutage zählt darüber hinaus auch der technische Fortschritt zu den Produktionsfaktoren.

Arbeit bezeichnet jede auf die Erzeugung von Gütern planmäßig ausgerichtete menschliche Tätigkeit.

Boden war in vorindustrieller Zeit neben dem Faktor Arbeit die wichtigste Determinante der ökonomischen Entwicklung. Boden bezeichnet alle der Produktion dienenden außermenschlichen Naturkräfte und Naturstoffe und umfasst alle genutzten und bewirtschafteten natürlichen Ressourcen bzw. Quellen, wie die Erdoberfläche, Wasserflächen, Rohstoffe oder Atmosphäre. Der Produktionsbeitrag des Bodens umfasst seine Anbaufähigkeit durch die Land- und Forstwirtschaft (Anbauboden), seine Abbaufähigkeit durch den Bergbau (Abbauboden) sowie seine Bebauungsfähigkeit durch private Haushalte und Staat (Bebauungsboden).

Kapital sind die zur Produktion eingesetzten Mittel, wobei zwischen Realkapital und Geldkapital zu unterscheiden ist. *Realkapital* bezeichnet durch den Einsatz von Boden, Kapital und menschlicher Arbeit erzeugte Produktionsmittel, welche der Produktion dienen (*Geldkapital* bezeichnet dagegen Finanzierungsmittel zur Beschaffung von Produktionsgütern). Das Realkapital umfasst alle produzierten und noch nicht in den Bereich der Haushalte übergegangenen Güter, d. h. die Summe aller Produktionsstätten (Gebäude), Produktionsinstrumente (Maschinen, Werkzeuge), Lagerbestände etc. Der vorhandene Bestand an dauerhaften Produktionsmitteln ist der sog. *Kapitalstock*. Dessen laufende Vergrößerung durch die Anhäufung bzw. Akkumulation von Realkapital ist Wesensmerkmal für die kapitalorientierte Industriegesellschaft des 19. und 20. Jahrhunderts, wobei in der modernen Industriegesellschaft weniger die Vergrößerung des Kapitalbestandes, sondern vielmehr seine Verbesserung im Vordergrund steht.

Technischer Fortschritt, der angetrieben durch Innovationswettbewerb zur wesentlichen Determinante ökonomischen Wachstums wurde, umfasst die Entwicklung, Einführung und Verbreitung neuer oder verbesserter Produkte, Produktionsfaktoren oder -verfahren, die Qualitätsverbesserungen des Realkapitals bewirken. Unterschieden werden Produktinnovationen,

d. h. neue Waren oder Dienstleistungen, sowie Prozessinnovationen, welche das mengenmäßige Verhältnis zwischen dem Ergebnis (Output) und dem Faktoreinsatz (Input) des Produktionsprozesses erhöhen. Zum technischen Fortschritt zählt neben Produkt- und Prozessinnovationen auch das technisch-organisatorische Wissen zur besseren Kombination der Produktionsfaktoren, sodass unveränderte Produkte bei gleichbleibenden Kosten in größeren Mengen hergestellt werden können. Innovationen als Ergebnis des technischen Fortschritts sind aus ökonomischer Sicht erwünscht, sofern sie sich am Markt erfolgreich behaupten und zu Nachfrage und Gewinn beitragen. Aus Nachhaltigkeitsperspektive sind Innovationen jedoch auch hinsichtlich ihrer sozialen und ökologischen Auswirkungen zu bewerten.

Durch *Kombination* der vorgenannten Produktionsfaktoren werden Güter erzeugt. Wie diese Kombination zu erfolgen hat, ist eine technisch-organisatorische Aufgabe, bei der neben quantitativen Verhältnissen auch qualitativ die unterschiedliche Beschaffenheit und Qualität der Produktionsfaktoren zu berücksichtigen ist. Produktionsfaktoren können zueinander in limitationaler oder substitutionaler Beziehung stehen. *Limitationalität* liegt vor, wenn die einzelnen Produktionsfaktoren in einem festen technisch bestimmten Einsatzverhältnis zueinander eingebracht werden müssen, um eine Produktionsmengenerhöhung zu erreichen. Sind in einer Grube beispielsweise 2 Arbeiter und 2 Schaufeln vorhanden, so bringt eine Erhöhung des Faktors Schaufeln keine höhere Produktion, wenn nicht auch der Faktor Arbeit erhöht wird. Das Einsatzverhältnis ist hier 1:1. Die Erhöhung nur eines Faktors hat in diesem Fall eine Grenzproduktivität von Null.[6] Bei *Substitutionalität* der Produktionsfaktoren kann mit unterschiedlichen Faktoreinsatzmengen das gleiche Ergebnis erzielt werden. Der Austausch eines Faktors durch einen anderen ist möglich, ohne dass sich die Produktionsmenge verändert. Andererseits kann der Ertrag auch durch die Erhöhung nur eines Faktors vergrößert werden. Es liegt eine positive Grenzproduktivität der Faktoren vor. In der Landwirtschaft kann beispielsweise durch die Erhöhung der Düngermenge unter ansonsten gleichen Bedingungen (ceteris paribus), d. h. bei gleichem Boden und gleicher Arbeit, der Ertrag gesteigert werden. Andererseits kann durch einen Mehreinsatz von Boden, d. h. eine größere Fläche, ein Mindereinsatz von Dünger ersetzt werden. Die funktionale Beziehung zwischen der Ausbringungsmenge und den eingesetzten Produktionsfaktormengen wird durch *Produktionsfunktionen* ausgedrückt. Eine Produktionsfunktion beschreibt mögliche Faktorkombinationen zur Erreichung eines Ziels bzw. zur Produktion einer bestimmten Art und Anzahl von Gütern. Bezeichnet man die Ausbringungsmenge mit q und die Menge der eingesetzten Faktoren mit $i_1, i_2, ..., i_n$, so gilt:

$$q = f(i_1, i_2, ..., i_n)$$

Diese allgemeine Produktionsfunktion gibt an, wie die etwa von einem Unternehmen hergestellte Produktionsmenge q, bei Anwendung der günstigsten Technik, von der Menge der in den Produktionsprozess eingebrachten Faktoren $i_1, i_2, ..., i_n$ abhängt. Jeder Inputmenge wird der damit zu produzierende Output zugeordnet, wobei ermittelt wird, wieviel Arbeits- und Kapitaleinsatz im Durchschnitt für die Erstellung einer Produktmengeneinheit erforderlich sind. Um die Nutzung des Realkapitals zu untersuchen, berechnet man die durchschnittliche *Kapitalproduktivität* als Quotient aus Produktionsoutput und Kapitaleinsatz. Der Kehrwert dieses Quotienten ist der *Kapitalkoeffizient*. Dieser gibt an, wie viele Kapitaleinheiten durch-

---

[6] Die *Grenzproduktivität* ist der Zuwachs der produzierten Güter (des Outputs) bei Steigerung eines der eingesetzten Faktoren (des Inputs) um eine Einheit.

schnittlich je Produktmengeneinheit einzusetzen sind. Der Kapitalstock zu Beginn einer Periode dividiert durch das Produktionsergebnis der Periode ergibt den durchschnittlichen Kapitalkoeffizienten, der Zuwachs des Kapitalstocks in einer Periode dividiert durch den Zuwachs des Produktionsergebnisses den marginalen Kapitalkoeffizienten. Kapitalintensive Wirtschaftsbereiche mit einem hohen Kapitalkoeffizienten sind z. B. Energieversorgung, Wohnungswirtschaft und Verkehr, bei denen die durchschnittliche Ausstattung des Produktionsprozesses mit dauerhaften Produktionsmitteln groß ist, während arbeitsintensive Wirtschaftsbereiche, wie z. B. Handel und Handwerk, niedrigere Kapitalkoeffizienten aufweisen. Der Quotient aus Kapitaleinsatz und Arbeitseinsatz ergibt die *Kapitalintensität*, welche ein Maß für die Mechanisierung der Produktion und damit die Industrialisierung einer Ökonomie darstellt. Der Übergang von arbeitsintensiver zu kapitalintensiver Produktionsweise ist charakteristisch für die kapitalistische Entwicklung. Hoch automatisierte Anlagen ermöglichen heute die Produktion großer Stückzahlen bzw. Massenproduktion mit dramatisch erhöhter Arbeitsproduktivität, da sich die Zahl der Arbeiter auf wenige für Technik und Instandhaltung Zuständige reduziert.

In der Volkswirtschaftslehre werden die Produktionsfaktoren Arbeit, Kapital und Boden aggregiert berücksichtigt und entsprechende Produktionsfunktionen formuliert:

$$q = f(A, K, B)$$

mit q: Ertrag bzw. produzierte Gütermenge, A: geleistete Arbeitsstunden, K: Kapitaleinsatz (z. B. Maschinenstunden), B: Ressourceneinsatz (z. B. Rohstoffverbrauch).

Die obige gesamtwirtschaftliche Produktionsfunktion beschreibt den Output in Abhängigkeit von den Produktionsfaktoren Arbeit, Kapital und Boden (Natur). Alle drei Produktionsfaktoren sind essenziell und damit gleichermaßen bedeutsam. Geht man vereinfachend von konstantem Naturverbrauch aus, so ist der Güteroutput von der kombinierten Menge an menschlicher Arbeit und eingebrachtem Kapital abhängig. Menschliche Arbeit vermag ohne Kapital jedoch fast ebenso wenig zu vollbringen, wie totes Kapital ohne menschliche Arbeit. Man benötigt immer beides im passenden Einsatzverhältnis, um effektiv und effizient produzieren zu können. Dem steht entgegen, dass das Kapital im Vergleich zur Arbeit einen dominierenden Einfluss auf die Unternehmensführung hat. Abgesehen von der deutschen Montanmitbestimmung, die nach Artikel 4 MontanMitbestG vollständige Parität zwischen Anteilseignern und Arbeitnehmern im Aufsichtsrat kennt, sieht die international fortschrittliche unternehmerische *Mitbestimmung* in Deutschland nach § 7 in Verbindung mit § 27 und § 29 MitbestG einen stärkeren Einfluss der Anteilseigner (Shareholder) gegenüber den Arbeitnehmern vor, während Bürger- und Naturinteressen nicht in Aufsichtsräten repräsentiert sind. Durch die seit Ende 2004 EWR[7]-weit mögliche Gründung von Kapitalgesellschaften als Societas Europaea (SE) wurde die unternehmerische Mitbestimmung der Arbeitnehmer im Vergleich zur Aktiengesellschaft nach deutschem Recht geschwächt, da nun neben dem dualistischen System mit Vorstand und Aufsichtsrat auch ein monistisches System mit einem Board of Directors (Verwaltungsrat) möglich ist. Bestehende Mitbestimmungsniveaus sind zwar gesetzlich abgesichert, jedoch lässt sich bei Neugründung einer SE mit weniger als 2.000 Beschäftigten das Hineinwachsen in die paritätische Mitbestimmung zukünftig vermeiden, zumal der Hauptsitz der SE leicht ins europäische Ausland verlegt werden kann. Große AGs

---

[7] Der Europäische Wirtschaftsraum (EWR) ist eine Freihandelszone zwischen der Europäischen Union und der Island, Liechtenstein, Norwegen und die Schweiz umfassenden Europäischen Freihandelsassoziation (EFTA).

können durch Umwandlung in eine SE ihren Aufsichtsrat von 20 auf 12 Mitglieder verkleinern und dadurch auch die Zahl der Arbeitnehmer- und Gewerkschaftsvertreter reduzieren.

Die produzierten Güter dienen der Befriedigung menschlicher Bedürfnisse und tragen zum Nutzen der Individuen und zur Wohlfahrt der Gesellschaft bei, sofern bei den privaten Haushalten entsprechende Kaufkraft vorhanden ist. Die *Verteilung* der produzierten Güter zwischen den Menschen, die über die Produktionsfaktoren Arbeit, Kapital und Boden verfügen und diese in den Produktionsprozess einbringen, ist Ergebnis eines Marktverhältnisses, bei dem es auf die Knappheit der jeweiligen Produktionsfaktoren ankommt.

- Dieses Marktverhältnis verändert sich zu Gunsten des Kapitals durch die Verknappung des Kapitals bei konstantem Arbeitsangebot oder durch die Vermehrung des Arbeitsangebots bei konstantem Kapital.
- Die Marktposition der Arbeit verbessert sich dagegen durch Verknappung des Arbeitsangebots bei konstantem Kapital oder durch Vermehrung des Kapitals bei konstantem Arbeitsangebot.

Je knapper ein Produktionsfaktor ist, desto besser seine Verhandlungsposition bei der Verteilung der Wertschöpfung. Dieses Verteilungsprinzip gilt analog für die vier *Wertschöpfungsarten* Löhne, Zinsen, Grundrenten und Gewinne, welche den Arbeitnehmern, Fremdkapitalgebern, Immobilienbesitzern und Eigenkapitalgebern zukommen.[8] Löhne, Zinsen und Grundrenten sind in der Regel kontraktbasiert festgelegt, sodass sich der Gewinn als schwankende Restgröße ergibt. Hier gilt der Grundsatz, der bei allen Handelsgeschäften zu beobachten ist. Je knapper und begehrter ein Gut ist, desto höher ist der damit erzielbare Preis. Damit wird neben der Verteilung auch der Produktionsprozess in einer Marktwirtschaft durch Kauf- und Verkaufsakte bestimmt.

2.2 Theorien zur nachhaltigen ökonomischen Entwicklung

Zur Fundierung weiterreichender Überlegungen zur nachhaltigen Entwicklung werden zunächst wesentliche, früher bereits intensiv diskutierte Erklärungen und Theorien zur ökonomischen Entwicklung vorgestellt.

2.2.1 Smiths Theorie der Arbeitsteilung

Der Moralphilosoph Adam Smith (1723–1790) gilt als zentraler Begründer der klassischen Nationalökonomie, die sich im 18. Jahrhundert als eigenständige Wissenschaftsdisziplin etablierte und rechtfertigte die Marktwirtschaft ethisch: „Nicht vom Wohlwollen des Metzgers, Brauers und Bäckers erwarten wir das, was wir zum Essen brauchen, sondern davon, dass sie ihre eigenen Interessen wahrnehmen. Wir wenden uns nicht an ihre Menschen- sondern an ihre Eigenliebe, und wir erwähnen nicht die eigenen Bedürfnisse, sondern sprechen von ihrem Vorteil" (Smith 1776). Er erkannte die besondere Bedeutung menschlicher Arbeit und ihrer arbeitsteiligen Organisation, in der die Menschen andere Güter produzieren als sie

---

[8] Vorrangiges Ziel von Unternehmen ist die Gewinnerzielung; die Gewinnmaximierung gilt als das Identitätsprinzip der Betriebswirtschaftslehre. Gewinne müssen erzielt werden, um die Zinsen für aufgenommenes Fremdkapital sowie die Renditeansprüche der Eigenkapitalgeber zu befriedigen. Unternehmerisches Ziel ist die Maximierung der Rentabilität, also des auf das Kapital bezogenen Gewinns.

konsumieren, für die ökonomische Entwicklung und beschrieb, wie *Arbeitsteilung* in einzelnen Fabriken sowie ganzen Volkswirtschaften den allgemeinen Wohlstand erhöhen kann. Gleich im ersten Kapitel seines berühmten Werks „Wohlstand der Nationen" zeigte Smith (1776: 6 ff) am Beispiel einer Manufaktur, die Stecknadeln produziert, wie durch Arbeitsteilung die Produktivität, d. h. das Verhältnis von Output zu Input, mehr als verhundertfacht bzw. vertausendfacht wurde: „Der eine Arbeiter zieht den Draht, der andere streckt ihn, ein dritter schneidet ihn, ein vierter spitzt ihn zu, ein fünfter schleift das obere Ende, damit der Kopf aufgesetzt werden kann. Auch die Herstellung des Kopfes erfordert zwei oder drei getrennte Arbeitsgänge. Das Ansetzen des Kopfes ist eine eigene Tätigkeit, ebenso das Weißglühen der Nadel, ja selbst das Verpacken der Nadeln ist eine Arbeit für sich. Um eine Stecknadel anzufertigen, sind somit etwa 18 verschiedene Arbeitsgänge notwendig…". Arbeitsteilung erhöht den Wohlstand nach Smith (1776) durch (1) größere Geschicklichkeit, Lerneffekte und Spezialisierung der Arbeitnehmer (jeder macht das, was er am besten kann), (2) Einsparung von Rüstzeit und -kosten beim Wechsel von einer Tätigkeit zur anderen und (3) Förderung der Entwicklung von Maschinen zur Unterstützung der Produktion (technischer Fortschritt).

Smith (1776: 354 ff) transferiert diese einzelwirtschaftliche Erkenntnis zur Arbeitsteilung auf die *Gesamtwirtschaft*: In Gewinnerzielungsabsicht strebe das Kapital zu seiner rentabelsten Verwendung, was mittelbar dem Gesamtwohl der Volkswirtschaft umso nachhaltiger diene, je stärker das Eigeninteresse sei. Ebenso wie der Schneider seine Schuhe nicht selbst mache, sondern sie vom Schumacher kaufe, sei auch die Arbeitsteilung zwischen großen Volkswirtschaften sinnvoll, wenn Waren im Ausland billiger beschafft werden könnten als die eigene Herstellung koste und sich eine Volkswirtschaft auf die Erzeugung von Waren konzentriere, bei denen sie Kostenvorteile gegenüber dem Ausland habe. Dabei sollte die Bildung der Preise dem freien Markt, über den der Austausch der arbeitsteilig hergestellten Güter erfolgt, überlassen bleiben. Zwar ermöglichten Einfuhrverbot und Schutzzölle eine schnellere industrielle Entwicklung des eigenen Landes, sodass eine Ware nach einer gewissen Zeit genauso günstig hergestellt werden könnte. Durch wirtschaftspolitische Eingriffe ließe sich das Bruttoinlandsprodukt oder Volkseinkommen jedoch nicht erhöhen, sondern Arbeit und Kapital lediglich in eine andere, falsche Richtung lenken. Die Industrie könne sich nur in dem Maße ausweiten, wie das Kapital zunehme und dieses müsse zunächst aus den Einkommen angespart werden. Dabei ging Adam Smith von international mobilen Gütern (Waren und Dienstleistungen) und immobilen Produktionsfaktoren (Arbeit und Kapital) aus, was unter den heutigen Globalisierungsbedingungen so nicht mehr gilt. Die Potenziale der Arbeitsteilung sind nach Smith umso besser, je größer der Raum ist, in dem sie erfolgt. Die Arbeitsteilung entfaltet ihre Wirkung bei Vorhandensein relativ großer Märkte und kann durch leistungsfähige Infrastruktur vervielfacht werden, wozu der staatliche Ausbau der Transportwege wesentlich beiträgt.

Smith begründete die Vorteile einer freien Marktwirtschaft, von Arbeitsteilung und Privateigentum an den Produktionsmitteln und trug zur Überwindung der Feudalstrukturen bei. Er verwendete die Arbeitswerttheorie der klassischen Nationalökonomie, die ihre praktische Relevanz bis heute nicht verloren hat: Wenn Unternehmer davon sprechen, dass sie ihren Kunden einen Mehrwert bieten bzw. den Mehrwert für die Kunden erhöhen (von einer Erhöhung der in der modernen Ökonomie verwendeten Grenzproduktivität ist in diesem Zusammenhang seltener bzw. praktisch nie die Rede), referenzieren sie auf die *Arbeitswertlehre* der Klassiker, nach welcher der Arbeitswert eines Guts durch die zu ihrer Produktion erforderliche Arbeitszeit bestimmt wird. Darüber hinaus unterscheidet die Arbeitswerttheorie den Gebrauchswert als individuelle Nützlichkeit eines Guts und den Tauschwert als das Tauschverhältnis zweier Waren auf Märkten.

Adam Smith bewirkte einen Paradigmenwechsel, indem er im Gegensatz zu den *Physiokraten* nicht mehr die Natur, sondern die menschliche Arbeit als Quelle der Wertschöpfung betrachtete.[9] Aus nachhaltiger Perspektive wäre es jedoch besser gewesen, menschliche Arbeit und Natur gleichermaßen als Quellen der Wertschöpfung anzuerkennen. Smith (1999: 128) spricht zwar vom „Arbeit- und Bodenprodukt", stellt jedoch fest: „Sobald der Boden eines Landes im Privateigentum ist, lieben die Grundherren, wie alle anderen Menschen, dort zu ernten, wo sie nicht gesät haben." Die dramatischen Produktivitätsgewinne der industriellen Revolution schreibt Smith v. a. der Spezialisierung und Arbeitsteilung und weniger der Substitution von Arbeit durch Naturkraft (Energie) zu.

Die Arbeitswertlehre der Klassik verkennt die Leistungen von Boden und Kapital, die für Smith keine Produktionsfaktoren sind, wenngleich das Kapital einen risikotragenden Vorschuss (Promotionsfaktor) darstellt, sodass die Kapitalbesitzer aufgrund der Promotionsfunktion des Kapitals und die Bodenbesitzer aufgrund ihrer Eigentumsrechte leistungslos die Überschüsse abschöpfen konnten, während die zueinander in Konkurrenz stehenden Arbeiter angesichts eines Überschussangebots an Arbeit nur den Subsistenzlohn in Höhe des Restitutionsaufwands (Existenzminimum) durchsetzen konnten.

2.2.2   Lists Theorie der produktiven Kräfte

Der Ökonom, Unternehmer, Diplomat und Eisenbahn-Pionier Friedrich List (1789–1846) verwies auf die große Bedeutung der Schaffung produktiver Kräfte. List (1841: 148 ff) unterschied zwischen Reichtum und dessen Ursachen, wobei die Fähigkeit Reichtümer zu schaffen wichtiger sei als der Reichtum selbst. Jemand, der reich sei, aber nicht die Fähigkeit hätte, mehr Werte zu schaffen als zu konsumieren, verarme. Umgekehrt würden Individuen, die mehr schaffen, als sie konsumieren, reich werden. Adam Smiths Theorie der Werte bzw. Tauschwerte reiche nicht aus, die ökonomischen Erscheinungen zu erklären. Hierzu bedarf es nach List (1841: 153 ff) einer selbständigen Theorie der *produktiven Kräfte*: „Den Unterschied zwischen der Theorie der produktiven Kräfte und der Theorie der Werte werden Beispiele aus der Privatökonomie am besten erläutern. Wenn von zwei Familienvätern, die zu-

---

[9] Die *Arbeitswertlehre* der Klassiker war wie die *Bodenwerttheorie* der Physiokraten eine Nettoprodukttheorie bzw. Produktionstheorie, welche die Entstehung, Erhaltung und Verteilung von Wohlstand erklärt. Die Physiokraten gingen vom Produktionsfaktor Boden aus, der sich als Natur stets regeneriere und ohne Aufwand erhalte. Das Nettoprodukt (Überschuss, Mehrwert) definieren sie als das Gesamtprodukt des Bodens abzüglich des Restitutionsaufwands zur Erhaltung der Produktionsfaktoren. Dieser betreffe v. a. die Versorgung der bäuerlichen Familie und den Ersatz ge- und verbrauchter Produktionsmittel (z. B. Gebäude, Gerätschaften) und Werkstoffe (z. B. Saatgut). Der Überschuss, der den Landwirten verblieb, nachdem diese die teilweise hohen Rentenzahlungen an die Grundherren geleistet und ggf. Preissenkungen infolge von Konkurrenz an die Konsumenten gewähren mussten, konnte konsumiert oder investiert werden. Um den Ertrag zu steigern, musste ein Teil der Überschüsse über den Restitutionsaufwand hinaus investiert werden. Kamen die Überschüsse den Grundherren in Form von Renten zu, mussten, da die Zeitpunkte von Saat und Ernte auseinanderfielen, lt. Quesnay (1924) die Grundherren den Landwirten jährliche Vorschüsse gewähren. Während die Physiokraten zunächst davon ausgingen, dass nur landwirtschaftliche Arbeit produktiv sei, ergänzte Johann Georg Schlosser (1777: 43), dass auch „[d]ie Klasse der Künstler, Handwerker und Kaufleute", d. h. die gewerbliche Wirtschaft, produktiv sei. Die klassische Arbeitswertlehre betrachtete dann die Arbeit und nicht mehr den Boden, als alleinigen Produktionsfaktor, der die reale Wertschöpfung und den Mehrwert erbringt (Binswanger 2013: 145 ff).

gleich Gutsbesitzer sind, jeder jährlich 1000 Taler erspart und jeder fünf Söhne besitzt, der eine aber seine Ersparnisse an Zinsen legt und seine Söhne zu harter Arbeit anhält, während der andere seine Ersparnisse dazu verwendet, zwei seiner Söhne zu rationellen Landwirten auszubilden, die drei übrigen aber je nach ihren besonderen Fähigkeiten Gewerbe erlernen zu lassen, so handelt jener nach der Theorie der Werte, dieser nach der Theorie der produktiven Kräfte. Bei seinem Tode mag jener an Tauschwerten weit reicher sein als dieser, anders aber verhält es sich mit den produktiven Kräften. Der Grundbesitz des einen wird in zwei Teile geteilt werden, und jeder Teil wird mit Hilfe einer verbesserten Wirtschaft so viel Reinertrag gewähren, wie zuvor das Ganze, während die übrigen drei Söhne in ihren Geschicklichkeiten reiche Nahrungsquellen erworben haben. Der Grundbesitz des andern wird in fünf Teile geteilt werden, und jeder Teil wird ebenso schlecht bewirtschaftet werden wie früher das Ganze. In der einen Familie wird eine Masse verschiedenartiger Geisteskräfte und Talente geweckt und ausgebildet werden, die sich von Generation zu Generation vermehren; jede folgende Generation wird mehr Kraft besitzen, materiellen Reichtum zu erwerben, als die vorangegangenen, während in der andern Familie die Dummheit und Armut mit der Verminderung der Anteile am Grundbesitz steigen muss... Aller Aufwand auf den Unterricht der Jugend, auf die Pflegung des Rechts, auf die Verteidigung der Nation usw. ist eine Zerstörung von Werten zugunsten der produktiven Kraft. Der größte Teil der Konsumtion einer Nation geht auf die Erziehung der künftigen Generation, auf die Pflege der künftigen Nationalproduktivkraft... Der jetzige Zustand der Nationen ist eine Folge der Anhäufung aller Entdeckungen, Erfindungen, Verbesserungen, Vervollkommnungen und Anstrengungen aller Generationen, die vor uns gelebt haben; sie bilden das geistige Kapital der lebenden Menschheit, und jede einzelne Nation ist nur produktiv in dem Verhältnis, in welchem sie diese Errungenschaft früherer Generationen in sich aufzunehmen und sie durch eigene Erwerbungen zu vermehren gewusst hat."

Nach List (1841: 160) sollte eine Volkswirtschaft im *Außenhandel* nicht allein auf den kurzfristigen Gewinn materieller Güter zielen, sondern alle Verhältnisse berücksichtigen, die ihre gegenwärtige und zukünftige Existenz, Prosperität und Macht bedingen und gegebenenfalls auf materielle Güter verzichten um geistige oder gesellschaftliche Kräfte zu erwerben, also gegenwärtige Vorteile opfern um zukünftige zu sichern. *Schutzzölle* könnten beispielsweise Waren verteuern, stattdessen jedoch den Erwerb von Produktivitätskräften ermöglichen, die über eine nachhaltige Entwicklung bestimmen.

2.2.3 Marx´ Theorie der industriellen Revolution

Karl Marx (1818–1883) beschreibt den sich im Zuge der industriellen Revolution Mitte des 19. Jahrhunderts ergebenden ökonomischen und sozialen Wandel und zeigt auf, wie die Arbeitsteilung den Produktionsprozess revolutionierte und sich hierdurch immer weiter reichende ökonomische Umwälzungsprozesse ergaben. Die Revolution der *Produktion* in einem Industriebereich setze sich in anderen Bereichen fort, indem z. B. die Maschinenspinnerei die Maschinenweberei erforderlich mache und diese wiederum mechanisch-chemische Umwälzungen in der Bleicherei, Druckerei und Färberei auslösten. Auf die Revolution der Baumwollspinnerei folge das Gin zur maschinellen Loslösung der Fasern vom Samen, auf die Revolution der Agrar- und Industrieproduktion die Anpassung der Kommunikations- und Transportmittel durch Telegrafen, Eisenbahnen, Dampfschiffe und immer größere und zahlreichere Maschinen. Während sich die Arbeiter in Manufaktur und Handwerk ihrer Werkzeuge bedienten, müssten sie in der Fabrik der Maschine dienen. Der Arbeiter würde durch die Maschine nicht von der Arbeit befreit, sondern seine Arbeit würde inhaltsleer, monoton, nervenbelastend, mühsam und quälend, da sich der Arbeiter dem Takt der Maschine unterzuordnen habe. Die Maschine erwachse zum Konkurrenten des Arbeiters. Mit der stoßweisen Expansion der Industrie wechselten sich nun Perioden des Aufschwungs, der Überproduktion, Krise und Stagnation zyklisch ab, und der Arbeitslohn gerate unter Druck. Obwohl die Anzahl der Webstühle zwischen 1850 und 1862 gestiegen sei, habe die Zahl der beschäftigten Arbeiter abgenommen und die der ausgebeuteten Kinder zugenommen (MEW 23: 404 ff). Der dynamische *Industriekapitalismus* führte zu Bevölkerungs- und Produktivitätswachstum und einer massenhaften Landflucht in die Städte, in denen die Arbeiter auf engstem Raum und in großer Not zusammengepfercht lebten und aufgrund des großen Arbeitskräftepotenzials gezwungen waren, ihre Arbeitskraft zu minimalen Löhnen anzubieten. Trotz industrieller Fortschritte und rasantem Wirtschaftswachstum stagnierten die Löhne zwischen 1800 und 1860 auf dem niedrigen Niveau der Jahrhunderte zuvor bzw. waren teilweise noch niedriger, während der Anteil der Kapitaleinkünfte, d. h. der Gewinne, Zinsen, Mieten und Bodenrenten, am Nationaleinkommen stark zunahm; erst ab dem letzten Drittel des 19. Jahrhunderts stiegen Löhne und Kaufkraft der breiten Bevölkerung, und die allgemeinen ökonomischen Verhältnisse verbesserten sich (Piketty 2014: 21 f). Trotz des technischen Fortschrittes und stark gestiegener Produktivität partizipierten große Teile der Bevölkerung nicht am Wirtschaftswachstum, was auf eine gravierende Fehlfunktion des politischen und ökonomischen Systems hindeutet.

Diese Situation in der ersten Hälfte des 19. Jahrhunderts veranlasste Marx, die Arbeitswerttheorie in eine *Ausbeutungstheorie* umzuformen, nach der die Kapitalisten aufgrund ihres Eigentums an den Produktionsmitteln den vom Arbeiter erbrachten Mehrwert abschöpfen könnten, ohne hierfür selbst gearbeitet zu haben. Marx argumentiert, dass ein Arbeiter, der für die von ihm verbrauchten Lebensmittel (Nahrung, Kleidung, Wohnung und sonstige Güter) vier Stunden arbeiten müsse, tatsächlich aber acht Stunden arbeitete, Mehrwert von vier Stunden für die Kapitalisten erzeuge, den dieser verwerten könne, während er dem Arbeiter nur einen Lohn im Gegenwert von vier Arbeitsstunden zukommen lasse (Marx 2006). Nach Marx führt die Abschöpfung des Mehrwertes zu sozialer Ungleichheit und Akkumulation des gesellschaftlichen Reichtums. Mit steigendem Kapital sinke die Profitrate (Kapitalrentabilität oder Rendite), wodurch das ökonomische System langfristig in die Krise geriete.

Der *Krisentheorie* von Marx widersprach Kondratjew (1926), der langfristige Konjunkturzyklen im Kapitalismus beobachtete und dessen Gesetzmäßigkeiten untersuchte, auf die noch eingegangen wird. Der Theorie von Marx, die Rendite sei unmittelbare Folge des Eigentums an den Produktionsmitteln, wird von Gesell (1949) widersprochen, der die Rendite im Wesen des Geldsystems verortete und dessen ökonomische und soziale Auswirkungen analysierte.

2.2.4 Gesells natürliche Wirtschaftsordnung

Johann Silvio Gesell (1862–1930) war Kaufmann, Sozialreformer, Finanztheoretiker und Volksbeauftragter für das Finanzwesen der Münchner Räterepublik. Als Betreiber eines Geschäfts für Medizinprodukte erlebte er 1887 in Buenos Aires die argentinische Wirtschaftskrise. Als Ursache von Inflation und Deflation, ungerechter Verteilung und Arbeitslosigkeit identifizierte er die Hortbarkeit des Geldes, die dem Geld die strukturelle Macht gebe, seinen Dienst als allgemeines Tausch- und Kreditmittel entweder von der Zahlung eines Zinses abhängig zu machen oder seinen Dienst vorübergehend zu verweigern. Zins und Zinseszins führten zu einer ungerechten Vermögensverteilung, während Geldhortung Absatzstörungen und Arbeitslosigkeit auslösten und eine stabilitätsgerechte Steuerung der Geldmenge unmöglich machten, was zu Schwankungen der Kaufkraft des Geldes führe. Um diese Probleme zu lösen und eine von spekulativen Störungen freie Geldzirkulation zu ermöglichen, forderte Gesell die Einführung von nicht hortbaren „rostenden Banknoten", um Angebot und Nachfrage auf den Arbeits-, Güter- und Kapitalmärkten ins Gleichgewicht zu bringen und das Zinsniveau allmählich gegen Null absinken zu lassen. Damit ließe sich Vollbeschäftigung, Geldwertstabilität und eine gerechtere Einkommens- und Vermögensverteilung erreichen. Basierend auf der Idee einer Gleichberechtigung aller Menschen gegenüber der Erde als unverkäuflichem Gemeinschaftsgut entwickelte er die Theorie einer Geld- und Bodenreform, und vertrat die Idee, dass die Bodenschätze der Erde nicht von Unternehmen und Staaten angeeignet, sondern als gemeinschaftliches Menschheitseigentum von einer internationalen Institution verwaltet werden sollten, welche eine Gebühr für die private Nutzung der Bodenschätze erheben und diese für Wiederaufforstungs- und andere umwelterhaltende Maßnahmen verwenden sollte. Die öffentlichen Einnahmen für die private Nutzung von Grundstücken sollten Müttern und Kindern zu Gute kommen (Onken 2000). Gesell forderte im Gegensatz zu Marx keine Änderung der gesellschaftlichen Verhältnisse, sondern wollte eine *Marktwirtschaft ohne Kapitalismus*. Für den Dichter Erich Mühsam (1930), der 1934 im KZ Oranienburg ermordet wurde, war Gesell „ein sozialer Wegbahner von größtem geistigen Wuchs; der Spott der Börsenpraktiker und das Gelächter der Marxisten können seine Bedeutung als Vorkämpfer gerechter und freiheitlicher Gesellschaftsgattung nicht mindern... Der Weg der Menschheit zur anständigen Gemeinschaft wird mit mancher Fuhre Erde aus dem Garten Silvio Gesells gestampft sein." Auch John Maynard Keynes (1936: 298 ff) würdigte Silvio Gesell: „Ich glaube, daß die Zukunft mehr vom Geiste Gesells als von jenem von Marx lernen wird. Das Vorwort zu „Die natürliche Wirtschaftsordnung durch Freiland und Freigeld" wird dem Leser, wenn er es nachschlägt, die moralische·Höhe Gesells zeigen. Die Antwort auf den Marxismus ist nach meiner Ansicht auf den Linien dieses Vorwortes zu finden."

2.2.5   Lenins Theorie des imperialistischen Monopolkapitalismus

Wladimir Iljitsch Uljanow Lenin (1870–1924) beschrieb die Ablösung der kapitalistischen freien Konkurrenz durch deren gegenteilige Verkehrung, die kapitalistischen Monopole. Die Verdrängung der Kleinbetriebe durch Großunternehmen und deren Konzentration in Form von Kartellen, Syndikaten und Trusts sowie die Verschmelzung des Kapitals weniger monopolistischer Großbanken kennzeichne den Übergang vom Kapitalismus zu dessen monopolistischen Stadium, dem *Imperialismus*. Finanzkapital und Industriekapital würden in den Händen weniger Großbanken und Industrieverbände verschmolzen und sich die kapitalistische Macht durch ungehinderte Kolonialpolitik die Erde restlos aufteilen. Grundlegende Merkmale des Imperialismus seien erstens die Konzentration der Produktion des Kapitals in Monopolen, die das Wirtschaftsleben dominierten, zweitens die Entstehung einer Finanzoligarchie auf Basis des durch Verschmelzung des Bankkapitals mit dem Industriekapital entstehenden Finanzkapitals, drittens die im Vergleich zum Warenexport deutliche Zunahme des Kapitalexports, viertens die Aufteilung der Welt zwischen internationalen monopolistischen Kapitalistenverbänden und fünftens die abschließende territoriale Aufteilung der Welt unter die kapitalistischen Großmächte (Lenin 1961: 837 ff). Imperialismus sei seinem ökonomischen Wesen nach Monopolkapitalismus und dieser bedinge den Übergang von der kapitalistischen zu einer höheren wirtschaftlichen Gesellschaftsform. Hauptmerkmale des *Monopolkapitalismus* seien erstens die Konzentration der Produktion durch Monopolverbände, zweitens die monopolistische Besitzergreifung und Beherrschung der wichtigsten Rohstoffquellen, drittens ein aus den Banken erwachsendes Monopol einer Finanzoligarchie, die über ein dichtes Netz von Abhängigkeitsverhältnissen ausnahmslos alle ökonomischen und politischen Institutionen der modernen bürgerlichen Gesellschaft erfasse und viertens ein aus der Kolonialpolitik erwachsendes Monopol, dem das Finanzkapital noch den Kampf um Rohstoffquellen und Einflusssphären mittels Kapitalexport hinzufüge, bei dem es nicht nur um Gewinnpotenziale, Konzessionen, Monopolrenten etc., sondern um die Wirtschaftsgebiete als solche ginge (Lenin 1961: 868 ff).

2.2.6 Rathenaus Wirtschaftsmodell zwischen Kapitalismus und Sozialismus

Walter Rathenau (1867–1922) war ein natur- und ingenieurwissenschaftlich gebildeter Industrieller, Schriftsteller, liberaler Politiker in der Deutschen Demokratischen Partei DDP, 1921 zunächst Wiederaufbauminister und 1922 Außenminister im Kabinett Wirth der Weimarer Republik. Rathenau kritisierte sowohl den Sozialismus als auch den Kapitalismus und suchte nach einem dritten Weg. Rathenau (1918: 56 ff) befürwortete einerseits „Initiative und Einzelverantwortung" und konstatierte andererseits (Rathenau 1919a: 49 f): „In unseren Fabriken sieht es aus wie früher. Etwas verwahrloster, etwas ungezügelter, es wird weniger und lustloser gearbeitet. Die Reichen fahren spazieren und schwelgen in ihren Palästen, wir hungern und frieren in unseren Kasernen. Wo bleibt der Mehrwert, der alle wohlhabend machen sollte? Wo bleibt unser Bestimmungsrecht in der Wirtschaft? Wo bleibt das Leben der Brüderlichkeit und Menschlichkeit? Es ist uns gleichgültig, ob die Zechen syndiziert werden und ob im Kohlensyndikat Beamte und Delegierte sitzen. Es kommt nicht darauf an, wer die Kohlen und wer die Elektrizität verteuert. Es ist glatter Schwindel, Sozialisierung zu nennen, was simple Fiskalisierung ist. Demokratie! Wir wissen, daß der Bauer am Alten hängt, daß der Händler den Händler, der Katholik den Katholiken wählt. Nun sitzt in einem bürgerlichen Parlament eine verkappt bürgerliche Regierungsmehrheit. Marx hatte recht: nur die Diktatur des Proletariats konnte es schaffen, sie war der Kern des Sozialismus. Um die Diktatur, um den Sozialismus hat man uns betrogen. Was übrigbleibt, ist eine Bürgerrepublik, mit Herren von sozialistischer Vergangenheit an der Spitze."

Rathenau wollte eine „Produktionsgemeinschaft unter dem Schutz des Staates", in der seelische Bedürfnisse zu ihrem Recht kommen und die Arbeit „vergeistigt" werden sollte (Rathenau 1919a: 50, 58, Rathenau 1919b: 7). „Wirtschaftlich betrachtet ist die Welt, in höherem Maße die Nation, eine Vereinigung Schaffender; wer Arbeit, Arbeitszeit oder Arbeitsmittel vergeudet, beraubt die Gemeinschaft. Verbrauch ist nicht Privatsache, sondern Sache der Gemeinschaft, Sache des Staates, der Sittlichkeit und der Menschheit." (Rathenau 1917: 90). Rathenau wollte gleichartige Unternehmen auf horizontaler Ebene zu *Berufsverbänden* zusammenfassen und vertikal die verschiedenen Wertschöpfungsstufen in *Gewerbeverbänden* organisieren, welche die Erzeugung, Verteilung und Finanzierung der Berufsverbände koordinieren sollten. Die Berufsverbände sollten als Aktiengesellschaften und Syndikate organisiert und in deren Leitungsgremien die Belegschaft sowie der Staat vertreten sein. Rathenau sah die Möglichkeit, dass die *Belegschaft* die Rechte der Privatunternehmer übernimmt, wobei diese durch feste Rentenzahlungen entschädigt und weiterhin in Aufsichtsrat und Generalversammlung vertreten sein sollten (Euchner 2005: 288). Rathenau machte deutlich: „Die staatliche Zwangsregelung ist abzulehnen, und der Gedanke, für den ich Sie einzutreten bitte, der Gedanke der organischen Wirtschaft, ist lediglich ein Gedanke der freien Selbstverwaltung, der freien, selbstgeschaffenen Ordnung" (Rathenau 1924: 112). Zu Rathenaus Wirtschaftsreformentwurf einer freien *Selbstverwaltung* zwischen Kapitalismus und Sozialismus kam es nicht. Im April 1922 schloss er mit Sowjetrussland in Rapallo einen bilateralen Sondervertrag ab, um Deutschland außenpolitisch mehr Handlungsfreiheit zu verschaffen, im Juni 1922 wurde er von der Organisation Consul erschossen.

2.2.7   Schumpeters Theorie der schöpferischen Zerstörung

Alois Schumpeter (1883–1950) betont die Rolle des Unternehmers bei der Durchsetzung neuer Kombinationen von Produktionsfaktoren. Schumpeter (1912) beschrieb die Bedeutung von *Innovationen* für die ökonomische Entwicklung und unterschied dabei drei Phasen: erstens die Invention als die eigentliche Erfindung, zweitens die Innovation als das neu am Markt angebotene Gut und drittens die Diffusion durch Nachahmer. Schumpeter versteht unter ökonomischer Entwicklung nur jene Veränderungen des Wirtschaftskreislaufs, welche die Wirtschaft aus sich selbst heraus erzeugt und die nicht von außen angestoßen sind. Ansonsten wäre die Entwicklung einer Volkswirtschaft kein bis in sein innerstes Wesen wirtschaftlich zu erklärendes Phänomen, sondern eine an sich entwicklungslose Wirtschaft würde dann von Umweltveränderungen gleichsam mitgezogen und läge damit außerhalb einer wirtschaftstheoretischen Perspektive. Schumpeter differenziert zwischen *Entwicklungstheorien* als Theorien spontaner, ruckweiser Übergänge der Volkswirtschaft von einem gegebenen Gravitationszentrum zu einem anderen (Dynamik) und Kreislauftheorien zur Anpassung der Wirtschaft an wechselnde Gleichgewichtszentren sowie auch der Wirkung dieses Wechsels (Statik). Dynamik als ruckweise Veränderung fände im industriellen und kommerziellen Bereich, nicht im Bereich der Konsumentenbedarfe und Endprodukte statt. Ökonomische Neuerungen realisierten sich in der Regel so, dass neue Bedürfnisse den Konsumenten von der Produktionsseite her anerzogen würden, sodass die Initiative, etwa in Bezug auf Nachhaltigkeit, bei den Unternehmen liegt. Im statischen Wirtschaftskreislauf sei es zulässig, Angebot und Nachfrage einander als prinzipiell unabhängige Faktoren gegenüberzustellen, da es hier eine Gleichgewichtslage geben könne, was beim dynamischen Entstehen neuer Dinge und der scharenweise auftretenden Durchsetzung neuer Kombinationen von Produktionsfaktoren nicht der Fall sei. Kleine kontinuierlich erfolgende Anpassungsschritte, die Veränderung und eventuell sogar Wachstum hervorbrächten, seien dagegen kein der Gleichgewichtsbetrachtung entrücktes Phänomen (Schumpeter 1952: 94 ff).

2.2.8   Kondratjews Theorie der zyklischen Wirtschaftsentwicklung

Der russische Ökonom Nikolai Dmitrijewitsch Kondratjew (1892–1938) war vor der bolschewistischen Oktoberrevolution 1917 stellvertretender Ernährungsminister in der Übergangsregierung Kerenski und danach mit seinem 1920 gegründeten Konjunkturinstitut an der Erarbeitung des ersten Fünfjahresplans für die Landwirtschaft in der Sowjetunion beteiligt. Kondratjew (1926) ermittelte empirisch lange industrielle Innovations- und Wachstumswellen von 40 bis 60 Jahren Dauer, die nicht technologisch, sondern finanziell bedingt waren und zu einem zyklischen kapitalistischen Wirtschaftsverlauf führten. Kondratjew konnte entsprechend das Ende der dritten Welle für Ende der 1920er Jahre korrekt prognostizieren. Er zeigte, dass sich das kapitalistische System zyklisch entwickelte und durch langfristig wechselnde Abschwungs- und Aufschwungsphasen auszeichnete. Kondratjew widersprach der heimischen sowjetischen Doktrin eines kommenden finalen Zusammenbruchs des kapitalistischen Wirtschaftssystems und auch deren planwirtschaftlichem Denken und verlor deshalb 1928 seinen Arbeitsplatz, 1930 seine Freiheit und 1938 sein Leben.

In Anlehnung an Schumpeter, der v. a. die Verbreitung von Basisinnovationen in den Vordergrund stellte, und nicht, wie Kondratjew, *kapitalistische Gesetzmäßigkeiten* als Ursache der langen Wellen betonte, wird die langfristige ökonomische Entwicklung heute in innovationsgetriebene Kondratjew-Zyklen eingeteilt: Demnach wurde die erste lange Welle ab ca. 1790 durch die Dampfmaschine eingeleitet, die zweite ab 1844 durch die Eisenbahn, die dritte ab 1890 durch die Elektrifizierung, die vierte ab 1939 durch die Massenmotorisierung und Petrochemie und die fünfte ab 1984 durch die Computerisierung (Korotayev und Tsirel 2010: 2). Der Höhepunkt der fünften langen Welle wurde zum Millenniumswechsel mit der finanzmarktgetriebenen Dotcom Blase der New Economy erreicht, und nach deren Zusammenbruch ist fraglich, wie und wann die nächste sechste lange Welle angetrieben wird. Als kommende Basisinnovationen werden neue Energien sowie Gen- und Nanotechnologien, ggf. auch psychosoziale Entwicklungen und mobile Vernetzung angesehen.

2.2.9 Hayeks Theorie der freien Gesellschaft

Eine Stärke des Kapitalismus ist die Beförderung von Innovationen und neuen Technologien. Friedrich August von Hayek (1899–1992) sieht die Vorteile einer freien Gesellschaft, in der die Entscheidungskompetenz bei Millionen Individuen verteilt ist. Freiheit ist für Hayek (2005: 7 ff) nicht bloß ein Wert, sondern Vorbedingung für die meisten moralischen Werte. Nach Hayek (1943, 2005) stehen Sozialismus, Kollektivismus und Planwirtschaft im Widerspruch zu *liberalen Individualrechten* und rechtsstaatlichen Prinzipien. Gesellschaftliche Entwicklung ergebe sich nicht als Masterplan einer Elite, sondern sei das Ergebnis nicht vorhersagbarer individueller und freier Entscheidungen. Hayek widerspricht damit der marxistischen Auffassung einer deterministischen ökonomisch-gesellschaftlichen Entwicklung. Nach Hayek sind die Ergebnisse einer freien Gesellschaft nicht vorhersagbar, da es sich bei freien Gesellschaften um lernende Gesellschaften handele. Hayek spricht von einer freien Gesellschaft, die kein menschliches Gehirn erfunden habe, sondern die sich aus dem freien Willen ihrer Individuen ergebe. Er befürwortet eine breite Diversifikation der Entscheidungskompetenz, die im Widerspruch zu autoritären Gesellschaftsordnungen steht. Mit der arbeitsteiligen Wissensvermehrung sinken die Wissensanteile und damit die Autonomie der einzelnen Individuen und ihre Abhängigkeit vom Wissen der anderen steigt. Da Individuen der größte Teil des vorhandenen Wissens unbekannt sei, müssten sie dieses in Erfahrung bringen und sich mit anderen in Verbindung setzen und kommunizieren, um spezifische Probleme zu lösen. Technische und soziale Innovationen erfolgten in einem arbeitsteiligen Prozess. Die Herstellung gleicher austauschbarer Teile in Kombination mit der durch Fließbandfertigung unterstützten Arbeitsteilung ermöglichte die Massenproduktion. Innovationen zögen Kapital und Wettbewerber an. Während aus marxistischer Sicht Freiheit, Reichtum und Macht eng zusammenhängen, reicht nach Hayek ein geringes Maß an Marktmacht aus, um wirtschaftliche Freiheit vollständig auszuschöpfen. Hayek (2005) geht dabei davon aus, dass die Akteure über ausreichende Gesundheit, Bildung, Fertigkeiten etc. verfügen, um ihre Freiheiten zu nutzen (Rae 2009).

2.2.10   Keynes´ Beschäftigungstheorie

Der bedeutende britische Ökonom, Politiker und Mathematiker John Maynard Keynes (1883–1946) formulierte vor dem Hintergrund der großen Weltwirtschaftskrise der 1930er Jahre seine zentrale These, dass in einer freien Marktwirtschaft keine automatische Tendenz zu Vollbeschäftigung und Preisniveaustabilität existiere, sondern die Wettbewerbswirtschaft permanent durch latente Arbeitslosigkeit und Stagnation bedroht sei. In seiner Allgemeinen Theorie der Beschäftigung, des Zinses und des Geldes, mit der er die Makroökonomie des 20. Jahrhunderts nachhaltig veränderte und prägte, verneint Keynes (1936) das Vorhandensein einer unsichtbaren Hand und sprengt den Zusammenhang zwischen gesamtwirtschaftlichem Angebot und gesamtwirtschaftlicher Nachfrage, indem er zeigt, dass ein genereller Nachfragerückgang infolge sinkender Beschäftigung auf allen Märkten möglich ist und dabei ein neues Gleichgewicht von Angebot und Nachfrage bei Unterbeschäftigung entsteht, das aus sich heraus keinerlei Tendenz zu Vollbeschäftigung entwickelt. Vollbeschäftigung lasse sich dann nur durch staatliches Eingreifen, insbesondere durch öffentliche Nachfrageprogramme und niedrige Zinsen erreichen. Keynes lieferte das analytische Instrumentarium zur *Konjunktursteuerung*, woraus die antizyklische Geld- und Finanzpolitik, volkswirtschaftliche Rahmenplanung und Globalsteuerung entwickelt und gezielte Maßnahmen zum Abbau der Arbeitslosigkeit eingeleitet wurden. Darüber hinaus fundierte Keynes eine Theorie des *Staatsinterventionismus*, der zur Stabilisierung des kapitalistischen Systems durch staatliche Interventionen beitrug, auf das Problem der Stagflation in den 1970er Jahren jedoch keine Antwort fand.

2.2.11   Galbraiths Theorie der modernen Industriegesellschaft

John K. Galbraith (1908–2006) analysiert die moderne Industriegesellschaft und arbeitet in seiner Bewertung und Kritik bereits wesentliche Aspekte für eine nachhaltigere ökonomische Entwicklung heraus. Nach Galbraith (1968: 356 ff) bringt das moderne Industriesystem Waren und Dienstleistungen in einem ungeheuren, ständig zunehmenden Umfang hervor. Zwar gebe es immer noch Armut, da die Armen außerhalb des Industriesystems stünden. Für all jene, die Teil des Industriesystems seien, wäre hingegen die Armut abgeschafft und die Mühe manueller, schwerer, zermürbender Arbeit stark verringert. Während man früher annahm, dass das Wirtschaftssystem die Menschen mit Gütern versorge, die sich diese selbständig und unbeeinflusst wünschten, ist Galbraith überzeugt, dass das Wirtschaftssystem in weit höherem Maße die Menschen zu den Bedürfnissen dieses Systems hinführt. Dies sei nicht das oberflächliche Resultat einer perfekten Überredungskunst, sondern liege organisch bedingt im Wesen der Planung, die das allgemeine soziale Verhalten der Öffentlichkeit berechenbar mache und einer Kontrolle unterwerfe. Dies stelle sicher, dass die Menschen mit unvermindertem Fleiß weiterarbeiteten, wenn sie ausreichend mit Gütern versorgt seien, und dass die Gesellschaft ihren Erfolg am Zuwachs des Bruttosozialprodukts messe. Nach Galbraith wäre nichts verhängnisvoller für die Ökonomie, als wenn sich die Menschen selbst bestimmte Ziele setzten und nach ihrer Erreichung genügsam würden. Ein solches Verhalten würde als unverantwortlich und unzulässig betrachtet, da es mit dem ökonomischen Wachstumsziel konkurriere und die Erfordernisse des Industriesystems keine automatische Priorität mehr genössen. Zwar werde niemand gezwungen, ein neues Produkt zu kaufen, jedoch würden die Menschen manipuliert, um ihre Zustimmung oder gläubige Anhängerschaft zu erreichen. Diese Manipulation des Geistes sei weitaus wirksamer als physischer Zwang. Das Industriesystem kontrolliere die Versorgung mit Kapital und teilweise auch die Versorgung mit Arbeitskräften und beeinflusse weite Bereiche des Staates. Die größte soziale Bedeutung werde jenen Entscheidungen des Staates beigemessen, die für das Industriesystem lebenswichtig seien, wie hohe öffentliche Ausgaben, Regulierung der Gesamtnachfrage, Bürgschaften für fortgeschrittene Technologie und Bereitstellung ausgebildeter Fachkräfte in immer größerem Umfang. Die *Technostruktur* sei verlängerter Arm der Bürokratie und beeinflusse Glaube und Stimmung insgesamt sowie die Nachfrage für die eigenen Produkte. Die wissenschaftlichen, technischen, organisatorischen und planungsmäßigen Erfordernisse der Technostruktur hätten zu einem gewaltigen Aufschwung in Erziehung und Wissenschaft geführt, wobei steigende Einkommen zahlreiche Künstler und Intellektuelle außerhalb des Industriesystems begünstigten. Nachdem, unter Berufung auf Karl Marx und Alfred Marshall, in der Menschheitsgeschichte politische Konflikte stets ökonomische Ursachen hatten, vertrete und absorbiere das Industriesystem unterschiedliche Klasseninteressen, in dem es teils die Konflikturasachen verringere und teils die öffentliche Meinung forme und kontrolliere. Hierdurch würden Ziele der Industrie zu Zielen der Gesellschaft.

2.2.12 Euckens nachhaltigkeitsorientierter Ordoliberalismus

Der Ökonom Walter Eucken (1891–1950) war Vordenker der Sozialen Marktwirtschaft und Begründer der Freiburger Schule des Ordoliberalismus. Er analysierte den Zusammenhang von Macht, Unfreiheit und Armut und sortierte Wirtschaftsordnungen nach der ökonomischen Machtverteilung in (1) Zentralverwaltungswirtschaften mit höchster Machtkonzentration, (2) vermachtete Marktwirtschaften mit ökonomischen Machtgruppen und (3) Marktwirtschaften mit vollständigem Wettbewerb ohne Macht einzelner Akteure. Die Rolle des Staates beschrieb Eucken (1948) im Vorwort des ersten Bandes des Jahrbuchs für die Ordnung von Wirtschaft und Gesellschaft: „Ob wenig oder mehr Staatstätigkeit – diese Frage geht am wesentlichen vorbei. Es handelt sich nicht um ein quantitatives, sondern um ein qualitatives Problem. Der Staat soll weder den Wirtschaftsprozess zu steuern versuchen, noch die Wirtschaft sich selbst überlassen: Staatliche Planung der Formen – ja; staatliche Planung und Lenkung des Wirtschaftsprozesses – nein. Den Unterschied von Form und Prozess erkennen und danach handeln, das ist wesentlich. Nur so kann das Ziel erreicht werden, dass nicht eine kleine Minderheit, sondern alle Bürger über den Preismechanismus die Wirtschaft lenken können. Die einzige Wirtschaftsordnung, in der dies möglich ist, ist die des ‚vollständigen Wettbewerbs‘. Sie ist nur realisierbar, wenn allen Marktteilnehmern die Möglichkeit genommen wird, die Spielregeln des Marktes zu verändern. Der Staat muss deshalb durch einen entsprechenden Rechtsrahmen die Marktform – d. h. die Spielregeln, in denen gewirtschaftet wird, – vorgeben." Walter Eucken beschrieb die soziale Marktwirtschaft als eine *von Monopolen freie Marktwirtschaft* und nicht als eine für Monopolisten freie Marktwirtschaft. Eine freie (monopolfreie) soziale Marktwirtschaft unterscheidet sich daher von einer kapitalistischen Marktwirtschaft, die primär auf die Erzielung von Kapitalerträgen ausgerichtet ist und zu Kapitalakkumulation und finanzieller Monopolbildung neigt.

Nach der ordoliberalen Lehre ordnet der Staat die Wirtschaft und gibt deren Regeln vor; nachhaltigkeitsorientiert könnten dies Sozialstandards oder Höchstmengen für Treibhausgase sein. Unternehmen suchen in einem entsprechend geregelten Wettbewerbsprozess nach sinnvollen Lösungen und entwickeln Innovationen, welche die wirtschaftliche, gesellschaftliche und ökologische Entwicklung voranbringen.

Der ordoliberale Ansatz regulierter Märkte, die soziale Marktwirtschaften und asiatische Netzwerkökonomien kennzeichnen, könnte nach Radermacher (2014c) die derzeitige Krise und Orientierungslosigkeit durch ein weltweites ökonomisches Ordnungsmodell beantworten, in dem die Gleichung gilt:

Marktwirtschaft + nachhaltige Entwicklung = ökosoziale Marktwirtschaft

Eine *ökosoziale Marktwirtschaft*[10] verknüpft nach Herlyn und Radermacher (2012) zwei Restriktionen-Systeme:

1. Marktstrukturierende Regeln, wie die vier Freiheiten (Eigentumsfreiheit, Vertragsfreiheit, Innovationsfreiheit und Freiheit zur Kreditaufnahme bzw. -gewährung), damit Märkte Leistungen hervorbringen können, wobei die als Bruttoinlandsprodukt gemessene Wirtschaftsleistung in keinem direkten sachlichen Zusammenhang zur Nachhaltigkeit steht.
2. Nachhaltigkeitsorientierte Restriktionen- und Indikatoren-Systeme für die Bereiche Ökonomie, Gesellschaft und Ökologie, die sich einem dynamischen Fließgleichgewicht entsprechend mit neuen Erkenntnissen und Erfordernissen verändern und disjunkt zur Messung der Wirtschaftsleistung sein können.

Eine weltweite ökosoziale Marktwirtschaft entspräche auch der Forderung der Henry Jackson Initiative for Inclusive Capitalism nach einem „Green and Inclusive Capitalism compatible with Sustainable Development", für die Lynn Forester de Rothschild und Paul Polman, CEO von Unilever, eintreten (Radermacher 2014c).

2.3   Diskurs zur ökonomischen Marktmodellierung

2.3.1   Neoklassische Gleichgewichtstheorie

Die klassische *Arbeitswerttheorie* ging noch davon aus, dass Produkte dann den gleichen Wert haben, wenn in sie die gleiche Menge an Arbeitskraft geflossen ist. Ein Produkt, zu dessen Produktion die doppelte Arbeitsmenge erforderlich ist, hätte demnach den doppelten Wert. Die heutige Wirtschaftstheorie verwendet dagegen keinen objektiven, sondern einen subjektiven Wertbegriff, der von den Einschätzungen der Individuen abhängig ist. Als einzige objektive Größe gilt der Preis, der für bestimmte Güter gezahlt wird. Adam Smith erkannte bereits, dass der Marktpreis von Produkten nicht ihrem Arbeitswert entsprechen muss, sondern sich durch das Zusammenspiel von Angebot und Nachfrage auf Märkten frei bildet. In der Volks- und Betriebswirtschaftslehre hat sich hierauf aufbauend bis heute die u. a. von Léon Walras (1834–1919), Carl Menger (1840–1921) und Alfred Marshall (1842–1924)

---

[10]   Der von Binswanger et al. (1978) veröffentlichte „NAWU-Report: Wege aus der Wohlstandsfalle, Strategien gegen Arbeitslosigkeit und Umweltkrise" fundierte die Idee einer ökosozialen Marktwirtschaft im deutschsprachigen Raum.

formulierte *neoklassische Gleichgewichtstheorie* etabliert. Deren Grundmodell von Angebot und Nachfrage in Form des Marshall-Kreuzes erklärt, wie der aktuelle Marktpreis die nachgefragte bzw. angebotene Menge bestimmt: Bei steigendem Preis wird die Nachfrage mengenmäßig geringer, bei sinkendem Preis nimmt die Nachfrage zu. Die Anbieter verhalten sich genau umgekehrt: Bei sinkendem Preis nimmt die Menge der angebotenen Güter ab, bei steigendem Preis nimmt sie zu. Alle anderen Einflussfaktoren auf die Menge werden dabei ceteris paribus als konstant angenommen. Die einzige unabhängige Variable des Modells ist der Preis, der in dem Diagramm atypisch zur in der Mathematik gebräuchlichen Darstellungsweise auf der Ordinate abgetragen wird. Die abhängige Variable beschreibt die Menge x, die vom Preis p abhängig berechnet und auf der Abszisse dargestellt wird. Das *Marktmodell* umfasst zwei Funktionen: die Nachfragefunktion, die das Kaufverhalten der Nachfrager beschreibt, sowie die Angebotsfunktion, welche die angebotene Menge in Abhängigkeit vom Preis zeigt.

- Zur *Nachfragefunktion*: Bei einem hohen Preis sind regelmäßig nur wenige Käufer bereit, ein Produkt zu kaufen, während bei einem niedrigeren Preis die nachgefragte Menge typischerweise steigt (Ausnahme bilden ggf. Snob-Produkte, die gerade wegen ihres hohen Preises gekauft werden). Die Nachfragefunktion verläuft im Preis-Mengen-Diagramm daher i. d. R. monoton fallend von links oben nach rechts unten.
- Zur *Angebotsfunktion*: Bei einem niedrigen Preis finden sich relativ wenige Anbieter, die unter Berücksichtigung ihrer individuellen Kostenstruktur willens und in der Lage sind, ein bestimmtes Produkt anzubieten. Mit steigendem Preis können und wollen mehr Unternehmen das entsprechende Produkt anbieten, sodass die angebotene Menge mit dem Preis steigt. Die Angebotsfunktion verläuft im Preis-Mengen-Diagramm monoton wachsend von links unten steigend nach rechts oben.

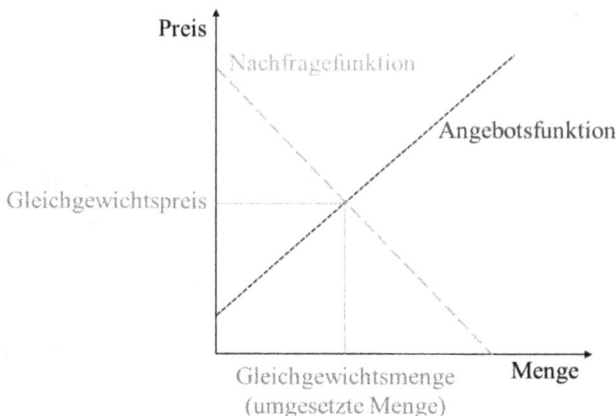

Abb. 2.1:   Neoklassisches Marktmodell

Das Modell nimmt das Verhalten der Nachfrager als gegeben an und erklärt die Preisbildung auf Märkten durch die Preisanpassung der Anbieter: bei einem zu hohen Preis ist das Angebot größer als die Nachfrage (Angebotsüberschuss), sodass Unternehmen nicht alle Produkte absetzen können und den Preis senken. Infolge sinkender Preise steigt die Nachfrage, da mehr Personen bereit sind, das Produkt zu kaufen. Darüber hinaus sinkt das Angebot, da einige Anbieter bei niedrigeren Preisen den Markt verlassen. Der Angebotsüberschuss geht zurück, Angebot und Nachfrage kommen ins Gleichgewicht. Bei einem zu niedrigen Preis ist die nachgefragte Menge größer als das Angebot (Nachfrageüberschuss). Unternehmen werden in diesem Falle die Preise bis zu dem Gleichgewichtspreis erhöhen, bei dem die nachgefragte und die angebotene Menge gleich sind. Nach Adam Smith bewirkt die *unsichtbare Hand des Marktes* ein optimales Gleichgewicht zwischen Angebot und Nachfrage, sodass zum Gleichgewichtspreis p_G die Gleichgewichtsmenge x_G umgesetzt und der Markt vollständig geräumt wird. Alle Käufer, die bereit sind, den Gleichgewichtspreis zu bezahlen, bekommen das Produkt und alle Anbieter, die zum Gleichgewichtspreis verkaufen wollen, können ihre Produkte absetzen. Aus volkswirtschaftlicher Sicht bewirkt dies eine optimale Allokation der Produktionsfaktoren, die erstrebenswert ist und durch entsprechende staatliche Rahmenbedingungen gefördert werden sollte.

Das Marktmodell erklärt das Zusammenspiel von Angebot und Nachfrage. Die Existenz eines eindeutigen Marktgleichgewichts setzt jedoch voraus, dass die Angebots- und Nachfragefunktion stetige Funktionen sind[11] und die Differenz zwischen Angebotsmenge und Nachfragemenge streng monoton wächst (Ortlieb 2004a: 5 f). Die Frage nach dem Wert eines Gutes und der Wertentstehung, mit denen sich die klassischen Ökonomen Adam Smith[12], David Ricardo und Karl Marx auseinander setzten, wird in der neoklassischen Gleichgewichtstheorie nicht mehr thematisiert, jedoch wird der Verzicht auf Intervention und Regulierung, d. h. die Liberalisierung von Märkten, die nach Adam Smith zur optimalen Allokation der Ressourcen führt, durch das neoklassische Marktmodell begründet: Interventionen durch Festlegung von Preisen bewirken im Falle eines zu hohen Preises einen Angebotsüberschuss und im Falle eines zu niedrigen Preises einen Nachfrageüberschuss. Die freie Preisbildung, welche zu einem Ausgleich zwischen Angebot und Nachfrage führt, wird hierdurch behindert. Diese zunächst auf Gütermärkte bezogene Erkenntnis wurde dann auch auf andere Märkte, wie Arbeits-, Geld- und Kapitalmärkte, übertragen.

Wie alle wissenschaftlichen Modelle basiert auch das neoklassische Marktmodell auf *Annahmen,* unter dem es Gültigkeit besitzt. Die wesentlichen Grundannahmen des neoklassischen Grundmodells sind:

1. *Homogene Güter*: Die am Markt gehandelten Güter sind aus Sicht der Käufer homogen, d. h. gleichartig in ihrer Beschaffenheit und Qualität. Dies trifft etwa für Benzin zu, während Autos sich hinsichtlich Marke, Design etc. für Kunden deutlich unterscheiden und inhomogene Güter darstellen.
2. Es gibt *vollständige* (atomistische) *Konkurrenz:* Viele Unternehmen sind auf einem polypolistischen Markt vertreten und stehen im Wettbewerb zueinander. Auf Märkten mit wenigen Anbietern (Oligopol) oder nur einem Anbieter (Monopol) sind die Modellannahmen verletzt.
3. Es herrscht *vollständige Markttransparenz* und die Marktteilnehmer sind vollständig informiert, d. h. sie wissen, wer wo welche Produkte in welcher Qualität und zu welchem Preis anbietet. Durch das Internet sind Informationen heute leichter, schneller und

---

[11] Dann ist der mathematische Zwischenwertsatz anwendbar, nach dem eine reelle Funktion x (hier: x(p)), die auf einem abgeschlossenen Intervall [a, b] stetig ist, jeden Wert zwischen x (a) und x (b) annimmt.

[12] Adam Smith erkannte, dass der Arbeitswert nicht mit dem Marktpreis übereinzustimmen braucht. In diesem Fall ging er davon aus, dass Verschiebungen des Arbeitskräfteeinsatzes stattfinden, sodass der Marktpreis langfristig immer um den Arbeitswert pendelt.

günstiger verfügbar, jedoch gibt es weiterhin viele Märkte mit geringer Transparenz und hohem Informationsaufwand, wie z. B. Gebrauchtwagenmärkte.

4. Angebot und Nachfrage werden zeitgleich realisiert. Diese modellimmanente *Abstraktion von der Zeit* bedingt, dass Produktion und Absatz zeitgleich erfolgen müssten bzw. sich in Abhängigkeit vom Zeithorizont unterschiedliche Angebotsfunktionen ergeben.

5. *Verträge* werden *vollständig* abgeschlossen, d. h. es gibt keine Nachverhandlungen, Vertragsanfechtungen, Regressforderungen oder dergleichen nach Vertragsabschluss.

6. Es gibt *keine Transaktionskosten*. Kosten für Suche, Anbahnung, Information, Zurechnung, Verhandlung, Entscheidung, Vereinbarung, Abwicklung, Absicherung, Durchsetzung, Kontrolle, Anpassung oder Beendigung von Verträgen bleiben unberücksichtigt.

7. Der Mensch handelt als stets rationaler *Homo Oeconomicus*, der seinen persönlichen Nutzen maximiert, den Möglichkeits- und Folgeraum seiner Handlungen vollständig kennt, sich kostenfrei und ohne Zeitverzögerung informieren kann, komplexe Entscheidungsprozesse verarbeiten und ohne Zeitverzögerung reagieren kann und bei unterschiedlichen Handlungsoptionen stets eine konsistente Rangfolge bzgl. seines Nutzens ermitteln kann. Dieses von Spranger (1914) als Homo Oeconomicus bezeichnete und laut Hayek (2005: 81) von John Stuart Mill bereits im 19. Jahrhundert in die Nationalökonomie eingeführte Menschenbild wurde mittlerweile von Psychologen, Verhaltens- und Gehirnforschern, wie Kahneman (2012) widerlegt. Deren Verhaltensökonomie widerspricht u. a. der Annahme perfekter Informationsverarbeitungs- und Entscheidungsprozesse, da Menschen anhand von Daumenregeln (Heuristiken) entscheiden und dabei systematische Verzerrungen aufweisen (Kahneman und Tversky 1979, 1992). Dass der Homo Oeconomicus in ökonomischen Theorien weiterhin zu Grunde gelegt wird, liegt auch daran, dass es die Modellierung formal eleganter und rechenbarer ökonomischer Modelle ermöglicht. Die in der von Walras (2013) begründeten und von Arrow und Hahn (1971) beschriebenen allgemeinen Gleichgewichtstheorie unterstellte Prämisse des Homo Oeconomicus war und ist notwendig, um ökonomische Modelle mathematisch herzuleiten und differenzierbare Funktionen und Prognosemodelle zu konstruieren. Um die Ökonomie in Anlehnung an die Naturwissenschaften mathematisch zu beschreiben, musste auf Realitätsnähe verzichtet werden.

Weicht die Realität von diesen Prämissen ab, verliert das neoklassische Gleichgewichtsmodell seine allgemeine Gültigkeit. Einzelne Prämissen können in der Wirtschaftspraxis erfüllt sein; so beschreiben vollkommene Marktbedingungen den Börsenhandel mit Commodities (Rohstoffen) relativ gut. Dass alle Grundannahmen gleichzeitig erfüllt sind, ist jedoch höchst unwahrscheinlich. Für Unternehmen wären vollkommene Marktbedingungen wenig attraktiv, da sie keine Gewinnpotenziale bieten, weshalb Unternehmen systematisch an unvollkommenen Marktbedingungen arbeiten. Als gewinnorientierte Unternehmen streben sie nach Alleinstellungsmerkmalen, die sie positiv von der Konkurrenz abheben oder ihnen Monopolpositionen ermöglichen, sodass sie unter unvollkommenen Marktbedingungen Preissetzungsspielräume nach oben haben. Nach Bofinger (2012) sind viele in den Lehrbüchern behandelte *ökonomische Modelle* „nur Zerrbilder der Realität... Die Standardwerke, nicht zuletzt das von Greg Mankiw, stellen die Makroökonomie als ein selbststabilisierendes System dar. Dem Staat kommt dabei überwiegend die Rolle des Störenfrieds zu. Über soziale Sicherungssysteme und Gewerkschaften findet man nahezu nichts."

Da sich Gütermarkt, Arbeitsmarkt, Kapitalmarkt und Geldmarkt in ihrer Beschaffenheit und in der Betroffenheit ihrer Akteure unterscheiden, die gängige neoklassische Modellierung nicht universell auf die verschiedenen Märkte angewendet werden kann und sich auf Basis unterschiedlicher ökonomischer Theorien und Modelle teilweise widersprüchliche Bewertungen und Handlungsempfehlungen ergeben, werden diese Märkte im Folgenden differenziert betrachtet und wesentliche Fragen der ökonomischen Nachhaltigkeit betreffende Widersprüche im laufenden ökonomischen Diskurs gegenübergestellt.

2.3.2   Gütermarkt

Klassische Angebotstheorie

Der klassische Ökonom Jean-Baptiste Say (1767–1832) widersprach der Arbeitswerttheorie Smiths, da für ihn der Wert durch seinen Nutzen bestimmt wird, der durch den Tauschpreis zum Ausdruck komme und sah immaterielle Güter als ebenso real an wie sonstige Güter (Minart 2004: 20 ff). Say glaubte an eine natürliche Harmonie und war ein Vordenker der *Angebotstheorie*. Seine Beobachtung geräumter Verkäufermärkte ließ ihn schlussfolgern, dass sich jedes Angebot seine Nachfrage schaffe, und, da durch eine Erweiterung der Produktion zusätzliche Faktoreinkommen entstünden, diese zum Kauf weiterer Güter verwendet würden. Das Geld fungiere dabei als Schleier, der verhülle, dass Güter immer nur mit Gütern gekauft würden. Zwar sei eine partielle Überproduktion möglich, der jedoch eine Unterproduktion an anderer Stelle entspreche. Ein solches Ungleichgewicht sei nur temporär und werde durch den Preismechanismus beseitigt. Auf heutige gesättigte Märkte lässt sich die Markträumungsannahme von Say (2005) schwerlich übertragen. Auch die Neutralität des Geldes ist, wie weiter unten aufgezeigt wird, kritisch zu hinterfragen.

Neoklassische Theorie

Das oben beschriebene neoklassische Marktmodell wurde zunächst in Anlehnung an den Gütermarkt entwickelt. Unter Zugrundelegung der vorgenannten Prämissen kommt es im Marktgleichgewicht zur Deckung von Güterangebot und -nachfrage und zur optimalen Allokation der Ressourcen, da Angebots- oder Nachfrageüberschüsse durch den freien Marktmechanismus verhindert werden. Die neoklassische Theorie eines allgemeinen Marktgleichgewichts basiert nicht nur auf dem oben beschriebenen einfachen Marktgleichgewichtsmodell in Form des Marshall-Kreuzes von Angebot und Nachfrage, sondern vor allem auf der mathematisch anspruchsvolleren allgemeineren *Gleichgewichtstheorie*, die von Léon Walras ursprünglich konzipiert und den Wirtschaftsnobelpreisträgern von 1972 Kenneth Arrow und 1983 Gérard Debreu weiter entwickelt wurde. Walras (2013) erklärt das allgemeine Gleichgewichtsmodell mit einem fiktiven Auktionsprozess, in dem der Auktionator einen Preis ausruft, sich alle zu diesem Preis tauschbereiten Anbieter und Nachfrager melden und der Auktionator bei Angebots- oder Nachfrageüberschüssen den Preis entsprechend anpasst. Sein Modell des allgemeinen Gleichgewichts postuliert, dass der Gütermarkt erst gar nicht analysiert zu werden brauche, da ein Gleichgewicht bereits dann eindeutig bestimmt sei, wenn von n Märkten n-1 Märkte im Gleichgewicht seien. Arrow und Debreu (1954) bewiesen unter bestimmten Voraussetzungen mathematisch die Existenz eines Marktgleichgewichts bei beliebig vielen Produzenten und Konsumenten mit jeweils individuellen Zielen, wobei dieses

Gleichgewicht nach Debreu (1976: 114 ff) für die Konsumenten Pareto-optimal[13] ist, sodass mit dem Erreichen des Gleichgewichts kein Konsument mehr besser gestellt werden kann ohne die Situation eines anderen zu verschlechtern. Anders als im einfachen Marktgleichgewichtsmodell lässt sich die Stabilität eines Gleichgewichtspunkts im Arrow-Debreu-Gleichgewichtsmodell allerdings nicht mehr plausibel begründen, da die mathematische Bedingung für die asymptotische Stabilität nicht ökonomisch interpretiert werden kann (Ortlieb 2004a: 10 f, Neumann 2002: 278). Bei den im allgemeinen Gleichgewichtsmodell betrachteten Preisen handelt es sich nicht um monetäre Preise, sondern um Tauschrelationen zwischen Gütern im Rahmen eines fiktiven Auktionsverfahrens. *Geld kommt in diesem Modell einer Tauschwirtschaft nicht vor*, das sich nach der postkeynesianischen Ökonomin Joan Robinson (1979: 153) deshalb gut zur Modellierung eines Schwarzmarkts mit Zigarettenwährung in einem Kriegsgefangenenlager eignet.

Industrielle Massenproduktion

Bei industrieller Massenproduktion verliert das neoklassische Marktmodell realiter seine Gültigkeit. Bei im Marktmodell angenommener vollständiger Konkurrenz können die einzelnen Produzenten den Marktpreis p nicht beeinflussen, d. h. sie sind Mengenanpasser. Bei gegebenem Marktpreis p, einer zu optimierenden Produktionsmenge x und einer entsprechenden Kostenfunktion K(x) lautet die von Unternehmen maximierte Gewinnfunktion[14] $G(x) = p \cdot x - K(x)$. Der Gewinn ist für jene Menge x maximal, bei der Marktpreis p und Grenzkosten K′(x) übereinstimmen. Ein Unternehmen wird entsprechend so viel produzieren, dass das letzte von ihm hergestellte und abgesetzte Stück genau so viel kostet, wie über den Marktpreis erlöst wird. Dann entspricht die Angebotskurve des Unternehmens seiner Grenzkostenkurve. Die aggregierte Angebotskurve aller Unternehmen ergibt sich als Summe der Mengen aller Angebotskurven, die deckungsgleich sind mit den Grenzkostenkurven. Eine monoton steigende Angebotskurve ist daher äquivalent zu monoton steigenden Grenzkosten, die sich nur bei konvexen, d. h. nach oben gekrümmten Kostenfunktionen ergeben. Die Annahme des neoklassischen Marktmodells einer nur vom Marktpreis abhängigen und mit ihm monoton wachsenden Angebotsfunktion setzt somit konvexe Kostenfunktionen der Unternehmen voraus, die durchaus einer vorindustriellen Agrarwirtschaft entsprechen, in der mit steigender Produktionsmenge die Grenzerträge sinken, weil auf immer schlechtere Böden ausgewichen werden muss. Bei industrieller Massenproduktion ist das Modell hingegen nicht anwendbar, da vor der Inbetriebnahme einer Fabrik zunächst hohe Fixkosten für die Produkt- und Prozessentwicklung sowie die Immobilien, Maschinen und andere Betriebsmittel anfallen. Nach Aufwendung dieser sprungfixen Kosten und Inbetriebnahme des Produktionswerks sind die Grenzkosten für Löhne, Werkstoffe und Betriebsmittel weitgehend konstant, sodass die optimale Produktionsmenge entweder an der Kapazitätsgrenze oder, falls die Markteintrittsbarriere der sprungfixen Kosten nicht überwunden werden kann, bei null liegt. Bei der industriellen Massenproduktion hängt die Angebotsmenge insbesondere von der erwarteten Nachfragemenge ab. Der Zusammenhang zwischen Nachfrage und Preis ist in der Industriewirtschaft also genau umgekehrt als das neoklassische Marktmodell erwarten

---

[13] Eine Situation ist *Pareto-optimal*, wenn es unmöglich ist, die Wohlfahrt eines Individuums durch Umverteilung (Reallokation) der Ressourcen zu erhöhen, ohne gleichzeitig die eines anderen Individuums zu verringern.

[14] Nach der allgemeinen Gleichgewichtstheorie dürften Unternehmen keinen Gewinn machen, während sie nach Schumpeters (1952) Theorie der schöpferischen Zerstörung durchaus Pionier- und Monopolgewinne erzielen.

ließe: Eine höhere Nachfrage ermöglicht eine höhere Absatzmenge, damit eine höhere Produktionsmenge, aufgrund der Skaleneffekte[15] einen geringeren Produktionspreis und folglich einen geringeren Marktpreis. Umgekehrt werden Produkte, wie Schallplatten, die kaum noch nachgefragt werden, dadurch nicht billiger, sondern teurer (Liebhaberpreise). Die geringere Nachfrage führt hier zu einer geringeren Absatzmenge, damit zu einer geringeren Produktionsmenge, folglich zu einem höheren Produktionspreis und damit zu einem höheren Marktpreis (Ortlieb 2004a: 12ff, Ortlieb 2004b: 6).

Keynesianische Nachfragetheorie

Keynes (1936) bestritt bereits die Gültigkeit des Sayschen Theorems und sah sich darin durch die Weltwirtschaftskrise bestätigt. Nach seiner Auffassung bestimmt nicht das Angebot die Nachfrage, sondern es müsse unterschieden werden zwischen dem bloßen Nachfragewunsch und der effektiven Nachfrage, die vom Wunsch abweichen könne. Bei zu geringer effektiver Nachfrage würde die Produktion von der Absatzseite her begrenzt und es käme zu einem Angebotsüberschuss auf dem Arbeitsmarkt (Arbeitslosigkeit), der auch langfristig anhalten könne. Nach der keynesianischen Theorie schafft sich die Nachfrage ihr Angebot und nicht umgekehrt. Die von Keynes (1936) unterstellte Konsumfunktion ist abhängig vom Realeinkommen und nicht, wie in der neoklassischen Theorie, vom Zins, wobei Keynes auch von einer gewissen Starrheit der Preise und Löhne ausgeht. Nach der neoklassischen Theorie passen sich Preise flexibel und schnell an Marktveränderungen an, wobei in der Realität vollkommene Märkte kaum zu beobachten sind.

Differenzierung der Marktformen

Die ökonomische Theorie unterscheidet verschiedene Marktformen unterschiedlicher Vollkommenheit. Als idealtypisch wird von der neoklassischen Gleichgewichtstheorie die atomistische Konkurrenz beschrieben, bei der die Anbieter keine Marktmacht und keine Preissetzungsspielräume haben, sondern sich als Preisnehmer an den am Markt gebildeten Gleichgewichtspreis anpassen müssen, der vom Kaufverhalten der Nachfrager determiniert wird. Einzelne Unternehmen können in einer derartigen Wettbewerbssituation keine Vorteile durch Machtausübung erzielen, weshalb sie bestrebt sind, durch Innovationen, aber auch durch Verdrängung oder Aufkauf von Konkurrenten eine oligopolistische oder gar monopolistische Marktstellung zu erreichen. Dabei nutzen sie Skalen- und Verbundeffekte[16]. Andererseits wirkt die von ihnen ausgeübte Konkurrenz und induzierte schöpferische Zerstörung der Monopolbildung entgegen. Innovationen können bisherige Produkte und Verfahren obsolet machen. Kondratjew-Zyklen zeugen von Innovationen, die ganze Industriezweige verändern. *Monopolunternehmen* können den Preis entsprechend ihres Gewinnmaximierungskalküls und unter Berücksichtigung des Kaufverhaltens der Nachfrager frei setzen, wobei nicht preisbereite Nachfrager auf das Produkt entweder ganz verzichten oder dieses durch ein anderes geeignetes Produkt substituieren müssen. Entsprechendes gilt für *Oligopole*, in denen Unternehmen Kartelle bilden und durch unerlaubte Preis-, Submissions- und andere wettbewerbsbeschränkende Absprachen das Marktergebnis zu ihren Gunsten verändern. *Wettbewerbspolitik* zielt darauf, den marktwirtschaftlichen Steuerungs- und Lenkungsmechanismus aufrecht zu erhalten, indem sie Wettbewerbsbeschränkungen durch die Bildung

---

[15] *Skaleneffekte* sind wirtschaftliche Vorteile, die mit steigender Produktionsmenge realisiert werden können.

[16] *Verbundeffekte* sind wirtschaftliche Vorteile durch die gemeinsame Nutzung von Ressourcen.

von Kartellen, marktbeherrschenden Unternehmen und Monopolen bekämpft. Das Gesetz gegen Wettbewerbsbeschränkungen (GWB) sowie Regulierungen des Staates wirken Machtungleichgewichten zwischen Anbietern und Nachfragern entgegen und zielen auf das nachhaltige Funktionieren des marktwirtschaftlichen Systems. Staatliche Regulierung kann ggf. auch zur Monopolbildung beitragen, während Kartellverbote und Anti-Trust-Gesetze diesen generell entgegenwirken. Eine wirksame Antikartell- und Antimonopolpolitik ist hierzulande insoweit beeinträchtigt, als nach dem GWB marktbeherrschende Unternehmen nicht grundsätzlich verboten sind, sondern nur ihre missbräuchliche Ausnutzung. Das US-amerikanische Anti-Trust-Recht sieht demgegenüber ein schärferes Verbot und strengere Sanktionen, einschließlich Gefängnisstrafen, gegen Wettbewerbsbeschränkungen vor, wenngleich Unternehmen hier durch vertikale Integration versuchen, das Aufbrechen von Wettbewerbsvorteilen bzw. Monopolen zu erschweren und auf staatliche Regulierung Einfluss zu nehmen, indem sie öffentliche Institutionen mit wichtigen Informationen versorgen und öffentlichen Angestellten spätere Karrieren im privaten Sektor ermöglichen. Abhängig von diesen Gegebenheiten können Unternehmen und der Staat sowohl zur Monopolbildung als auch zur Monopolzerschlagung beitragen.

Seit geraumer Zeit ist eine zunehmende staatliche *Regulierung* zu verzeichnen, etwa bei den Telekommunikations-, Eisenbahn- und Energienetzen oder dem Gesundheits-, Verbraucher- und Umweltschutz. Mit der Finanzkrise verstärkte sich dieser Trend und lässt zunehmende Regulierung insbesondere im Finanzsektor erwarten. Betroffene Akteure und Unternehmen versuchen, verstärkter Regulierung durch Lobbyismus und Einflussnahme auf die politische Willensbildung entgegenzuwirken. Um bei der Regulierung nicht von Experten aus der Wirtschaft abhängig zu sein, steht der Staat heute vor der wichtigen Herausforderung, zusätzliches qualifiziertes Personal (Humankapital) zur Bewältigung der zunehmenden Regulierungserfordernisse aufzubauen.

Marktversagen und staatliches Handeln

Eine arbeitsteilige Wirtschaft kann durch Märkte grundsätzlich effizienter koordiniert werden, als dies bei einer staatlichen Steuerung der Produktion (Planwirtschaft) möglich ist. So zeichnen sich Marktwirtschaften generell durch eine hohe Güterverfügbarkeit, hohe Dienstleistungsorientierung (Käufermärkte), Leistungs- und Innovationsanreize sowie Anreize zu einem sparsamen Umgang mit Ressourcen aus. Wenn Menschen ihr Existenzminimum nicht sichern können, die ökologische Umwelt zerstört bzw. Güter, für die es keinen Preis gibt, verschwendet werden, Unternehmen sich dem Wettbewerb durch Kartelle und Monopole entziehen, illustriert dies Marktversagen, bei dem der Staat aktiv werden sollte. Allgemein spricht man von *Marktversagen*, wenn durch den Marktmechanismus entweder kein eindeutiger Marktpreis ermittelt wird oder es auf dem Markt zu einem ineffizienten oder gar keinem Ausgleich zwischen Angebot und Nachfrage kommt. Der Staat dient dem Ausgleich bzw. der Verhinderung von Marktversagen, indem er durch Ordnungspolitik in Form von Wettbewerbs-, Sozial- und Umweltpolitik, Bankenaufsicht etc. sowie durch Prozesspolitik in Form von Geld- und Fiskalpolitik in den Markt eingreift und öffentliche Güter bereitstellt. Öffentliche Güter werden nach dem Ausschlussprinzip von privaten Gütern unterschieden.

Bei *privaten Gütern* wird ein Konsument, der nicht bereit ist, den Preis für die auf dem Markt gehandelten Güter zu bezahlen, oder ihn nicht bezahlen kann, von der Nutzung ausgeschlossen. Beispielsweise wird ein Händler keine Waren an Kunden verkaufen, die den Preis dafür nicht bezahlen können oder wollen. Bei privaten Gütern herrscht üblicherweise Rivalität im Konsum. Ein Gut wird dann als rivalisierend bezeichnet, wenn der Konsum dieses Gutes durch ein Individuum den Konsum desselben Gutes durch ein anderes Individuum verhindert. Beispielsweise verhindert der Verbrauch fossiler Ressourcen den Konsum dieser Ressourcen durch zukünftige Generationen.

Bei *öffentlichen Gütern*, wie z. B. innere und äußere Sicherheit, Deiche, Leuchttürme, Straßenbeleuchtung oder Klimaschutz, ist der Ausschluss von deren Nutzung nicht oder nur mit einem unverhältnismäßig hohen Aufwand möglich, d. h. sie können von allen gleichzeitig genutzt werden ohne dass jemand von deren Nutzung ausgeschlossen werden kann. Als Folge der Nicht-Ausschließbarkeit existiert für die öffentlichen Güter kein Markt. Sie werden meistens vom Staat zur Verfügung gestellt, der über die Steuererhebung indirekte Einnahmen für ihre Bereitstellung erzielt. Bei öffentlichen Gütern herrscht Nicht-Rivalität im Konsum. So ist ein Spaziergang im Wald nicht rivalisierend, solange andere Individuen dadurch nicht beeinträchtigt werden. Die Nicht-Ausschließbarkeit von öffentlichen Gütern bewirkt, dass individuelle Akteure keinen Anreiz haben, für das entsprechende Gut zu bezahlen (Trittbrettfahrer- oder Free Rider-Problematik), sodass zu wenig dieser Güter auf Märkten bereitgestellt werden. Es kommt zu Marktversagen, bei dem knappe öffentliche Güter, für die grundsätzlich Bedarf und Nachfrage besteht, nicht von privaten Anbietern angeboten werden, sodass diese vom Staat steuerfinanziert als öffentliche Güter bereit- bzw. hergestellt werden. Ein Grundproblem bei Eingriffen des Staates in die Wirtschaft besteht darin, die richtige Balance zwischen Markt und Staat zu finden, um einerseits nicht durch zu starke Eingriffe des Staates die Leistungsbereitschaft der ökonomischen Akteure und die volkswirtschaftliche Wettbewerbsfähigkeit zu gefährden und andererseits nicht durch zu geringe staatliche Eingriffe instabile Wirtschafts- und Konjunkturentwicklung, Finanzkrisen, soziale Gefälle und Spannungen oder Umweltzerstörung zuzulassen.

Bei *Allmende-Gütern* (unreinen öffentlichen Gütern), wie überfüllten Straßen, sauberer Luft, Fischbeständen im offenen Meer oder freiem Weideland herrscht Nicht-Ausschließbarkeit, jedoch Rivalität im Konsum. Ist Weideland für alle Bauern frei zugänglich, wird diese Allmende häufig übernutzt, da der freiwillige Verzicht eines einzelnen Bauern auf Weidemöglichkeit für seine Kühe den anderen, nicht zum Verzicht bereiten Bauern einen extra Vorteil verschafft und diese nicht davon abgehalten werden können. Private Eigentumsrechte könnten dies verhindern, erzeugen jedoch suboptimale Ergebnisse, wenn die allen Menschen zustehenden Ressourcen der Erde höchst ungleich verteilt sind und die ökologisch verträgliche Nutzung des Bodens nicht staatlich reguliert ist. Mit Ausnahme der Atmosphäre, der offenen Meere und des Weltraums wurde die Erde schon sehr weitgehend durch formale Eigentumsrechte verteilt. De Soto (2003) unterscheidet zwischen formalem Eigentum, das durch staatliche Macht geschützt wird, und informellem Eigentum, das keinem staatlichen Schutz unterliegt und deshalb nicht offiziell genutzt oder verpfändet werden kann. Da viele arme Menschen in Entwicklungsländern zwar informelles, aber kein formales Kapital besitzen, empfiehlt de Soto, dieses zu formalisieren, damit diese Menschen in die Lage versetzt werden, Investitionen zu tätigen, für die ihr Kapital als Sicherheit hinterlegt werden kann; er fordert die Transformation von informellem „totem" Kapital in formales „lebendiges" Kapital. Die von de Soto (2003) vorgeschlagene verstärkte Institutionalisierung von informellem Eigentum in unterentwickelten Ländern kann jedoch nur dann positiv wirken, wenn den Armen der geforderte Zugang zum Rechtssystem auch effektiv ermöglicht und das zunächst zu ihren Gunsten formalisierte Eigentum nicht anschließend infolge von Überschuldung der Armen de facto nach oben umverteilt wird. So befinden sich bettelarme Bauern in Entwicklungsländern, die Mikrokredite für bis zu 30 % Zinsen bekamen, mittlerweile in der Schuldenfalle (FAZ 3.2.11).

Nachhaltige Lebensstile und Einstellungen der Konsumenten

Neben politökonomischen Fragen sind insbesondere auch die sozialen Beziehungen und Einstellungen der Menschen für die Erzielung von Nachhaltigkeit relevant. Schaltegger und Sturm (1990) beschreiben eine *neue ökologische Rationalität*, nach der sich Lebensstile an den ökologischen Möglichkeiten orientieren. Intrinsisch oder extrinsisch motivierte nachhaltige Lebensstile, die von Gesundheitsbewusstsein und -vorsorge sowie der Ausrichtung an Nachhaltigkeitsprinzipien geprägt sind, werden auch als „Lifestyles of Health and Sustainability" (LOHAS) bezeichnet. Zu LOHAS-Konsumenten zählen etwa Kunden von Biogeschäften oder Natururlauber, wobei die Verbindung zwischen hochpreisigem Konsum und Nachhaltigkeit umstritten ist: „Das gute Gewissen kann sich jeder kaufen – sofern er über den entsprechenden Geldbeutel verfügt... In Wahrheit zementiert der LOHAS die Verhältnisse in der Welt und die Kluft zwischen Arm und Reich" (Hartmann 2009: 18, 23). Hiervon unterschieden werden die „Lifestyles of Voluntary Simplicity bzw. Downshift" (LOVOS) von Menschen, die einen bewussten Konsumverzicht und einen Lebensstil der freiwilligen Einfachheit anstreben.

Konsumenten- oder Produzentensouveränität auf Gütermärkten

Die Frage, ob auf Märkten eher Konsumenten- oder Produzentensouveränität vorherrscht, ist wesentlich für einen effektiven Nachhaltigkeitsansatz. Basierend auf der klassischen Erkenntnis „Consumption is the sole end and purpose of all production" (Smith 1776: Chapter VIII) und den neoklassischen Grundannahmen vollkommener Märkte, vollständiger Konkurrenz, rational handelnder Akteure, vollständiger Information und Markttransparenz könnte grundsätzlich von Souveränität der Konsumenten ausgegangen werden, die darüber entscheiden, welche Produkte in welchen Mengen angeboten werden. Die neoklassische Theorie des Konsumentenverhaltens, die nach Ortlieb (2004a: 4) „eine in sich geschlossene mathematische Theorie ohne Verbindung zu anderen Teilen des neoklassischen Lehrgebäudes [ist], von Verbindungen zur realen Ökonomie ganz zu schweigen", soll an dieser Stelle nicht weiter vertieft werden. Grundsätzlich wird heute angenommen: „Marktwirtschaft und Wettbewerb sind eine Veranstaltung zum Wohl der Allgemeinheit, der Konsumenten" (Homann und Blome-Drees 1992), bei der souveräne Konsumenten durch ethisches Handeln nachhaltiges Wirtschaften erwirken können. Ein diesbezüglicher Ansatzpunkt liegt auf der moralischen *Konsumentensouveränität* und Konsumentenbildung beispielsweise durch Kongresse des Schweizerischen Konsumenten-Verbandes (2010), der damit „das Bewusstsein der Konsumentinnen und Konsumenten schärfen und einen aktiven Beitrag zur Überwindung der heutigen Finanz- und Wirtschaftskrise setzen" will. Da die Konsumenten mit jedem Kauf einen Auftrag geben, das gleiche Produkt wieder herzustellen oder die gleiche Dienstleistung weiter anzubieten, könnten sie mit ihren bewussten Taten einen nachhaltigen Wirtschaftswandel herbeiführen. Laut Ludwig von Mises (1940: 260) begrenzt lediglich die Monopolbildung die Konsumentensouveränität: „Es gibt im Getriebe der Marktwirtschaft nur einen Fall, in dem die Verbraucher sich die Eigentümer der Produktionsmittel nicht ganz gefügig machen können; durch die Bildung von Monopolpreisen wird der Demokratie der Verbraucher eine Schranke gezogen." Mit zunehmender Konzentration verschiebt sich entsprechend die Macht von den Verbrauchern zu den Produzenten und Kapitaleignern.

Edward L. Bernays (1891–1995), ein Begründer der Public Relations und Berater der US-Präsidenten Woodrow Wilson und Calvin Coolidge sowie von Unternehmen, wie Procter & Gamble, CBS, British American Tobacco, United Fruit, General Electric, Dodge Motors oder der American Tobacco Company, beginnt sein Buch *Propaganda* im ersten Kapitel „Organising Chaos" mit den Worten: „Die bewusste und intelligente Manipulation der organisierten Gewohnheiten und Meinungen der Massen ist ein wichtiges Element in der demokratischen Gesellschaft. Wer die ungesehenen Gesellschaftsmechanismen manipuliert, bildet eine unsichtbare Regierung, welche die wahre Herrschermacht unseres Landes ist. Wir werden regiert, unser Verstand geformt, unsere Geschmäcker gebildet, unsere Ideen größtenteils von Männern suggeriert, von denen wir nie gehört haben. Dies ist ein logisches Ergebnis der Art wie unsere demokratische Gesellschaft organisiert ist. Große Menschenzahlen müssen auf diese Weise kooperieren, wenn sie in einer ausgeglichen funktionierenden Gesellschaft zusammenleben sollen. In beinahe jeder Handlung unseres Lebens, ob in der Sphäre der Politik oder bei Geschäften, in unserem sozialen Verhalten und unserem ethischen Denken werden wir durch eine relativ geringe Zahl an Personen dominiert, welche die mentalen Prozesse und Verhaltensmuster der Massen verstehen. Sie sind es, die die Fäden ziehen, welche das öffentliche Denken kontrollieren" (Bernays 1928: 9 ff). Das idealisierte theoretische Modell einer machtfreien Wirtschaft erscheint auch angesichts der von Arndt (1973) beschriebenen Konzentration und wirtschaftlichen Macht der Anbieter in weiten Bereichen realitätsfern. Dem Leitbild der Konsumentensouveränität stellt Galbraith (1968) die These der *Produzentensouveränität* als der „Herrschaft der Anbieter" gegenüber, nach der die Präferenzen der Konsumenten von den Unternehmen durch Marketing-Aktivitäten gebildet und geformt werden. Einer Vielzahl ökonomisch unbedeutender und isoliert voneinander agierender Haushalte stünde die durch Lobbyisten, Verbände, Großunternehmen und Expertise potenzierte ökonomische Macht der Anbieter gegenüber. Im Gegensatz zur unterstellten Nachfrageherrschaft könnten Konsumenten nur auf die von den Produzenten entsprechend deren Interessen gebildeten Angebote reagieren.

2.3.3   Arbeitsmarkt

Lohn und Arbeit

Am Arbeitsmarkt treffen sich das Arbeitsangebot der privaten Haushalte und die Arbeitsnachfrage der Unternehmen, wobei ein immanenter Widerspruch ökonomischer Interessen besteht: Lohn bzw. Gehalt stellen für den Arbeitnehmer Einkommen dar, welches er zu maximieren trachtet, während gleiches für den Unternehmer Kosten sind, die er möglichst minimieren will. Der Preis für Arbeit bildet sich am Arbeitsmarkt, auf dem der einzelne Arbeitnehmer grundsätzlich weniger Macht als der Arbeitgeber hat. Zum Ausgleich schließen sich Arbeitnehmer in Gewerkschaften zusammen, worauf Arbeitgeber wiederum durch die Bildung von Arbeitgeberverbänden reagieren. Das Ergebnis der *Tarifverhandlungen* zwischen Gewerkschaften und Arbeitgeberverbänden ist dabei abhängig von der Arbeitsmarktsituation.

Von *Vollbeschäftigung* spricht man allgemein und auch gemäß Definition der Arbeitsmarktstatistik, wenn alle arbeitsfähigen und arbeitswilligen Mitglieder einer Gesellschaft Arbeit finden. Dagegen herrscht nach der neoklassischen Theorie bereits dann Vollbeschäftigung, wenn alle Arbeitnehmer, die zum auf dem Markt herrschenden Lohnsatz arbeiten wollen, auch Arbeit finden. Die übrigen Arbeitssuchenden, die offenbar nur bereit sind, zu einem höheren als dem gleichgewichtigen Lohnsatz zu arbeiten, gelten als freiwillig arbeitslos. Bei einem Arbeitsnachfrageüberschuss in Zeiten von Vollbeschäftigung sind hohe Tarifabschlüsse zu erwarten, während es bei einem Arbeitsangebotsüberschuss infolge von Massenarbeitslosigkeit zu tendenziell niedrigen Tarifabschlüssen kommt. Vollbeschäftigung stärkt die Gewerkschaften und schwächt die Macht der Unternehmer im Kapitalismus (Kalecki 1943), während Arbeitslosigkeit die abhängig Beschäftigten und Arbeitslosen gleichzeitig diszipliniert (Robinson 1949).

Verteilungsneutral sind nominale Gehaltssteigerungen in Höhe der Inflationsrate plus der Produktivitätssteigerung. In diesem Fall bleibt die gesamtwirtschaftliche Lohn- und Gewinnquote[17] konstant. Seit Mitte der siebziger Jahre blieben die Lohnsteigerungen in Deutschland, Europa, Japan und den USA, u. a. aufgrund von *Massenarbeitslosigkeit*, unter dem verteilungsneutralen Spielraum, weshalb die gesamtwirtschaftliche Lohnquote in den letzten Jahrzehnten kontinuierlich abnahm und die Gewinnquote entsprechend stieg. Ein deregulierter Arbeitsmarkt versagt insbesondere, wenn bei einem großen Arbeitskräftereservoir und freier Preisbildung zu niedrige Gleichgewichtslöhne am Rande oder unterhalb des Existenzminimums entstehen, die normativ betrachtet menschenunwürdig sind. Wenn der Nominallohn durch Festlegung von Mindestlöhnen oder Vereinbarung von Tariflöhnen über den gleichgewichtigen Lohn angehoben wird, entsteht im neoklassischen Modell ein Angebotsüberschuss, d. h. Arbeitslosigkeit. Nach der neoklassischen Theorie kann diese Arbeitslosigkeit durch Lohnsenkungen abgebaut werden, da einige Arbeitslose bereit sind, auch zu einem geringeren Nominallohnsatz zu arbeiten. Einzelwirtschaftlich kann es für einen Arbeitssuchenden sinnvoll sein, einen niedrigeren Lohn zu akzeptieren um einen Arbeitsplatz zu erhalten. Indem sich die Arbeitnehmer gegenseitig unterbieten, stellen sie sich gesamtwirtschaftlich jedoch schlechter. Unter den Bedingungen eines hohen Arbeitsangebots können am Arbeitsmarkt gebildete Gleichgewichtslöhne unter das Existenzminimum sinken. Den betroffenen Menschen fehlen Einkommen und damit Kaufkraft, sodass sie sowohl ihre Grundbedürfnisse nicht befriedigen können als auch im Wirtschaftskreislauf kaum Nachfrage entfalten und dadurch ein insgesamt geringes Produktionsniveau und eine geringe Beschäftigung induzieren.

Gewinn- versus Kaufkrafttheorie des Lohnes

Zwischen den Arbeitskosten und der unternehmerischen Wertschöpfung besteht ein ambivalentes Verhältnis. Einerseits mindern Arbeitskosten den Gewinn, weshalb Unternehmen versuchen, die Arbeitskosten zu minimieren. Andererseits stellen die Arbeitskosten für Arbeitnehmer Einkommen dar, welches diese konsumieren und dadurch die Umsatzerlöse der Unternehmen gewährleisten. Einzelwirtschaftlich ist es für Unternehmen rational, die Arbeitskosten zu senken, während dies gesamtwirtschaftlich kontraproduktiv ist.

Der Arbeitsmarkt hat aus klassisch-neoklassischer Sicht keinen Einfluss auf das Preisniveau, sodass der Nominallohn die alleinige Determinante für das Arbeitsmarktgleichgewicht ist. Dass Lohnerhöhungen über eine höhere Nachfrage und steigende Kosten Preissteigerungen induzieren, bleibt hier unberücksichtigt. Keynes (1936) geht von einer gewissen Starrheit der Preise und Löhne aus und argumentiert, dass die reduzierte Kaufkraft der Arbeitslosen am

---

[17] Die *Lohnquote* bezeichnet den Anteil der Arbeitnehmerentgelte (Lohneinkommen) am Volkseinkommen. Die *Gewinnquote* ist der Anteil der Einkommen aus Vermögen und unternehmerischer Tätigkeit (Zinsen, Mieteinnahmen, Dividenden und Gewinne) am Volkseinkommen. Lohnquote und Gewinnquote addieren sich zu eins.

Gütermarkt einen Nachfragerückgang bewirkt, sodass die Nachfrage auch in anderen Sektoren sinkt und eine Abwärtsspirale eingeleitet wird. Ein hoher Beschäftigungsstand kann erzielt werden, wenn die makroökonomischen Kreislaufzusammenhänge bedacht und der Doppelcharakter von Löhnen als Arbeitskosten einerseits und als kaufkräftige Einkommen andererseits berücksichtigt wird. Nach der neoklassischen Theorie kommt der Arbeitsmarkt durch den Lohnmechanismus ins Gleichgewicht, während für Keynes die Beschäftigung über den Gütermarkt gesteuert wird.

- Nach der neoklassischen *Gewinntheorie* des Lohnes kann durch Lohnsenkung bzw. Lohnzurückhaltung, d. h. Reallohnsteigerungen unterhalb der Produktivitätssteigerung, die Nachfrage der Unternehmen nach Arbeit erhöht werden, da Unternehmen bei niedrigen Löhnen Kapital durch Arbeit substituieren. Dass Investitionen, d. h. der Aufbau eines Kapitalstocks mit dem Aufbau von Arbeitsplätzen einhergeht und umgekehrt, wird hier nicht berücksichtigt.
- Nach *der Kaufkrafttheorie* des Lohnes führen Lohnerhöhungen zu steigender Massenkaufkraft und steigender Konsumnachfrage. In der Folge steigen die Gewinnmöglichkeiten der Unternehmen, sodass diese verstärkt investieren und dabei mehr Arbeitskräfte benötigen, wodurch die Nachfrage nach Arbeitskräften zunimmt. Lohnerhöhungen tragen entsprechend zum Abbau von Arbeitslosigkeit bei.

Abhängig von der Wirtschaftstheorie können hier diametral entgegengesetzte Handlungsempfehlungen abgeleitet werden.

Arbeitszeitverkürzung

Die Erwartungen eines Benjamin Franklin (1706–1790), dass der *Arbeitstag* nur *fünf Stunden* betragen werde, wenn alle produktiv arbeiten, hat sich ebenso wenig erfüllt wie die Hoffnung von Bertrand Russell (1872–1970) und Lewis Mumford (1895–1990) auf eine *20 Stundenwoche*. Stattdessen gibt es einen globalen Kampf um Arbeitsplätze mit weltweit mindestens 700 Millionen chronisch arbeitslosen oder unterbeschäftigten Menschen, wobei auch Europa und Japan Höchststände an Arbeitslosen verzeichnen, was die Arbeitnehmerseite schwächt, den Lohndruck auch bei Arbeitsproduktivitätssteigerungen erhöht und die Durchsetzbarkeit von Arbeitszeitverkürzungen reduziert (Lietaer 2013).

Liegen die realen *Wachstumsraten* einer Ökonomie *unterhalb* ihrer *Produktivitätssteigerung*, so führt dies nach dem neoklassischen Marktmodell zu einem Rückgang des Arbeitsvolumens, d. h. es müssen entweder Menschen freigesetzt oder ihre Arbeitszeit reduziert werden. In Deutschland lag das Wachstum des realen Bruttoinlandsprodukts meist unterhalb des Wachstums der Arbeitsproduktivität. Diese Produktionsproduktivitätslücke bewirkte einen Rückgang des Arbeitsvolumens um 0,8 % in den 1960er, 0,9 % in den 1970er, 0,4 % in den 1990er und 0,3 % in den 2000er Jahren (Bontrup und Massarrat 2011: 6 ff). In den 2010er Jahren ging das Arbeitsvolumen sogar um 1,6 % zurück, stieg ab 2011 zumindest in Deutschland aber wieder an. Das Arbeitsvolumen errechnet sich aus der Anzahl der Beschäftigten multipliziert mit der Arbeitszeit je Beschäftigten. Die Produktionsproduktivitätslücke kann entweder durch *Arbeitszeitverkürzung* oder durch *Arbeitsplatzabbau* geschlossen werden. Da Arbeitslosigkeit über die negative individuelle Betroffenheit hinaus auch Konsumausfälle, fiskalische Ausfälle, höhere Staatsausgaben für Alimentierung u. a. negative ökonomische Folgen hat, wäre Arbeitszeitverkürzung das wirtschafts- und finanzpolitisch effektivere und effizientere Instrument.

Blickt man zurück in die Zeit des deutschen *Wirtschaftswunders* der Nachkriegszeit, zeichnet sich diese trotz der großen Kriegszerstörungen und des ökonomischen Nachholbedarfs durch eine stetige Rückführung der Wochenarbeitszeit bei moderatem Lohnanstieg aus. Die tariflich vereinbarte Arbeitszeit im metallverarbeitenden Gewerbe lag 1950 noch bei 48 Wochenstunden und wurde in den Jahren bis 1966 stufenweise auf das angestrebte Ziel von *40 Wochenstunden* reduziert, d. h. in jedem Jahr wurde die Arbeitszeit durchschnittlich um eine halbe Stunde verkürzt. Gleichzeitig wurde die hohe Nachkriegsarbeitslosigkeit, die 1950 zwei Millionen Menschen betraf, stetig abgebaut und seit Anfang der 1960er Jahre Vollbeschäftigung erreicht. Die Tarifpolitik der Arbeitszeitverkürzung ermöglichte nicht nur die Integration der zurückkehrenden Kriegsgefangenen, Ostflüchtlinge und Millionen von Gastarbeitern in den ökonomischen Prozess, sondern auch eine Verbesserung der Marktstellung der Arbeitnehmer, die aufgrund knapper Arbeitskräfte mehrheitlich übertariflich entlohnt wurden. Bis Mitte der 1960er Jahre wurden die ökonomischen Produktivitätssteigerungen sowohl in Lohnerhöhungen als auch in Arbeitszeitverkürzungen umgesetzt. Mit der Erreichung der 40 Stunden-Woche wurde die Tarifpolitik der systematischen Arbeitszeitverkürzung beendet, was zunächst höhere Lohnsteigerungen erlaubte, da Produktivitätsgewinne nicht mehr für Arbeitszeitverkürzungen verwendet wurden. Die Arbeitszeit in der Metall- und Elektroindustrie liegt heute je nach Branche bei 36 bis 37 Wochenstunden, was seit 1966 einer jahresdurchschnittlichen Arbeitszeitverkürzung von durchschnittlich nur noch 3,7 bzw. 4,9 Minuten entspricht. Mit der gestiegenen Produktion und Kaufkraft zeigten sich am Absatzmarkt allmählich zunehmende Sättigungstendenzen, worauf nun nicht durch Arbeitszeitverkürzung, sondern durch größere Werbeanstrengungen und eine Ausweitung des Exports reagiert wurde. Wo dies nicht gelang, verringerten Unternehmen ihre Kapazitätsausweitung und Arbeitsnachfrage. Seit den 1970er Jahren stieg die *Arbeitslosigkeit* im Zuge der Ölkrise sowie bei konjunkturellen Einbrüchen jeweils sprunghaft an. Da diese Anstiege der Arbeitslosenzahlen in konjunkturellen Aufschwungsphasen nicht wieder abgebaut wurden, entstand eine zunehmende Sockelarbeitslosigkeit, die zu De-Qualifizierung und sozialem Abstieg der Betroffenen führte. Die aus den Bruttolöhnen der Arbeitnehmer zu finanzierende Alimentierung der Arbeitslosen bewirkte einen entsprechenden Rückgang der Nettolöhne. Nicht nur die Arbeitslosen, sondern auch die Arbeitnehmer waren negativ betroffen, da ihre durch Verzicht auf Arbeitszeitreduzierung gestiegenen Bruttolöhne zunehmend mit Sozialabgaben belastet wurden und sich ihre bei Vollbeschäftigung noch starke Marktposition gegenüber den Unternehmen durch steigende Arbeitslosigkeit zunehmend verschlechterte (Creutz 1995: 356 ff).

Vor dem Hintergrund, dass Arbeitslosigkeit die Beschäftigten und Gewerkschaften diszipliniert und ihre Verhandlungsmacht hinsichtlich Lohnhöhe, Arbeitszeit und Sozialleistungen schwächt, verkehrte sich der arbeitszeitpolitische Diskurs in Deutschland in den 1990er Jahren in Richtung Arbeitszeitflexibilisierung und in den 2000/2010er Jahren sogar in Richtung Arbeitszeitverlängerung.

Da *Arbeitszeitverkürzungen* nicht in nennenswertem Umfang realisiert wurden, bewirkte der Rückgang des Arbeitsvolumens eine zunehmende Massenarbeitslosigkeit, die nur durch die Gesetze für moderne Dienstleistungen am Arbeitsmarkt von 2002/2003 (Hartz I-IV) abgebaut werden konnte, welche jedoch eine zunehmende Prekarisierung der Arbeitsmärkte zur Folge hatten. Bontrup und Massarrat (2013) werfen der Agenda 2010 vor, das neoliberale Ziel zu verfolgen, in Deutschland einen breiten Niedriglohnsektor etablieren und ein dauerhaftes Machtgefälle zu Gunsten der Kapitalseite erhalten und verstärken zu wollen. Um das

verfügbare Erwerbsarbeitspotential und das entsprechende Arbeitsvolumen fair umzuvertei-
len und nicht zuletzt um eine Machtbalance zwischen Kapital und Arbeit und eine zumindest
neutrale Verteilung der Wertschöpfung zu erreichen, schlagen sie vor, die Arbeitszeit schrittweise um jährlich 5 % auf schließlich *30 Stunden pro Woche* zu verkürzen, wobei die Wochenarbeitszeit der Vollzeitbeschäftigten stufenweise reduziert und die Arbeitszeit jener zwei
Millionen Teilzeitbeschäftigten, die länger arbeiten wollen, angehoben wird. Um dem
Mismatch zwischen Fähigkeiten der Arbeitssuchenden und Anforderungen der Arbeitgeber
sowie einer durch Arbeitslosigkeit beschleunigten De-Qualifikation zu begegnen, wären
parallel zur Arbeitszeitverkürzung umfassende Qualifizierungs- und Weiterbildungsmaß-
nahmen erforderlich. Der am Ende dennoch verbleibende Sockel von einer Million Arbeitslosen sollte zu tariflich abgesicherten Bedingungen in den öffentlichen Sektor integriert werden. Eine Arbeitszeitverkürzung bei vollem Lohn- und Personalausgleich sei möglich und
hänge vom politischen Willen ab, wobei Hauptadressaten im Zuge der verfassungsrechtlich
verankerten Tarifautonomie die Gewerkschaften und Arbeitgeberverbände seien (Bontrup
und Massarrat 2011, 2013).

2.3.4   Finanzmarkt

Finanzmarkt ist der Oberbegriff für alle Märkte, auf denen mit Kapital bzw. zukunftsbezogenen Rechtsansprüchen gehandelt wird, d. h. für den Kreditmarkt, den Kapitalmarkt, den
Geldmarkt und den Devisenmarkt. Am Kreditmarkt vergeben Banken unverbriefte Kredite in
Form von individuellen, häufig standardisierten Kreditverträgen zwischen der Bank als Kreditgeber und dem Kreditnehmer, während am Kapitalmarkt verbriefte Kredite gehandelt
werden. Die Abgrenzung zum Geldmarkt im Bereich kurzfristiger Kredite wird i. d. R. anhand der Marktteilnehmer vorgenommen.

Kredit- und Kapitalmarkt

Am Kredit- und Kapitalmarkt gleichen sich Kapitalangebot und Kapitalnachfrage über den
Zinssatz an, wobei Banken eine Zinsdifferenz zwischen dem höheren Zins für ausgeliehene
Kredite und dem niedrigeren Zins für Einlagen erwirtschaften. Im modellierten Gleichgewicht bildet sich ein natürlicher Zins, zu dem die Höhe der Ersparnisse und die Höhe der
Investitionen übereinstimmen. Theoretisch kann der tatsächliche Zins vom natürlichen Zins
nur kurzfristig abweichen, da bei einem höheren [niedrigeren] als dem natürlichen Zins die
Sparneigung der Haushalte die Investitionsneigung der Unternehmen übertrifft [unterschrei-
tet], sodass die Haushalte nicht ausreichend Anlagemöglichkeiten für ihr Kapital [die Unternehmen nicht ausreichend Finanzierungsmittel] finden, was Zinssenkungen [Zinserhöhun-
gen] bewirkt.

Geldmarkt

Die neoklassische Lehre trennt strikt zwischen dem güterwirtschaftlichen und geldwirtschaftlichen Bereich und geht davon aus, dass diese sich nicht beeinflussen. Klassisch wird Geld
nur als Zahlungsmittel (Transaktionsfunktion) und als Wertmaßstab (Rechenmittelfunktion),
nicht jedoch als Wertaufbewahrungsmittel betrachtet. Es wird angenommen, dass Ersparnisse
in Form von Wertpapieren und nicht in Form von Geld gebildet werden, da letzteres keine
Zinsen bringt. Nach der Quantitätstheorie wird Geld nicht wie andere Güter produziert, sondern seine Menge exogen vorgegeben. Das Geldangebot (Money M) wurde früher durch die

Menge des Goldes und heute durch die Politik der Zentralbank und der Geschäftsbanken bestimmt. Die nominale Geldnachfrage (Liquidity demand L^d) wird allein auf das Transaktionsmotiv zurückgeführt. Unter der Prämisse, dass alles Geld alle Waren kauft, hängt die Geldnachfrage nur von der real angebotenen Gütermenge Y, dem Preisniveau P und der verhaltensabhängigen durchschnittlichen Kassenhaltungsdauer k ab; die Häufigkeit, mit der eine Geldeinheit pro Periode zu Transaktionszwecken verwendet wird, wird als k bezeichnet. Es gilt: L^d = k P Y. Im Gleichgewicht müssen sich Geldangebot M und Geldnachfrage L^d entsprechen; es gilt: M = L^d und somit M = k P Y. Der Kehrwert der Kassenhaltungsdauer k ist die Umlaufgeschwindigkeit des Geldes v. Somit gilt für die *Quantitätsgleichung*:

$$M = \frac{1}{v} \cdot P \cdot Y$$

Bei konstantem Güterangebot Y, wovon kurzfristig ausgegangen wird, und einer konstanten exogen vorgegebenen Geldumlaufgeschwindigkeit (Velocity v) bewirkt eine Veränderung des Geldangebots M eine gleichgerichtete bzw. proportionale Veränderung des Preisniveaus P. Der Wert des Geldes ist demnach nicht durch die bei der Bank für die Geld- bzw. Kreditausgabe hinterlegten Sicherheiten begründet, sondern wird bei der Ausgabe des Geldes am Markt bestimmt. Die Quantitätsgleichung beschreibt diesen Sachverhalt. Demnach führt eine Verdopplung des Geldangebots M bei konstantem Sozialprodukt Y zu einer Verdopplung des Preisniveaus P, d. h. zu einer hundertprozentigen Inflation. Umgekehrt bewirkt eine Halbierung des Geldangebots M eine Halbierung des Preisniveaus P, d. h. eine Deflation. Der gleiche Effekt tritt übrigens ein, wenn Geld gehortet und dem Wirtschaftskreislauf entzogen wird. Wird überschüssig gehortetes Geld zu einem späteren Zeitpunkt wieder in den Wirtschaftskreislauf zurückgeführt, hat dies inflationäre Folgen.

Um Änderungen des Preisniveaus zu vermeiden, müssen sich Geldmenge und Güterangebot proportional entwickeln. Bei unveränderter Geldmenge führen ein steigendes Sozialprodukt nach der Quantitätsgleichung zu Deflation und ein sinkendes Sozialprodukt zu Inflation. Eine Erhöhung der Geldmenge bei gleicher Güterproduktion bewirkt Inflation. Der umgekehrte Mechanismus, dass bei einer Reduzierung der Geldmenge und gleicher Gütermenge die Preise gesenkt werden, träfe für vollkommene Marktbedingungen zu, unter Bedingungen wirtschaftlicher Konzentration und Marktmacht sinkt jedoch die Bereitschaft der Anbieter zu Preissenkungen. Anstatt die Preise zu senken, wird ggf. die Produktionsmenge gesenkt und in der Folge Beschäftigung abgebaut.

Keynes (1936) erweiterte die neoklassische Modellierung der Geldnachfrage um die *Liquiditätspräferenz* und die mit Geld erzielbare *Liquiditätsprämie*, die eine Belohnung für die Aufgabe des in Liquidität, d. h. flüssig gehaltenen Geldes darstellt. Keynes Theorie berücksichtigt, dass Geld sowohl zu Transaktionszwecken als auch zur Wertaufbewahrung verwendet wird, wobei die Wirtschaftsakteure bei der Bildung von Ersparnissen zwischen Wertpapierhaltung und Geldhaltung auswählen können. Ihr nominales Vermögen umfasst entsprechend einen Geldbestand und einen Wertpapierbestand. Während die Geldmenge exogen vorgegeben ist, werden die Wertpapiere von Unternehmen und vom Staat ausgegeben. Anders als die neoklassische Theorie, die Geldhaltung als Anlageform ausschließt, da sie keine Zinsen bringt, benennt Keynes mit dem Vorsichtsmotiv und dem Spekulationsmotiv ökonomisch rationale Motive für das Halten bzw. Horten von Geld, die zusammen mit dem Transaktionsmotiv die Geldnachfrage bestimmen.

Das *Vorsorge- oder Vorsichtsmotiv* der Geldhaltung entspringt dem Wunsch der ökonomischen Akteure, Geld vorsorglich für unvorhersehbare Auszahlungen zu halten. Die Vorsichtskasse steigt grundsätzlich mit der Höhe des Realeinkommens. Dagegen sinkt die Geldhaltung mit steigendem Zins, da die Opportunitätskosten entgangener Zinsen dann ansteigen.

Das *Spekulationsmotiv* der Geldhaltung entspringt der Erwartung günstigerer künftiger Gelegenheiten zur Anlage in Wertpapieren. Da sich die Kurse festverzinslicher Wertpapiere gegenläufig zum Zins entwickeln, folgt unter der Annahme, dass alle Wertpapiere mit der gleichen nominalen Verzinsung angeboten werden, aus einer Steigerung des Marktzinses von beispielsweise 2 auf 4 % eine Halbierung des Kurswertes von 100 auf 50. Bei erwarteten Zinserhöhungen hält ein möglicher Kurs- bzw. Vermögensverlust Anleger ggf. davon ab, Wertpapiere zu kaufen und sie bleiben lieber im Geld.

Während nach der Quantitätsgleichung die Geldnachfrage L^d nur vom Realeinkommen PY und dem konstanten Kassenhaltungskoeffizienten k abhängig ist, kommt in der keynesianischen Theorie der Zins i als Determinante der Geldnachfrage[18] hinzu. Die Bestimmung des Zinssatzes, der sich aus dem Angebot und der Nachfrage nach Geld ergibt, beschreibt Keynes mit der *Liquiditätsprämie*, die Gemeinsamkeiten mit dem von Gesell (1949) eingeführten Urzins aufweist. Aufgrund ihrer Liquiditätspräferenz werden Geldhalter nur dann bereit sein, Liquidität aufzugeben, wenn sie hierfür einen Zins als Prämie erhalten. Da mit zunehmender Verleihdauer der Liquiditätsgrad der Forderung abnimmt, sind langfristige Zinsen normalerweise höher als kurzfristige Zinsen.

Da das vom Staat bereitgestellte Geld als Tauschmittel im Fluss bleiben muss und nicht gehortet werden darf, damit der Wirtschaftskreislauf störungsfrei funktioniert, unterscheidet sich das Geld grundlegend von am Markt gehandelten Gütern. Da der geldwirtschaftliche Prozess dem güterwirtschaftlichen Austauschprozess entgegen läuft, bremst bzw. behindert eine Verknappung oder Hortung von Geld den Austausch auf den Gütermärkten und sollte idealerweise verhindert werden. Aufgrund der großen Relevanz des Geldes für die Nachhaltigkeit des ökonomischen Systems wird dieses im fünften Kapitel gesondert behandelt und daher an dieser Stelle zunächst nicht weiter vertieft.

Effiziente Finanzmärkte oder Herdenverhalten

Die von Fama (1970) aufgestellte *Effizienzmarkthypothese* behauptet, dass Finanzmärkte effizient seien, da alle verfügbaren Informationen bereits in den Marktpreisen eingepreist seien, wobei davon ausgegangen wird, dass sich Marktteilnehmer vollständig rational verhielten und vorliegende Informationen unmittelbar in den Kursen abbildeten. Der Markt könne auch durch technische oder fundamental orientierte Analysen und selbst durch Insider-Geschäfte langfristig nicht geschlagen werden. Effizienz des Marktes ist vor allem dann gegeben, wenn die ökonomischen Akteure nicht spekulativ handeln, d. h. wenn sie Güter für ihren eigenen Bedarf erwerben, wenn die Akteure langfristig orientiert sind und die Zusammenhänge nicht zu komplex werden (Bofinger 2011). Regelmäßig auftretende Finanzkrisen

---

[18] Gesell (1949: 127 f) bezeichnet diese Geldnachfrage als Geldbedarf und unterscheidet wie folgt: *Bedarf an Geld* (Geldbedarf) haben alle Personen, die Geld brauchen, während *Nachfrage nach Geld* (Geldnachfrage) nur jener hat, der Ware anbietet. Geldbedarf lässt sich mit Kreditverträgen, Wechseln, Pfandbriefen, Anleihen, Schuldverschreibungen etc. befriedigen, Geldnachfrage geht immer mit angebotenen Gütern bzw. Waren einher, Geldbedarf geht von einer Person, Geldnachfrage von einem Gut bzw. einer Ware aus. Der Geldbedarf bemisst sich am Zinssatz, die Geldnachfrage wird mit den Preisen der Güter gemessen.

falsifizieren die Effizienzmarkthypothese, denn solche Erscheinungen dürften bei ihrer Gültigkeit grundsätzlich nicht vorkommen.

Shiller (1981: 434) stellte fest: „The failure of the efficient markets model is thus so dramatic that it would seem impossible to attribute the failure to such things as data errors, price index problems, or changes in tax laws." Akerlof und Shiller (2009) zeigen, wie es durch *Herdenverhalten* zu Übertreibungen an den Finanzmärkten kommt und wie Börsenkurse von irrationalen Erwartungen getrieben werden, wobei die Funktion von Finanzmärkten hier nicht einmal mehr durch Wahrscheinlichkeiten beschrieben werden kann. Marktteilnehmer zeigen begrenzte Rationalität, Herdenverhalten und Gier mit kurzfristigem Zeithorizont und orientieren sich an Heuristiken. Chuck Prince, ehemaliger CEO der Citibank, erklärte der Financial Times: „As long as the music is playing, you've got to get up and dance" (Reuters 8.4.2010).

Die gleichzeitige Verleihung des Wirtschaftsnobelpreises 2013 an Eugene Fama, Robert Shiller und Lars Peter Hansen „for their empirical analysis of asset prices" honorierte widersprüchliche Erkenntnisse und veranschaulicht das Problem, vor dem ökonomische Forschung heute steht.

Hoch korrelierte Preisentwicklungen von Aktien, Rohstoffen, Währungen etc. deuten darauf hin, dass Finanzmarktakteure ihr Verhalten heutzutage nicht mehr von Fundamentalanalysen abhängig machen, sondern kurzfristig auf Nachrichten reagieren, die ein erhöhtes oder vermindertes Risiko andeuten und entsprechend fallweise zwischen riskanten und weniger riskanten Vermögenstiteln umschichten (Flassbeck 2012b).

Bei der Spekulation bzw. dem Kauf eines Gutes, um es irgendwann mit Gewinn weiter zu verkaufen, kommt es darauf an, richtig zu beurteilen, wie andere das Gut zukünftig bewerten, wobei die anderen das gleiche versuchen, weshalb es zu spekulativen Überbewertungen kommen kann. Eine Grundlage des Verständnisses für Instabilität und Spekulation bilden die von Keynes (1936: 136) erläuterten *Animal Spirits*: „Abgesehen von der Instabilität, die aufgrund von Spekulation entsteht, ergibt sich Instabilität auch aus der menschlichen Natur, aufgrund der ein großer Teil unserer positiven Aktivitäten, seien sie moralischer oder hedonistischer oder wirtschaftlicher Art, eher von spontanem Optimismus als von mathematischen Kalkulationen abhängt. Wahrscheinlich können die meisten Entschlüsse etwas Positives zu tun, dessen volle Wirkungen sich über viele zukünftige Tage ausdehnen werden, nur auf Lebensgeister zurückgeführt werden – auf einen plötzlichen Anstoß zur Tätigkeit, statt Untätigkeit und nicht auf den gewogenen Durchschnitt quantitativer Vorteile, multipliziert mit quantitativen Wahrscheinlichkeiten". Spekulative Käufe von Vermögenstiteln unterscheiden sich von Konsumgüterkäufen. Während für den Käufer eines Konsumgutes dessen Nutzwert relevant ist, bemisst ein Spekulant den Wert eines Gutes danach, wie dieses von anderen Nachfragern in Zukunft beurteilt wird. Spekulanten verhalten sich wie bei einer Preisfrage nach dem schönsten Gesicht, bei der nur gewinnen kann, wer sich für ein Gesicht entscheidet, das von den meisten als schönstes Gesicht angesehen wird: „Es geht nicht darum, diejenigen auszuwählen, die nach dem eigenen Urteil wirklich am besten aussehen oder jene, welche nach der durchschnittlichen Meinung am besten aussehen. Wir haben einen dritten Grad erreicht, wo wir unsere Intelligenz dafür einsetzen, das vorherzusehen, von dem die durchschnittliche Meinung erwartet, dass es die durchschnittliche Meinung ist" (Keynes 1936: 156). Kaufverhalten auf Basis solcher Informationen dritten Grades kann zu spekulativer Überbewertung führen. Für einen Spekulanten ist es rational, aus eigener Sicht überteuerte Güter nur deshalb zu kaufen, weil man davon ausgeht, dass andere das Gleiche tun, sodass

man das Gut später zu einem noch höheren Preis wieder verkaufen kann. Dabei kommt es
darauf an, rechtzeitig vor dem Preisverfall auszusteigen, wobei es einen zu frühen Verkauf zu
vermeiden gilt.

2.3.5   Quantitätstheorie

„Das Streben, für eine möglichst geringe Leistung eine möglichst große Gegenleistung her-
auszuholen", ist nach Gesell (1949: 102), „die Kraft, die den Austausch der Güter leitet und
beherrscht". „Wenn ein Mensch irgendeinen Gegenstand braucht und haben will, und es trifft
sich, daß der gesuchte Gegenstand im Besitze anderer, und sonst nicht zu haben ist, so wird
er sich in der Regel genötigt sehen, etwas von seiner Habe anzubieten, um den Besitzer der
gesuchten Sache zu veranlassen, ihm das, was er braucht, abzutreten. Er wird also den Gegenstand durch Tausch an sich bringen. Und selbst dann wird er das tun müssen, wenn dem
anderen der gesuchte Gegenstand nutzlos ist. Es genügt, wenn der Eigentümer weiß, daß der
andere den Gegenstand braucht oder gar haben muß, dann gibt er ihn sicher nicht umsonst,
ja, in vielen Fällen wird es vorkommen, daß jemand eine Sache nur darum aufhebt und in
Besitz nimmt; weil er weiß, daß hinter ihm jemand folgt, der die Sache nützlich verwenden
kann. Und je dringender dieser andere den Gegenstand braucht, umso höher wird der Besitzer seine Forderung schrauben" (Gesell 1949: 101). „Es heißt zwar, die „Marktverhältnisse"
trieben die Preise auf und ab, man sucht das persönlich Bewegende, die Handlung auszuschließen und einen Sündenbock für solchen Wucher verantwortlich zu machen, indem man
sagt, die Preise würden durch Nachfrage und Angebot bestimmt; aber was wären solche
Marktverhältnisse, solche Konjunkturen, was wären Nachfrage und Angebot ohne handelnde
Personen? Diese handelnden Personen bewirken die Preisverschiebungen, und als Werkzeug
dienen ihnen die Marktverhältnisse. Die handelnden Personen aber sind wir, wir alle, das
Volk. Jeder, der etwas zu Markte trägt, ist von demselben Geist beseelt, so hohe Preise zu
fordern, wie es die Marktverhältnisse irgend gestatten. Und jeder sucht sich zu entschuldigen
(wie auch jeder durch die hier stattfindende Wechselseitigkeit entschuldigt wird), indem er
sich auf die unpersönlichen Marktverhältnisse beruft" (Gesell 1949: 112).

Auf unvollkommenen Märkten, welche den ökonomischen Regelfall darstellen, entsprechen
die auf Märkten gebildeten Preise nicht mehr den tatsächlichen Knappheitsrelationen, sondern den sich durch asymmetrische Informationen, Markt- und Machtverhältnisse ergebenden Möglichkeiten der Preisbeeinflussung zum eigenen Vorteil.

Werner (2005: 27, 2007: 47 ff, 2012: 12) setzt der Gleichgewichtstheorie mit der *Quantitätstheorie* entsprechend entgegen, dass alle realen Märkte rationiert und im Ungleichgewicht
sind. Die kleinere Menge von Angebot oder Nachfrage dominiert den Markt und bestimmt
die Transaktion. Die Wirtschaft wird deshalb eher von bürokratischen Allokationsentschei-
dungen beherrscht als von Marktkräften. Nur unter den Annahmen vollständiger Information,
vollständiger Markttransparenz, flexibler Preise, vollständiger Konkurrenz, fehlender Infor-
mations- und Transaktionskosten gelten die Ergebnisse der neoklassischen Gleichgewichtstheorie, der zufolge es ein Marktgleichgewicht bzw. allgemeines Gleichgewicht gibt, und
dann gilt die Schlussfolgerung, dass freie Märkte, freier Handel, Deregulierung, Liberalisierung und Privatisierung die Effizienz erhöhen, während Regierungsinterventionen ineffizient
sind. In der realen Wirtschaft beobachten wir dagegen unvollständige Information, unvollständige Markttransparenz, unflexible Preise, unvollständige Konkurrenz und entscheidungs-
relevante Informations- und Transaktionskosten. In der Folge kommt es zu Marktversagen,

das durch Regierungsinterventionen verhindert werden kann, weshalb Regulierung und Verstaatlichung in der Realität die Wohlfahrt erhöhen können.

2.4 Wachstumskontroverse und -problematik

2.4.1 Realwirtschaftliche Wachstumskontroverse

Eine *nachhaltige Ökonomie* zeichnet sich dadurch aus, dass in ihr nicht mehr rein ökonomische Ziele dominieren, sondern diese gleichrangig neben ökologischen und sozialen Zielsetzungen stehen. Ökonomische Nachhaltigkeit zielt auf die Erhaltung und Sicherstellung der Lebens- und Produktionsgrundlagen, was u. a. die Vorbeugung und Abwehr ökonomischer Krisen umfasst. Soziale Nachhaltigkeit bezieht sich auf den Zusammenhalt und die Stabilität einer Gesellschaft und stellt vor allem Aspekte der Humanität und Gerechtigkeit in den Vordergrund, die wiederum vom ökonomischen System abhängig sind. Wirtschaft und Gesellschaft sind für sich genommen nicht lebensfähig, sondern eingebettet in die Ökologie bzw. Natur, deren Erhaltung Ziel der ökologischen Nachhaltigkeit ist. Da funktionierende ökologische Systeme die Lebensgrundlage für den Menschen darstellen und damit Voraussetzung für ein funktionierendes Gesellschafts- und Wirtschaftssystem sind, kommt der ökologischen Nachhaltigkeit aufgrund ihrer essenziellen Bedeutung eine gewisse Priorität im Nachhaltigkeitskontext zu.

Mit dem Bericht zu den Grenzen des Wachstums an den Club of Rome 1972 wurde in der Ökonomie eine *Wachstumskontroverse* ausgelöst, die bis heute anhält. Eine Auflösung der konträren Positionen ist nicht in Sicht, weil es bei der Diskussion nicht nur um gesichertes Wissen, sondern Großteils auch um unsichere Prognosen, subjektive Werte und darauf basierende Weltbilder und Glaubenssysteme geht (Steurer 2010: 431). Ausgehend von der unterschiedlich bewerteten Substituierbarkeit von Naturkapital wurden verschiedene Konzepte zur Nachhaltigkeit entwickelt (Huber 2011, Hauff und Kleine 2009, Ott und Döring 2004, Brekke 1997):

- Vertreter der *schwachen Nachhaltigkeit* gehen davon aus, dass Naturkapital grundsätzlich durch technisch produziertes Sachkapital substituiert werden kann und fordern deshalb lediglich, dass der aus Natur- und Sachkapital bestehende Kapitalstock über die Generationen hinweg nicht abnehmen soll.
- Vertreter der *starken Nachhaltigkeit* sehen den Erhalt der ökologischen Systeme als vorrangig an und fordern den Erhalt des Naturkapitals bzw. ökologischen Kapitalstocks, da dieser die Grundlage für das Leben auf der Erde bildet.

Nachhaltigkeit ist demnach durch den *Erhalt des Kapitalstocks* charakterisiert (Kapitalerhaltungsregel, Constant Capital Rule). Bei Erhaltung des ökologischen Kapitalstocks wäre starke Nachhaltigkeit erreicht. Wird der Verlust ökologischen Kapitals durch vermehrtes Sachkapital überkompensiert, sodass sich der gesamte Kapitalstock erhöht, wäre die Bedienung schwacher Nachhaltigkeit erfüllt, jedoch nicht jene der starken Nachhaltigkeit.

Im Folgenden werden die Positionen der schwachen, starken und ausgewogenen Nachhaltigkeit gegenüber gestellt, die von unterschiedlichen Potenzialen und Grenzen wirtschaftlichen Wachstums angesichts begrenzter natürlicher Ressourcen ausgehen.

2.4.2   Schwache Nachhaltigkeit und quantitatives Wachstum in der neoklassischen Umweltökonomie

In der neoklassisch geprägten Umweltökonomie wird das ökonomische System als weitgehend autonomes System betrachtet, das mit dem ökologischen System in einer Kreislaufbeziehung steht. Nutzbringende Ressourcen und Dienste der Umwelt gehen als Inputfaktoren in das ökonomische System ein, das wiederum einen Output in Form von Emissionen und Abfall an das ökologische System abgibt. Die neoklassische Umweltökonomie versucht, den Nutzen des Naturverbrauchs sowie die Auswirkungen auf die Umwelt monetär zu bewerten, um einen optimalen Punkt des Naturverbrauchs zu ermitteln. Negative externe Effekte sollen durch staatliche Eingriffe internalisiert werden, damit sie von autonom entscheidenden ökonomischen Akteuren adäquat berücksichtigt werden. Die neoklassische Wachstumstheorie analysiert die Interdependenz zwischen Wirtschaftswachstum und Ökologie insbesondere hinsichtlich des nur begrenzt verfügbaren Naturkapitals, das in den ökonomischen Prozess eingeht und bei hinreichend großem technischen Fortschritt als durch Sachkapital substituierbar angesehen wird.

Der neoklassische Grundgedanke von Nachhaltigkeit ist die Befriedigung der Konsumbedürfnisse gegenwärtiger und zukünftiger Generationen und ein im Zeitverlauf steigendes bzw. zumindest nicht abnehmendes Nutzenniveau. Der Wohlstand der Menschen soll durch Erhalt und Erhöhung des aus Natur- und Sachkapital bestehenden gesamtwirtschaftlichen Kapitalstocks gesichert und gesteigert werden. Das neoklassische Paradigma schwacher Nachhaltigkeit ist wachstumsoptimistisch und geht grundsätzlich davon aus, dass Naturkapital durch vom Menschen geschaffenes Sachkapital substituiert werden kann. Dies entspricht einer anthropozentrischen Perspektive, die den Eigenwert der Natur unberücksichtigt lässt. Der endgültige Verbrauch fossiler Energieträger ließe sich bei Substituierbarkeit fossiler durch regenerative Energiequellen demnach rechtfertigen, wenn in entsprechende Innovationen und Sachkapital investiert wird (Hauff und Kleine 2009: 24 ff, Stiglitz 1974).

2.4.3   Starke Nachhaltigkeit und Wachstumsgrenzen in der ökologischen Ökonomie

Nach dem Verständnis der von Boulding (1969), Georgescu-Roegen (1971), Daly (1977) und Kapp (1979) initiierten ökologischen Ökonomie ist das sozio-ökonomische System ein Subsystem des ökologischen Systems. Das ökonomische System ist in das ökologische System eingebunden und von diesem abhängig, weshalb sich die Ökonomie nur innerhalb der Tragfähigkeitsgrenzen der Natur nachhaltig entwickeln kann. Gegenstand der ökologischen Ökonomie ist die Bestimmung einer tragfähigen Größe der Wirtschaft und Entwicklung von Konzepten einer gegebenenfalls stationären Wirtschaft innerhalb der vom Ökosystem vorgegebenen Grenzen. Georgescu-Roegen (1971) überträgt den zweiten Hauptsatz der Thermodynamik, demzufolge thermische Energie nicht in beliebigem Maße in andere Energiearten umwandelbar ist, es also irreversible Umweltverschmutzungen gebe, auf die Ökonomie, um die Grenzen materiellen Wirtschaftswachstums auch physikalisch zu begründen. Nach Daly (1992: 185 ff) determiniert die Ökologie absolute materielle Wachstumsgrenzen für die Wirtschaft, die auf Basis thermodynamischer Restriktionen für das Raumschiff Erde ermittelt werden (Boulding 1996: 297).

Die Constant Natural Capital Rule (CNCR) fordert, den Bestand des Naturkapitals konstant zu halten, nicht regenerative Ressourcen und Energien nur unterhalb ihrer Assimilationskapazität zu beanspruchen und den derzeitigen Ressourcenverbrauch und Schadstoffausstoß deutlich zu reduzieren. Um die menschlichen Lebensbedingungen zu verbessern, ist im Sinne starker Nachhaltigkeit die Substitution innerhalb verschiedener Arten von Naturkapital zulässig, nicht jedoch die Substitution zwischen Naturkapital und Sachkapital. Damit die Natur nicht irreversibel geschädigt wird, ergeben sich ökologische Wachstumsgrenzen. Insofern besteht zwischen Wirtschaftswachstum und Umweltqualität ein Zielkonflikt, sodass Wachstum insgesamt pessimistisch beurteilt wird. Vertreter der starken Nachhaltigkeit gehen von Grenzen des Wachstums und einer konkurrierenden Beziehung zwischen Wirtschaftswachstum und Umweltqualität aus. Wirtschaftswachstum sei aufgrund eines zunehmenden Ressourcenverbrauchs und steigender Umweltbelastung dauerhaft nicht möglich. Sie fordern daher eine Abkehr vom neoklassischen Wachstumsparadigma und die Erreichung einer stabilen Ökonomie im Sinne eines Nullwachstums (Steurer 2010: 423 ff, Hauff und Kleine 2009: 29 ff).

2.4.4 Ausgewogene Nachhaltigkeit und qualitatives Wachstum

Vertreter der ausgewogenen Nachhaltigkeit nehmen eine öko-anthropozentrische Perspektive ein und streben nach einer ökonomisch sowie ökologisch optimierten Entwicklung. Naturkapital und Sachkapital werden weder als rein komplementär noch als vollständig substituierbar angesehen. Besondere Schutzmaßnahmen werden bei *kritischem Naturkapital* und lebensunterstützenden Naturdienstleistungen, wie Wald, Klima und Ozonschicht gefordert, da diese nicht durch Sachkapital substituierbar sind. Für nicht erneuerbare Rohstoffe und andere weniger kritische bzw. lebenswichtige Formen des Naturkapitals werden Mindestreserven gefordert, ihrem Abbau jedoch bei langfristiger Substitution durch erneuerbare Ressourcen zugestimmt. Wachstum, das qualitativen Ansprüchen der Nachhaltigkeit entspricht, wird befürwortet und dabei eine ökologisch, ökonomisch und sozial optimierte Wachstumsentwicklung angestrebt. Um qualitatives Wachstum und ausgewogene Nachhaltigkeit zu erreichen, bedarf es allerdings geeigneter wirtschafts-, gesellschafts- und umweltpolitischer Maßnahmen. Auch manche Vertreter der Ökologischen Ökonomie sehen starke Nachhaltigkeit und Wirtschaftswachstum nicht in einem grundsätzlichen Gegensatz, sondern bieten mit dem Konzept der ausgewogenen *ökologischen Nachhaltigkeit* einen Mittelweg. Dieses akzeptiert pragmatisch das Erfordernis, Naturkapital kurz- bis mittelfristig durch Sach- oder Humankapital zu substituieren, fordert jedoch, einen Mindestbestand an Naturkapital sicherzustellen und dabei das natürliche Kapital hinsichtlich seiner Regenerations- und Aufnahmefähigkeit differenziert zu behandeln (Kanning 2013: 33, Hauff und Kleine 2009: 32 ff).

Schwache, starke und ausgewogene Nachhaltigkeit unterscheiden sich hinsichtlich der *Kapitalerhaltungsregel* sowie der Beurteilung von Wirtschaftswachstum.

* Schwache Nachhaltigkeit ist erreicht, wenn der aus Natur- und Sachkapital bestehende gesamtwirtschaftliche Kapitalstock mindestens erhalten bleibt oder steigt.
* Ausgewogene Nachhaltigkeit fordert darüber hinaus den Erhalt bzw. Anstieg kritischen Naturkapitals.
* Starke Nachhaltigkeit fordert zudem den Erhalt des gesamten Naturkapitals.

Der Erhalt bzw. Aufbau des für das Wohlergehen der Menschen wichtigen gesamtwirtschaftlichen Kapitalstocks stellt somit die wesentliche Anforderung an eine schwach nachhaltige

Ökonomie dar. Gelingt es überdies, das kritische Naturkapital zu erhalten oder etwa durch Aufforstung von Wäldern zu erhöhen, wäre eine ausgewogen nachhaltige Ökonomie erreicht. Eine stark nachhaltige Ökonomie würde sämtliches Naturkapital erhalten.

Die drei Konzepte bzw. Paradigmen der Nachhaltigkeit werden in der folgenden Tabelle zusammenfassend gegenübergestellt.

Tab. 2.2:   Gegenüberstellung von starker, schwacher und ausgewogener Nachhaltigkeit (Steurer 2001: 557)

Schwache Nachhaltigkeit	Ausgewogene Nachhaltigkeit	Starke Nachhaltigkeit
rein anthropozentrisch	öko-anthropozentrisch	ökozentrisch
Harmonie zwischen Wachstum und Umwelt	positive Wohlstandswende durch Umweltpolitik möglich	Konflikt zwischen Wachstum und Umwelt
Naturkapital voll substituierbar	Naturkapital teilweise substituierbar	Naturkapital nicht substituierbar
pro Wachstum (mit moderater Umweltpolitik)	pro umweltfreundliches/nachhaltiges Wachstum	nachhaltiges Wachstum nicht möglich
Strategie: Effizienz durch Technik, Wachstum und Markt	Strategie: ökologische Konsummuster & Effizienz durch Technik , Politik und Markt	Strategie: Wachstumsstopp, Verzicht & Effizienz durch Individuum und Politik
konventionelle Kosten-Nutzen-Analyse	ökologisch erweiterte Kosten-Nutzen-Analyse	kontra Kosten-Nutzen-Analyse
Vertreter: neoklassische Ökonomen (Wachstumsoptimisten)	Vertreter: u. a. Sozialwissenschaftler (Wachstumsoptimierer)	Vertreter: Ökologische Ökonomen, Ökologen (Wachstumspessimisten)

2.4.5   Finanzwirtschaftliche Wachstumsproblematik

Neben dem realwirtschaftlichen Wachstum, welches abhängig vom Nachhaltigkeitsparadigma optimistisch, optimierend oder pessimistisch beurteilt wird, finden im Geld- und Finanzsystem Wachstumsprozesse statt, die systembedingt exponentiell verlaufen.

Zinseszins und exponentielles Wachstum

In einem kapitalistischen Zinssystem zeigen Kapital (Vermögen) und Schulden bei konstantem Zins bzw. konstanter Kapitalrendite ceteris paribus einen exponentiellen Wachstumsverlauf, der anfangs unauffällig langsam voranschreitet, sich im Zeitverlauf jedoch zunehmend beschleunigt und letztlich zu *Überschuldungs- und Wachstumskrisen* führt.

Dies lässt sich mit einem einfachen finanzmathematischen Anwendungsbeispiel illustrieren:

Angenommen, Josef investierte zu Jesu Geburt (hier: im Jahre Null) einen Cent bei einem Zinssatz von jährlich 5 % und das Finanzsystem bliebe stabil. Wie entwickelte sich Josefs Investment bis heute? Finanzmathematisch wendet man hierzu die Zinsrechnung an. Gegeben sind das Kapital im Jahre 0 ($K_0 = 0,01$ €), der Zinssatz (r = 5 %) und die Zeitdauer (t = 2015 Jahre).

Die allgemeine Formel für das Kapital im Jahr t lautet

$$K_t = K_0 \cdot (1+r)^t$$

Die spezifische Formel für das Fallbeispiel ist entsprechend

$$K_t = 0,01 \text{ € } \cdot (1,05)^t$$

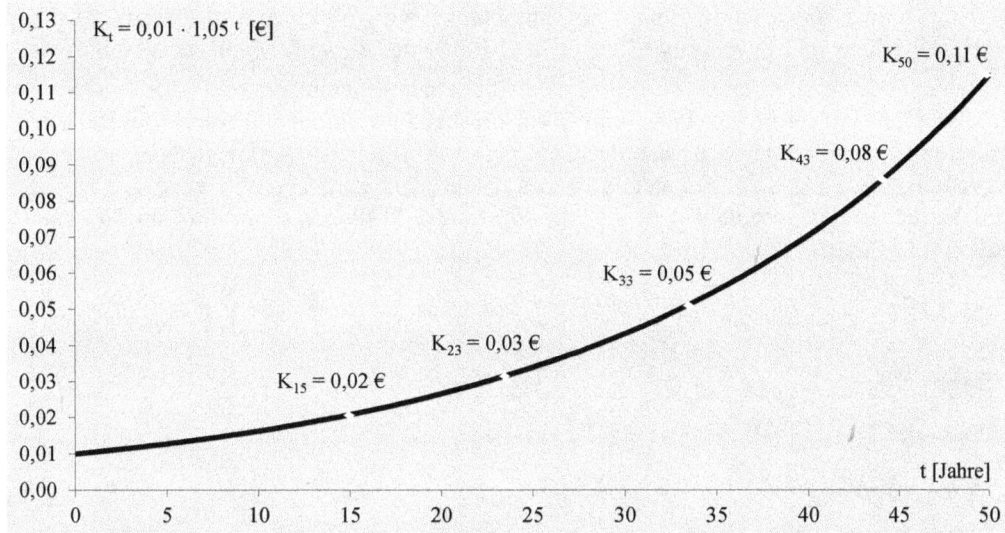

Abb. 2.2:   Entwicklung der Investition in den ersten 50 Jahren

Das Anfangskapital von einem Cent vermehrt sich jedes Jahr um 5 %. Nach knapp 15 Jahren hat es sich Josefs Forderung gegenüber der Bank auf zwei Cent verdoppelt, nach 29 Jahren vervierfacht, nach 43 Jahren betragen Josefs Vermögen und die Schulden seiner Bank bereits acht Cent.

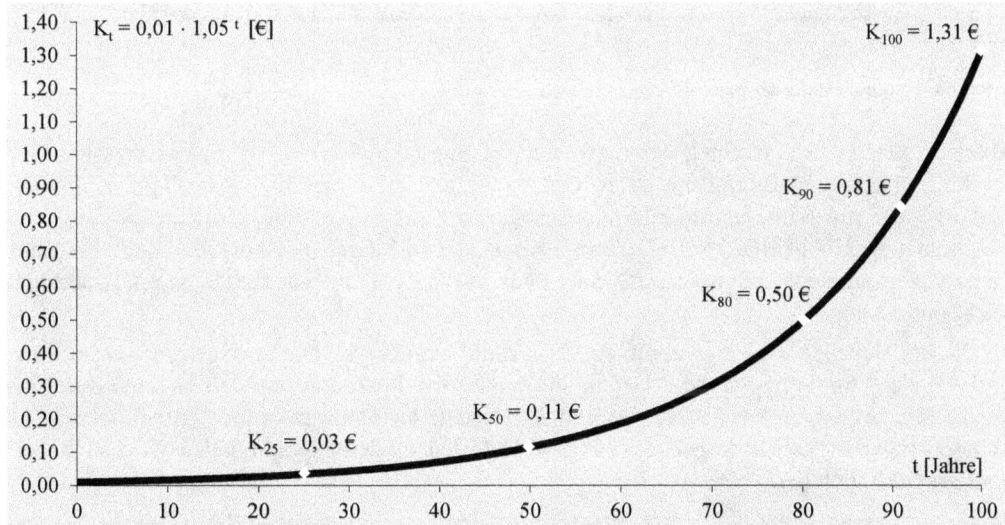

Abb. 2.3:   Entwicklung der Investition in den ersten 100 Jahren

Die Investitionsentwicklung erinnert an Verkaufsargumente und -prospekte von Vermögens-beratern, die häufig solche exponentiellen Wachstumsverläufe aufzeigen. Über den Zeithori-zont der Alterssicherung eines Menschen hinaus betrachtet wird die Wachstumsdynamik des

Kapitals immer wirkmächtiger: nach 80 Jahren haben wir 0,50 €, nach 90 Jahren 0,81 € und nach 100 Jahren 1,31 €, was eindrucksvollen 13 100 % des Anfangskapitals entspricht.

Ab einem bestimmten Punkt wird die Entwicklung unangenehm für Josefs Bank, denn dem wachsenden Geldvermögen stehen immer entsprechend gleich hohe Schulden der Bank oder eines anderen Schuldners, der sich das Geld gegen Zins geliehen hat, gegenüber. Gehen wir davon aus, dass die Schulden stets prolongiert und nicht zurückgezahlt werden, so beträgt das Vermögen von Josephs Erben im Jahr 400 rund 3 Millionen € und im Jahr 500 bereits fast 400 Millionen €.

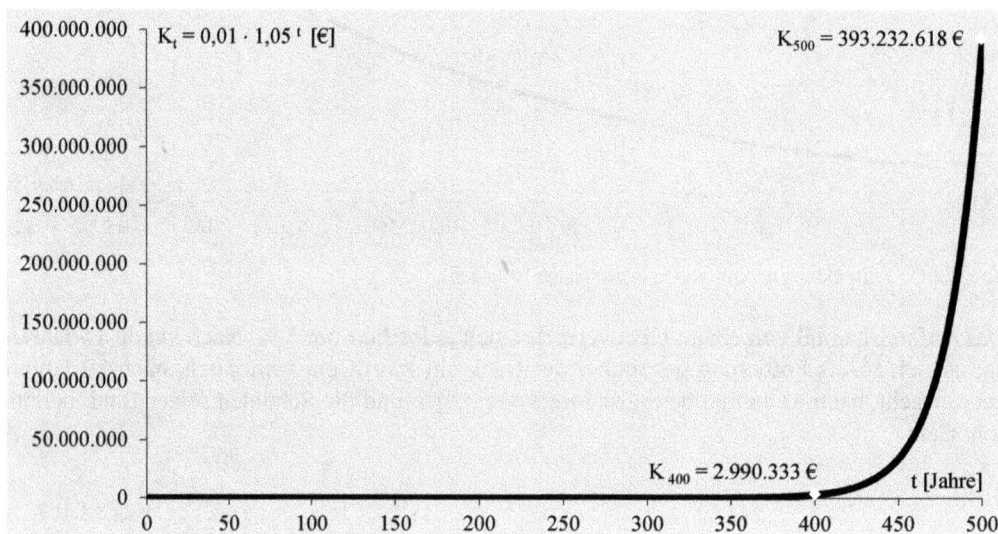

Abb. 2.4:   Entwicklung der Investition in den ersten 500 Jahren

Bis zum Jahr 2015 betrachtet, vermehrt sich das Kapital auf $4,97 \cdot 10^{40}$ €. Eine bessere Vorstellung über diesen Betrag mit 41 Nullen ermöglicht die Umrechnung in Gold. Kalkuliert mit 30.000 € pro Kilogramm Gold und bezogen auf das Gewicht der Erde entspricht dieser Kapitalbetrag 277 Milliarden Erdkugeln aus purem Gold. Egal, wie hoch das realwirtschaftliche Wachstum auch sein mag, auf Dauer kann es mit dem zinsinduzierten Kapitalwachstum nicht mithalten.

In diesem Beispiel wird angenommen, dass sämtliche Zinserträge reinvestiert werden, was insbesondere für vermögende Anleger, die eine hohe Sparquote aufweisen, eine durchaus realistische Annahme ist. Sofern ein Teil der Zinsen für Konsumzwecke entnommen wird, mindert sich der Wachstumsprozess etwas ab, hält jedoch den exponentiellen Wachstumsverlauf grundsätzlich bei.

Auch eine Besteuerung von Kapitalerträgen mindert den Wachstumsverlauf zwar ab, an dem exponentiellen Wachstumsverlauf ändert sich hierdurch jedoch nichts. Lediglich eine Vermögensbesteuerung oder eine Inflationsrate oberhalb der Verzinsung wirken dieser Dynamik entgegen, sind jedoch mit dem Problem der Steuerflucht bzw. Geldhortung verbunden, auf die noch eingegangen wird.

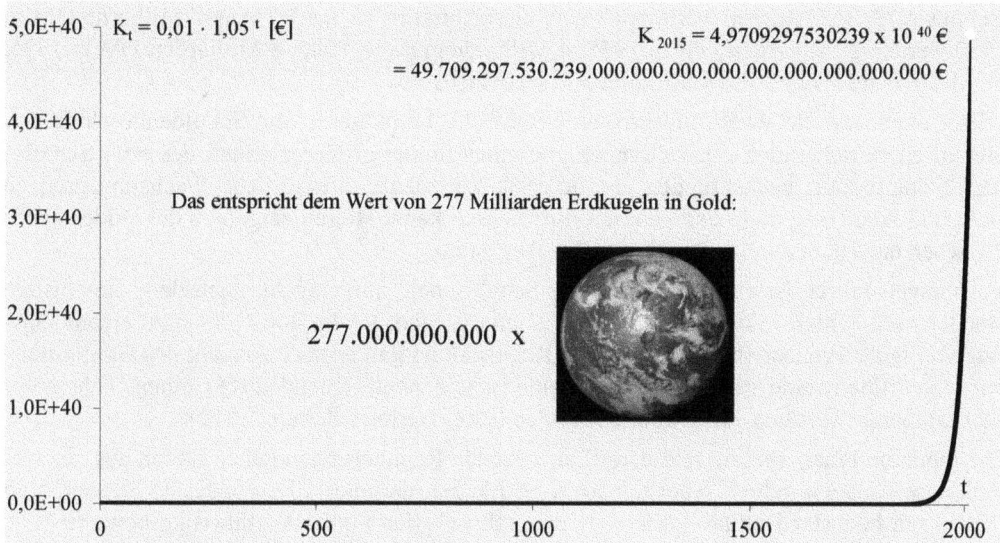

Abb. 2.5:   Entwicklung der Investition bis 2015

Dieses einfache Fallbeispiel macht deutlich, dass über längere Zeit der Zins nicht konstant beibehalten oder das Finanzsystem nicht stabil gehalten werden kann.

Die Problematik exponentiellen Wachstums ist schon lange bekannt und wurde bereits in der Reiskornlegende gelehrt. Darin äußert sich der Brahmane Sissa ibn Dahir auf die vom indischen König für die Erfindung des Schachspiels gewährte Belohnung scheinbar bescheiden und wünscht sich Weizenkörner: Auf das erste Feld des Schachbretts will er ein Korn, auf das zweite Feld zwei Körner, auf das dritte Feld vier Körner und auf jedes weitere Feld jeweils die doppelte Menge. Hieraus ergeben sich insgesamt 1000 Milliarden Tonnen Weizen auf dem Schachbrett, was die weltweite Weizenernte von rund 700 Millionen Tonnen (2013/14) um das mehr als tausendfache überstiege.

Bemerkenswert ist, dass das zinsinduzierte Vermögens- und Schuldenwachstum in der klassischen Ökonomie nicht abgebildet ist. Diese betrachtet den Zins als Anteil am Ertragsüberschuss des Unternehmers, dem ein Kredit gegeben wurde. Zinsen, Bodenrenten, Arbeitslöhne und Gewinne bilden den natürlichen Preis, um den die Marktpreise schwanken. Infolge des exponentiellen Zinseszinseffekts ist zu erwarten, dass sich der Zinsanteil am erwirtschafteten Überschuss der Unternehmen immer weiter ausdehnt, sofern sich das Zinsniveau nicht gegen Null bewegt. Wenn der Zinssatz langfristig nicht zurückgeht, sind Finanz- und Währungssysteme aufgrund der exponentiellen Wachstumsdynamik des Zinseszinses nicht nachhaltig. Die Verdopplung des Finanzkapitalbetrags alle knapp 15 Jahre entfaltet eine Wirkung, die bereits nach einigen Jahrzehnten zur Überschuldung und damit einhergehenden Schulden- und Finanzkrisen führt. 1948 erfolgte mit der Währungsreform mittels Einführung der Deutschen Mark als alleiniges gesetzliches Zahlungsmittel und der zuvor inflationsbedingten Entschuldung in den drei westlichen Besatzungszonen Deutschlands ein Neustart des Währungssystems, das 1999 auf Euro umgestellt und fortgesetzt wurde. Ausgehend von einem weitgehend entschuldeten Ausgangsniveau sind die mit der zinsinduzierten Zunahme der Vermögen und Schulden verbundenen Probleme heutzutage, nach sechs bis sieben Jahrzehnten, bereits deutlich erkennbar.

Bei nur 4,73 % Zinseszins verdoppelt sich ein Kapital in 15 Jahren. Aus 1 Milliarde DM in 1950 werden 2 Milliarden DM in 1965, 4 Milliarden DM in 1980, 8 Milliarden DM in 1995, 16 Milliarden DM bzw. 8,18 Milliarden Euro in 2010 usw.

Dieser exponentielle Wachstumsprozess betrifft die Vermögens- und Schuldenbestände und hierauf zu entrichtenden Zinszahlungen, die einen immer größeren Anteil des erwirtschafteten Sozialprodukts beanspruchen, da die reale Wirtschaft an natürliche Wachstumsgrenzen stößt und langfristig nicht exponentiell mitwachsen kann. Hieran zeigt sich der Widerspruch zwischen natürlichem und exponentiellem Wachstum.

Vor einigen Jahren ist ein 450 Jahre alter Schuldschein aufgetaucht, nach dem die einstige Handelsstadt Mittenwalde am 28. Mai 1562 an die Stadt Berlin 400 Gulden zu einem Zinssatz von sechs Prozent verborgt hat. Eine Rückzahlung gab es nach Ansicht des Bürgermeisters von Mittenwalde nie, sodass der Schuldschein heute (Stand 2015) einen nicht mehr rückzahlbaren Wert von 116 Billionen Gulden hätte (Berliner Zeitung 2012).

Die moderne Finanztheorie und darauf aufbauende Regulierungen gehen davon aus, dass es risikolose Anlagen gebe.[19] Aber nur noch 16 Länder, darunter 10 europäische Staaten, sind derzeit mit höchster Bonität AAA, d. h. als praktisch (fast) ohne Ausfallrisiko bewertet (Die Presse 2015). Dabei handelt es sich neben Deutschland und Großbritannien im Wesentlichen um, gemessen an der Bevölkerungszahl und Wirtschaftskraft, kleinere Länder. Das anlagesuchende Kapital ist wesentlich größer als das aufnehmende Volumen dieser Länder, d. h. dem anlagesuchenden Kapital gehen die solventen Schuldner aus. Dies ist eine logische Konsequenz exponentiellen Kapital- und Schuldenwachstums. Bei einer langfristigen Kapitalrendite oberhalb des Wirtschaftswachstums muss es langfristig zu Bereinigungskrisen kommen, da die durch Verschuldung geschaffenen Vermögenstitel nicht mehr durch reale Wertschöpfung gedeckt sind und es sich hierbei letztlich um Forderungen auf ungedeckte Schuldscheine, d. h. um Scheinvermögen handelt, die irgendwann durch Entschuldung aufgelöst werden müssen.

Anleihen von als sicher bewerteten Ländern können nicht dauerhaft mit einem risikolosen positiven Realzins (Nominalzins abzüglich der Inflationsrate) oberhalb der realwirtschaftlichen Wachstumsrate entgolten werden, da die Staatsverschuldung sonst langfristig schneller wächst als die Realwirtschaft, was auf Dauer nicht funktioniert, weshalb die Zahl der als risikolos bewerteten Länder im Zeitverlauf sinkt.

---

[19]   Auf dieser Annahme basiert das Capital Asset Pricing Model (CAPM), wonach die im Kapitalmarktgleichgewicht erwartete Rendite (cost of equity) eines risikobehafteten Wertpapiers $E(r_e)$ gleich der Summe aus einem risikolosen Zinssatz (risk-free rate) r_f und einer Risikoprämie ist, die sich als mit dem Risikofaktor β gewichtete Differenz zwischen der Renditeerwartung des Marktportefeuilles $E(r_m)$ und dem risikolosen Zinssatz r_f berechnet.

$$E(r_e) = r_f + \beta \cdot (E(r_m) - r_f)$$

Der Faktor β (systematisches Risiko des Wertpapiers bzw. der Aktie) berücksichtigt das Verhältnis zwischen der Volatilität der Rendite des Wertpapiers im Vergleich zum Marktportfolio und ist definiert als der Quotient aus der statistischen Kovarianz der Rendite des betreffenden Wertpapiers r_e zur Marktrendite r_m (Zähler) und der Varianz der Marktrendite (Nenner).

$$\beta = \frac{Cov(r_e; r_m)}{Var(r_m)}$$

Als Fazit ist festzuhalten, dass Zinssysteme nicht nachhaltig sind, da sie eine exponentielle Wachstumsdynamik der Finanzvermögen und Schulden aufweisen, der die Realwirtschaft und vor allem die Natur längerfristig nicht folgen kann.

Natürliches Wachstum

Natürliches Wachstum verläuft nicht exponentiell, sondern gebremst, d. h. logarithmisch oder logistisch (S-förmig). Der Mensch wächst als Baby zunächst relativ schnell, wobei sich das Wachstum immer weiter verlangsamt, bis der Mensch schließlich seine endgültige Körperhöhe erreicht. Entsprechendes gilt für die Entwicklung von Märkten in der Ökonomie: Das Produktlebenszyklusmodell beschreibt die typische Umsatzentwicklung von Produkten und unterscheidet verschiedene Phasen im Produktlebenszyklus, wobei die Einführungs- und Wachstumsphase durch steigende Wachstumsraten, die Reifephase durch stagnierende Wachstumsraten und die Sättigungs- und Degenerationsphase durch negative Wachstumsraten charakterisiert sind. Exponentielles (Kapital-)Wachstum kann von der Realwirtschaft langfristig nicht nachgehalten werden. Zwar gelingt dies für junge innovative Bereiche der Wirtschaft, nicht jedoch für reife gesättigte Märkte und Ökonomien.

Mit wachsendem Realkapitalstock schwächt sich das Wachstum ab und die in der Realwirtschaft erzielbare Rendite sinkt langfristig gegen Null. Der Versuch, durch Finanzspekulation höhere Renditen zu erzielen, ist ein Intermezzo, das am Ende scheitern muss. Schließlich verweigert sich das Geld, was zur Krise führt. Dass ohne erzielbare Rendite bzw. Zins in unserem ökonomischen System kaum jemand bereit ist, Geld- bzw. Finanzkapital in der Realwirtschaft zu investieren, limitiert den Aufbau von Realkapital und stellt ein großes Problem für eine nachhaltige Ökonomie dar, auf das in Kapitel 5 vertieft eingegangen wird.

2.5 Nachhaltigkeit und Globalisierung

2.5.1 Systemverständnis von Wirtschaft, Gesellschaft und Natur

Systemtheorien betrachten die Beziehung zwischen Systemen und ihrer Umwelt und sind ein grundlegender Ansatz in der Nachhaltigkeitsforschung, um ein tieferes Verständnis des gegenwärtigen Verhältnisses zwischen dem ökonomischen System und dessen sozialer, den Menschen betreffenden, sowie dessen ökologischer, die Geo- und Biosphäre betreffenden Umwelt, als auch ein Verständnis des ökonomischen, sozialen und ökologischen Entwicklungsprozesses und Wandels zu erreichen. Luhmann obliegt der Verdienst, die Systemtheorie insbesondere in der deutschen Soziologie eingeführt zu haben, wenngleich sich diese in Bezug auf die ökologische Thematik bislang als fruchtlos erwies (Huber 2011: 15).

Wirtschaft, Gesellschaft und Natur können als strukturierte *Systeme* aufgefasst werden, wobei die innerhalb und außerhalb der Systemgrenze befindlichen Elemente verbunden sind, sodass Veränderungen einzelner Elemente auf andere Systemelemente ein- und fortwirken. Die Wirtschaft ist eine Untermenge der Gesellschaft und die Gesellschaft eine Untermenge der Natur. Aus systemtheoretischer Sicht meint Ökonomie das ökonomische System, Gesellschaft das Gesellschaftssystem usw., wobei hier aus Gründen der besseren Verständlichkeit die kürzeren Begriffe präferiert werden.

Als *Ökonomie* bzw. Wirtschaft bezeichnen wir jenes Teilsystem der Gesellschaft, welches materielle und immaterielle Güter bereitstellt und damit der Befriedigung menschlicher Bedürfnisse dient. Die Befriedigung der Bedürfnisse erfolgt nicht allein durch die Wirtschaft, sondern findet auch in den familiären, politischen, religiösen, wissenschaftlich-künstlerischen und anderen Subsystemen statt. Die Ökonomie umfasst als wesentliche Wirtschaftssubjekte innerhalb der nationalen Grenzen die privaten Haushalte, die Unternehmen und den Staat inklusive der öffentlichen Haushalte. Wirtschaftssubjekte außerhalb der nationalen Grenzen bezeichnen wir als Ausland.

Bei der Abgrenzung und Einordnung der Systeme, wie der Ökonomie als Teilsystem der Gesellschaft, besteht die Möglichkeit, diese innerhalb lokaler, regionaler, nationaler, supranationaler oder planetarer Systemgrenzen zu betrachten, wobei eine zunehmende Entgrenzung zu berücksichtigen ist. *Entgrenzung* wird allgemein als Begriff für das Überschreiten bzw. das Schwinden von Staatsgrenzen verwendet. Die globale ökonomische Entgrenzung betrifft Unternehmen und Volkswirtschaften. Wertschöpfungsprozesse finden zunehmend entgrenzt in länderübergreifenden Netzwerken statt. Unternehmen beziehen Arbeitskräfte, Kapital, technisches Wissen und sonstige Vorleistungen aus verschiedenen Ländern, sie investieren Kapital, errichten Standorte, forschen, produzieren und verkaufen ihre Produkte an Kunden in verschiedenen Ländern und verteilen ihre Gewinne an internationale Anteilseigner. Volkswirtschaften, Gesellschaften und Naturräume sind von der Bildung grenzüberschreitender Unternehmensnetzwerke und der damit einhergehenden Entgrenzung der Wertschöpfungsprozesse, die früher fast ausschließlich innerhalb nationalstaatlicher Grenzen stattfanden, direkt betroffen. Die ökonomische Entgrenzung einer Volkswirtschaft ist ein Abbild für die Mobilität der Produktionsfaktoren sowie für die Intensität ihres Landesgrenzen überschreitenden Waren- und Dienstleistungsverkehrs. Mit zunehmender Entgrenzung schwinden die Bedeutung der nationalen Grenzen und der Einfluss der jeweiligen Regierung auf die Wirtschaftsaktivitäten einer Volkswirtschaft.

2.5.2 Nachhaltigkeit als Erweiterung des Raum- und Zeithorizonts

Die Frage nach einer guten und gerechten Gesellschafts- und Wirtschaftsordnung wird in den Sozialwissenschaften schon seit langem erforscht. Neu am Thema der Nachhaltigkeit ist die räumliche und zeitliche Ausweitung des Betrachtungshorizonts und die Frage nach der letztlich globalen intragenerationellen und zukunftsbezogenen intergenerationellen Gerechtigkeit. Damit hat die Nachhaltigkeitsforschung Gemeinsamkeiten mit der Globalisierungsforschung, welche die globale Entgrenzung und Netzwerkbildung erforscht und nach Antworten bezüglich ihrer ökonomischen und politischen Steuerung sucht. Ökonomische Nachhaltigkeit hat die Interdependenz zwischen den Wirtschafts-, Finanz-, Ökologie- und Sozialsystemen zu berücksichtigen, wobei Arbeitsteilung und Güteraustausch heute länderübergreifend bzw. international bis global organisiert sind und sich der gesamtwirtschaftlich relevante Raum von der Nationalökonomie in Richtung supranationaler und internationaler Wirtschaftsräume verschoben hat.

Die Zeit nach dem Zweiten Weltkrieg ist durch eine zunehmende Internationalisierung der wirtschaftlichen Aktivitäten gekennzeichnet. Mit dem Zusammenbruch der sozialistischen Systeme in Osteuropa und der Sowjetunion 1989, der zunehmenden Präsenz von weltweit operierenden Konzernen, dem verstärkten Aufkommen neuer, sehr erfolgreicher Wettbewerber aus Schwellen- und Entwicklungsländern nahmen die weltwirtschaftlichen Verflechtungen weiter zu. Während sich die Wirtschaft früher vorwiegend innerhalb nationaler Grenzen abspielte, sind die großen Konzerne heutzutage international bzw. global tätig. Nationale Gesellschaften, d. h. zeitlich andauernde nationale Gemeinschaften von Menschen mit kulturellen und sprachlichen Gemeinsamkeiten, bleiben zwar auch weiterhin bestehen, jedoch verschmelzen die national begrenzten Volkswirtschaften zunehmend zu einer globalen arbeitsteiligen Weltwirtschaft, in der sich die Innovationszyklen verkürzen. Der als Globalisierung bezeichnete Prozess der weltweiten ökonomischen Integration, die Wirtschaftsgrenzen von Staaten überschreitet, verändert die Identität von Unternehmen, da diese ihre Wertschöpfungsprozesse in jene Länder verlegen, die ihnen jeweils die besten Bedingungen bieten.

Entgrenzte Unternehmen stehen heute begrenzten Nationalstaaten gegenüber. Der folgende Kommentar, der 1930 im britischen Magazin The Economist erschien, weist Ähnlichkeiten zur heutigen Situation auf: „Das größte Problem unserer Generation besteht darin, daß unsere Erfolge auf wirtschaftlicher Ebene den Erfolg auf der politischen Ebene dermaßen übertreffen, daß Wirtschaft und Politik nicht miteinander Schritt halten können. Ökonomisch ist die Welt eine umfassende Handlungseinheit. Politisch ist sie zerstückelt geblieben. Die Spannungen zwischen den beiden gegensätzlichen Entwicklungen haben reihenweise Erschütterungen und Zusammenbrüche im gesellschaftlichen Leben der Menschheit ausgelöst" (Martin und Schumann 1996: 22). Das Primat der Politik geht verloren, solange dieses nur auf einzelne Länder beschränkt ist, während die ökonomischen Akteure grenzüberschreitend global agieren. Die Europäische Union stellt insofern den Versuch dar, die Handlungseinheit von Politik und Wirtschaft auf supranationaler Ebene wieder herzustellen, wobei die aktuelle Eurokrise die bereits schwierigen Herausforderungen bei der politischen und ökonomischen Steuerung länderübergreifender Wirtschafts- und Währungssysteme offenbart.

Nachhaltigkeit im Sinne ökonomischer und ökologischer Stabilität und sozialen Ausgleichs erfordert eine effektive Vernetzung der nationalen politischen Systeme zur Implementierung und Durchsetzung globaler Standards und Regulierungen. Nachhaltigkeit und Globalisierung sind mehrdimensionaler Natur, sie erstrecken sich auf ökologische und gesellschaftliche Funktionssysteme, wie Wirtschaft, Politik, Wissenschaft und Kultur. Ökonomische Nachhaltigkeit betrifft global vernetzte Unternehmen, Branchen und Volkswirtschaften, sie hat eine mikro- und eine makroökonomische Dimension. Wir leben heute in einer Weltwirtschaftsordnung, in der nicht nur die Güter, sondern auch die Produktionsfaktoren Kapital und technisches Wissen grenzüberschreitend mobil geworden sind. International relativ unbeweglich bleibt, auch unter Berücksichtigung verstärkter Migrationsbewegungen, lediglich der wichtigste Aspekt einer Volkswirtschaft, nämlich die Arbeitskräfte bzw. das Volk.

Das System Volkswirtschaft, das auf eine Nation begrenzte Wirtschaftssystem, bildete den Mittelpunkt der wissenschaftlichen Betrachtung der Volkswirtschaftslehre, die früher deshalb auch treffend als Nationalökonomie bezeichnet wurde. Die Beziehungen zwischen den einzelnen Volkswirtschaften, die sich früher insbesondere in Import- und Exportgrößen darstellen ließen und letztlich in Handelsbilanzen zusammengefasst werden konnten, werden angesichts nationaler Entgrenzung sowie globalisierter Wertschöpfungsprozesse und Kapitalströme immer umfangreicher, komplexer und intransparenter. Die Erfassung der zahllosen länderübergreifenden Stromgrößen innerhalb der globalen Netzwerke multinationaler Konzerne erscheint nahezu unmöglich, sodass sich die ökonomischen Prozesse mit den traditionellen Größen der Außenhandelstheorie, die geographische, länderbezogene Kategorien verwendet, immer schwieriger abbilden lassen. In einer kapitalistischen Weltwirtschaft, in der nationale Grenzen in den Hintergrund rücken, wird es komplexer und problematischer, die vielfältigen interdependenten ökonomischen Beziehungen innerhalb und zwischen den Volkswirtschaften sowie ihre sozialen und ökologischen Auswirkungen auf Mensch und Natur in den verschiedenen Ländern korrekt zu analysieren, zu prognostizieren und auf globaler, supranationaler und nationaler Ebene adäquat zu steuern.

3   Institutioneller Rahmen und Ziele der Nachhaltigkeit

Neben den ökonomischen Grundfragen, welche und wie viele Güter produziert werden und wie diese verteilt werden sollen, geht es in der nachhaltigen Ökonomie darum, wer und wie hierüber entschieden wird. Eine wissenschaftliche Begrenzung auf rein ökonomische Probleme würde ausblenden, dass der ökonomische Prozess unter politisch definierten institutionellen Rahmenbedingungen abläuft und durch politische Entscheidungen beeinflusst wird. Aufgrund der im Zuge der Globalisierung verstärkten Mobilität, insbesondere der Produktionsfaktoren Kapital und Wissen, haben Staaten frühere Gestaltungsmöglichkeiten teilweise verloren, obgleich der Staat die Wirtschaftsordnung, den Ablauf des Marktgeschehens, die Eigentumsrechte, die Einhaltung von Verträgen und die Rechtsdurchsetzung gewährleistet.

Extrapoliert man die ökonomische Entwicklung, werden die Vereinigten Staaten und China in der kommenden Dekade das weltweit höchste Bruttoinlandsprodukt erzielen und die sowohl ökonomischen als auch politischen Führungsrollen in der Welt einnehmen. Mit weitem Abstand folgen Japan, dessen Wirtschaft seit Mitte der 1990er Jahre stagniert, sowie Deutschland, Frankreich und Großbritannien, deren Wachstumsraten niedrig sind. Brasilien, Russland und Indien wachsen stärker, haben derzeit jedoch noch ein geringeres Bruttoinlandsprodukt als die vorgenannten europäischen Kernstaaten. Für die Erreichung und Gestaltung einer nachhaltigen Ökonomie werden die Vereinigten Staaten und China voraussichtlich eine Schlüsselrolle spielen, und auch der Europäischen Union kann die Rolle eines Innovators, Impulsgebers und Vorreiters für eine nachhaltige Ökonomie zukommen.

Im Folgenden wird im Kontext der globalen, europäischen und nationalstaatlichen Herausforderung einer nachhaltigen Entwicklung eine Auswahl bedeutender Institutionen vorgestellt. Insbesondere sind die für die Geldpolitik verantwortlichen Zentralbanken sowie die für die Fiskalpolitik verantwortlichen Staaten als relevante Institutionen für Nachhaltigkeit anzusehen, da sie durch die Steuerung von Geldversorgung und öffentlicher Nachfrage das gesamtwirtschaftliche Wachstum, die Beschäftigung und Konjunktur sowie zahlreiche andere ökonomische, soziale und ökologische Zielgrößen beeinflussen.

3.1   Institutionen und Ziele auf internationaler Ebene

Die Schaffung politischer Ordnungsstrukturen zur nachhaltigen Lösung grenzüberschreitender Probleme, in die verschiedene politische Ebenen auf der lokalen, regionalen, nationalen, supranationalen und globalen Ebene eingebunden sind, wird als Global Governance bezeichnet, wobei es sich hierbei sowohl um ein sozialwissenschaftliches Forschungsprogramm als auch um ein politisches Programm handelt, das durch die Veränderung von Ideen, Werten, Interessen und Macht beeinflusst wird.

3.1.1 Bank für Internationalen Zahlungsausgleich

Die Bank für Internationalen Zahlungsausgleich BIZ (Bank for International Settlements BIS) wurde am 17. Mai 1930 gegründet und ist die weltweit älteste internationale Finanzorganisation. Die BIZ fungiert als Bank für Zentralbanken und hat 60 Mitgliedsnotenbanken, deren Länder 95 % des Weltsozialprodukts repräsentieren. Der Hauptsitz befindet sich in Basel, und es gibt zwei Repräsentanzen in Hongkong und Mexiko-Stadt (BIS 2015a). Der BIZ obliegt die Kooperation der Zentralbanken und anderer Finanzinstitutionen. Sie organisiert die regelmäßigen Sitzungen auf Ebene der Zentralbankgouverneure, in denen vor allem Fragen der Konjunktur- und Finanzmarktlage sowie der Finanzstabilität behandelt werden. Bei der BIZ angeschlossen sind der Baseler Ausschuss für Bankenaufsicht (Basel Committee on Banking Supervision BCBS), der Ausschuss für Zahlungsverkehrs- und Abrechnungssysteme (Committee on Payment and Settlement Systems CPSS), der Ausschuss für das weltweite Finanzsystem (Committee on the Global Financial System CGFS) und das Sekretariat des Financial Stability Board (FSB). Der informelle Gedankenaustausch und die Kooperation zwischen Zentralbanken, Ausschüssen, Finanzaufsichtsbehörden und normgebenden Aufsichts- und Regulierungsgremien bildet einen Eckpfeiler der internationalen Finanzstabilitätsdiskussion (Bundesbank 2015a).

3.1.2 Internationaler Währungsfonds

Der Internationale Währungsfonds wurde im Juli 1944 auf der Währungs- und Finanzkonferenz der Gründungsmitglieder der Vereinten Nationen in Bretton-Woods zusammen mit der Weltbank gegründet, weshalb man beide auch als Bretton-Woods-Institutionen bezeichnet.

Der Internationale Währungsfonds IWF (International Monetary Fund IMF) ist eine in Washington ansässige Sonderorganisation der Vereinten Nationen. Ziel des IWF ist, das globale Wachstum und die wirtschaftliche Stabilität zu fördern, seine Mitglieder in wirtschaftlichen Schwierigkeiten politisch zu beraten, zu finanzieren und Entwicklungsländern bei der Erreichung makroökonomischer Stabilität sowie der Armutsbekämpfung zu helfen. Die Aufgaben betreffen die internationale Währungszusammenarbeit, die Stabilisierung von Wechselkursen, die Ausweitung des internationalen Handels und die Kreditvergabe zur Unterstützung in Zahlungsbilanzschwierigkeiten oder bei der Armutsbekämpfung (IMF 2015a). Der IWF hat zurzeit 188 Mitgliedstaaten, deren Stimmrecht sich nach ihren Kapitalanteilen bemisst. Die größten Stimmanteile entfallen derzeit auf die USA 16,75 %, Japan 6,23 %, Deutschland 5,81 %, Frankreich 4,29 %, Vereinigtes Königreich 4,29 % und China 3,81 % (IMF 2015b). Die Satzung des IWF sieht für grundlegende Entscheidungen, wie Änderungen der Stimmanteile, eine 85-prozentige Mehrheit und für andere wichtige Entscheidungen eine 70-prozentige Mehrheit vor, sodass die Vereinigten Staaten von Amerika im ersteren Fall alleine und im zweiten Falle zusammen mit Deutschland, Frankreich und dem Vereinigten Königreich faktisch eine Sperrminorität haben (IMF 2011: 4 ff).

Mitgliedstaaten mit ökonomischen Schwierigkeiten können beim IWF Kredite beantragen. Anders als Entwicklungsbanken vergibt der IWF keine Kredite für konkrete Projekte, sondern unterstützt Regierungen bei der Umsetzung von Reformen, deren Ziele mit jenen des IWF übereinstimmen müssen (Knedlik 2004: 11). Die vom IWF an die *Kreditvergabe* gekoppelten ökonomischen oder staatlichen Strukturanpassungsprogramme, die beispielsweise die Privatisierung staatlicher Einrichtungen, Liberalisierung und Deregulierung insbesondere des Finanzwesens, Kürzung von Staatsausgaben etc. vorsehen, wurden wegen der ökonomischen und sozialen Folgen für die jeweiligen Länder und Völker kritisiert. Easterly (2005) analysierte die Wirkung der IWF-Strukturanpassungskredite zwischen 1980 und 1999 und kam zu dem Ergebnis, dass keiner der Top-20-Empfänger in der Lage war, angemessenes Wirtschaftswachstum zu erreichen, während alle Empfängerländer politische Verwerfungen aufwiesen; auch wiederholte Anpassungsdarlehen hatten keine positive Wirkung auf Politik oder Wachstum. Stiglitz (2002, 2010) fordert vom IWF entsprechend eine sachgerechte und nicht blinde Umsetzung des von Williamson (1990) beschriebenen Washington Consensus, die Abschaffung strenger politischer Kreditkonditionen, eine Änderung der Stimmanteile zugunsten der Entwicklungsländer und eine Reform des derzeit dollarbasierten Systems der Weltwährungsreserven, wobei anzumerken ist, dass der Washington Consensus schon in den 1990er Jahren innerhalb der Bretton-Woods-Institutionen an Bedeutung verlor und durch die unten behandelten Millenniumsziele abgelöst wurde.

3.1.3   Weltbankgruppe

Die Weltbank ist wie der IWF eine in Washington ansässige Sonderorganisation der Vereinten Nationen, die mehr als 10.000 Mitarbeiter in über 100 Länderbüros beschäftigt. Ursprüngliches Ziel der Weltbank war die Förderung des Wiederaufbaus nach dem Zweiten Weltkrieg und die Schaffung stabiler Währungen in Zusammenarbeit mit dem IWF. Seit den 1960er Jahren besteht ihre Hauptaufgabe in der weltweiten Armutsbekämpfung, dem wirtschaftlichen Aufbau sowie der Förderung von Unternehmen in Entwicklungs- und Schwellenländern, wobei die Weltbank der weltweit größte und wichtigste Geldgeber für Entwicklungsprojekte ist. Dabei ist die Kreditgewährung immer mit Auflagen verbunden, welche die Empfängerländer erfüllen müssen (BMZ 2015a). Die Weltbankgruppe, der zurzeit 187 Mitgliedsländer angehören, umfasst *fünf Organisationen* (Weltbank 2015a):

Internationale Bank für Wiederaufbau und Entwicklung

Die Internationale Bank für Wiederaufbau und Entwicklung (International Bank for Reconstruction and Development IBRD) fördert als Genossenschaft die *wirtschaftliche Entwicklung* in Ländern mit mittlerem Einkommen und in kreditwürdigen armen Ländern. Hierzu gibt sie Anleihen auf den Finanzmärkten aus und leitet dieses Kapital in Form von Krediten zu marktähnlichen Konditionen weiter. Nachdem die Kreditvergabe der IBRD während der Asienkrise Ende der 1990er Jahre einen Höhepunkt erreicht hatte und danach wieder zurückging, verzeichnet die IBRD seit der Finanzkrise 2008 erneut einen starken Anstieg in der Kreditnachfrage (Weltbank 2015b). 2012 bewilligte die IBRD Darlehen von 20,6 Milliarden US-Dollar, wobei Umfang und Ausrichtung der Kredite auf einer Länderstrategie basiert, welche die Weltbank zusammen mit dem jeweiligen Empfängerland erarbeitet (BMZ 2015b).

Internationale Entwicklungsorganisation

Die Internationale Entwicklungsorganisation (International Development Association IDA) bildet gemeinsam mit der IBRD die Weltbank und spielt eine entscheidende Rolle bei der globalen *Armutsbekämpfung*. Die IDA verfolgt grundsätzlich die gleichen Ziele wie die IBRD, gewährt Kredite jedoch zu deutlich günstigeren Konditionen an die etwa 80 ärmsten Länder der Welt bzw. gewährt seit 2002 auch verstärkt Zuschüsse. Aktuell vergibt die IDA jährlich gut 15 Milliarden US-Dollar. 2012 vergab die IDA 14,7 Milliarden US-Dollar als Kredite und Zuschüsse, von denen Länder in Afrika mehr als die Hälfte bekamen. Die IDA finanziert sich nicht auf den Kapitalmärkten, sondern aus Beiträgen der Mitgliedsländer, Gewinnüberweisungen der IBRD und der Internationalen Finanz-Corporation sowie aus Kreditrückzahlungen der Empfängerländer. Mittelvolumen und Förderschwerpunkte der IDA werden alle drei Jahre überprüft und neu verhandelt (BMZ 2015c, Weltbank 2015d).

Internationale Finanz-Corporation

Die Internationale Finanz-Corporation (International Finance Corporation IFC) fördert die *Entwicklung des privaten Sektors* in Entwicklungs- und Schwellenländern, indem sie Darlehen, Eigenkapitalbeteiligungen, Garantien und innovative Finanzierungsprodukte zu kommerziellen Bedingungen offeriert. Darüber hinaus bietet die IFC Beratungsleistungen zur Förderung des privaten Sektors an und nimmt international eine Führungsrolle bei der Erarbeitung und Umsetzung von Sozial- und Umweltstandards in der Zusammenarbeit mit dem Privatsektor ein (BMZ 2015d).

Multilaterale Investitions-Garantie-Agentur

Die Multilaterale Investitions-Garantie-Agentur (Multilateral Investment Guarantee Agency MIGA) sichert ausländische private Direktinvestitionen in Entwicklungsländern durch Garantien gegen politische Risiken ab und bietet Dienstleistungen im Bereich technischer Hilfe und Investitionsberatung an. MIGA informiert über *Investitionsmöglichkeiten* und berät Regierungen bei der Verbesserung von Investitionsrahmenbedingungen. Ziel ist, in den Entwicklungsländern Aktivitäten der Investitionsförderung sowie das Wirtschaftswachstum zu unterstützen, relevante Informationen im Internet zu verbreiten, entsprechende Kapazitäten auszuweiten, die Armut zu verringern und das Leben der Menschen zu verbessern. 2012 lag das Gesamtvolumen von neuen und laufenden MIGA-Garantien bei 10,3 Milliarden US-Dollar (BMZ 2015e, Weltbank 2015e).

Internationales Zentrum für die Beilegung von Investitionsstreitigkeiten

Das Internationale Zentrum zur Beilegung von Investitionsstreitigkeiten (International Centre for Settlement of Investment Disputes ICSID) *schlichtet Investitionsstreitigkeiten* zwischen Regierungen und ausländischen Investoren, unterstützt durch Publikationen die Fortentwicklung von internationalem Investitionsrecht und Schlichtungsverfahren und übernimmt im Kontext gesetzlicher Regelungen für Auslandsinvestitionen Beratungs-, Forschungs- und Publikationsaufgaben (Weltbank 2015c, BMZ 2015f).

3.1.4   Asiatische Infrastrukturinvestitionsbank

Die Asiatische Infrastrukturinvestitionsbank (Asian Infrastructure Investment Bank AIIB) ist eine 2014 auf Initiative Chinas für das 21. Jahrhundert konzipierte multilaterale Entwicklungsbank zur *Entwicklung der Infrastruktur und anderer produktiver Sektoren* in Asien (AIIB 2015a). Die mit einem Grundkapital von 100 Milliarden US-Dollar ausgestattete AIIB soll eine nachhaltige wirtschaftliche Entwicklung in Asien fördern, die auf die ärmeren Länder der Region fokussiert ist (NZZ 20.3.2015). Finanziert werden sollen Energie, Transport, Telekommunikation, ländliche Infrastruktur und Landwirtschaft, Wasserversorgung, Abwasserentsorgung, Umweltschutz, Stadtentwicklung und Logistik, wobei Strategie und Schwerpunkte des Engagements geändert oder durch die Leitungsgremien zukünftig weiterentwickelt werden können, wie es die Umstände rechtfertigen. Die Arbeitsweise der AIIB soll „lean, clean and green" sein, d. h. sich durch ein schlankes hoch qualifiziertes Management, Null-Toleranz für Korruption und Respekt für die Umwelt auszeichnen. Die AIIB will starke Politiken in Governance, Verantwortlichkeit, Finanz-, Beschaffungs-, ökologischen und sozialen Rahmenbedingungen einrichten (AIIB 2015a).

Am 24. Oktober 2014 vereinbarten die 21 asiatischen Länder Bangladesch, Brunei, China, Indien, Kambodscha, Kasachstan, Katar, Kuwait, Laos, Malaysia, die Mongolei, Myanmar, Nepal, Oman, Pakistan, die Philippinen, Singapur, Sri Lanka, Thailand, Usbekistan und Vietnam in einem MoU die Gründung der AIIB mit Hauptsitz in Peking. Als prospektive Gründungsmitglieder folgten bis Mitte April 2015 Ägypten, Aserbaidschan, Australien, Brasilien, Dänemark, Deutschland, Finnland, Frankreich, Georgien, Indonesien, Iran, Island, Israel, Italien, Jordanien, Kirgisistan, Luxemburg, die Malediven, Malta, Neuseeland, die Niederlande, Norwegen, Österreich, Polen, Portugal, Russland, Saudi-Arabien, Schweden, Schweiz, Spanien, Südafrika, Südkorea, Tadschikistan, die Türkei, die Vereinigten Arabischen Emirate und das Vereinigte Königreich (AIIB 2015b).[20] Die auf drei Treffen im November 2014, Januar und März 2015 vorverhandelten Articles of Agreement sollen im Mai 2015 fertiggestellt, ab Juni 2015 zur Unterzeichnung vorgelegt und die AIIB bis Ende 2015 vollständig etabliert werden (AIIB 2015a).

3.1.5 Internationale Ausschüsse zur Finanzsystemstabilität

Finanzstabilitätsrat

Das 1999 auf Vorschlag des ehemaligen Bundesbankpräsidenten Tietmeyer von den Finanzministern und Zentralbankgouverneuren der G7-Staaten eingerichtete Forum für Finanzmarktstabilität (Financial Stability Forum FSF)[21] wurde auf dem G20-Gipfel 2009 mit breiterem Mandat und erweitertem Mitgliederkreis als Finanzstabilitätsrat (Financial Stability Board FSB) etabliert und bei der BIZ in Basel angesiedelt. Mitglieder im Finanzstabilitätsrat sind Notenbanken, Finanzministerien und Aufsichtsbehörden aus den G20-Ländern sowie Hongkong, den Niederlanden, Spanien, Singapur und der Schweiz, die Europäische Zentralbank, die Europäische Kommission sowie die an der globalen Finanzstabilitätsanalyse und Regulierungsdiskussion maßgeblich beteiligten Gremien und Organisationen Basel Committee on Banking Supervision (BCBS), Committee on the Global Financial System (CGFS), Committee on Payments and Market Infrastructures (CPMI), International Association of Insurance Supervisors (IAIS), International Accounting Standards Board (IASB) und International Organization of Securities Commissions (IOSCO) (FSB 2015a).

Das FSB soll Schwachstellen des internationalen Finanzsystems frühzeitig erkennen, Vorschläge zu ihrer Beseitigung unterbreiten, deren Umsetzung überwachen, die Regulierungs- und Aufsichtspolitik für den Finanzsektor international koordinieren und die Zusammenarbeit sowie den Informationsaustausch zwischen den mit Finanzsystemstabilität befassten

---

[20] Am 17. März 2015 gaben Deutschland, Frankreich und Italien ihre Absicht bekannt, Gründungsmitglieder der AIIB zu werden (BMF 2015a).

[21] Das FSF erstellte über 60 relevante Standards und Kodizes für ein stabiles Finanzsystem, darunter 12 vorrangige Kernstandards in den drei Kategorien (1) Finanzaufsicht, (2) makroökonomische Politik und Datentransparenz und (3) Marktinfrastruktur (Bundesbank 2006: 91).

Institutionen intensivieren (FSB 2015b). Das FSB hat inzwischen auch den Austausch mit vielen anderen Ländern ausgebaut und ist damit *„der Dreh- und Angelpunkt der internationalen Finanzstabilitätsdiskussion"* (Bundesbank 2015d).

Das FSB ist das Verbindungsgremium zwischen den G20 und den Standardsettern. Neben zwei jährlichen Haupttreffen gibt es regionale Treffen sowie diverse Telefonkonferenzen. Tätigkeitsschwerpunkte des FSB waren bisher der Umgang mit den Globally Systemically Important Financial Institutions (G-SIFIs), die Regulierung des Schattenbankensystems, die Reform des außerbörslichen OTC-Marktes für Derivate, die Erarbeitung von Grundlagen zur grenzüberschreitenden Abwicklung bzw. Restrukturierung großer Institute (Resolution) sowie zur makroprudentiellen Aufsicht, die auf den gesamten Finanzmarkt gerichtet ist (BaFin 2015a).

Ausschuss für das weltweite Finanzsystem der G10-Notenbanken

Die G10 (Group of Ten) ist eine 1962 gegründete Gruppe von elf führenden Industrienationen, die dem IWF über die General Agreements to Borrow (GAB) weitere Kredite zur Verfügung stellen.[22] Im bei der BIZ angesiedelten Ausschuss für das weltweite Finanzsystem der G10-Notenbanken (Committee on the Global Financial System CGFS) erörtern die Zentralbanken der G10-Länder und Luxemburgs sowie die EZB Fragen der *Finanzsystemstabilität*, wobei themenbezogen ggf. weitere Zentralbanken an Sitzungen teilnehmen. Das CGFS hilft Zentralbanken, Bedrohungen für die Stabilität der Finanzmärkte und das weltweite Finanzsystem zu erkennen, zu analysieren und entsprechende Maßnahmen zu ergreifen. Es analysiert Funktionsweise, Anreizstrukturen und Strukturveränderungen von Finanzsystemen und Finanzmärkten, spricht Grundsatzempfehlungen zur Förderung der globalen Finanzsystemstabilität aus und koordiniert die Weiterentwicklung der internationalen Banken- und Finanzmarktstatistiken der BIZ sowie geeigneter Offenlegungsstandards für den öffentlichen und privaten Sektor (Bundesbank 2015e, Bundesbank 2006: 91).

Baseler Ausschuss für Bankenaufsicht

Der 1974 von den Zentralbanken der G10-Staaten gegründete Baseler Ausschuss für Bankenaufsicht (Basel Committee on Banking Supervision BCBS) entwickelt international abgestimmte *Aufsichtsstandards* und Empfehlungen für die Bankenaufsicht, wie etwa die „Core Principles for effective Banking Supervision" und die Eigenkapitalvorschriften des Baseler Rahmenwerkes; die wichtigsten Regelwerke sind als Basel II und Basel III bekannt. Das BCBS will außerdem die Zusammenarbeit zwischen den nationalen Aufsichtsbehörden verbessern. Mitglieder des bei der BIZ angesiedelten BCBS sind die Vertreter von Notenbanken und Aufsichtsbehörden aus den 27 Ländern Argentinien, Australien, Belgien, Brasilien, China, Deutschland, Frankreich, Großbritannien, Hongkong, Indien, Indonesien, Italien, Japan, Kanada, Korea, Luxemburg, Mexiko, den Niederlanden, Russland, Saudi-Arabien, Singapur, Südafrika, Spanien, Schweden, der Schweiz, Türkei, den Vereinigten Staaten sowie der Europäischen Union (BIS 2015b, BaFin 2015b).

---

[22] Neben den 10 Gründungsländern Vereinigte Staaten, Kanada, Deutschland, Frankreich, Großbritannien, Italien, den Niederlanden, Belgien, Schweden und Japan trat 1983 auch die Schweiz den G10 bei.

Basel III

Als Konsequenz der Finanzkrise, als das vorhandene Eigenkapital der Banken nicht ausreichte und Banken von Staaten gerettet werden mussten, beschloss der Baseler Ausschuss für Bankenaufsicht am 12.09.2010 mit Basel III strengere Regeln für das zwingend notwendige Eigenkapital der Banken, die v. a. mehr hartes Kernkapital aus einbezahltem Kapital, offenen Reserven und Gewinnvorträgen vorschreiben. Wie bereits unter Basel I und II muss eine Bank Eigenkapital in Höhe von mindestens 8 % ihrer risikogewichteten Aktiva (Risk weighted Assets RWA) vorweisen. Seit 2015 müssen mindestens 4,5 % dieser Risikopositionen durch *hartes Kernkapital* abgesichert sein, 1,5 % durch *weiches Kernkapital* mit ggf. weniger stark ausgeprägten Merkmalen bzgl. der Verlustteilnahme, wie z. B. stille Einlagen, und 2 % durch *Ergänzungskapital*, das auch Genussrechte und langfristige nachrangige Verbindlichkeiten umfassen kann. Damit Banken ihre Risiken zukünftig besser aus eigener Kraft und ohne staatliche Hilfe auffangen können, sind ab 2016 über die 8 % hinaus Zusatzpuffer vorgesehen: (1) ein Kapitalerhaltungspuffer aus hartem Kernkapital, der bis 2019 auf 2,5 % anwachsen soll, bei dessen Unterschreiten die Bank durch Beschränkungen ihrer Dividende oder andere geeignete Maßnahmen sanktioniert wird, und (2) ein antizyklischer Kapitalpuffer, der Abstürze nach exzessivem Kreditwachstum abfedern soll und über dessen Umsetzung die Bankenaufsicht für jedes Land individuell entscheidet (BMF 2010, Bundesbank 2011).[23]

Ausschuss für Zahlungsverkehr und Marktinfrastrukturen (CPMI)

Der Ausschuss für Zahlungsverkehr und Marktinfrastrukturen (Committee on Payments and Market Infrastructures CPMI) fördert, unterstützt und überwacht die Sicherheit und Effizienz von Zahlung, Clearing und Abwicklung und dient auch als Forum für die Zusammenarbeit der Zentralbanken sowie als ein *globaler Standardsetzer* in diesem Bereich. Der Ausschuss tagt dreimal jährlich (BIS 2015c).

Internationale Vereinigung der Versicherungsaufsichtsbehörden (IAIS)

Die 1994 gegründete Internationale Vereinigung der Versicherungsaufsichtsbehörden (International Association of Insurance Supervisors IAIS) vertritt die Versicherungsaufsichts- und Regulierungsbehörden von über 200 Jurisdiktionen in nahezu 140 Ländern, auf die zusammen 97 % der weltweiten Versicherungsprämien entfallen. Weitere über 130 Organisationen, darunter viele Verbände der Versicherungswirtschaft, haben Beobachterstatus. Die IAIS legt die internationalen Standards für die Versicherungsaufsicht fest, fördert Kooperationen zwischen den Aufsichtsbehörden und bietet Schulungen für Mitarbeiter an. Ziele sind eine wirksame und weltweit einheitliche *Aufsicht über* die *Versicherungswirtschaft*, um faire, sichere und stabile Versicherungsmärkte zum Nutzen und Schutz der Versicherungsnehmer zu entwickeln und zu pflegen und zur globalen Finanzstabilität beizutragen. Die von der IAIS entwickelten Prinzipien und Standards haben große Bedeutung für die nationalen Aufsichtspraktiken, beispielsweise der Bundesanstalt für Finanzdienstleistungsaufsicht BaFin, und werden

---

[23] Anzumerken ist, dass Unternehmen und insbesondere Banken im Krisenfall nicht durch Eigenkapital, sondern durch rechtzeitig verfügbare Liquidität überleben. Eigenkapital ist eine Bewertungsdifferenz (bewertete Aktiva abzüglich bewertete sonstige Passiva), die durch Änderung der Bewertungsregeln bedarfsweise kostengünstig verändert werden kann; so ermöglichte die Veränderung der internationalen Rechnungslegungsregeln im Oktober 2008 den Banken Anfang 2009 wieder den Ausweis von Gewinnen (Hörmann 2009: 56).

von internationalen Organisationen, wie dem IWF, als Prüfungsmaßstab zur Beurteilung der Stabilität nationaler und internationaler Finanzmärkte herangezogen (IAIS 2015, BaFin 2015c).

International Accounting Standards Board (IASB)

Das International Accounting Standards Board (IASB) ist eine mit internationalen Rechnungslegungsexperten besetzte unabhängige *Standardisierungsorganisation*, die in einem offenen, partizipatorischen und transparenten formellen Verfahren die International Financial Reporting Standards (IFRS) erstellt und weiterentwickelt, nach denen in fast 120 Ländern, einschließlich jener der Europäischen Union[24], Jahres- und Konzernabschlüsse für Zwecke der internationalen Kapitalmärkte erstellt werden.[25] Das IASB wird durch die unabhängige IFRS-Stiftung (International Accounting Standards Committee Foundation IASCF) finanziert und administrativ unterstützt. IASB und IASCF sind beide in London ansässig. Das IASB wird von einem international besetzten und fachlich diversifizierten Gremium aus Treuhändern der IFRS-Stiftung beaufsichtigt, die wiederum gegenüber einem mit Vertretern öffentlicher Kapitalmarktbehörden besetzten Überwachungsrat (Monitoring Board) rechenschaftspflichtig sind (IFRS Foundation IASB 2014).

3.1.6   Welthandelsorganisation

Die in Genf ansässige Welthandelsorganisation (World Trade Organization WTO) ist die einzige globale internationale Organisation, die sich mit der *Regelung* der *Handelsbeziehungen* zwischen den Nationen beschäftigt (WTO 2015a). Nachdem sich der Welthandel bis 1914 sowie nach dem Ersten Weltkrieg bis 1929 dynamisch entwickelt hatte, brach er mit der Großen Depression ein. Das nach dem Zweiten Weltkrieg 1947 begründete Allgemeine Zoll- und Handelsabkommen GATT (General Agreement on Tariffs and Trade) trug dann wieder zum Wachstum des internationalen Handels bei, der seit Mitte der 1980er Jahre deutlich schneller als die Weltproduktion wuchs. Das GATT förderte die Globalisierung, wobei neben Waren und Dienstleistungen verstärkt auch privates Kapital und technisches Wissen grenzüberschreitend mobil wurden. Als Ergebnis 7-jähriger Verhandlungen in der Uruguay-Runde ging das GATT 1995 in die WTO über, die als Dachorganisation auch für das in der Uruguay-Runde ausgehandelte Allgemeine Abkommen über den Handel mit Dienstleistungen GATS (General Agreement on Trade in Services) und das Abkommen über den Schutz geistiger Eigentumsrechte TRIPs (Trade-Related Aspects of Intellectual Property Rights) zuständig ist. Die WTO ist neben IWF und Weltbank eine wichtige internationale Organisation, in der handels- und wirtschaftspolitische Fragen von globaler Bedeutung verhandelt werden. Die WTO fördert den freien Güter- und Kapitalverkehr und trägt damit zur Produktivitätssteigerung der Weltwirtschaft bei, wenngleich der Welthandel aufgrund besonderer Interessen, insbesondere der Vereinigten Staaten und der Europäischen Union, aber auch anderer großer Staaten, wie Japan, Indien oder China, niemals vollständig liberalisiert, sondern viel-

---

[24] In den EU-Mitgliedstaaten werden die IFRS nach ihrer Anerkennung (Endorsement) durch die Europäische Kommission rechtsverbindlich; die anerkannten IFRS erscheinen im Amtsblatt der Europäischen Union.

[25] Das IASB ist seit 2001 die Nachfolgeorganisation des International Accounting Standards Committee (IASC) und übernahm auch die Weiterentwicklung von dessen International Accounting Standards (IAS).

mehr einheitlich reguliert wurde. Die WTO hat derzeit 160 Mitglieder, von denen China 2001 und Russland 2012 beigetreten sind (WTO 2015b).

3.1.7 Vereinte Nationen und globale Nachhaltigkeitsprogramme

UN-Umweltprogramm (UNEP)

Das auf Vorschlag der ersten UNO-Weltumweltkonferenz in Stockholm 1972 von der UN-Vollversammlung gegründete United Nations Environment Programme (UNEP) versteht sich als *„die Stimme der Umwelt"* innerhalb des Systems der Vereinten Nationen. Das UNEP hat seinen Hauptsitz in Nairobi und agiert als Katalysator, Anwalt, Lehrer und Vermittler, um eine weise Nutzung und nachhaltige Entwicklung der globalen Umwelt zu fördern. Die Arbeit des UNEP umfasst:

- die Bewertung globaler, regionaler und nationaler Umweltbedingungen und -trends,
- die Entwicklung internationaler und nationaler Umweltschutzinstrumente,
- die Stärkung von Institutionen für einen weisen Umgang mit der Umwelt.

Das UNEP arbeitet u. a. mit anderen UN- und internationalen Organisationen, Regierungen, NGOs und Unternehmen zusammen und hat die Aufgabe, nachhaltige Entwicklung durch geeignete Umweltpraktiken zu unterstützen. Ihre fünf zentralen Themenfelder respektive Programme umfassen (UNEP 2015):

- *Klimawandel*: Unterstützung und Bereitstellung von Instrumenten und Ressourcen um das Verständnis und Maßnahmen gegen den Klimawandel zu fördern. Als eine der multilateralen Führungsstellen der verschiedenen von der Globalen Umweltfazilität verwalteten Fonds (Global Environment Facility, Least Developed Countries Fund, Special Climate Change Fund), unterstützt die UNEP gefährdete Länder, insbesondere die am wenigsten entwickelten Länder und kleine Inselentwicklungsländer, beim Zugang zu verfügbaren Anpassungsfinanzierungen.
- *Katastrophen und Konflikte*: Dieses UNEP-Programm will Umweltgefahren für das menschliche Wohlbefinden sowie umweltbedingte Ursachen und Folgen von Konflikten und Katastrophen minimieren. Es umfasst Umweltprüfung und Umweltsanierung nach Krisen, Umweltkooperationen u. a. zur Friedenssicherung und Friedenskonsolidierung sowie Katastrophenvorsorge. Seit 1999 hat die UNEP auf Krisen in über 40 Ländern und Gebieten einschließlich des Balkans, Afghanistan, Nigeria, Ukraine, Liberia, Japan, Irak, China, Libanon und Ruanda reagiert. Derzeit laufen UNEP-Projekte in Afghanistan, der Elfenbeinküste, dem Kongo, in Haiti, Nigeria, Sierra Leone, Süd-Sudan und dem Sudan.
- *Ökosystemmanagement*: UNEP fördert Ressourceneffizienz, nachhaltigen Konsum und Produktion (Sustainable Consumption and Production SCP) in Industrie- und Entwicklungsländern im Sinne einer Lebenszyklusperspektive für Waren und Dienstleistungen und konzentriert sich dabei auf vier zentrale Themen: (1) Stärkung und Kommunikation der Wissensbasis für die Ressourceneffizienz und SCP, (2) Aufbau staatlicher Kapazitäten, (3) Konsolidierung und Ausbau von Partnerschaften mit der Wirtschaft und Industrie, (4) Beeinflussung von Verbraucherverhalten.
- *Umwelt-Governance*: Unterstützung von Regierungen bei der Beschaffung von Umweltinformationen für die Entscheidungsfindung, Verbesserung der globalen und regionalen Zusammenarbeit im Umweltschutz, Entwicklung und Anwendung von nationalem und internationalem Umweltrecht, Förderung der nationalen und regionalen Umsetzung der

Umweltziele und Brückenbildung mit wesentlichen Stakeholdern zur Unterstützung von Politikentwicklung und Implementierung.

- *Schadstoffe und gefährliche Abfälle*: Die UNEP fördert Chemikaliensicherheit durch Politikberatung, technische Beratung und Kapazitätsaufbau in Entwicklungs- und Schwellenländern ebenso wie den Zugang zu Informationen über giftige Chemikalien und ist die treibende Kraft für ein internationales Chemikalienmanagement (Strategic Approach to International Chemicals Management SAICM).

Konferenz der Vereinten Nationen für Handel und Entwicklung (UNCTAD)

Die Welthandels- und Entwicklungskonferenz (United Nations Conference on Trade and Development UNCTAD), der alle 194 UN-Mitgliedsstaaten angehören, ist ein ständiges Organ der UN-Generalversammlung mit 400 Mitarbeitern und Sitz in Genf, das insbesondere den *internationalen Handel* betreffende *Entwicklungsfragen* analysiert und wirtschaftspolitische Empfehlungen zur Förderung einer makroökonomischen Politik, zur Beendigung globaler wirtschaftlicher Ungleichheiten und zur Erreichung einer am Menschen ausgerichteten nachhaltigen Entwicklung erarbeitet, wobei die Arbeit in drei Worten zusammengefasst wird: denken, debattieren und liefern. Alle vier Jahre finden eine Konferenz der UN-Mitgliedsländer und ein Treffen auf Ministerebene statt, auf dem wichtige globale wirtschaftliche Themen besprochen und über das Arbeitsprogramm entschieden wird. Die UNCTAD-Aktivitäten werden von einem halbjährlich tagenden Handels- und Entwicklungsrat koordiniert, der in Ausschüsse gegliedert ist, die sich etwa mit der Armutsbekämpfung, dem internationalen Warenverkehr und der Zusammenarbeit zwischen den Entwicklungsländern befassen. Eine von einem Sonderausschuss überwachte spezielle Abteilung ermöglicht Entwicklungsländern, einen Teil ihrer Warenexporte mit geringerer Zollgebühr in höher entwickelte Länder zu liefern. Zudem gibt es verschiedene Expertengruppen, die sich mit Investitions-, Finanz- und Privatisierungsfragen sowie Technologietransfer befassen. UNCTAD bietet auch direkte technische Hilfe an Entwicklungsländer und Länder im wirtschaftlichen Übergang, um sie als gleichberechtigte Partner in die Weltwirtschaft zu integrieren und das Wohlergehen der Bevölkerung zu verbessern. Gespräche mit der Zivilgesellschaft finden u. a. auf einem jährlichen Symposium statt, wo Stakeholder der Öffentlichkeit und Ländervertreter zusammenkommen. Alle zwei Jahre organisiert die UNCTAD das World Investment Forum mit wichtigen internationalen Investoren, um Herausforderungen und Chancen zu diskutieren und Anlagepolitik und Partnerschaften für nachhaltige Entwicklung und gerechtes Wachstum zu fördern (UNCTAD 2015).

Globale Umweltfazilität (GEF)

Die Globale Umweltfazilität (Global Environment Facility GEF) ist ein internationaler Mechanismus zur *Finanzierung* von *Umweltschutzprojekten* in Entwicklungsländern sowie nationaler Initiativen zur nachhaltigen Entwicklung. Die GEF wurde 1991 gegründet und vereint derzeit 183 Länder in Partnerschaft mit internationalen Institutionen, zivilgesellschaftlichen Organisationen und dem privaten Sektor. Als unabhängig arbeitende finanzielle Organisation bietet die GEF Zuschüsse für Projekte mit Bezug zu biologischer Vielfalt, Klimawandel, internationalen Gewässern, Bodenverschlechterung, der Ozonschicht und persistenten organischen Schadstoffen. Seit 1991 hat die GEF Projekte durch einen Mix an Zuschüssen in Höhe von 13,5 Mrd. US-Dollar gefördert und bewirkte Co-Finanzierung in Höhe von 65 Mrd. US-Dollar für 3.900 Projekte in über 165 Ländern (GEF 2015).

Die GEF dient auch als Finanzierungsmechanismus für die folgenden Konventionen (GEF 2015):

- Übereinkommen über die biologische Vielfalt (CBD),
- Rahmenkonvention der Vereinten Nationen über Klimaänderungen (UNFCCC),
- Stockholmer Übereinkommen über persistente organische Schadstoffe (POP),
- UN-Konvention zur Bekämpfung der Wüstenbildung (UNCCD),
- Minamata Konvention über Mercury,
- Unterstützung des Montrealer Protokolls über die Ozonschicht abbauenden Stoffe.

Konferenz der Vereinten Nationen über Umwelt und Entwicklung (UNCED)

Die vom 3. bis 14. Juni 1992 in Rio de Janeiro stattgefundene internationale Konferenz der Vereinten Nationen über Umwelt und Entwicklung (United Nations Conference on Environment and Development UNCED), auf der erstmals seit der Konferenz der Vereinten Nationen über die Umwelt des Menschen in Stockholm (1972) Umweltfragen in einem weltweiten Rahmen diskutiert wurden und an der rund zehntausend Delegierte aus 178 Staaten teilnahmen, gilt als Meilenstein für die Integration globaler Umwelt- und Entwicklungsbestrebungen. Zentrale Ergebnisse dieser Weltkonferenz sind die Agenda 21, die Rio-Erklärung über Umwelt und Entwicklung, die Klimarahmenkonvention, die Biodiversitätskonvention und die Walddeklaration (Forest Principles) (UNCED 1992a, 1992b). Mit der Agenda 21 werden detaillierte Handlungsaufträge (sozial, ökologisch, ökonomisch) gegeben, um einer weiteren Verschlechterung der Umweltsituation entgegenzuwirken und eine nachhaltige Nutzung der natürlichen Ressourcen sicherzustellen. Nach der Agenda 21 sind es in erster Linie die Regierungen der einzelnen Staaten, die auf nationaler Ebene die Umsetzung der nachhaltigen Entwicklung in Form von Strategien und nationalen Umweltplänen sicherstellen müssen. Im Anschluss an die Rio-Konferenz, deren Ziel es war, die Weichen für eine weltweite nachhaltige Entwicklung zu stellen, wurde die *Kommission für Nachhaltige Entwicklung* (Commission on Sustainable Development CSD) gegründet, die den Umsetzungsprozess der Konferenzergebnisse überwacht.

Weltklimakonferenzen und Kyoto-Protokoll / UN Klimarahmenkonvention (UNFCCC)

Auf den Weltklimakonferenzen 1979, 1990 und 2009 in Genf befassten sich Experten verschiedener UNO-Unterorganisationen mit Klima-Anomalien, Klimabeeinflussung, Verminderung von die Ozonschicht zerstörenden Substanzen sowie Lösungsstrategien für Klimaprobleme der Zukunft. Das in Umsetzung der 1992 in Rio verabschiedeten UN Klimarahmenkonvention (UNFCCC) 1997 unterzeichnete und 2012 verlängerte *Kyoto-Protokoll* enthält erstmals völkerrechtlich verbindliche Begrenzungs- und Verringerungsverpflichtungen für die Industrieländer.

Trotz dramatischer Waldverlustraten sind Erhalt und Nutzung der *Regenwälder* bislang nicht Gegenstand eines verbindlichen völkerrechtlichen Abkommens geworden.

Millenniums-Entwicklungsziele der Vereinten Nationen

Auf der Millenniumskonferenz der Vereinten Nationen in New York, an der im September 2000 hochrangige Staats- und Regierungsvertreter von 189 Ländern teilnahmen, wurde die UN-Millenniumserklärung auf Basis des UN-Befunds verabschiedet, dass mehr als 700 Millionen Menschen hungerten und unterernährt waren, über eine Milliarde Menschen keinen

Zugang zu sauberem Trinkwasser hatten, über 100 Millionen Kinder im Schulalter keine Bildungsmöglichkeit hatten und jeder fünfte Mensch in extremer Armut lebte, d. h. am Tag weniger als einen Dollar an Kaufkraft für den Lebensunterhalt zur Verfügung hatte. Diese monetäre Abgrenzung von Armut ließ allerdings die Selbstversorgung und den direkten lokalen Tausch eigener Erzeugnisse unberücksichtigt, die wichtig für das Leben der Menschen in unterentwickelten Regionen sind. Die UN-Millenniumserklärung definiert vier programmatische und interdependente *Handlungsfelder* für die internationale Politik (BMZ 2010): (1) Frieden, Sicherheit und Abrüstung, (2) Entwicklung und Armutsbekämpfung, (3) Schutz der gemeinsamen Umwelt, (4) Menschenrechte, Demokratie und gute Regierungsführung. Zur Umsetzung der Vorgaben der Millenniumerklärung erarbeitete eine Arbeitsgruppe aus Vertretern der UNO, der Weltbank, der OECD und mehreren NGOs 2001 einen Zielkatalog und definierte acht auf das Jahr 2015 bezogene *Millennium-Entwicklungsziele* (Millennium Development Goals MDG): (1) Bekämpfung von extremer Armut und Hunger, (2) Primarschulbildung für alle, (3) Gleichstellung der Geschlechter/ Stärkung der Rolle der Frauen, (4) Senkung der Kindersterblichkeit, (5) Verbesserung der Gesundheitsversorgung der Mütter, (6) Bekämpfung von HIV/AIDS, Malaria und anderen schweren Krankheiten, (7) ökologische Nachhaltigkeit und (8) Aufbau einer globalen Partnerschaft für Entwicklung. Nach dem Bericht der Vereinten Nationen (2014) wurden mehrere Millenniums-Entwicklungsziele bereits erreicht. So sei die extreme Armut weltweit um die Hälfte verringert und der Anteil der Menschen ohne Zugang zu verbesserter Trinkwasserversorgung halbiert worden, im Kampf gegen Malaria und Tuberkulose zeigten sich Erfolge, die Geschlechterparität in der Bildungsbeteiligung zeige beachtliche Fortschritte, die politische Teilhabe von Frauen nehme wie bisher zu und die Entwicklungshilfe habe sich 2013 wieder erholt, verlagerte sich jedoch von den ärmsten Ländern weg. Dagegen sei der weltweite Kohlendioxidausstoß weiter gestiegen. Der Anteil der Unterernährten sank zwar, blieb jedoch unterhalb der Zielvorgabe, wobei weltweit jedes vierte Kleinkind von chronischer Unterernährung betroffen sei. Wenngleich die Kindersterblichkeit deutlich reduziert werden konnte, sterben weiterhin viele Kinder und Mütter an vermeidbaren Krankheiten bzw. Schwangerschafts- und Geburtskomplikationen. Die antiretrovirale Therapie für HIV-Infizierte müsse noch stärker ausgeweitet werden und auch der Zugang zu sanitären Einrichtungen sei auch künftig zu verbessern. 90 % der Kinder in den Entwicklungsregionen besuchten die Grundschule, wobei rund die Hälfte der nicht zur Schule gehenden Kinder in konfliktbetroffenen Gebieten lebten und die Schulabbrecherquoten nach wie vor hoch seien (Vereinte Nationen 2014: 4 f).

Globaler Pakt der Vereinten Nationen (UNGC)

Der Globale Pakt der Vereinten Nationen ist ein freiwilliges Übereinkommen zwischen den Vereinten Nationen und ca. 7.000 meist multinational agierenden Unternehmen und NGOs, um die Globalisierung sozialer und ökologischer zu gestalten. In dem Globalen Pakt verpflichten sich die Mitglieder auf Grundlage der Allgemeinen Erklärung der Menschenrechte, der Erklärung über grundlegende Prinzipien und Rechte bei der Arbeit der Internationalen Arbeitsorganisation, der Grundsätze der Erklärung von Rio zu Umwelt und Entwicklung sowie der UN-Konvention gegen Korruption zu zehn universell anerkannten *Prinzipien* (UNGC 2015) in den Bereichen:

- *Menschenrechte*: Unternehmen sollen (1) den Schutz der internationalen Menschenrechte unterstützen und achten und (2) sicherstellen, dass sie sich nicht an Menschenrechtsverletzungen mitschuldig machen.

- *Arbeitsnormen*: Unternehmen sollen (3) die Vereinigungsfreiheit und die wirksame Anerkennung des Rechts auf Kollektivverhandlungen wahren, (4) sich für die Beseitigung aller Formen der Zwangsarbeit einsetzen, (5) sich für die Abschaffung von Kinderarbeit einsetzen und (6) sich für die Beseitigung von Diskriminierung bei Anstellung und Erwerbstätigkeit einsetzen.
- *Umweltschutz*: Unternehmen sollen (7) im Umgang mit Umweltproblemen dem Vorsorgeprinzip folgen, (8) Initiativen ergreifen, um größeres Umweltbewusstsein zu fördern, (9) die Entwicklung und Verbreitung umweltfreundlicher Technologien beschleunigen.
- *Korruptionsbekämpfung*: Unternehmen sollen (10) gegen alle Arten der Korruption eintreten, einschließlich Erpressung und Bestechung.

Die teilnehmenden Unternehmen dürfen das *blaue Logo* des Global Compact verwenden. Da die Einhaltung der zehn Prinzipien nicht von einer unabhängigen Instanz überprüft wird, wird vorgeworfen, dass manche Unternehmen nur dem Anschein nach nachhaltig wirtschaften und das blaue Logo lediglich zu Reputationszwecken verwenden ohne die Prinzipien umzusetzen, also Blue Washing betreiben. Deshalb wurden Unternehmen von UNGC verpflichtet, ihren Stakeholdern und der Öffentlichkeit mindestens einmal jährlich über ihre Fortschritte bei der Integration der zehn Prinzipien in ihrem Geschäftsbetrieb zu berichten.

Global Reporting Initiative

Die Global Reporting Initiative (GRI) ist eine gemeinnützige Multi-Stakeholder-Stiftung mit zahlreichen Partnern, die 1997 von CERES (Coalition of Environmentally Responsible Economies, heute: Investors and Environmentalists for Sustainable Prosperity) und dem Umweltprogramm der Vereinten Nationen (UNEP) in den Vereinigten Staaten gegründet wurde. Der Hauptsitz wurde 2002 nach Amsterdam verlegt; darüber hinaus gibt es Regionalbüros in Australien, Brasilien, China, Indien und den USA sowie ein weltweites Netzwerk von rund 30.000 Menschen. Die GRI hat in einem partizipativen Verfahren einen weltweit Anwendung findenden Rahmen zur *Nachhaltigkeitsberichterstattung* (Sustainability Reports) für alle Organisationen erarbeitet. Darin werden Prinzipien und Indikatoren dargelegt, die Großunternehmen, kleinere und mittlere Unternehmen, Regierungen und NGOs nutzen können, um ihre ökonomische, ökologische und soziale Leistung (Performance) zu messen. Ziel der GRI ist es, Nachhaltigkeitsberichterstattung zur gängigen Praxis zu machen, indem Organisationen dazu angeleitet und dabei unterstützt werden.[26] Ende Mai 2012 hat die GRI die 4. Generation ihres Standards (G4) zur Nachhaltigkeitsberichterstattung freigegeben, in dem die Berichtsanforderungen reduziert und auf wesentliche Informationen zu Wirtschaft, Umwelt, Arbeitsbedingungen, Menschenrechten, Gesellschaft und Produktverantwortung konzentriert wurden, wobei auch die Vorgehensweise des Managements zu erläutern ist (GRI

---

[26] Im Jahr 2000 wurde nach einer zweijährigen Testphase die erste GRI-Richtlinie zur nachhaltigen Berichterstattung G1 verabschiedet. Die mit Hilfe von Unternehmen und unabhängigen Experten 2002 entwickelten Indikatoren werden im Dialog mit Stakeholdern kontinuierlich weiterentwickelt. Die im Oktober 2006 vorgestellte GRI-Richtlinie G3 beinhaltet über 120 Indikatoren bzgl. der Organisation, deren Leistung sowie des Nachhaltigkeitsberichts (GRI 2011). Die im Mai 2013 vorgestellte neue GRI-Richtlinie G4 wird die noch bis Dezember 2015 praktizierbare G3-Richtlinie vollständig ablösen und besteht aus zwei Teilen: Der erste Teil, die Berichterstattungsgrundsätze und Standardangaben, umfassen Grundsätze zur Berichterstattung, Standardangaben und Kriterien zur Erstellung eines Nachhaltigkeitsberichts in Übereinstimmung mit den GRI-Leitlinien (GRI 2013a). Der in der G4 erstmals aufgeführte zweite Teil, die Umsetzungsanleitung, erklärt die Anwendung der Berichterstattungsgrundsätze, Aufbereitung offenzulegender Informationen sowie Interpretation der Konzepte in den Leitlinien (GRI 2013b).

2013a, 2013c). Anstelle unterschiedlicher Erfüllungsniveaus der G3.1 von C bis A+ tritt laut G4 eine Erklärung generell oder umfangreich „in Einklang mit GRI". In einer Übergangszeit von zwei Jahren dürfen die bisherigen G3.1-Leitlinien noch angewendet werden. Im Rahmen der seit Mai 2010 bestehenden Kooperation zwischen der Global Reporting Initiative und dem UN-Global Compact wurden auch dessen zehn Prinzipien in die GRI-Leitlinien aufgenommen. Die GRI hat weitere strategische Allianzen mit der Organisation für Wirtschaftliche Zusammenarbeit und Entwicklung (OECD), dem Umweltprogramm der Vereinten Nationen (UNEP) sowie der Internationalen Organisation für Standardisierung (ISO).

Global Marshall Plan Initiative

Eine weltweite ökosoziale Marktwirtschaft und ein mit Nachhaltigkeit kompatibler Ordnungsrahmen wird von der Global Marshall Plan Initiative vorangetrieben, die über 5.000 Einzelpersonen und 200 Organisationen aus Politik, Wirtschaft und Zivilgesellschaft umfasst. Die 5 *Kernziele* des Global Marshall Plan betreffen (1) die Weiterentwicklung und Umsetzung der UN-Millenniumsziele über das Jahr 2015 hinaus, (2) die seit 1970 von den Vereinten Nationen vorgesehene Finanzierung von Entwicklungszusammenarbeit mit 0,7 % ihres Bruttonationaleinkommens (dies wären jährlich 100 bis 150 Mrd. US-Dollar), (3) eine faire Besteuerung globaler Wertschöpfungsprozesse insbesondere im Finanzsektor (inklusive einer Finanztransaktionssteuer), (4) eine faire globale Partnerschaft und wirksame basisorientierte und transparente Mittelverwendung, (5) die Etablierung einer weltweiten ökosozialen Marktwirtschaft als eines mit Nachhaltigkeit kompatiblen Ordnungsrahmens für die Weltökonomie (Global Marshall Plan 2015).

3.1.8   Ökonomische Nachhaltigkeitsziele der Agenda 21

Im Folgenden werden die im Rahmen der Agenda 21 international vereinbarten ökonomischen Nachhaltigkeitsziele vorgestellt und auf wesentliche Zielkonflikte hingewiesen.

Leitidee und Struktur der Agenda 21

Die Agenda 21 ist ein Leitpapier zur nachhaltigen Entwicklung im 21. Jahrhundert, auf das sich die 178 UNCED-Teilnehmerstaaten 1992 geeinigt haben, die jedoch nicht völkerrechtlich verbindlich ist. Ausgangspunkt und *Leitidee* werden bereits in der Präambel deutlich: „1.1 Die Menschheit steht an einem entscheidenden Punkt ihrer Geschichte. Wir erleben eine Festschreibung der Ungleichheiten zwischen und innerhalb von Nationen, eine Verschlimmerung von Armut, Hunger, Krankheit und Analphabetentum sowie die fortgesetzte Zerstörung der Ökosysteme, von denen unser Wohlergehen abhängt. Eine Integration von Umwelt- und Entwicklungsbelangen und die verstärkte Hinwendung auf diese wird indessen eine Deckung der Grundbedürfnisse, höhere Lebensstandards für alle, besser geschützte und bewirtschaftete Ökosysteme und eine sicherere Zukunft in größerem Wohlstand zur Folge haben. Keine Nation vermag dies allein zu erreichen, während es uns gemeinsam gelingen kann: in einer globalen Partnerschaft im Dienste der nachhaltigen Entwicklung..." (UNCED 1992a: 1).

Die Agenda 21 beschreibt eine globale Nachhaltigkeitsstrategie und ein Nachhaltigkeitsprogramm mit sozialen, ökonomischen und ökologischen Zielen und besteht aus insgesamt 40 Kapiteln, die in folgende *vier Teile* gegliedert sind:

1. *Soziale und wirtschaftliche Dimensionen*: Internationale Zusammenarbeit zur Beschleunigung nachhaltiger Entwicklung in den Entwicklungsländern und damit verbundene nationale Politik, Armutsbekämpfung, Veränderung der Konsumgewohnheiten, Bevölkerungsdynamik und nachhaltige Entwicklung, Schutz und Förderung der menschlichen Gesundheit, Förderung einer nachhaltigen Siedlungsentwicklung, Integration von Umwelt- und Entwicklungszielen in die Entscheidungsfindung.

2. *Erhaltung und Bewirtschaftung der Ressourcen für die Entwicklung*: Schutz der Erdatmosphäre, Planung und Bewirtschaftung der Flächenressourcen, Bekämpfung der Entwaldung, Bekämpfung von Wüstenbildung und Dürre, nachhaltige Entwicklung von Berggebieten, Förderung einer nachhaltigen Landwirtschaft und ländlichen Entwicklung, Erhaltung der biologischen Vielfalt, umweltverträgliche Nutzung der Biotechnologie, Schutz der Ozeane, Meere und Küstengebiete sowie ihrer lebenden Ressourcen, Schutz der Süßwasserqualität und der Süßwasservorkommen, umweltgerechte Behandlung toxischer Chemikalien und gefährlicher Abfälle einschließlich der Verhütung des illegalen internationalen Verkehrs mit toxischen und gefährlichen Produkten und Abfällen, umweltgerechte Behandlung von festen Abfällen, Abwasserfragen und von radioaktiven Abfällen.

3. *Stärkung der Rolle wichtiger Gruppen*: Globale Maßnahmen im Hinblick auf die Teilhabe der Frau an einer nachhaltigen, gerechten Entwicklung, Kinder und Jugendliche und nachhaltige Entwicklung, Anerkennung und Stärkung der Rolle indigener Bevölkerungsgruppen, Stärkung der Rolle der nichtstaatlichen Organisationen – Partner für eine nachhaltige Entwicklung, kommunale Initiativen zur Unterstützung der Agenda, Stärkung der Rolle der Arbeitnehmer und ihrer Gewerkschaften, Stärkung der Rolle der Wirtschaft, Wissenschaft und Technik, Stärkung der Rolle der Bauern.

4. *Mittel zur Umsetzung*: Finanzmittel und Finanzierungsmechanismen, Transfer umweltgerechter Technologien, Zusammenarbeit und Kapazitätsaufbau, Wissenschaft im Dienst der nachhaltigen Entwicklung, Förderung der Bildung, Bewusstseinsbildung sowie Aus- und Fortbildung, nationale Mechanismen und internationale Zusammenarbeit zum Kapazitätsaufbau in Entwicklungsländern, internationale institutionelle Vorkehrungen, völkerrechtliche Übereinkünfte und Mechanismen, Informationen für die Entscheidungsfindung.

Die Agenda 21 spricht in unterschiedlichen Kapiteln ökonomische Aspekte im Hinblick auf eine nachhaltige Entwicklung an, wobei *ökonomische Nachhaltigkeitsziele* in den folgenden Kapiteln explizit formuliert werden: Kapitel 2: Internationale Zusammenarbeit zur Beschleunigung nachhaltiger Entwicklung in den Entwicklungsländern und damit verbundene nationale Politik, Kapitel 3: Armutsbekämpfung, Kapitel 4: Veränderung der Konsumgewohnheiten, Kapitel 29: Stärkung der Rolle der Arbeitnehmer und ihrer Gewerkschaften und Kapitel 30: Stärkung der Rolle der Wirtschaft.

Internationale Zusammenarbeit zur Beschleunigung nachhaltiger Entwicklung in den Entwicklungsländern und damit verbundene nationale Politik

In *Kapitel 2* der Agenda 21 wird zunächst die Notwendigkeit einer effizienteren und ausgewogeneren Weltwirtschaft betont, die alle Staaten im Rahmen einer eingegangenen globalen Partnerschaft zur Teilnahme an einem kontinuierlichen und konstruktiven Dialog verpflichtet. Ein nachhaltiger Entwicklungsprozess bedürfe dynamischer und kooperativer internationaler wirtschaftlicher Rahmenbedingungen und einer entschlossenen Wirtschaftspolitik auf nationaler Ebene. Zur Verwirklichung von Umwelt- und Entwicklungszielen werden *vier Programmbereiche* und entsprechende *Ziele* definiert (UNCED 1992a: 3 ff):

1. Förderung einer nachhaltigen Entwicklung durch Liberalisierung des Handels mit im Rahmen der Uruguay-Runde anzustrebenden Zielvorgaben:
   – Förderung eines offenen, diskriminierungsfreien und ausgewogenen multilateralen Handelssystems,
   – Schaffung besserer Marktzugangsmöglichkeiten für Exporte aus den Entwicklungsländern,
   – Verbesserung der Funktionsfähigkeit der Rohstoffmärkte und Durchsetzung einer vernünftigen, verträglichen und konsequenten Rohstoffpolitik auf nationaler und internationaler Ebene mit dem Ziel einer nachhaltigen Entwicklung unter Berücksichtigung der Belange der Umwelt,
   – Förderung und Unterstützung einer nationalen und internationalen Politik, die sicherstellt, dass Wirtschaftswachstum und Umweltschutz einander unterstützen.
2. Schaffung von Synergien zwischen Handel und Umwelt durch im Rahmen des GATT, der UNCTAD und sonstiger internationaler Organisationen zu verwirklichende Ziele:
   – Sicherstellung der gegenseitigen Unterstützung von Handels- und Umweltpolitik zugunsten einer nachhaltigen Entwicklung,
   – Klarstellung der Rolle des GATT, der UNCTAD und sonstiger internationaler Organisationen bei Themen mit Handels- und Umweltbezug, wozu gegebenenfalls auch Schlichtungsverfahren und die Streitbeilegung gehören,
   – Förderung der internationalen Produktivität und Wettbewerbsfähigkeit und der konstruktiven Rolle der Industrie im Umgang mit Umwelt- und Entwicklungsfragen.
3. Bereitstellung ausreichender finanzieller Mittel für die Entwicklungsländer und Bewältigung der internationalen Verschuldung.
4. Unterstützung einer die nachhaltige Entwicklung begünstigenden Wirtschaftspolitik mit schonender Ressourcenplanung und -nutzung, freiem Unternehmertum, Ressourcenpreisen unter Berücksichtigung der volkswirtschaftlichen Kosten und Umweltkosten sowie Beseitigung der Ursachen für Verzerrungen im Handels- und Investitionsbereich.

Für diese vier Programmbereiche werden neben den oben genannten Zielen jeweils zahlreiche *Maßnahmen* formuliert. Die unter Programmpunkt 4 formulierten Maßnahmen sind bzgl. einer nachhaltigen Ökonomie teilweise konkurrierend, was im Folgenden erläutert wird. So sollen *Industrieländer* und andere Länder, die dazu in der Lage sind, sich verstärkt bemühen

- stabile und berechenbare internationale wirtschaftliche Rahmenbedingungen herzustellen, insbesondere bzgl. Währungsstabilität, Realzinsen und Wechselkursschwankungen der wichtigsten Weltwährungen,
- Anreize zu vermehrtem Sparen und zum Abbau der öffentlichen Haushaltsdefizite schaffen,
- im Rahmen der politischen Koordinierungsprozesse auch die Interessen und Probleme der Entwicklungsländer inkl. der am wenigsten entwickelten Länder berücksichtigen,
- auf nationaler Ebene geeignete makroökonomische und strukturpolitische Maßnahmen durchführen, um inflationsneutrales Wachstum zu fördern, gravierende außenwirtschaftliche Ungleichgewichte abzubauen und die Anpassungsfähigkeit ihrer Volkswirtschaften zu verbessern (UNCED 1992a: 11).

Zwischen vermehrtem Sparen, dem Abbau öffentlicher Haushaltsdefizite und staatlichen Investitionen in nachhaltige Entwicklung, öffentliche Daseinsvorsorge, Bildung und Infrastruktur besteht ein gewisser Zielkonflikt, da rein buchhalterisch nicht alle volkswirtschaftlichen Aggregate (private Haushalte, Unternehmen, Staat und Ausland) gleichzeitig sparen können, wobei durch das Abbauziel außenwirtschaftlicher Ungleichgewichte angedeutet wird, dass das Ausland langfristig keine Verschuldungsposition eingehen soll, wie dies derzeit im Euroraum der Fall ist. Wenn sich zukünftig weder Staat noch Ausland verschulden würden, müssten sich entweder die Unternehmen verschulden (was in Deutschland bislang nicht der Fall ist und zunächst etwa durch Lohn- oder Steuererhöhungen bewirkt werden müsste) oder die Haushalte auf Sparen verzichten.

Die *Entwicklungsländer* sollen eine Wirtschaftspolitik anstreben, die für die notwendige geld- und haushaltspolitische Disziplin zur Förderung von Preisstabilität und außenwirtschaftlichem Gleichgewicht sorgt, zu realistischen Wechselkursen führt, die Spar- und Investitionsneigung im eigenen Land hebt und die Investitionsrentabilität steigert (UNCED 1992a: 11). Kritisch zu hinterfragen ist, inwieweit wirtschaftspolitische Maßnahmen zur Steigerung der Investitionsrentabilität die kapitalistische Logik im Sinne eines Shareholder Value Denkens zu Lasten der Arbeitnehmer umkehren und bei einem gegebenen zu verteilenden Volkseinkommen die Gewinnquote zu Lasten der Lohnquote erhöhen und damit sozialen Nachhaltigkeitszielen entgegenstehen. Das Zielbündel von Preisstabilität, außenwirtschaftlichem Gleichgewicht und inflationsneutralem Wachstum erinnert an das Stabilitäts- und Wachstumsgesetz. Es fällt jedoch auf, dass das Ziel eines hohen Beschäftigungsstands in Kapitel 2 der Agenda 21 nicht angesprochen wird. In der Agenda 21 wird mehrfach von „Beschäftigungsmöglichkeiten", jedoch nur einmal von Vollbeschäftigung gesprochen: „Gesamtziel ist die Armutslinderung sowie eine nachhaltige Vollbeschäftigung als Beitrag zu einer sicheren, sauberen und gesunden Umwelt" (UNCED 1992a: 293).

Armutsbekämpfung

In Kapitel 3 der Agenda 21 formulierte *Ziele* zur Armutsbekämpfung sind:

- allen Menschen die Möglichkeit zur nachhaltigen Sicherung ihrer Existenz zu geben,
- die Förderung einer ausreichenden Bereitstellung von Finanzierungsmitteln zur Entwicklung der menschlichen Ressourcen inkl. Schaffung von Einkommen, vermehrte Ressourcenkontrolle auf lokaler Ebene, Stärkung örtlicher Institutionen, personeller und institutioneller Kapazitäten, stärkere Einbeziehung von nichtstaatlichen Organisationen und kommunalen Verwaltungsbehörden,
- für alle von Armut betroffenen Gebiete integrierte Strategien und Programme für einen vernünftigen und nachhaltigen Umgang mit der Umwelt, für die Mobilisierung finanzieller Ressourcen, die Überwindung und Bekämpfung der Armut sowie die Schaffung von Beschäftigungs- und Verdienstmöglichkeiten,
- in nationalen Entwicklungs- und Haushaltsplänen einen Schwerpunkt bei Investitionen in das Humankapital zu setzen, mit speziellen politischen Konzepten und Programmen für den ländlichen Raum, städtische Armutsgruppen, Frauen und Kinder (UNCED 1992a: 13).

Die Armut stellt laut Agenda ein komplexes, vielschichtiges Problem dar, für das es keine einheitliche, für eine weltweite Anwendung geeignete *Lösung* gebe. Stattdessen seien länderspezifische Programme zur Armutsbekämpfung Voraussetzung für die Lösung dieses Problems. Angesprochen werden u. a. die Förderung eines dauerhaften nachhaltigen wirtschaftlichen Wachstums in den Entwicklungsländern und direkte Maßnahmen zur Armutsbekämpfung durch die Stärkung von arbeitsplatz- und einkommensschaffenden Programmen (UNCED 1992a: 13). Da die nationalen Handlungsoptionen zur Armutsbekämpfung durch Umverteilung angesichts international entgrenzter Finanzmärkte und Kapitalfluchtmöglichkeiten begrenzt sind, wären hier weltweite Lösungsansätze denkbar, werden in der Agenda 21 jedoch nicht thematisiert.

Veränderung der Konsumgewohnheiten

Kapitel 4 der Agenda 21 umfasst zwei *Programmbereiche*:

1. Schwerpunktmäßige Erfassung nicht nachhaltiger Produktions- und Verbrauchsgewohnheiten durch
    – Förderung von Verbrauchs- und Produktionsmustern, die verringerte Umweltbelastungen und Befriedigung der menschlichen Grundbedürfnisse bewirken,
    – Vertiefung des Einblicks in die Rolle des Konsumverhaltens und der Möglichkeiten zur Herbeiführung nachhaltigerer Konsumgewohnheiten.
2. Entwicklung einzelstaatlicher Politiken und Strategien zur Förderung der Veränderung nicht nachhaltiger Konsumgewohnheiten durch
    – Förderung der Effizienz von Produktionsprozessen und Reduzierung des verschwenderischen Verbrauchs im wirtschaftlichen Wachstumsprozess unter Berücksichtigung der Entwicklungsbedürfnisse der Entwicklungsländer,
    – Schaffung innenpolitischer Rahmenbedingungen, die einen Umstieg auf nachhaltigere Produktionsweisen und Konsumgewohnheiten begünstigen,
    – Bestärkung von Werten, die nachhaltige Produktionsweisen und Konsumgewohnheiten fördern, sowie einer Politik, die den Transfer umweltverträglicher Technologien in die Entwicklungsländer unterstützt (UNCED 1992a: 18 ff).

Als *Maßnahme* zur Daten- und Informationsbeschaffung wird neben der Konsumforschung insbesondere die Erarbeitung neuer Konzepte für ein nachhaltiges Wirtschaftswachstum, Wohlstand und Wohlergehen genannt, „die es gestatten, durch eine veränderte Lebensweise einen höheren Lebensstandard zu erzielen, und die in geringerem Maße von den endlichen Ressourcen der Erde abhängig sind und mit der Tragfähigkeit der Erde in größerer Harmonie stehen. Dies sollte sich in der Entwicklung eines neuen Systems volkswirtschaftlicher Gesamtrechnungen und anderer Indikatoren der nachhaltigen Entwicklung niederschlagen" (UNCED 1992a: 19).

Stärkung der Rolle der Arbeitnehmer und ihrer Gewerkschaften

Da der Programmbereich zur Stärkung der Rolle der Arbeitnehmer und ihrer Gewerkschaften in Kapitel 29 der Agenda 21 nur 2¼ Seiten umfasst, können diese *Ziele* in Gänze vorgestellt werden: „Gesamtziel ist die Armutslinderung sowie eine nachhaltige Vollbeschäftigung als Beitrag zu einer sicheren, sauberen und gesunden Umwelt – sowohl der Arbeitsumwelt als auch der Gemeinschaft und der natürlichen Umwelt. Arbeitnehmer sollten umfassend an der Umsetzung und Evaluierung der im Zusammenhang mit der Agenda 21 vorgeschlagenen Maßnahmen beteiligt werden... Um dies zu erreichen, sollten bis 2000 folgende Ziele verwirklicht werden: a) Förderung der Ratifizierung der einschlägigen Übereinkommen der Internationalen Arbeitsorganisation (ILO) und Verabschiedung von Rechtsvorschriften zur Unterstützung dieser Übereinkommen; b) Einführung zweigliedriger und dreigliedriger Systeme in den Bereichen Sicherheit, Gesundheit und nachhaltige Entwicklung; c) Erhöhung der Zahl kollektiver Umweltvereinbarungen, die auf die Herbeiführung einer nachhaltigen Entwicklung ausgerichtet sind; d) Reduzierung der Zahl der nach anerkannten statistischen Berichtsverfahren verzeichneten Arbeitsunfälle, berufsbedingten Verletzungen und Berufskrankheiten; e) Erhöhung des Angebots an Aus- und Fortbildungs- sowie Umschulungsmöglichkeiten für Arbeitnehmer, insbesondere im Bereich Arbeits- und Umweltschutz" (UNCED 1992a: 293). Als *Maßnahmen* werden (a) die Förderung der Vereinigungsfreiheit und der Schutz des Koalitionsrechts, wie durch die ILO-Übereinkommen vorgesehen, (b) die Stärkung der Mitbestimmung und der Konsultation und (c) die Bereitstellung angemessener Aus- und Fortbildungsmöglichkeiten vorgesehen (UNCED 1992a: 293 f).

Stärkung der Rolle der Privatwirtschaft (Agenda 21, Kapitel 30)

Kapitel 30 der Agenda 21 misst der Privatwirtschaft einschließlich transnationalen Unternehmen eine zentrale Rolle für die soziale und wirtschaftliche Entwicklung von Ländern zu. Diese sollten die Rolle des Umweltmanagements als eine der höchsten unternehmerischen Prioritäten und Schlüsseldeterminante für nachhaltige Entwicklung anerkennen. Höherer Wohlstand als ein vorrangiges Ziel des Entwicklungsprozesses entstehe vor allem durch die wirtschaftlichen Aktivitäten der Privatwirtschaft.

Als Ziel im ersten Programmbereich *„Förderung einer sauberen Produktion"* sollten die Regierungen und die Privatwirtschaft einschließlich transnationaler Unternehmen darauf hinwirken, die effiziente Nutzung von Ressourcen, einschließlich einer zunehmenden Wiederverwertung von Rückständen, zu erhöhen und die Abfallmenge pro Produktionseinheit zu vermindern. Als Maßnahmen vorgesehen werden verstärkte Partnerschaften und Absprachen zwischen Regierungen und Wirtschaft zur nachhaltigen Entwicklung, die Entwicklung und Umsetzung von Konzepten und Methoden für die Internalisierung der Umweltkosten in Kostenrechnung und Preisgestaltung, die Anregung zur jährlichen Berichterstattung von Unternehmern über ihr Umweltverhalten sowie ihre Energie- und Ressourcennutzung, die Förderung vorbildlichen Umweltverhaltens, beispielsweise die von der Internationalen Handelskammer angenommene Wirtschaftscharta für nachhaltige Entwicklung und die Initiative „Verantwortliches Handeln" der chemischen Industrie, die staatliche Förderung der Zusammenarbeit zwischen Unternehmen im Bereich Technologie und Know-how, eine schadstoffärmere Produktion durch die Industrie inkl. Beachtung ihres Einflusses auf Zulieferer und Endverbraucher, die Zusammenarbeit der Wirtschafts- und Industrieverbände mit Arbeitnehmern und Gewerkschaften und Anhalten einzelner Unternehmen zur Verbesserung ihrer Umweltprogramme und -leistung, Bildung, Ausbildung und Ausbau der Informationsverbreitung im Bereich schadstoffärmerer Produktion inkl. Vernetzung nationaler und internationaler Informationssysteme (UNCED 1992a: 297 f).

Im zweiten Programmbereich *„Förderung verantwortungsbewussten Unternehmertums"* werden als Ziele vorgeschlagen, a) das Konzept des verantwortungsvollen unternehmerischen Handelns bei der Bewirtschaftung und Nutzung der natürlichen Ressourcen zu fördern und b) die Zahl derjenigen Unternehmer, die bei ihren Unternehmungen eine auf nachhaltige Entwicklung ausgerichtete Politik verfolgen, zu erhöhen. Als Maßnahmen genannt werden die staatliche Unterstützung nachhaltig geführter Unternehmen, die durch Regierungen in Zusammenarbeit mit der Wirtschaft zu erfolgende Förderung von Risikokapitalfonds zur nachhaltigen Entwicklung sowie die Unterstützung der Ausbildung in umweltspezifischen Aspekten der Unternehmensführung inkl. Lehrlingsprogramme, die Ermutigung der Wirtschaft einschließlich transnationaler Unternehmen, weltweite Unternehmenspolitiken in Bezug auf nachhaltige Entwicklung aufzustellen und Partnerschaften mit kleinen und mittleren Unternehmen einzugehen, die Gründung nationaler Räte für nachhaltige Entwicklung durch die Wirtschaft, die Forschung und Entwicklung umweltverträglicher Technologien und Systeme zur Umweltbewirtschaftung, die Gewährleistung eines aus der Sicht der Gesundheit, Sicherheit und Umwelt verantwortungsvollen und ethisch vertretbaren Produkt- und Verfahrensmanagements durch die Wirtschaft, die Förderung kleiner und mittlerer Unternehmen, die im Sinne einer nachhaltigen Entwicklung tätig sind, bessere Mechanismen der UN zur verstärkten Berücksichtigung von Umweltaspekten bei Auslandsinvestitionen sowie stärkere Unterstützung für Forschung und Entwicklung zur Verbesserung der technologischen und administrativen Voraussetzungen für eine nachhaltige Entwicklung durch internationale Organisationen (UNCED 1992a: 298 f).

3.2 Institutionen und Ziele auf europäischer Ebene

3.2.1 Europäische Union

Die Europäische Union (EU) ist ein *supranationaler Zusammenschluss* von 28 Mitgliedstaaten, dessen politisches System primär im EU-Vertrag (EUV) und im Vertrag über die Arbeitsweise der EU (AEUV) geregelt ist. Die Neukonstruktion der EU ist im Gange, nachdem die primär nach finanziellen Zielsetzungen gegründete Europäische Wirtschafts- und Währungsunion in die Krise geriet. Fiskalpolitisch sind die nationalen Regierungen durch den Stabilitätspakt zur Haushaltskonsolidierung verpflichtet, während geldpolitisch die Europäische Zentralbank ein Inflationsziel von knapp unter 2 % pro Jahr verfolgt, das der vorherigen stabilitätsorientierten Geldpolitik der Deutschen Bundesbank entspricht. Wirtschafts-, Finanz-, Steuer- und Außenwirtschaftspolitik erfolgen weitgehend abgestimmt auf nationaler Ebene.

Rat der Europäischen Union

Der Rat der Europäischen Union repräsentiert die Regierungen der EU-Mitgliedstaaten und ist zusammen *mit dem Europäischen Parlament gesetzgebendes Organ* und wichtiges Entscheidungsgremium der EU. Der Rat trifft sich regelmäßig in unterschiedlicher Zusammensetzung der Fachminister, um die jeweilig zu beratenden Politikbereiche zwischen den EU-Regierungen abzustimmen und zu koordinieren (BMF 2015b).

Rat Wirtschaft und Finanzen (ECOFIN-Rat)

Der Ministerrat Wirtschaft und Finanzen (EU-Finanzministerrat, Economic and Financial Affairs Council ECOFIN bzw. EcoFin[27]) setzt sich innerhalb des Rats der Europäischen Union aus den *Wirtschafts- und Finanzministern* der EU-Mitgliedsstaaten zusammen. Der ECOFIN-Rat tagt rund zehnmal pro Jahr. Seine Aufgaben umfassen die Koordination der Wirtschaftspolitik, die wirtschafts-, finanz- und haushaltspolitische Überwachung der EU-

---

[27] Die Bezeichnung Ecofin verwendet auch ein seit 2006 jährlich stattfindender zivilgesellschaftlicher Kongress, der Möglichkeiten für eine „demokratischere, soziale und ökologische Wirtschaftspolitik" in der EU entwickeln will. Außerdem gibt es unter ECOFIN firmierende Unternehmen.

Mitgliedstaaten, den Euro, die Finanzmärkte, den Kapitalverkehr, die Wirtschaftsbeziehungen zu Drittländern sowie Steuerangelegenheiten, beispielsweise die Einführung einer Finanztransaktionsteuer, die Neuregelung der Energiebesteuerung, die Harmonisierung der Mehrwertsteuer, die Besteuerung von Unternehmen und Kapitalerträgen (BMF 2015b).

Europäisches System der Zentralbanken

Das 1992 im Vertrag von Maastricht beschlossene und Anfang 1999 im Rahmen der dritten Stufe der Europäischen Wirtschafts- und Währungsunion eingeführte Europäische System der Zentralbanken (ESZB) umfasst die *Europäische Zentralbank* sowie die *nationalen Zentralbanken* aller 28 Mitgliedstaaten der Europäischen Union. Vorrangiges Ziel des ESZB ist nach Artikel 127 (1) des Vertrags über die Arbeitsweise der Europäischen Union (AEUV) (ex-Artikel 105 EGV) die Gewährleistung der Preisstabilität und die Unterstützung der allgemeinen EU-Wirtschaftspolitik zur Verwirklichung der in Artikel 3 des EU-Vertrags festgelegten Ziele, soweit dies ohne Beeinträchtigung des Preisstabilitätsziels möglich ist. Grundlegende Aufgaben des ESZB sind nach Artikel 127 (2) AEUV die Festlegung und Ausführung der EU-Geldpolitik, die Durchführung von Devisengeschäften, das Halten und Verwalten der offiziellen Währungsreserven der Mitgliedstaaten und die Förderung des reibungslosen Funktionierens der Zahlungssysteme. Das ESZB ist vom Eurosystem zu unterscheiden, das derzeit de facto dessen Aufgaben wahrnimmt.

Eurosystem

Das Eurosystem entstand im Zuge der Europäischen Währungsunion als integrierte Organisation der Europäischen Zentralbank und der nationalen Zentralbanken jener 19 EU-Mitgliedstaaten (Euro-19), die den Euro als offizielle Währung eingeführt haben.[28]

Gemäß Artikel 127 (2) AEUV hat das Eurosystem insbesondere die Aufgabe, die Geldpolitik für das Euro-Währungsgebiet festzulegen und auszuführen, Devisengeschäfte durchzuführen, die offiziellen Währungsreserven der Mitgliedstaaten des Eurogebiets zu halten und zu verwalten (Portfoliomanagement) und das reibungslose Funktionieren der Zahlungssysteme zu fördern. Laut Artikel 127 (6) AEUV und der Verordnung (EU) Nr. 1024/2013 des Rates vom 15.10.2013 wurden besondere Aufgaben im Zusammenhang mit der Aufsicht über in Mitgliedstaaten niedergelassenen Kreditinstitute auf die EZB übertragen. Der einheitliche europäische Aufsichtsmechanismus (Single Supervisory Mechanism SSM), der sich aus EZB und nationalen Aufsichtsbehörden der Euroländer zusammensetzt, stellt seit dem 4.11.2014 120 bedeutende Großbanken, davon 21 aus Deutschland, unter die direkte Aufsicht der EZB (EZB 2015, BaFin 2015d).

Das Eurosystem wird von den Beschlussorganen der Europäischen Zentralbank (EZB-Direktorium, EZB-Rat und erweiterter EZB-Rat) geleitet und übernimmt als ein System von Zentralbanken die in Art. 127 AEUV für das ESZB beschriebenen Zentralbankfunktionen für den Euro-Währungsraum. Das EZB-Direktorium (Executive Board) ist das operative Be-

---

[28] Zum Eurosystem gehören die 19 EU-Staaten Belgien (Belgische Nationalbank), Deutschland (Deutsche Bundesbank), Estland (Eesti Pank), Finnland (Suomen Pankki), Frankreich (Banque de France), Griechenland (Bank von Griechenland), Irland (Central Bank and Financial Services Authority of Ireland), Italien (Banca d'Italia), Lettland (Latvijas Banka), Litauen (Lietuvos Bankas), Luxemburg (Zentralbank von Luxemburg), Malta (Bank Ċentrali ta' Malta), die Niederlande (De Nederlandsche Bank), Österreich (Österreichische Nationalbank), Portugal (Banco de Portugal), Slowakei (Nationalbank der Slowakei), Slowenien (Banka Slovenije), Spanien (Bank von Spanien) und Zypern (Zentralbank Zypern).

schlussorgan der EZB und u. a. für die Umsetzung der geldpolitischen Beschlüsse des EZB-Rats verantwortlich. Der aus dem EZB-Direktorium und den Zentralbankpräsidenten des Eurosystems bestehende EZB-Rat (Governing Council) bestimmt die Geldpolitik im Euroraum und legt u. a. die geldpolitische Strategie, den Handlungsrahmen und die EZB-Leitzinsen fest. Entsprechend der Leitlinien und Vorgaben der EZB führen die rechtlich selbständigen nationalen Zentralbanken alle operativen Geschäfte dezentral durch. Die u. a. politisch begründete Beibehaltung der nationalen Zentralbanken nutzt und wahrt deren Erfahrungen, institutionelle Struktur, Infrastruktur und operationelle Kapazitäten und erleichtert Kreditinstituten vor Ort den räumlich näheren Zugang zum Zentralbanksystem. Nach Art. 128 (1) AEUV hat die EZB das alleinige Recht zur Ausgabe von Euro-Banknoten innerhalb der Union. Die Mitgliedstaaten dürfen nach Art. 128 (2) Euro-Münzen ausgeben, deren Umfang von der EZB zu genehmigen ist (EZB 2015, EZB 2011).

Eurogruppe

An den Sitzungen zur Überwachung der Haushalts- und Finanzpolitik des Euro-Stabilitätspaktes nehmen nur die für den Politikbereich Finanzen zuständigen Minister der Eurogruppe teil. Die Eurogruppe ist ein informelles Gremium der EU, das Fragen im Zusammenhang mit dem Euro und der gemeinsamen europäischen Währungsunion behandelt und koordiniert. Die Eurogruppe tagt normalerweise einmal im Monat, meist am Tag vor dem ECOFIN-Rat, in dem dann die Minister aller EU-Länder vertreten sind (BMF 2015b).

Informeller ECOFIN

Zweimal im Jahr findet im Land, das die EU-Ratspräsidentschaft innehat, der informelle ECOFIN statt, der dem freien Meinungsaustausch zwischen dem Rat der EU-Wirtschafts- und Finanzminister und den Gouverneuren der nationalen Zentralbanken dient. Bei diesem informellen Treffen werden zwar keine förmlichen Beschlüsse verabschiedet, jedoch wurden die meisten wichtigen Entscheidungen auf dem Weg zur Europäischen Währungsunion hier vorbereitet (BMF 2015b, Bundesbank 2015c).

Wirtschafts- und Finanzausschuss

Der Wirtschafts- und Finanzausschuss WFA (Economic and Financial Committee EFC) ist ein Ausschuss des Rates der Europäischen Union, der gemäß Artikel 109c Absatz 2 EUV mit Beginn der dritten Stufe eingesetzt wurde (1999/8/EG). Die Mitgliedstaaten, die Kommission und die EZB ernennen jeweils zwei Mitglieder des WFA, die aus den Reihen hoher Beamter der Regierung und der nationalen Zentralbank ausgewählt werden. Der WFA beobachtet die Wirtschafts- und Finanzlage der EU-Mitgliedstaaten sowie deren finanzielle Beziehungen zu Drittländern und internationalen Einrichtungen und berichtet dem EU-Rat und der EU-Kommission hierüber regelmäßig (1998/743/EG). Auch bereitet der WFA im Wesentlichen die ECOFIN-Sitzungen vor (Bundesbank 2015c).

Finanzstabilitätstisch

Zusätzlich zu den regelmäßigen Sitzungen tagt der Wirtschafts- und Finanzausschuss seit 2003 zweimal jährlich in einem erweiterten Teilnehmerkreis als Finanzstabilitätstisch (Financial Stability Table FST), an dem neben Finanzministerien und nationalen Zentralbanken auch EZB, EU-Kommission sowie die Vorsitzenden des Financial Services Committee, des Banking Supervision Committee und der sog. Level-3-Ausschüsse teilnehmen. Der FST untersucht und bewertet Risiken im Banken-, Wertpapier- und Versicherungsbereich sowie infolge struktureller und gesamtwirtschaftlicher Entwicklungen. Er berät den EU-Rat bezüglich der Zusammensetzung der Wirtschafts- und Finanzminister (ECOFIN-Rat) als auch die EU-Kommission in Fragen der Finanzsystemstabilität (Bundesbank 2006: 92).

Europäischer Ausschuss für Systemrisiken

Wichtiger Bestandteil der neuen europäischen Regulierungs- und Aufsichtsstruktur ist der 2011 ins Leben gerufene Europäische Ausschuss für Systemrisiken (European Systemic Risk Board ESRB). Seine Aufgabe ist die makroprudenzielle, d. h. die das gesamte Finanzsystem betreffende Überwachung in der Europäischen Union. Bei ernsten Risiken oder Ungleichgewichten im europäischen Finanzsystem werden vertrauliche oder öffentliche Warnungen und Empfehlungen gegenüber der EU, den EU-Mitgliedstaaten oder den europäischen und nationalen Aufsichtsbehörden ausgesprochen, wobei Empfehlungen die Benennung konkreter Maßnahmen sowie deren Überwachung durch das ESRB einschließen, die zwar nicht rechtsverbindlich sind, deren Ablehnung vom Adressaten jedoch begründet werden muss. Zentrales Beschlussorgan des ESRB ist der aus 65 Mitgliedern (davon sind 37 stimmberechtigt) bestehende Verwaltungsrat, der mit Zweidrittelmehrheit über Warnungen und Empfehlungen entscheidet. Im Verwaltungsrat des ESRB sind u. a. Präsident und Vizepräsident der EZB, die nationalen Notenbankgouverneure aller EU-Länder, die Leiter der nationalen und europäischen Aufsichtsbehörden sowie der EU-Kommissar für Wirtschaft und Währung vertreten (Bundesbank 2015b).

EU-Nachhaltigkeitsstrategie

Ziel der 2001 beschlossenen EU-Strategie für nachhaltige Entwicklung ist die Verbesserung der Lebensqualität für alle, d. h. für die heutige und für künftige Generationen. Die Strategie erweiterte die Lissabon-Strategie um die Umweltdimension und soll sicherstellen, dass Wirtschaftswachstum, Umweltschutz und soziale Integration Hand in Hand gehen. Die 2006 aufgrund einer Analyse des Rates für Nachhaltigkeit überarbeitete EU-Strategie nennt klare Ziele und prioritäre Maßnahmen für sieben zentrale Herausforderungen im Bereich nachhaltige Entwicklung: (1) Klimawandel und saubere Energie, (2) nachhaltige Verkehrsentwicklung, (3) nachhaltiger Konsum und nachhaltige Produktion, (4) Schutz und Management der natürlichen Ressourcen, (5) öffentliche Gesundheit, (6) globale Herausforderungen in Bezug auf Armut und nachhaltige Entwicklung und (7) gesellschaftliche Einbeziehung, Demografie und Migration. Darüber hinaus sollen die Mitgliedstaaten weitere Schritte zur Verlagerung von Steuern auf Arbeit hin zu Steuern auf Ressourcen- und Energiekonsum sowie Verschmutzung unternehmen (European Commission 2015, BMUB 2013).

Europa 2020

Europa 2020 ist eine Wachstumsstrategie der Europäischen Union, welche die Wirtschafts- und Finanzkrise überwinden, ein intelligentes, nachhaltiges und integratives Wachstum verwirklichen, neue Arbeitsplätze schaffen und den Gesellschaften Orientierung vermitteln soll. Zur Überwindung der Krise sollen das Finanzsystem reformiert, die öffentlichen Haushalte mit dem Ziel langfristigen Wachstums intelligent konsolidiert, innerhalb der EU koordiniert und die politische Architektur gestärkt werden. In den Bereichen Beschäftigung, Innovation, Bildung, soziale Integration sowie Klima und Energie wurden EU-weite Ziele festgesetzt, die bis 2020 erreicht werden sollen (KOM 2010). Europa 2020 und die EU-Nachhaltigkeitsstrategie sollen zukünftig deutlicher verknüpft werden (BMUB 2013).

Europäische Investitionsbank

Die Europäische Investitionsbank (EIB) ist gemäß Artikel 309 AEUV den politischen Zielen der EU verpflichtet und soll andere EU-Fördermaßnahmen flankieren. Die EIB fördert vorrangig Regionalentwicklung und Kohäsion, die Umsetzung der Lissabon-Strategie, den Ausbau der Transeuropäischen Netze (TEN) und ihrer Zugangsnetze sowie die Durchsetzung der europäischen Umweltpolitik, u. a. durch Projektfinanzierungen. Die EIB berücksichtigt bei der Kreditvergabe auch Nachhaltigkeitsaspekte und hat so eine wichtige Rolle bei der Umsetzung der EU-Nachhaltigkeitsstrategie.

Europäische Umweltagentur

Die Europäische Umweltagentur EUA (European Environment Agency EEA) ist eine in Kopenhagen ansässige unabhängige Einrichtung der Europäischen Union, der die EU-Mitgliedsstaaten sowie Island, Liechtenstein, Norwegen, die Schweiz und die Türkei angehören. Ihre Aufgabe ist, unabhängige und zuverlässige Informationen über die Umwelt zur Verfügung zu stellen. Die EUA stellt mit ihrem Umweltinformations- und Umweltbeobachtungsnetz (Eionet) eine der Hauptinformationsquellen für umweltpolitische Entscheidungsträger dar und verfolgt das Ziel, die nachhaltige Entwicklung zu fördern und zur Verbesserung der europäischen Umwelt beizutragen. Kern ihrer Strategie bildet die Entwicklung eines gemeinsamen Umweltinformationssystems. Die EUA koordiniert das Projekt CORINE Land Cover (CLC, Koordinierung von Informationen über die Umwelt und Bodenbedeckung) und analysiert systematisch die europäische Flächennutzung mithilfe digitaler Satellitenbilder und weitgehend automatisierter Landnutzungskarten, die abhängig von der Landoberflächen- und Nutzungsart 13 Hauptklassen sowie 30 flexible Unterklassen unterscheiden (EUA 2015, Eionet 2015).

Europäisches Nachhaltigkeitsnetzwerk

Das informelle European Sustainable Development Network (ESDN) wurde 2002 gegründet, berät die EU zu Nachhaltigkeitsstrategien und bietet Informationen und Hintergrundmaterial für an der Entwicklung, Umsetzung und Auswertung von Nachhaltigkeitsstrategien Interessierte. Mitglieder sind für Nachhaltigkeitspolitiken verantwortliche Regierungsbeamte, die ihr Interesse an einem Beitritt zum Netzwerk anzeigen (ESDN 2015).

3.2.2   Europarat

Der Europarat ist Europas führende internationale Organisation für Menschenrechte, die 47 Mitgliedsstaaten hat, darunter die 28 Mitglieder der Europäischen Union. Alle Mitgliedsstaaten des Europarates haben die Europäische Menschenrechtskonvention gezeichnet, ein Vertrag zum Schutz der Menschenrechte, der Demokratie und der Rechtsstaatlichkeit (Europarat 2015). Der Europarat verfolgt Ziele, die mit nachhaltiger Entwicklung im Einklang stehen, wie Schutz der Menschenrechte, der pluralistischen Demokratie und des Rechtsstaats, Förderung gemeinsamer kultureller Identität, Konsolidierung der demokratischen Stabilität in Europa durch die Förderung politischer, gesetzgeberischer und verfassungsrechtlicher Reformen, Suche nach Lösungen für die gesellschaftlichen Probleme Europas, wie Diskriminierung von Minderheiten, Fremdenhass, Intoleranz, Umweltverschmutzung, Klonen von Menschen, Aids, Drogen, organisiertes Verbrechen (Aachener Stiftung Kathy Beys 2014a).

3.3 Institutionen und Ziele auf nationaler Ebene

Nachhaltige Ziele, wie die Sicherstellung der Menschenwürde und die Herstellung sozialer Gerechtigkeit, wurden durch Unterzeichnung diverser Chartas auf Ebene der Vereinten Nationen rechtlich kodifiziert, jedoch ist die bislang insbesondere auf nationaler Ebene erforderliche rechtliche Einklagbarkeit und praktische Durchsetzung dieser Normen und Werte zwar weitgehend in Deutschland, jedoch noch längst nicht in allen Ländern dieser Erde realisiert. Die politische Gestaltbarkeit nachhaltigen Wandels hängt davon ab, inwieweit es gesellschaftlich-ökonomische Sachzwänge gibt, die sich politischer Steuerung entziehen. Hierzu zählen formell-rechtliche Beschränkungen, wie Verfassungsnormen und föderativer Staatsaufbau, materiell-ökonomische Beschränkungen, die sich z. B. aus der Orientierung an autonomen Lohn- und Gewinninteressen ergeben sowie materiell-politische Beschränkungen, etwa durch kurzfristige Orientierung an Wahlterminen.

3.3.1 Bundestag

Parlamentarischer Beirat für nachhaltige Entwicklung

Im Frühjahr 2004 richtete der Deutsche Bundestag erstmalig den Parlamentarischen Beirat für nachhaltige Entwicklung ein, um den Nachhaltigkeitsprozess in Deutschland von der Parlamentsseite aus intensiver zu begleiten. Der am 12.3.2014 konstituierte und aus 17 Mitgliedern bestehende Beirat soll die nationale und europäische Nachhaltigkeitsstrategie parlamentarisch begleiten und Empfehlungen abgeben (Bundesregierung 2015a).

Enquete-Kommission „Wachstum, Wohlstand, Lebensqualität"

Die 2011 konstituierte Enquete-Kommission „Wachstum, Wohlstand, Lebensqualität" des Deutschen Bundestages hatte den Auftrag, „den Stellenwert von Wachstum in Wirtschaft und Gesellschaft zu ermitteln, einen ganzheitlichen Wohlstands- und Fortschrittsindikator zu entwickeln und die Möglichkeiten und Grenzen der Entkopplung von Wachstum, Ressourcenverbrauch und technischem Fortschritt auszuloten". Sie hat ihren Schlussbericht vorgelegt, den der Bundestag am 6.6.2013 beraten hat (Deutscher Bundestag 2014).

3.3.2 Bundesregierung

Nachhaltigkeit ist Ziel und Maßstab von Regierungshandeln in Deutschland. Die nationalen Nachhaltigkeitsziele sollen gestärkt und das Handeln des Staates darauf ausgerichtet werden. Die Nachhaltigkeit staatlichen Handelns ist auch Gegenstand des Subventionsberichtes sowie der öffentlichen Beschaffung. Bildung für nachhaltige Entwicklung sowie öffentliche Bewusstseinsbildung sind weitere Schwerpunkte.

Staatssekretärsausschuss für nachhaltige Entwicklung

Der Staatssekretärsausschuss für nachhaltige Entwicklung, in dem alle Ressorts vertreten sind und der vom Chef des Bundeskanzleramts geleitet wird, kontrolliert die Umsetzung der nationalen Nachhaltigkeitsstrategie und ihre inhaltliche Weiterentwicklung, ist Ansprechpartner für den Parlamentarischen Beirat für nachhaltige Entwicklung, die Länder sowie die kommunalen Spitzenverbände und berät die Bundesregierung über aktuelle Themen der Nachhaltigkeit (Bundesregierung 2015b).

Auswärtiges Amt

Das Auswärtige Amt hat auf europäischer Ebene, insbesondere die EU-Nachhaltigkeitsstrategie betreffend, die Federführung in der Nachhaltigkeitspolitik der Bundesregierung inne (Auswärtiges Amt 2013).

Bundesministerium des Innern – Statistisches Bundesamt

Das Statistische Bundesamt (Destatis) ist eine im Geschäftsbereich des Bundesinnenministeriums (BMI) angesiedelte deutsche Bundesoberbehörde, die statistische Informationen zu Wirtschaft, Gesellschaft und Umwelt erhebt, sammelt und analysiert. Das Statistische Bundesamt veröffentlicht regelmäßig Indikatorenberichte zur nachhaltigen Entwicklung. In den Bereichen Generationengerechtigkeit, Lebensqualität, sozialer Zusammenhalt und Wahrung der internationalen Verantwortung wurden von der Politik Ziele zur nachhaltigen Entwicklung festgelegt. Das Statistische Bundesamt misst anhand von Indikatoren, welche Ziele erreicht wurden und wo die Entwicklung hinter den Erwartungen zurück bleibt. 2014 legte das Statistische Bundesamt seinen fünften Indikatorenbericht zur nachhaltigen Entwicklung in Deutschland vor. Als Indikatoren, die sich in die falsche Richtung entwickeln, wurden die Artenvielfalt und Landschaftsqualität, der Schuldenstand, das Verhältnis der Bruttoanlageinvestitionen zum BIP, der Anteil des Schienenverkehrs an der Güterbeförderungsleistung, der Anteil der Binnenschifffahrt an der Güterbeförderungsleistung und der Anteil der erwachsenen Menschen mit Adipositas (Fettleibigkeit) identifiziert (Statistisches Bundesamt 2014a).

Bundesministerium für Bildung und Forschung

Das BMBF befasst sich mit zentralen Fragen der Zukunftsvorsorge und fördert einen weiten Bereich von der naturwissenschaftlichen Grundlagenforschung bis hin zur Nachhaltigkeitsforschung. Zentrale Aktionsfelder des BMBF-Rahmenprogramms Forschung für Nachhaltige Entwicklungen (FONA) sind globale Verantwortung – internationale Vernetzung, Erdsystem und Geotechnologien, Klima und Energie, nachhaltiges Wirtschaften und Ressourcen sowie gesellschaftliche Entwicklungen (BMBF 2015a). Im Rahmen des 6. Energieforschungsprogramms, in dem u. a. Energiespeicher, Netze, solares Bauen und energieeffiziente Städte gefördert werden, arbeiten BMBF, BMWi, BMUB und BMEL ressortübergreifend zusammen (BMWi 2011). Auch das Forschungsforum Energiewende und die Bildung für nachhaltige Entwicklung obliegen dem BMBF (2015b, 2015c).

Bundesministerium für Ernährung und Landwirtschaft

Das BMEL, das mittlerweile anstelle des Gesundheitsministeriums für die Gen- und Biotechnologiepolitik zuständig ist, setzt in seinem Verantwortungsbereich besondere Akzente in den folgenden zehn Handlungsfeldern: Klimaschutz und Anpassung an Klimawandel, Bioenergie und nachwachsende Rohstoffe, Erhaltung und Bewirtschaftung natürlicher Ressourcen, Wettbewerbsfähigkeit der Land-, Forst- und Fischereiwirtschaft, ländliche Entwicklung und demografischer Wandel, sichere Lebensmittel, gesunde Ernährung, nachhaltiger Konsum, Ernährung der Welt sichern, Nachhaltigkeit im Verwaltungshandeln (BMEL 2015).

Bundesministerium für Familien, Senioren, Frauen und Jugend

Nachhaltigkeit bedeutet für das BMFSFJ (2015) nicht nur die Bewahrung der Umwelt, sondern auch Generationengerechtigkeit und Zukunftssicherung, wobei aktuelle Herausforderungen nicht den kommenden Generationen aufgebürdet werden sollten.

Bundesministerium für Gesundheit

Das BMG zielt im Rahmen einer nachhaltigen Gesundheits- und Pflegeversorgung auf Prävention und Gesundheitsförderung, die nachhaltige Finanzierung der gesetzlichen Kranken- und Pflegeversicherung, die nachhaltige Sicherung von Gesundheits- und Pflegefachkräften sowie eine wohnortnahe und bedarfsgerechte Versorgung (BMG 2013).

Bundesministerium für Umwelt, Naturschutz, Bau und Reaktorsicherheit

Das BMUB ist zuständig für Ressourceneffizienz, Wasser- und Abfallwirtschaft, Boden-, Immissions-, Strahlen- und Naturschutz, nachhaltige Naturnutzung, Umwelt und Gesundheit, Anlagen-, Chemikalien- und kerntechnische Sicherheit, nukleare Versorgung und Entsorgung, seit 2002 für Klimaschutz und erneuerbare Energien und seit 2013 auch für Bauwesen, Bauwirtschaft, energieeffizientes Bauen und Sanieren, Bundesbauten, Städtebaurecht, Stadtentwicklung, Städtebauförderung, Wohnraumförderung und Wohnungswirtschaft. Das BMUB setzte eine Vielzahl nachhaltigkeitsbezogener Gesetze, Programme und Maßnahmen durch, u. a. die Biomassestrom-Nachhaltigkeitsverordnung, das Erneuerbare-Energien-Gesetz, Nachhaltigkeitsverordnungen für EEG, die Photovoltaik-Novelle und die LED-Leitmarktinitiative (BMUB 2015a).

Bundesministerium für Verkehr und digitale Infrastruktur

Nachhaltigkeitsrelevante Aufgaben des BMVI betreffen u. a. die Erreichung einer umweltverträglichen nachhaltigen Mobilität, das Ausbalancieren unterschiedlicher Interessen und Zielkonflikte, die Sicherstellung alternativer nachhaltiger Mobilitätsangebote und effizienterer Mobilität mit sinkender Transportintensität, eine nachhaltige Städte-, Raum- und Infrastrukturplanung sowie die Förderung von digitalen Zukunftstechnologien (BMVI 2015).

Bundesministerium für Wirtschaft und Energie

Das BMWi unterstützt nachhaltiges Wirtschaften der Unternehmen, indem es marktorientierte und technologieoffene Rahmenbedingungen schafft und ressourcen- und umweltschonende Produkte und Verfahren fördert (BMWi 2015b).

Bundesministerium für wirtschaftliche Zusammenarbeit und Entwicklung

Das BMZ verwendet große Teile seines Haushaltes für Projekte zur nachhaltigen Entwicklung, u. a. für spezifische Programme und Projekte des Umwelt- und Ressourcenschutzes in Partnerländern: 180 Vorhaben in rund 60 Ländern, z. B. zum Schutz des Waldes und der

Biodiversität (Aachener Stiftung Kathy Beys 2014b) und hat u. a. eine federführende Rolle bei der Entwicklung und Umsetzung der Zukunftscharta inne (BMZ 2015g).

Rat für nachhaltige Entwicklung

Die Bundesregierung berief 2001 erstmals den Rat für Nachhaltige Entwicklung, der die Regierung in ihrer Nachhaltigkeitspolitik berät. Der Rat soll mit Vorschlägen zu Zielen und Indikatoren zur Fortentwicklung der Nachhaltigkeitsstrategie beitragen, Projekte zur Umsetzung dieser Strategie vorschlagen und den gesellschaftlichen Dialog zur Nachhaltigkeit fördern (Rat für Nachhaltige Entwicklung 2015b).

3.3.3   Deutsche Strategie für nachhaltige Entwicklung

Deutschland hat seit 2002 eine nationale Nachhaltigkeitsstrategie, die nachhaltige Entwicklung als politisches Leitprinzip definiert und vier *Leitlinien* umfasst: Generationengerechtigkeit, Lebensqualität, sozialer Zusammenhalt und internationale Verantwortung (Bundesregierung 2002).

Unter der *Grundregel* (1), dass jede Generation ihre Aufgaben selbst lösen muss und sie nicht den kommenden Generationen aufbürden darf sowie Vorsorge für absehbare zukünftige Belastungen treffen muss, wurden Managementregeln der Nachhaltigkeit aufgestellt:[29] (2) Erneuerbare Naturgüter, wie Wälder oder Fischbestände, dürfen auf Dauer nur im Rahmen ihrer *Regenerationsfähigkeit* genutzt werden. Nicht erneuerbare Naturgüter, z. B. Mineralien und fossile Energieträger, dürfen nur im Rahmen ihrer *Substituierbarkeit* durch andere Materialien oder Energiequellen genutzt werden. (3) Stoffe und Energie dürfen auf Dauer nur im Rahmen der *Anpassungsfähigkeit* der natürlichen Umwelt (z. B. der Erdatmosphäre oder Waldböden) freigesetzt werden. (4) Gefahren und unvertretbare Risiken für die menschliche Gesundheit und Umwelt sind zu vermeiden. (5) Um den durch technische Entwicklungen und internationalen Wettbewerb ausgelösten Strukturwandel wirtschaftlich erfolgreich sowie ökologisch und sozial verträglich zu gestalten, sind die Politikfelder so zu integrieren, dass wirtschaftliches Wachstum, hohe Beschäftigung, sozialer Zusammenhalt und Umweltschutz aufeinander abgestimmt erfolgen. (6) Der Verbrauch von Energie und Ressourcen sowie die Verkehrsleistung sollen vom Wirtschaftswachstum entkoppelt und der wachstumsbedingte Anstieg ihrer Nachfrage durch Effizienzgewinne überkompensiert werden. (7) Bund, Länder und Kommunen sollen möglichst bald ausgeglichene Haushalte aufstellen und in einem weiteren Schritt kontinuierlich den Schuldenstand abbauen. (8) Die Landwirtschaft muss natur- und umweltverträglich sein und den Anforderungen an tiergerechte Haltung und vorsorgenden gesundheitlichen Verbraucherschutz entsprechen. Armut und sozialer Ausgrenzung soll soweit wie möglich vorgebeugt und allen Bevölkerungsschichten Chancen eröffnet werden, an der wirtschaftlichen Entwicklung sowie am gesellschaftlichen und politischen Leben zu partizipieren. (9) Alle Menschen auf der Welt sollen ein menschenwürdiges Leben

---

[29] Bürger, Produzenten, Verbraucher, Wirtschaft, Gewerkschaften, Wissenschaft, Kirchen und Verbände sind mit dem Staat wichtige *Akteure* der nachhaltigen Entwicklung und sollen sich am öffentlichen Dialog über das Leitbild einer nachhaltigen Entwicklung beteiligen und sich eigenverantwortlich in ihren Entscheidungen und Maßnahmen an diesen Zielen orientieren. *Unternehmen* sind für ihre Produktion und Produkte sowie für nachhaltige Produktionsweisen und gesundheits- und umweltrelevante Verbraucherinformationen verantwortlich. *Verbraucher* sind für ihre Produktauswahl und deren sozial und ökologisch verträgliche Nutzung verantwortlich (Bundesregierung 2002: 50).

nach ihren Vorstellungen führen können und an den wirtschaftlichen Entwicklungen teilhaben. (10) Umwelt und Entwicklung bilden eine Einheit. Armutsbekämpfung, Menschenrechte, wirtschaftliche Entwicklung, Umweltschutz und Regierungshandeln sollen verknüpft werden (Bundesregierung 2012: 28, Bundesregierung 2002: 50 ff).

Im dritten *Fortschrittsbericht* der Bundesregierung (2012: 29 ff) wird die nachhaltige Entwicklung in 21 Bereichen anhand von Schlüsselindikatoren gemessen, die dem Indikatorenbericht des Statistischen Bundesamts (2012) entsprechen.

Im Sinne einer stärkeren internationalen Ausrichtung bei der anstehenden Überarbeitung der deutschen Nachhaltigkeitsstrategie wurde in einem breiten zivilgesellschaftlichen Dialogprozess die *Zukunftscharta* „EINEWELT – Unsere Verantwortung" mit acht Handlungsfeldern erarbeitet, die zur Formulierung der neuen Ziele für nachhaltige Entwicklung in 2015 beitragen und in den nächsten Jahren mit Leben gefüllt werden sollen (BMZ 2015g): (1) Ein Leben in Würde weltweit sichern, (2) natürliche Lebensgrundlagen bewahren und nachhaltig nutzen, (3) Wirtschaftswachstum mit Nachhaltigkeit und menschenwürdiger Beschäftigung verbinden, (4) Menschenrechte und gute Regierungsführung fordern und fördern, (5) Frieden schaffen, menschliche Sicherheit stärken, (6) kulturelle und religiöse Vielfalt respektieren und schützen, (7) Innovationen, Technologien und Digitalisierung für transformativen Wandel nutzen und (8) die neue globale Partnerschaft und Multi-Akteurs-Partnerschaften für die Umsetzung entwickeln.

3.3.4   Stabilitätspolitik

Stabilitätspolitik verfolgt das für ökonomische Nachhaltigkeit relevante Ziel, Konjunktur, Beschäftigung, Preisniveaustabilität und Außenwirtschaftsgleichgewicht positiv zu beeinflussen und hierzu ggf. staatlich zu intervenieren. Nachdem in der großen Depression 1929–1932 die marktwirtschaftliche Selbstregulierung nicht ausreichte, um Massenarbeitslosigkeit zu verhindern, gingen die marktwirtschaftlich orientierten Industriestaaten zur konjunkturpolitischen Intervention über. In der Nachkriegszeit wurde das Vollbeschäftigungsziel zunächst um Ziele der Preisniveaustabilität und des außenwirtschaftlichen Gleichgewichts zum magischen Dreieck erweitert. Im Zuge der Systemkonkurrenz zum Ostblock wurde schließlich auch ein angemessenes Wirtschaftswachstum als stabilitätspolitisches Ziel definiert. Das unter Bundeswirtschaftsminister Karl Schiller entstandene Stabilitäts- und Wachstumsgesetz (StabG) vom 8. Juni 1967 konkretisiert das Staatsziel des gesamtwirtschaftlichen Gleichgewichts nach Art. 109 Abs. 2 GG: „Bund und Länder erfüllen gemeinsam die Verpflichtungen der Bundesrepublik Deutschland aus Rechtsakten der Europäischen Gemeinschaft auf Grund des Artikels 104 des Vertrags zur Gründung der Europäischen Gemeinschaft zur Einhaltung der Haushaltsdisziplin und tragen in diesem Rahmen den Erfordernissen des gesamtwirtschaftlichen Gleichgewichts Rechnung." § 1 des Stabilitätsgesetzes definiert die gesamtwirtschaftlichen Ziele, die öffentliche Haushalte in Deutschland bei ihren Entscheidungen beachten sollen: „Bund und Länder haben bei ihren wirtschafts- und finanzpolitischen Maßnahmen die Erfordernisse des gesamtwirtschaftlichen Gleichgewichts zu beachten. Die Maßnahmen sind so zu treffen, dass sie im Rahmen der marktwirtschaftlichen Ordnung gleichzeitig zur Stabilität des Preisniveaus, zu einem hohen Beschäftigungsstand und außenwirtschaftlichen

Gleichgewicht bei stetigem und angemessenem Wirtschaftswachstum beitragen."[30] Das Stabilitätsgesetz zielt auf ein gleichmäßiges Wachstum[31] ohne größere Schwankungen und will
die Wirtschaftspolitik in Richtung einer an Keynes (1936) orientierten *Globalsteuerung* verlagern und durch den Einsatz wirtschaftspolitischer Instrumente konjunkturelle Schwankungen ausgleichen. Zwischen den auch als magisches Viereck der Wirtschaftspolitik bezeichne-
ten Zielen (1) Preisniveaustabilität, (2) hoher Beschäftigungsstand, (3) außenwirtschaftliches
Gleichgewicht, (4) angemessenes und stetiges Wirtschaftswachstum bestehen Zielkonflikte,
sodass sich nicht alle vier Ziele gleichzeitig konfliktfrei erreichen lassen. Die vier Ziele stehen im Stabilitätsgesetz gleichberechtigt nebeneinander, jedoch wird der *Preisniveaustabilität* durch Art. 88 Satz 2 GG eine herausragende Stellung eingeräumt: „Der Bund errichtet
eine Währungs- und Notenbank als Bundesbank. Ihre Aufgaben und Befugnisse können im
Rahmen der Europäischen Union der Europäischen Zentralbank übertragen werden, die unabhängig ist und dem vorrangigen Ziel der Sicherung der Preisstabilität verpflichtet."[32]

3.4   Weitere supranationale und nationale Institutionen

3.4.1   Federal Reserve System

Das am 23. Dezember 1913 mit dem Federal Reserve Act gegründete Federal Reserve System, kurz die Fed, ist das föderale Zentralbanksystem der Vereinigten Staaten. Das Federal
Reserve System ist eine staatliche Einrichtung in privatem Besitz.[33] Es besteht aus einem
zentralen Board of Governors in Washington, zwölf regionalen Federal Reserve Banks und
ca. 2.900 Geschäftsbanken als Mitgliedsbanken und Anteilseignern der Federal Reserve
Banks. Das Board of Governors hat sieben vom US-Präsidenten nominierte und vom Senat
bestätigte Mitglieder, die zusammen mit den Präsidenten der Federal Reserve Banks das
Federal Open Market Committee (FOMC) bilden, das für die Offenmarktgeschäfte als
Hauptinstrument der Geldpolitik verantwortlich ist. Das Board of Governors überwacht und
reguliert die Tätigkeiten der Federal Reserve Banks, die ihrerseits für den Zahlungsverkehr
und die Noten- und Münzausgabe zuständig sind und als Banken des Finanzministeriums
fungieren. Gemeinsam üben Board und die Federal Reserve Banks einen Teil der Bankenauf-

---

[30] Nach Mehler (1970: 90) ist die Sicherung der ökonomischen Stabilität unabdingbar für die innen- und außenpoli-
tische Stabilität der Gesellschaft sowie die Sicherstellung der materiellen Basis für gesellschaftspolitische und
andere nicht-ökonomische Ziele, weshalb die Wirtschaft keinen Eigenwert besitze, sondern lediglich der Verwirklichung der vom Menschen aufgestellten Ziele diene. So diene das Wachstumsziel der Steigerung des gesamtwirtschaftlichen Wohlstands und der dadurch möglichen Erweiterung von Freiheit, Sicherheit und Gerechtigkeit.

[31] Die Politik setzt auf Wirtschaftswachstum, um durch höhere Produktionsmengen, Gewinne und Arbeitsproduktivität insbesondere die sozialen Sicherungssysteme zu finanzieren und Verteilungskonflikte abzumildern. Wachstum soll über ein höheres Bruttoinlandsprodukt zu höheren Steuereinnahmen und damit einer besseren Einnah-
mesituation des Staates sowie dessen Schuldenabbau beitragen.

[32] Zum Europarecht vgl. Art. 4 Abs. 2 und Art. 105 EGV.

[33] Zentralbanken waren früher private Banken und wurden sukzessive verstaatlicht. In den Vereinigten Staaten ist
die Notenbank Fed noch im Privateigentum, in anderen Ländern, wie z. B. in Italien, gibt es gemischte Eigentü-
merschaften mit privaten Anteilen an der Banca d'Italia. Die Deutsche Nationalbank und die Banque de France
waren von Anbeginn an staatlich, die Bank of England wurde nach dem Zweiten Weltkrieg verstaatlicht. Die
Ziele der Zentralbanken unterliegen gesetzlichen Vorgaben, die Regierung bestimmt grundsätzlich die Führung
der Zentralbank.

sicht aus. Die Fed entscheidet selbstständig und unabhängig über ihre Aktivitäten und Pläne zur Geldpolitik, hat hierüber jedoch regelmäßig dem US-Kongress zu berichten, der als Gesetzgeber in der Lage ist, die Gesetze zu Struktur, Aufgaben und Geschäftstätigkeit der Fed ggf. zu ändern. Die Federal Reserve (2005: 1) gliedert Ihre Aufgaben in vier Bereiche: (1) die Durchführung der nationalen Geldpolitik durch Beeinflussung der Währungs- und Kreditbedingungen mit den Zielen einer maximalen Beschäftigung, stabiler Preise und moderater langfristiger Zinssätze, (2) die Überwachung und Regulierung der Banken, um die Sicherheit und Gesundheit des Banken- und Finanzsystems zu gewährleisten und die Rechte der Verbraucher als Kreditnehmer zu schützen, (3) die Aufrechterhaltung der Stabilität des Finanzsystems und die Eindämmung systemischer Risiken, die sich an den Finanzmärkten ergeben können und (4) die Erbringung von Finanzdienstleistungen gegenüber Einlagenkreditinstituten, der US-Regierung und ausländischen offiziellen Stellen, darunter die Übernahme einer maßgeblichen Rolle bei der Aufrechterhaltung eines funktionierenden nationalen Zahlungssystems. Die Federal Reserve betreibt Geldpolitik durch Beeinflussung des Geldmarktzinssatzes (federal funds rate), zu dem sich die Geschäftsbanken Zentralbankguthaben über Nacht untereinander ausleihen. Sie steuert Angebot und Nachfrage dieser Guthaben durch folgende Maßnahmen: (1) Offenmarktgeschäfte (open market operations) in der Zuständigkeit des FOMC, d. h. An- und Verkauf von Wertpapieren, insbesondere von US-Staatsanleihen am Markt zur Beeinflussung der Höhe der Zentralbankguthaben, welche die Einlagenkreditinstitute bei den Federal Reserve Banks halten, (2) vom Board of Governors festgelegte Mindestreserveanforderungen (reserve requirements) bzgl. der Höhe des Anteils bestimmter Einlagen, die Einlagenkreditinstitute als Reserve in Form von Bargeld und Zentralbankguthaben halten müssen, (3) vertragliche Verrechnungsguthaben (contractual clearing balances), d. h. Guthaben jenseits der Mindestreserve, zu dessen Unterhaltung bei seiner Federal Reserve Bank sich ein Einlagenkreditinstitut verpflichtet, (4) Diskontfensterausleihungen (discount window lending), d. h. Kredite an Einlagenkreditinstitute zum Diskontzins (discount rate) gegen Hinterlegung von Sicherheiten; der Diskontzins wird durch die einzelne Federal Reserve Bank festgesetzt und durch das Board of Governors genehmigt (Federal Reserve 2005: 3 ff).

3.4.2   Shanghaier Organisation für Zusammenarbeit

Die Shanghaier Organisation für Zusammenarbeit SOZ (Shanghai Cooperation Organization SCO) ist eine Internationale Organisation mit Sitz in Peking, die 2001 gegründet wurde und aus der fünf Jahre zuvor gegründeten Shanghai Five hervorging. Die SOZ vertritt rund ein Viertel der Weltbevölkerung und ist damit die weltgrößte Regionalorganisation. Mitgliedsstaaten sind China, Russland, Kasachstan, Kirgisistan, Tadschikistan sowie seit 2002 Usbekistan. Beobachterstatus haben Indien, die Mongolei, Pakistan, Iran und Afghanistan. Mit deren Aufnahme würde die SOZ rund die Hälfte der Weltbevölkerung repräsentieren und besäße die Hälfte der globalen Gas- und fast 20 Prozent der weltweiten Ölreserven (DW 11.9.14). Dialogpartner sind Belarus, die Türkei und Sri Lanka. Grundlegende Ziele der SOZ betreffen die Stärkung des Vertrauens unter den Mitgliedsstaaten, die Mitwirkung und Zusammenarbeit auf politischen, wissenschaftlich-technischen, kulturellen, touristischen und ökologischen Gebieten, im Handels-, Energie- und Transportbereich, die gemeinsame Gewährleistung und Unterstützung von Frieden und Sicherheit in und zwischen den Regionen der Mitgliedsländer sowie die Lösung und Beilegung von Konflikten (Schrader 2010: 6). Die

SOZ ist bislang keine wirtschaftliche, sondern eher eine sicherheitspolitische Kooperation, jedoch sind die wirtschaftlichen Beziehungen von Bedeutung. So schlug Chinas Präsident Xi Jinping seinen russischen und mongolischen Amtskollegen Putin und Elbegdorj einen gemeinsamen Entwicklungskorridor vor, der die Mongolei zu einem wichtigen Umschlagplatz im internationalen Handel machen könnte (Pomrehn 2014).

3.4.3   Regionale und nationale Entwicklungsbanken

Neben der *Weltbankgruppe,* der *Asiatischen Infrastrukturinvestitionsbank* und der *Europäischen Investitionsbank*, die bereits beschrieben wurden, gibt es zahlreiche weitere Entwicklungsbanken auf regionaler und nationaler Ebene, die zumeist Kredite zur ökonomischen, sozialen und/oder ökologischen Entwicklung an Staaten vergeben und darüber hinaus Beratung und technische Hilfe anbieten.

Regionale Entwicklungsbanken sind die *Entwicklungsbank des Europarates*, die der Sozialpolitik des Europarates dient und soziale Integration, Umweltschutz und Humankapitalbildung fördert, die *Europäische Bank für Wiederaufbau und Entwicklung* (Osteuropabank), die bis zu den 2014 verhängten Wirtschaftssanktionen gegen Russland vor allem in russische Projekte investiert hat, die *Afrikanische Entwicklungsbank*, die insbesondere öffentliche, aber auch private Projekte finanziert, u. a. in armen und hoch verschuldeten Ländern, die *Asiatische Entwicklungsbank*, die ebenfalls schwerpunktmäßig öffentliche Projekte zur Armutsbekämpfung und ökonomischen Entwicklung in Asien und der Pazifikregion finanziert, die *Bank des Südens*, welche die ökonomische Entwicklung der Union Südamerikanischer Nationen (UNASUR) finanziert, die *Eurasische Entwicklungsbank,* welche die Integration der Eurasischen Wirtschaftsgemeinschaft (EAWG) zwischen Russland, Belarus und Kasachstan fördert, die *Islamische Entwicklungsbank*, die infrastrukturelle und sozialpolitische Projekte ärmerer arabischer Länder finanziert, die *Karibische Entwicklungsbank*, die Kredite zur nachhaltigen sozialen und wirtschaftlichen Entwicklung der Region vergibt.

Multilaterale Entwicklungsbanken sind ferner die *Interamerikanische Entwicklungsbank*, die zahlreiche Kredite an private Unternehmen in Lateinamerika und der Karibik vergibt, die *Schwarzmeer-Handels- und Entwicklungsbank* zur Förderung der Schwarzmeer-Wirtschaftskooperation, die aus den sechs Anrainerstaaten des Schwarzen Meeres besteht, sowie die *Zentralamerikanische Bank für Wirtschaftsintegration*, die Darlehen für Infrastruktur- und Entwicklungsprojekte der zentralamerikanischen Staaten vergibt.

Darüber hinaus gibt es zahlreiche nationale Entwicklungsbanken, wie die *KfW Bankengruppe* in Deutschland, die *Oesterreichische Entwicklungsbank* oder die 2004 gegründete *Namibische Entwicklungsbank*.

4 Nachhaltige Ökonomie und Verteilung

Ökonomie und Gesellschaft stehen in einer wechselseitigen Beziehung. Einerseits versorgt die Ökonomie die Menschen mit Gütern zur Befriedigung ihrer Bedürfnisse und erhöht ihren materiellen Wohlstand, andererseits beansprucht die Güterproduktion und -bereitstellung menschliche Ressourcen, wodurch die Produktions- und Wirtschaftsbedingungen gleichfalls das Wohlergehen bzw. die Wohlfahrt der Menschen beeinflussen. Neben dem materiellen Wohlstand, insbesondere hinsichtlich der Deckung der Grundbedürfnisse sowie eines gewissen Lebensstandards, umfasst menschliche Wohlfahrt weitere darüber hinausgehende Aspekte menschlichen Wohlergehens, wie die körperliche und psychische Gesundheit, zwischenmenschliche Beziehungen, die Atmosphäre am Arbeitsplatz und allgemein die Verwirklichungschancen nach Sen (2000), die vom ökonomischen System beeinflusst werden und ebenfalls auf dieses zurückwirken. So sind sozial stabile Gesellschaften in der Regel produktiver und wirtschaftlich erfolgreicher als jene mit sozialen Spannungen infolge sehr ungleicher Einkommens- und Vermögensverteilung (Hauff und Kleine 2009: 20 ff).

Im wechselseitigen Verhältnis sozialer und ökonomischer Nachhaltigkeit geht es darum, den gesellschaftlichen Zusammenhalt sicherzustellen und zu stärken. Dabei wirken insbesondere zunehmende soziale Ungleichheiten der gesellschaftlichen Kohäsion entgegen. Da die Folgekosten des Auseinanderdriftens von Gesellschaften hoch sind, ist es nicht nur ethisch, sondern auch ökonomisch rational, derartigen Entwicklungen entgegenzuwirken.

4.1 Soziale Verteilungsfrage

4.1.1 Theoretische Grundlagen

Freiheit umfasst die Möglichkeit, über eigene Belange zu entscheiden, bei Entscheidungen mitzuwirken, die mehrere betreffen und möglichst unabhängig von anderen zu sein. Die vom Rechtssystem vorgegebenen zulässigen Möglichkeiten bestimmen die formelle Freiheit der Menschen, die durch Einkommen und Vermögen realisierbaren Möglichkeiten die materielle Freiheit. Produktion und Verteilung sind, da sie im Rahmen der Rechtsordnung erfolgen müssen, der formellen Freiheit untergeordnet, bestimmen jedoch die materielle Freiheit der Menschen. Neben einer ausreichenden materiellen Versorgung, Gerechtigkeit und Freiheit ist auch zukünftige Sicherstellung wichtig. Sicherheit bedeutet, dass sich die Situation einzelner Menschen nicht schnell und drastisch verschlechtert und sich die ökonomischen, sozialen und ökologischen Systeme selbstregulierend auf Störungen anpassen. Andernfalls kann es zu Unzufriedenheit, sozialen Spannungen, Unruhen, Revolutionen und gesellschaftlicher Instabilität kommen, welche sich auf die Sicherheit aller Gesellschaftsmitglieder auswirkt. Materielle Lebensgrundlage ist eine ausreichende, idealerweise wachsende Versorgung mit Gütern, die der menschlichen Bedürfnisbefriedigung dienen, wobei hierzu auch die Vermeidung bzw. Beseitigung von Abfällen, Plagen, Epidemien und anderen unerwünschten Dingen gehört. Eine große, gegebenenfalls wachsende Produktionsmenge sagt noch nichts über deren gerechte Verteilung aus. Unter Gerechtigkeit wird allgemein verstanden, dass alle Menschen unter gleichen Bedingungen gleich behandelt werden und gleiche Rechte sowie möglichst gleiche Chancen haben, wobei die Gerechtigkeit der Einkommensverteilung nach dem Prinzip der Bedürfnisgerechtigkeit oder dem in marktwirtschaftlichen Ordnungen vorherrschenden Prinzip der Leistungsgerechtigkeit bewertet werden kann. Der früher in der ökonomischen Theorie vorherrschende Utilitarismus, der die Summe der individuellen Nutzen zu maximieren sucht, wurde durch das Kriterium der Pareto-Optimalität verdrängt, das dann vorliegt, wenn kein Wirtschaftssubjekt besser gestellt werden kann, ohne dass mindestens ein anderes Wirtschaftssubjekt schlechter gestellt wird (Bernholz und Breyer 1993: 20 ff).

Die Einkommens- und Vermögensverteilung ist von großer Bedeutung für die ökonomische, soziale und politische Entwicklung und wird derzeit wieder intensiv diskutiert. Relevant sind sowohl die funktionelle Einkommensverteilung[34] zwischen den Produktionsfaktoren Arbeit und Kapital als auch die personelle Einkommensverteilung[35] auf einzelne Personen oder Haushalte, wobei sich die Verteilung der Markteinkommen (primäre Einkommensverteilung) und die Verteilung der verfügbaren Einkommen nach Steuer- und Transferzahlungen (sekundäre Einkommensverteilung) unterscheiden. Beim Einkommen handelt es sich um eine Stromgröße, die sich häufig auf den Zeitraum eines Jahres bezieht, während Vermögen eine Bestandsgröße zu einem bestimmten Zeitpunkt ist. Hier sind die sektorale Vermögensverteilung zwischen den ökonomischen Akteuren (private Haushalte, Unternehmen, Staat und Ausland) sowie die personale Vermögensverteilung zwischen Individuen und Haushalten von Bedeutung.

Das Privileg, als Eigentümer der Produktionsfaktoren Kapital und Boden ohne eigene Arbeitsleistung am erwirtschafteten Sozialprodukt zu partizipieren, basiert auf Vermögen, welches geerbt oder eigenständig erworben werden kann. Das vorherrschende marktwirtschaftliche Paradigma geht davon aus, dass grundsätzlich jeder, der mehr leistet bzw. verdient als er verbraucht bzw. konsumiert, sparen und damit Vermögen bilden kann. Dies gelte insbesondere für die sogenannten Leistungsträger einer Gesellschaft, die Teile ihres leistungsgerecht hohen Einkommens sparen und somit Kapital bilden können. Dabei wird unterstellt, dass das Arbeitseinkommen von der Arbeitsleistung abhängig ist, also Bankmanager oder Fondsmanager ihre hohen Bezüge durch entsprechend hohe Leistungen verdienen. Durch Fleiß und Sparsamkeit hätten sich Vermögen gebildet, wobei dieser Weg vom Tellerwäscher zum Millionär grundsätzlich allen Gesellschaftsmitgliedern offen stünde. Der einzelne sei seines eigenen Glückes Schmied, und in einer freien Marktwirtschaft könnte grundsätzlich jeder zur Minderheit der vermögenden arbeitslosen Einkommensbezieher aufsteigen. Die ursprüngliche Legitimität des Erwerbs von Vermögen, welches über Generationen hinweg vererbt und durch rentable Investitionen vermehrt wird, wird nicht näher beleuchtet.

Theorien erklären die Verteilung durch ökonomische oder durch politische Faktoren.

• Nachdem sich die klassische Arbeitswertlehre sowie die marxistische Mehrwert- und Ausbeutungstheorie als weniger geeignet erwiesen, Preise und Zinsen in einer kapitalis-

---

[34] *Funktionelle Einkommensverteilung* ist die Verteilung des Gesamteinkommens nach der Funktion der Einkommensbezieher im Produktionsprozess, wobei zwischen Einkommen aus Unternehmertätigkeit und Vermögen sowie Einkommen aus unselbständiger Tätigkeit unterschieden wird.

[35] *Personelle Einkommensverteilung* ist die Verteilung der Gesamteinkommen auf die einzelnen Verbrauchereinheiten (unabhängig von der Art der Einkommensquelle).

tischen Marktwirtschaft zu berechnen, etablierte sich die neoklassische Grenzproduktivitätstheorie, mit der heute die Faktorpreise von Arbeit, Kapital und Boden erklärt werden. Nach der *Grenzproduktivitätstheorie* wird die ökonomische Gesamtproduktion durch die eingesetzten Faktoren Arbeit und Kapital (sowie Boden) bestimmt, wobei die Grenzproduktivität der Faktoren jeweils mit ihrer Einsatzmenge abnimmt. Gewinnmaximierende Unternehmer fragen gerade so viel Arbeit nach, dass der Reallohnsatz der Grenzproduktivität der Arbeit entspricht. Bei vollkommenem Wettbewerb erhält jeder Arbeiter den gleichen Lohn in Höhe der Grenzproduktivität der Arbeit. Analog wird die Bereitstellung von Kapital durch den Zins in Höhe der Grenzproduktivität des Kapitals entgolten, sodass die Verteilung der Arbeits- und Kapitaleinkommen dem Verhältnis der Grenzproduktivitäten der beiden Faktoren entspricht.[36]

- Nach der *Kreislauftheorie* hängt die Verteilung der Arbeits- und Kapitaleinkommen von der Nachfrage nach Konsum- und Investitionsgütern, d. h. der Verwendungsseite, ab. Bei einer höheren Investitionsquote, also einem höheren Anteil der Investitionen am Bruttoinlandsprodukt, nimmt die Profitquote zu und die Lohnquote entsprechend ab.
- Die *Monopolgradtheorie* sieht die Verteilung der Arbeits- und Kapitaleinkommen als Ergebnis der ökonomischen Machtverteilung. Unternehmer können ihre Machtposition oder Monopolstellung auf dem Gütermarkt ausnutzen, um durch höhere Preise ihre Gewinnspanne, und damit auch die Profitquote, zu erhöhen und die Verteilung des Volkseinkommens zu ihren Gunsten zu verschieben.

4.1.2 Klassischer Verteilungsdiskurs im 18. und 19. Jahrhundert

Adam Smith (1723–1790) betonte, dass wirtschaftliche Entwicklung auf menschlicher Arbeit basiere und durch menschlichen Eigennutz angetrieben werde, ohne näher auf die Entwicklung der Vermögensverteilung einzugehen. Nach der klassischen Theorie werden die Produktionsfaktoren Arbeit, Kapital und Boden entsprechend ihrer Grenzleistungsfähigkeit oder Grenzproduktivität entgolten. Einerseits wird die Arbeitskraft als eigentliche Quelle der Wertschöpfung angesehen, andererseits muss sie das Ergebnis ihrer Wertschöpfung mit den Eigentümern der sonstigen Produktionsfaktoren teilen. Aufgrund der Erfordernis von Boden und Kapital für die Produktion sah Adam Smith es als natürlich an, dass die Grundbesitzer Bodenrenten, die Unternehmer als Eigentümer der Produktionsmittel Gewinne und die Kreditgeber Zinsen beanspruchen (Senf 2014: 23 ff). In der Praxis blieb beim Faktor Arbeit häufig wenig übrig, was Karl Marx (1818–1883) durch seine Ausbeutungstheorie zu erklären suchte. Marx (2006) beobachtete die zunehmende Ungleichverteilung im 19. Jahrhundert und ging davon aus, dass sich das Kapital zunehmend akkumuliert und konzentriert, sofern die Profitrate nicht fällt und die Akkumulation hemmt. Übersteigt die Kapitalrendite die wirtschaftliche Wachstumsrate, steigt die Ungleichheit, die vor allem durch Kriege wieder zurückgeführt wird. Thomas R. Malthus (1766–1834) vertrat mit seinem Bevölkerungsgesetz die These, dass die Bevölkerung tendenziell schneller wachse als die Nahrungsmittelproduktion und die breiten Massen deshalb verarmen müssten (Malthus 1826), während Friedrich Engels (1820–1895) in der Überbevölkerung kein technisches, sondern ein ökonomisches

---

[36] Wenn sich das Eigentum an den Produktionsfaktoren Kapital und Boden in den Händen eines kleinen Teils der Bevölkerung befindet, kann unter Berücksichtigung der Eigentumsverhältnisse auch mithilfe der Grenzproduktivitätstheorie erklärt werden, warum und in welchem Maße Kapital- und Bodenrenten einer kleinen Schicht zufließen (Bernholz und Breyer 1993: 16 f).

Problem sah, da Lebensmittel (Subsistenzmittel) nur bei entsprechender Kaufkraft der Menschen bereitgestellt werden. Menschen, die darauf angewiesen sind, ihre Arbeitskraft zu verkaufen, aber keinen Käufer finden, bezeichnete Marx als Reservearmee, die aus der kapitalistischen Entwicklung hervorgehe, da „die Arbeiterbewegung stets rascher... als das Verwertungsbedürfnis des Kapitals" wachse (MEW 23: 674). Während Marx eine zunehmende Ungleichheit zugunsten der industriellen Kapitalisten begründet, profitieren nach der Theorie von David Ricardo (1772–1823) vor allem die Grundbesitzer. Ricardo (1972) ging davon aus, dass der Lohn der Arbeiter nicht über das Existenzminimum steigen würde, da steigende Löhne zu höheren Geburtenzahlen führten, der Bevölkerungsanstieg das Arbeitsangebot erhöhte und dies wiederum die Löhne auf das Existenzminimum reduziere. Durch Bevölkerungswachstum würde die Bebauung immer schlechterer Böden erforderlich, weshalb die Kosten der Nahrungsmittelproduktion und damit die Bodenrenten anstiegen. Dies erfolge zulasten der Arbeitseinkommen sowie der Profite der Kapitalbesitzer. In der Folge würden diese weniger investieren, sodass Bevölkerungswachstum schließlich Stagnation zur Folge hätte (Zwiefelhofer 1974: 10 f). Da bei zunehmender Bevölkerung und Produktion der Boden immer knapper und ebenso wie die Bodenrente teurer wird, empfahl Ricardo eine kontinuierlich zunehmende Besteuerung der Bodenrenten, da sich ansonsten die Vermögensverteilung immer weiter zugunsten der Grundbesitzer entwickele. Infolge der Produktivitätsfortschritte in Agrarwirtschaft und Industrie trat Ricardos Prognose immer knapper und teurer werdenden Bodens in den folgenden zwei Jahrhunderten zwar weniger für Agrarflächen, jedoch für die Innenstädte von Metropolen und knappe Rohstoffe der Erde ein, für die hohe Preise mit entsprechenden Verteilungswirkungen zu erzielen waren. Grundsätzlich besteht die Möglichkeit, auf substitutive Produkte auszuweichen, allerdings erfordert dies entsprechende Innovationen, damit beispielsweise Erdöl und Erdgas durch regenerative Energien substituiert werden können (Piketty 2014: 19). Zwischenzeitlich besteht für die Eigentümer dieser Ressourcen die Möglichkeit des Abschöpfens hoher Renten und der Bildung großer Vermögensbestände.

4.1.3   Aktueller Verteilungsdiskurs im 21. Jahrhundert

Vor allem die Vermögen, aber auch die Einkommen in der Welt sind heute höchst ungleich verteilt, was ein Kernproblem ökonomischer und sozialer Nachhaltigkeit im 21. Jahrhundert darstellt.

Nach Oxfam (2014: 2 f) besitzt heute 1 Prozent der Weltbevölkerung fast die Hälfte des Weltvermögens. Der Reichtum des reichsten 1 Prozent auf der Welt beläuft sich auf 110 Billionen US-Dollar, was dem 65-fachen des Vermögens der unteren Hälfte der Weltbevölkerung entspricht. Die 85 reichsten Menschen besitzen ebenso viel wie die ärmere Hälfte der Weltbevölkerung zusammen. Sieben von zehn Menschen leben in Ländern, in denen die wirtschaftliche Ungleichheit in den letzten 30 Jahren stark zugenommen hat. In 24 von 26 Ländern, für die Daten von 1980 bis 2012 verfügbar sind, stieg der Anteil der Einkommen des reichsten 1 Prozent. In den USA entfielen 95 % des Wachstums nach der Finanzkrise seit 2009 auf das reichste 1 Prozent, während die unteren 90 % der Bevölkerung ärmer wurden.

Seit Anfang der 1980er Jahre haben die Disparitäten in der Einkommens- und Vermögensverteilung innerhalb der meisten Länder und auch zwischen den Ländern zugenommen. Vergleicht man das mittlere Pro-Kopf-Einkommen der 15 reichsten Länder mit jenem der 15 ärmsten Länder, so unterschieden sich diese 1980 um den Faktor 44, 2000 gar um den Faktor 62 und 2009, trotz gestiegener Wirtschaftskraft vieler Entwicklungs- und Schwellenländer, immer noch um den Faktor 56. Innerhalb der meisten Industrieländer und in vielen Entwicklungsländern hat die Lohnquote, d. h. der Anteil der Lohneinkommen am Volkseinkommen, in den letzten drei Jahrzehnten abgenommen. In den USA, Großbritannien und Australien sank sie um fünf Prozentpunkte, in Deutschland, Frankreich und Irland sogar um 10 Prozentpunkte (UNCTAD 2012).

Der Soziologe Beck (1999) beschrieb die auch in den westlichen Wohlstandsgesellschaften zu beobachtende zunehmende soziale Ungleichheit als „Brasilianisierung des Westens". Als ursächlich für die zunehmende Prekarisierung der ehemaligen Vollbeschäftigungsgesellschaften sieht er die Globalisierung unter dem Paradigma des neoliberalen Marktradikalismus, der mit einer zunehmenden Lohnspreizung und Abstieg bzw. Zerrüttung auch der Mittelschicht einhergeht. Die mit den sozialen Missständen der industriellen Revolution verbundene soziale Frage wiederholt sich mit der Globalisierung und der Entstehung eines Prekariats aus der Wiederkehr sozialer Unsicherheiten. Zwar ähneln sich die damalige Arbeiterbewegung und der heutige Nachhaltigkeitsdiskurs hinsichtlich der geforderten Erweiterung unternehmerischen Handelns um soziale Aspekte, jedoch sind die Forderungen weniger fokussiert und die Auseinandersetzungen weniger kämpferisch (Huber 2011: 259 f). Der Kanon sozialer Nachhaltigkeit umfasst heute vielfältige Aspekte, wie Menschen- und Bürgerrechte, Partizipation und Teilhabe, Fairness und Chancengleichheit, Gleichstellung, Anti-Diskriminierung, Anti-Korruption, Anti-Mobbing, Vereinbarkeit von Familie und Beruf, flexible Arbeitszeiten, Weiterbildungsmöglichkeiten, Gesundheitsprävention, Sportmöglichkeiten, anreizorientierte Entgeltsysteme usw. und entspricht, anders als der klassische Verteilungskonflikt um Löhne, auch Unternehmensinteressen.

Mit der weltweiten Zunahme der Einkommens- und Vermögenskonzentration nimmt auch die Machtkonzentration zu. Nach dem Befund des Wirtschaftsnobelpreisträgers Stiglitz (2011) konzentriert sich der massive Reichtum in den USA in den Händen einer kleinen Elite, wobei auf das obere eine Prozent der Amerikaner fast 25 % des nationalen Einkommens und 40 % des Vermögens entfielen; 25 Jahre vorher lagen diese Zahlen noch bei 12 % bzw. 33 %. Die Situation des oberen einen Prozents habe sich erheblich verbessert, während die Einkommen der Mittelschicht zurückgingen. Ökonomen hätten die zunehmenden Ungleichheiten mit der Grenzproduktivitätstheorie begründet, die von den Reichen geschätzt würde, jedoch wenig Beweiskraft habe. Nach Stiglitz (2011) ist das ökonomische System vom obersten 1 Prozent für das oberste 1 Prozent gemacht, welches die Wirtschaft kontrolliert. Stiglitz bemerkt in seinem Artikel „Of the 1%, by the 1%, for the 1%", dass fast alle US-Senatoren und die meisten Vertreter im Repräsentantenhaus vorher bereits Mitglieder der obersten 1 Prozent seien, und überdies vom obersten 1 Prozent finanziert und belohnt würden, wenn sie ihnen gut dienten. Im Großen und Ganzen kämen die wichtigsten politischen Entscheidungsträger der Handels- und Wirtschaftspolitik auch vom obersten 1 Prozent. Die Regeln der wirtschaftlichen Globalisierung seien zum Vorteil der Reichen entwickelt worden: Sie förderten den Wettbewerb zwischen Ländern, um die Steuern nach unten zu treiben, den Gesundheits- und Umweltschutz zu schwächen und die Arbeitsrechte sowie das Recht auf Tarifverhandlungen der Arbeitnehmer zu untergraben. Würden die Regeln in der Welt nicht für den Wettbewerb zwischen Ländern, sondern für die Arbeitnehmer gemacht, würden Regierungen um die Bereitstellung ökonomischer Sicherheit, niedriger Steuern für Lohnbezieher, gute Ausbildung und saubere Umwelt konkurrieren, was die Arbeiter sorge, das oberste 1 Prozent aber nicht kümmere. Diese hätten die besten Häuser, die besten Ausbildungen, die besten Ärzte und die besten Lebensstile, aber kein Verständnis für ihre Verbundenheit mit dem Schicksal der anderen 99 %. In der Geschichte lernen dies die oberen 1 Prozent schlussendlich – zu spät (Stiglitz 2011).

Nach Horn (2011: 10) hat sich auch Deutschland „auf den Weg zu einem plutokratischen System begeben, einem System also, das der Herrschaft des Reichtums unterliegt."

In einem Interview mit der Zeitung „La Vanguardia" aus dem spanischen Katalonien antwortete Papst Franziskus auf die Frage, was die Kirche tun kann, um die wachsende Ungleichheit zwischen Reichen und Armen zu reduzieren: „Es ist bewiesen, dass wir mit der Nahrung, die übrigbleibt, die Hungernden ernähren könnten. Wenn Sie Fotos von unterernährten Kindern in verschiedenen Teilen der Welt sehen, dann schlägt man die Hände über dem Kopf zusammen, das ist nicht zu verstehen! Ich glaube, wir sind in einem Weltwirtschaftssystem, das nicht gut ist... Wir haben das Geld in den Mittelpunkt gestellt, den Geldgott. Wir sind in den Götzendienst des Geldes verfallen... Wir schließen eine ganze Generation aus, um ein Wirtschaftssystem aufrecht zu erhalten, das nicht mehr zu ertragen ist. Ein System, das Krieg führen muss, um zu überleben... Aber weil man keinen Dritten Weltkrieg führen kann, führt man eben regionale Kriege. Und was bedeutet das? Dass Waffen produziert und verkauft werden, und dadurch sanieren sich die Gleichgewichte der ... großen Weltwirtschaften." (RV 13.06.2014 sk).

4.2   Intragenerative Gerechtigkeit – Einkommens- und Vermögensverteilung

4.2.1   Entwicklung der Einkommensverteilung in den USA

Piketty (2014) weitete die Arbeit von Kuznets (1953) räumlich und zeitlich aus und widerlegte die Kuznets-Kurve auf Basis der Einkommensverteilung in den Vereinigten Staaten. Kuznets (1953) fand auf Basis von Steuererklärungen sowie Schätzungen des Nationaleinkommens heraus, dass sich die Einkommen in den USA zwischen 1913 und 1948 stark anglichen.[37] Kuznets (1955, 1963) folgerte hieraus allgemein, dass die Einkommensungleichheit im Verlauf der ökonomischen Entwicklung eines Landes mit zunehmenden durchschnittlichen Pro-Kopf-Einkommen zunächst zunehme und dann wieder zurückgehe, d. h. eine umgedrehte U-Funktion (Kuznets-Kurve) beschreibe. Kuznets (1955: 12 ff) begründete seine Kuznets-Kurve mit dem ökonomischen Strukturwandel, bei dem zunächst nur eine Minderheit und allmählich ein immer größerer Teil der Bevölkerung vom armen Agrarsektor in den reichen Industriesektor überwechsle, sodass zunächst nur wenige und später viele vom Reichtum der Industrie profitierten, weshalb die Ungleichheit zunächst zu- und später abnehme; die Phase sinkender Ungleichheit hätte in den Industrieländern ab Ende des 19. Jahrhunderts eingesetzt und könnte auch in unterentwickelten Ländern auftreten. Nach Piketty (2014: 30) war Kuznets Theorie hochspekulativ, um so während des Kalten Krieges die un-

---

[37]   Entfiel auf die reichsten 10 % der Amerikaner in den Jahren 1910 bis 1920 noch 45–50 % des Nationaleinkommens, sank dieser Anteil bis Ende der 1940er Jahre auf 30–35 % des Nationaleinkommens. Im positiven Sinne stieg somit der Anteil der unteren 90 % der Amerikaner von 50–55 % zwischen 1910 und 1920 auf 65–70 % Ende der 1940er Jahre.

terentwickelten Länder „im Einflussbereich der freien Welt" zu halten, wie Kuznets (1955: 24 ff) selbst bestätigte: „This is perhaps 5 per cent empirical information and 95 per cent speculation, some of it possibly tainted by wishful thinking… The future prospect of under-developed countries within the orbit of the free world".

Piketty (2014) verlängerte die von Kuznets ermittelte Zeitreihe des Anteils des obersten Dezils, d. h. der einkommensstärksten 10 % der Amerikaner, am Nationaleinkommen bis heute und bietet damit einen durchgängigen empirischen Befund zur Entwicklung der Einkommensverteilung in den Vereinigten Staaten ab 1910. Er stützt seine Untersuchung der Entwicklung der Vermögensungleichheit im Wesentlichen auf die *World Top Incomes Database* (WTID)[38] und auf Erbschaftsteuererklärungen. Die Dezile und Perzentile der hohen Einkommen werden auf Basis von Einkommensteuererklärungen geschätzt, das Nationaleinkommen und das Durchschnittseinkommen aus den Volkswirtschaftlichen Gesamtrechnungen abgeleitet. Einkommen umfasst einerseits die Arbeitseinkommen (Löhne, Gehälter, Prämien, Boni, Einkommen aus selbstständiger Arbeit usw. sowie andere Erwerbseinkommen, unabhängig von ihrer genauen Rechtsform) und andererseits die Kapitaleinkommen (Mieten, Dividenden, Zinsen, Gewinne aus Unternehmen, Kapitalgewinne, Gebühren usw. sowie andere Einkommen, die sich aus dem Besitz von Bodenkapital, Immobilienkapital, Geldkapital, Industriekapital usw. ergeben, unabhängig von ihrer genauen Rechtsform). Mit den vermögensbezogenen Quellen kann die Entwicklung des gesamten Nationalvermögens, sei es Boden-, Immobilien-, Industrie- oder Geldkapital, gemessen und auch in Relation zum jährlichen Nationaleinkommen analysiert werden (Piketty 2014: 33 ff).

Die Ungleichverteilung in den Vereinigten Staaten hat mittlerweile wieder das Niveau Ende der 1920er Jahre erreicht. Zwischen 1910 und 1920 sowie direkt vor und nach dem Ersten Weltkrieg (1914 und 1918) lag der Anteil des obersten Dezils am Nationaleinkommen bei rund 40 %. Nur im Kriegsjahr 1916 stieg der statistisch erfasste Anteil kurz auf 44 %, ansonsten veränderte der Erste Weltkrieg die Ungleichheit der Einkommen in den USA nicht. In den „goldenen" 1920er Jahren stieg der Einkommensanteil des obersten Dezils dann von 39 % in 1920 auf einen Höchstwert von 49,3 % in 1928, und sank dann im Zuge des Börsenkrachs und der mit ihm eingeleiteten Weltwirtschaftskrise 1929 auf 46,7 % und 1930 auf 43,9 %. In den 1930er Jahren lag der Einkommensanteil des obersten Dezils bei rund 45 % und sackte dann in den Kriegsjahren 1941 bis 1945 auf 34,4 % ab. Vor allem der Zweite Weltkrieg, aber auch die Weltwirtschaftskrise, nicht jedoch der Erste Weltkrieg, führten die Ungleichheit der Einkommen in den USA zurück. In der Nachkriegszeit bis Ende der 1970er Jahre blieb der Einkommensanteil des obersten Dezils weitgehend unverändert bei rund 34 % und stieg dann in den 1980er und 1990er Jahren auf 47,6 % im Millenniumsjahr 2000. Die starke Zunahme der Ungleichheit zwischen 1981 und 2000 erfolgte relativ kontinuierlich und wurde lediglich unterbrochen durch den Börsenzusammenbruch von 1987 und eine bis Mitte der 1990er Jahre zunächst stagnierende Einkommensverteilung. Nach dem Platzen der Spekulationsblase der New Economy nahm der Einkommensanteil des obersten Dezils von 47,6 % in 2000 auf 43,8 % in 2002 ab und stieg dann bis zur Subprime-Krise 2007 auf den bisherigen Rekordwert von 49,7 % an, d. h. die einkommensstärksten 10 % der Amerikaner erhiel-

---

[38] Die WTID ist die bis dato größte historische Datenbank für die Entwicklung der Einkommensungleichheit, zu der weltweit etwa 30 Forscher beigetragen haben. Sie wird derzeit in eine World Wealth and Income Database (WWID) verwandelt (Piketty 2014: 34 f).

ten zu diesem Zeitpunkt die Hälfte des Nationaleinkommens. Bis 2009 sank der Anteil dann auf 46,5 % und stieg 2010 erneut auf 47,9 %.

Abb. 4.1:   Anteil des obersten Zehntels am Nationaleinkommen der USA, 1910–2010 (in Anlehnung an Piketty 2014: 44)

Die Ungleichheit der Einkommensverteilung nahm in den letzten drei Jahrzehnten in den USA kontinuierlich zu, wobei diese Entwicklung durch Börsen- und Finanzkrisen, die insbesondere die Bezieher hoher Einkommen betreffen, zeitweise angehalten wurde.

4.2.2   Kapital- und Einkommensentwicklung in Europa

Nach Piketty (2014: 31 ff) nahm die Einkommensungleichheit zwischen 1914 und 1945 infolge der beiden Weltkriege und den damit einhergehenden politischen und ökonomischen Verwerfungen, die vor allem große Vermögensbesitzer betrafen, in fast allen reichen Ländern stark ab, und nicht wegen der von Kuznets dargelegten Wanderungsbewegung vom Agrar- zum Industriesektor. Die ersten drei Jahrzehnte der Nachkriegszeit (Trente Glorieuses 1945–1975) zeichneten sich durch Wirtschaftswachstum und reduzierte Ungleichheit in den entwickelten Industriestaaten aus. Seit den 1970er Jahren nahm dann die Ungleichheit in den entwickelten Industriestaaten wieder stark zu, wobei die Einkommenskonzentration in den Vereinigten Staaten der Jahre 2000–2010 sogar leicht über dem bisherigen Rekordniveau der Jahre 1910–1920 lag. Global reduzierte sich die Ungleichheit infolge des Wirtschaftswachstums der Entwicklungs- und Schwellenländer, insbesondere Chinas.

In den letzten Jahrzehnten zeigten sich zunehmend Ungleichgewichte auf den Finanzmärkten, dem Ölmarkt und Immobilienmarkt, von denen Eigentümer großer Vermögen, Topmanager und Börsenhändler profitierten und die Zweifel an dem von Kuznets (1955) und Solow (1956) beschriebenen „ausgeglichenen Wachstumspfad" aufkommen lassen.[39] Nichts deutet darauf hin, dass Wachstum aus sich heraus ein Gleichgewicht schafft, weshalb sich die zum Teil unbeantwortet gebliebene Vermögensverteilungsfrage des 19. Jahrhunderts mit gleicher Dringlichkeit im 21. Jahrhundert neu stellt. Vieles deutet auf einen pessimistisch stimmenden Zusammenhang zwischen Wirtschaftsentwicklung und Vermögensverteilung. Nach Piketty (2014: 39 ff) ist die zwischen 1900 und 1960 zurückgehende Ungleichheit in den entwickelten Ländern vor allem das Ergebnis der beiden Weltkriege und der danach verfolgten Politik, während der steuer- und finanzpolitische Kurswechsel seit den 1970er Jahren eine zunehmende Ungleichheit bewirkte. Die stärkste egalisierende Kraft, welche der Ungleichheit entgegenwirke, sei die Ausbreitung von *Wissen und Qualifikation*, welche gleichzeitig die Produktivität erhöhe und die Ungleichheit verringere. Indem die Entwicklungs- und Schwellenländer, und insbesondere China, die Produktionstechniken der entwickelten Länder übernehmen und deren Qualifikationsniveau erreichen, erhöhen sie ihre Produktivität und ihre Einkommen und holen gegenüber den etablierten Industriestaaten auf. Bedeutsam für die technologische Konvergenz sei vor allem die Ausbreitung von Wissen als öffentlichem Gut, die international durch den Abbau von Handelshemmnissen gefördert werden könne und ansonsten stark von der Bildungs- und Ausbildungspolitik, dem notwendigen Qualifikationserwerb und den auf diesem Gebiet geschaffenen Institutionen abhänge. Der Marktmechanismus und die Mobilität von Kapital und Arbeit hätten dagegen weniger starke und häufig widersprüchliche Auswirkungen. Nach Piketty (2014: 40 f) sind die beiden „optimistischen Annahmen" illusorisch, dass erstens die Produktionstechniken die Bedeutung menschlicher Arbeit und ihrer Qualifikation erhöhen und sich deshalb der Anteil der Arbeitseinkommen im Vergleich zu den Kapitaleinkommen erhöhe (These vom Aufstieg des Humankapitals) und zweitens die höhere Lebenserwartung den Klassenkampf in einen „Kampf der Generationen" verwandle. Gegen die erste These vom Aufstieg des Humankapitals spricht neben Pikettys empirischem Befund auch die Entwicklung der Lohnquote in den entwickelten Industrieländern und gegen die zweite These der von Piketty (2014: 41) bestätigte Sachverhalt, dass „die Vermögensungleichheit heute wie gestern hauptsächlich eine Ungleichheit innerhalb einer jeden Altersgruppe" ist und „dass Erbschaften zu Beginn des 21. Jahrhunderts nicht weit davon entfernt sind, nahezu die gleiche Bedeutung zu erlangen wie zur Zeit von Père Goriot (Balzac)" im 19. Jahrhundert.

Die von Piketty (2014) untersuchte historische Kapitalentwicklung zeigt, dass das Privatkapital in Deutschland, Frankreich und Großbritannien stets ein Vielfaches des Staatskapitals ausmachte, wobei dieses Verhältnis Mitte des 20. Jahrhunderts am geringsten war.

Staatskapital ist die Differenz zwischen Staatsvermögen und Staatsschulden. Staatsvermögen umfassen Realvermögen v. a. in Form von Gebäuden und Infrastruktur sowie Finanzvermögen, d. h. staatliche Anteile an Unternehmen im In- oder Ausland. In Deutschland beträgt das Staatskapital, d. h. die Differenz zwischen Staatsvermögen und Staatsschulden, derzeit etwa 3 % des Nationaleinkommens und ist damit ebenso wie jenes Großbritanniens, das im letzten Jahrhundert seine Nettoverschuldungsposition abbauen konnte, bei nahezu Null. War Großbritannien 1920 netto noch mit dem 1,5-fachen seines Nationaleinkommens verschuldet,

---

[39] Solow (1956) untersucht die Bedingungen für einen „ausgeglichenen Wachstumspfad", bei dem alle ökonomischen Größen, d. h. Produktion, Einkommen, Gewinne, Löhne, Kapital, Börsen- und Immobilienpreise etc. gleichmäßig steigen, sodass keine Verteilungsprobleme entstehen.

führte der Aufbau von Staatsvermögen zwischen 1910 und 1950 und der Verschuldungsabbau zwischen 1950 und 1990 zu einem positiven Staatskapitalbestand. Deutschland zeigt wie Frankreich seit den 1970er Jahren eine stetige Zunahme der Staatsverschuldung. Anders als in Deutschland nahm das französische Staatsvermögen seit 1990 jedoch nahezu proportional zur ebenfalls ansteigenden Staatsverschuldung zu, sodass Frankreich heute netto ein positives Staatskapital in Höhe von 31 % des Nationaleinkommens aufweist (Piketty 2014: 166 ff).

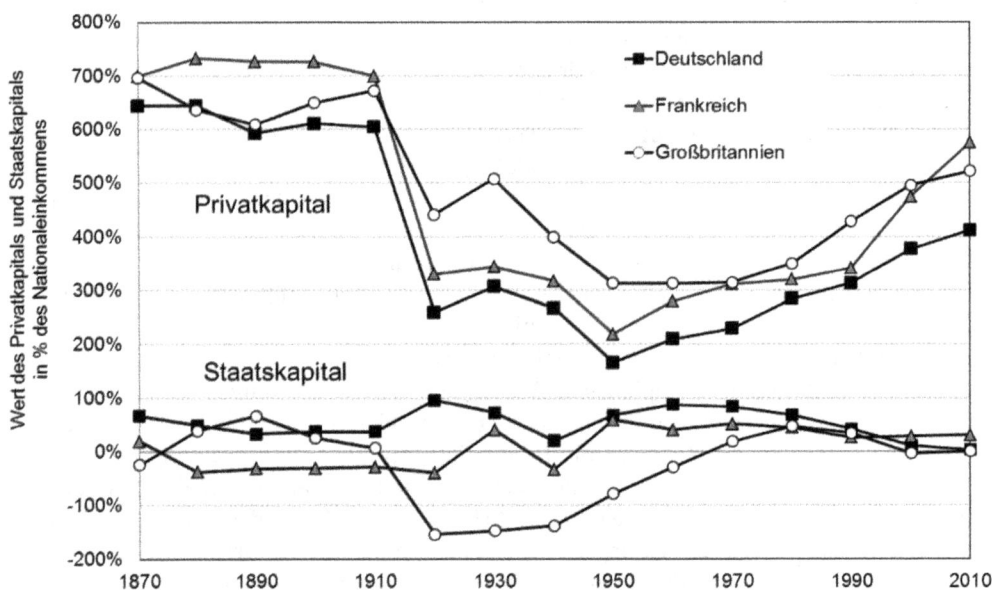

Abb. 4.2:   Privat- und Staatskapital im Verhältnis zum Einkommen in europäischen Kernstaaten, 1870–2010 (in Anlehnung an Piketty 2014: 193)

Der von Piketty (2014: 44 ff) erfasste Gesamtwert der *Privatvermögen*, zu denen er schuldenfreie Immobilien-, Geld- und gewerbliche Vermögen zählt, lag in Großbritannien, Frankreich und Deutschland zwischen 1870 und 1910 etwa beim 6–7 fachen des jährlichen Nationaleinkommens. Zwischen 1910 und 1920 sank das Privatkapital-Einkommens-Verhältnis K/Y infolge des Ersten Weltkrieges in Deutschland von 6,04 auf 2,59, in Großbritannien von 6,73 auf 4,41 und in Frankreich von 6,99 auf 3,30. In den zwanziger Jahren stieg das Kapital-Einkommens-Verhältnis vor allem in Großbritannien und Deutschland moderat an, und ging dann in den 1930er Jahren insbesondere in Großbritannien und in den 1940er Jahren dann auch in Deutschland und Frankreich stark zurück. 1950 lag das Privatkapital-Einkommens-Verhältnis in Deutschland bei nur noch 1,66, in Frankreich bei 2,19 und in Großbritannien bei 3,13. Seit den 1950er Jahren findet in allen drei europäischen Ländern eine relativ kontinuierliche Zunahme der Privatvermögen im Verhältnis zu den Nationaleinkommen statt, wobei Frankreich seit den 1990er Jahren einen besonders steilen Anstieg des Privatkapital-Einkommens-Verhältnisses verzeichnet. Zwischen 1990 und 2010 stieg K/Y in Frankreich von 3,41 auf 5,75, in Großbritannien von 4,28 auf 5,22 und in Deutschland von 3,13 auf 4,12. Bei einem Kapital-Einkommens-Verhältnis (K/Y) von 4,12 und einem Durchschnittseinkommen Y von 45.000 € läge das durchschnittliche Privatkapital bei 185.400 €.

Dass das Privatkapital in Deutschland 2010 niedriger war als in Frankreich und Großbritannien, liegt nach Piketty (2014: 192 f) nicht primär an der infolge des geringeren deutschen Preisniveaus niedrigeren Immobilienbewertung, sondern vor allem an der niedrigeren Bewertung börsennotierter Unternehmen in Deutschland, die sich augenscheinlich aufgrund des deutschen Stakeholder-Modells bzw. des rheinischen Kapitalismus ergäbe. Wesentliche Aspekte von nachhaltiger Unternehmensführung durch die unternehmerische Mitbestimmung von Arbeitnehmervertretern im Aufsichtsrat von Kapitalgesellschaften sowie die Beteiligung von Landesvertretern, Verbraucherschützern, Umweltschützern und anderen Stakeholdern im deutschen Wirtschaftsmodell hätte demnach einen negativen Einfluss auf den Unternehmenswert. Piketty (2014: 193 f) sagt jedoch zugleich, dass die Effizienz des Stakeholder-Modells jener des angelsächsischen Shareholder-Modells entsprechen könne, und ein niedrigerer Marktwert nicht selbstredend auf einen niedrigeren tatsächlichen Unternehmenswert schließen lasse.

Die beschriebenen starken Veränderungen des Kapital-Einkommens-Verhältnisses im letzten Jahrhundert widersprechen Kaldors (1957) stilisierten Fakten des langfristigen Wirtschaftswachstums, nach denen die Anteile von Kapital und Arbeit am Nationaleinkommen, die Wachstumsrate des Kapitalstocks pro Arbeitskraft, die Wachstumsrate der Produktion je Beschäftigten, das Kapital/Output-Verhältnis und der Return on Investment über einen langen Zeitraum in etwa konstant seien und der Reallohn im Laufe der Zeit steige.

Piketty (2014: 45) zeigt, „dass sich das in den letzten Jahrzehnten zu beobachtende starke Anwachsen des Kapitalstocks im Verhältnis zum Nationaleinkommen weitgehend mit einem relativ langsamen Wachstum erklären lässt." In Deutschland stieg das Kapital-Einkommens-Verhältnis von 1950 bis 2010 relativ kontinuierlich, wobei die durchschnittlichen jährlichen Wachstumsraten des realen Bruttoinlandsprodukts 1950–1960 mit 8,2 % und 1960–1970 mit 4,4 % deutlich höher waren als in den folgenden Jahrzehnten 1970–1980 mit 2,9 %, 1980–1990 mit 2,6 %, 1990–2000 mit 1,6 % und 2000–2010 mit 0,9 %. Dies kann teilweise mit dem Anstieg der Sparquote zwischen 1950 und 1975 von 4 % auf 16 % erklärt werden, wobei die deutsche Sparquote danach auf rd. 9 % in 2000 sank und dann auf rd. 11 % in 2010 stieg.

Angesichts der bislang ungebrochenen Dynamik ansteigender Kapital-Einkommens-Verhältnisse schätzt Piketty (2014: 219 ff) die weitere Entwicklung von K/Y anhand des Verhältnisses zwischen Sparquote (s) und Wachstumsrate der Wirtschaft (g) ab:

$$\beta = \frac{Kapital}{Einkommen} = \frac{Sparquote\ (abzgl.\ Abschreibungen)}{Wachstumsrate\ (Bevölkerung + Produktivität)}$$

$$bzw.\ \beta = \frac{K}{Y} = \frac{s}{g}$$

Nach diesem „fundamentalen Gesetz des Kapitalismus" entspricht das Verhältnis von Sparquote und Wirtschaftswachstum langfristig dem Kapital-Einkommens-Verhältnis, weshalb das Kapital-Einkommens-Verhältnis nach der Formel K/Y = s/g bei vermindertem Wirtschaftswachstum und als konstant angenommener Sparquote steigt.

Zur Illustration: Liegt die Sparquote s bei 9 % und die Wachstumsrate g bei 3 %, beträgt das langfristige Kapital-Einkommens-Verhältnis K/Y = 3, während es sich bei gleicher Sparquote s = 9 % und halber Wachstumsrate g = 1,5 % auf K/Y = 6 verdoppelt. Die Bedeutung des Kapitals steigt demzufolge bei schwachem Wirtschaftswachstum.

Anzumerken ist, dass sich die Sparquote nur ex-post ermitteln lässt und die Kapitalbildung von der Geldschöpfung und dadurch ausgelöster Vermögenswertinflation beeinflusst werden kann. Da Kapital vor allem bei hohen Wachstumsraten gebildet wird, findet zunächst keine Entkoppelung zu den ebenfalls wachsenden Einkommen statt. Erst wenn das Wachstum nachlässt, steigt der Kapitalanteil im Verhältnis zum Einkommen an.

Nach Piketty (2014: 220 ff) akkumuliert in Ländern mit einer hohen Sparquote und einem geringen Wirtschaftswachstum langfristig ein gewaltiger Kapitalstock und die in der Vergangenheit angesammelten Vermögen erlangen eine unverhältnismäßig hohe Bedeutung. In einer Ökonomie mit einem geringen Wirtschaftswachstum wäre ein gewaltiger Kapitalstock kein Problem, wenn die von den Eignern dieses Kapitalstocks erwartete Kapitalrendite dem geringen Wirtschaftswachstum entsprechend sinken würde. Piketty (2014: 78 ff) stellt jedoch fest, dass die marxistische Prognose einer sinkenden Profitrate nicht eingetreten ist. Die Rendite für Immobilien zu Beginn des 21. Jahrhunderts liegt nach Piketty (2014: 81) ebenso bei etwa 4–5 % wie der durchschnittliche Bodenertrag in agrarwirtschaftlich geprägten Gesellschaften zu Zeiten von Jane Austen (1775–1817) und Balzac (1799–1850). Piketty (2014: 470 ff) vergleicht Kapitalrendite und Wachstumsrate seit 2000 Jahren und beobachtet langfristig relativ konstante Kapitalrenditen von 4–5 %.

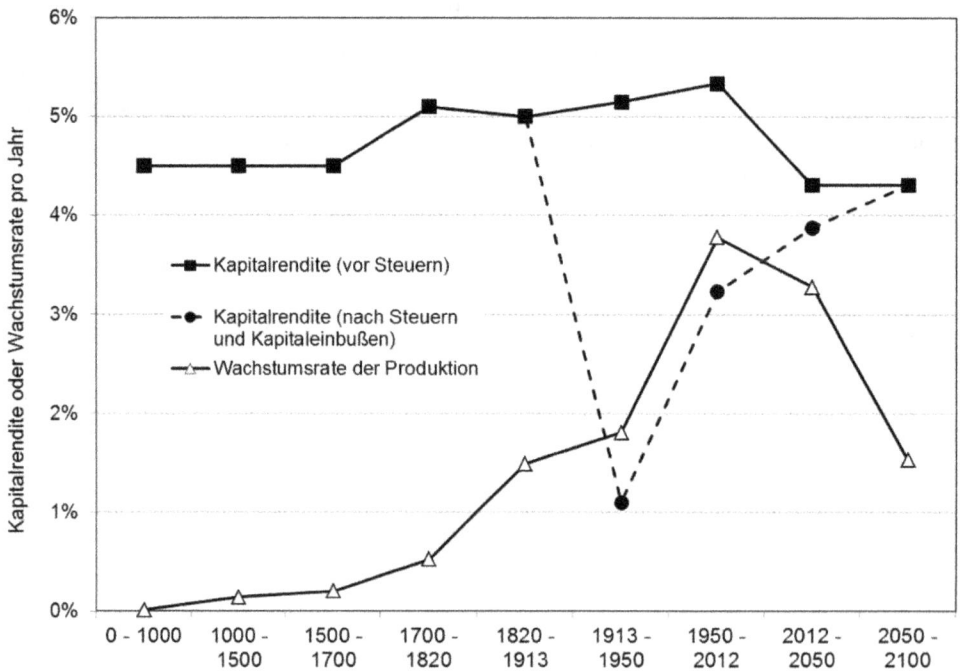

Abb. 4.3:   Kapitalrendite und Wachstumsrate weltweit von der Antike bis 2100 (in Anlehnung an Piketty 2014: 470 f)

Die Gegenüberstellung der weltweiten Entwicklung der Kapitalrendite r und des Wirtschaftswachstums g pro Jahr zeigt, dass die Kapitalrendite vor Steuern r_{vSt} im Verlauf der Jahrhunderte regelmäßig höher war als das gesamtwirtschaftliche Produktionswachstum (r_{vSt} > g), sodass die Ungleichheit zunahm.

- In der vorindustriellen *Agrarwirtschaft* lag die Kapitalrendite bei etwa 4–5 % und das Wirtschaftswachstum bei nahe 0 %.
- Im Zuge der *Industrialisierung* stieg das Wirtschaftswachstum auf 1–2 %, und die Kapitalrendite nahm auf über 5 % zu.
- In der *Nachkriegszeit* ab Mitte des 20. Jahrhunderts war das Wirtschaftswachstum mit 3–4 % außergewöhnlich hoch, während die Kapitalrendite nach Steuern und Kapitaleinbußen durch Kriegszerstörungen r_{nSt} zeitweise unterhalb des Wirtschaftswachstums lag. Diese Wirtschaftsentwicklung mit $r_{nSt} < g$ war im historischen Kontext außergewöhnlich und wirkte der Ungleichheit entgegen. Neben dem wirtschaftlichen Nachholbedarf im Rahmen des Wiederaufbaus, der Zunahme der Produktivität und Bevölkerung (Baby Boom) trugen auch die Loslösung vom Goldstandard und die Geldschöpfung, auf die im nächsten Kapitel eingegangen wird, zu höheren Wachstumsraten ab Mitte des 20. Jahrhunderts bei.
- Piketty (2014: 472 ff) erwartet, dass die Kapitalrendite r *zukünftig* wieder größer als das Wirtschaftswachstum g sein wird und bei einem massiven Steuerwettbewerb die Differenz r - g so hoch wie im 19. Jahrhundert werden könnte mit entsprechender Umverteilung zugunsten der Kapitaleigner.

Keynes (1939: 48) ging dagegen davon aus, dass der Anteil der Kapitaleinkommen am Nationaleinkommen eine konstante Größe sei: „I mean the stability of the proportion of the national dividend accruing to labour, irrespective apparently of the level of output as a whole and of the phase of the trade cycle. This is one of the most surprising, yet best-established, facts in the whole range of economic statistics, both for Great Britain and for the United States."[40]

In den letzten drei Jahrzehnten hat sich der Anteil der Kapitaleinkommen am Nationaleinkommen in den meisten OECD-Ländern deutlich erhöht.

Kapitaleinkommen und Kapitalstock stehen im engen Zusammenhang, denn das Kapitaleinkommen Y_K ist das Produkt aus Kapitalrendite r und Kapitalstock K:

$$Y_K = r \cdot K$$

Piketty (2014: 77 ff) bezeichnet das Kapitaleinkommen im Verhältnis zum Nationaleinkommen als α (= Y_K/Y) und leitet hieraus das „erste grundlegende Gesetz des Kapitalismus" ab:

$$\alpha = \frac{Y_K}{Y} = r \cdot \beta = r \cdot \frac{K}{Y}$$

Zur Illustration: Bei einer Kapitalrendite r von 5 % und einem Kapital-Einkommens-Verhältnis β = K/Y = 3 beträgt der Anteil der Kapitaleinkommen am Nationaleinkommen α = r · β = 15 %. Bei gleicher Kapitalrendite r = 5 % und einem Kapital-Einkommens-Verhältnis K/Y von 6 verdoppelt sich der Anteil der Kapitaleinkommen α auf 30 %.

---

[40] Nach Keynes (1939: 48) lag der relative Anteil der manuellen Arbeit am Nationaleinkommen in Großbritannien 1911 bei 40,7 % und 1924–1935 zwischen 41,1 und 43,7 % und in den USA im Zeitraum 1919–1934 zwischen 34,9 und 39,3 %.

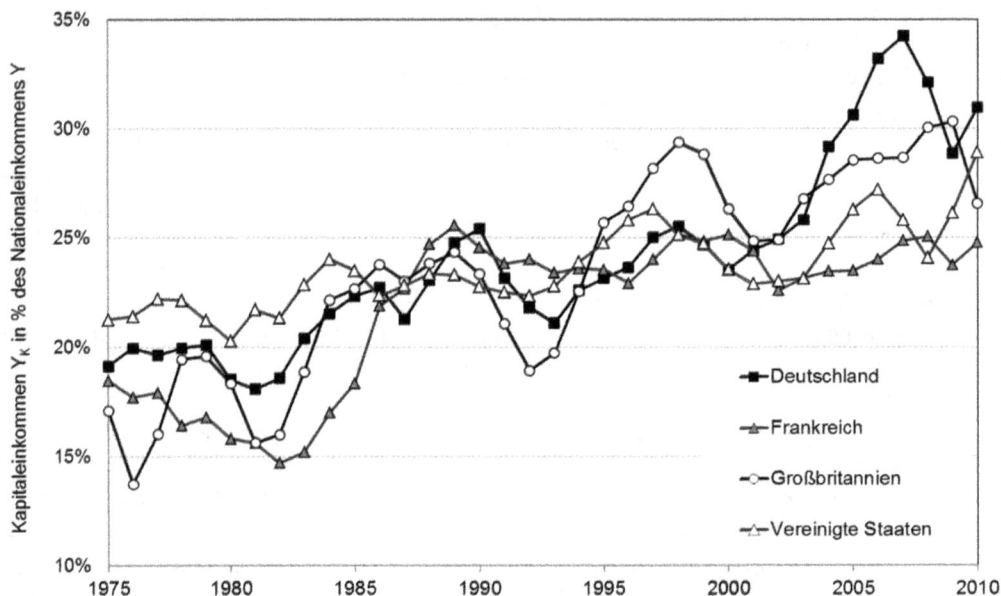

Abb. 4.4:   Anteil der Kapitaleinkommen in großen OECD-Ländern, 1975–2010 (in Anlehnung an Piketty 2014: 294)

Dass sich der Anteil der Kapitaleinkommen am Nationaleinkommen $\alpha = Y_K/Y$ in den entwickelten Industrieländern zwischen 1975 und 2010 erhöht hat zeigt, dass die Kapitalrendite r nicht bzw. nicht in dem Maße gesunken ist, wie das Kapital-Einkommens-Verhältnis $\beta = K/Y$ gestiegen ist. Geht man davon aus, dass sich die Kapitalrendite r als weitgehend konstant erweist, lässt sich die Entwicklung des Kapitaleinkommensanteils α auch ohne die Annahme technisch bedingt veränderter Substitutionselastizitäten zwischen Kapital und Arbeit erklären.[41] Das Kapital-Einkommens-Verhältnis erreichte im historischen Zeitverlauf Höchstwerte von 6–7, die selten und nur knapp überschritten wurden. Bei einer Kapitalrendite von 4–5 % und einem Kapital-Einkommens-Verhältnis von 6 beträgt der Anteil der Kapitaleinkommen am Nationaleinkommen zwischen 24 und 30 %.[42]

4.2.3   Vermögensverteilung im Euroraum und in Deutschland

Das Ende 2006 gegründete Household Finance and Consumption Network (HFCN) des Eurosystems erhebt für alle Euroländer durch Befragung harmonisierte Daten zur Finanz- und Konsumsituation der privaten Haushalte, die turnusmäßig alle zwei bis drei Jahre ge-

---

[41] Die Substitutionselastizität gibt an, wie leicht man bei einer gegebenen Produktionsfunktion Y = f (Arbeit, Kapital) und konstant gehaltenem Output Y den Produktionsfaktor Arbeit durch Kapital ersetzen kann. Bei Annahme einer Cobb-Douglas-Produktionsfunktion mit einer Substitutionselastizität von 1 zwischen Kapital und Arbeit müsste bei einem Anstieg von K/Y die Kapitalrendite r in genau demselben Verhältnis sinken, sodass der Anteil des Kapitaleinkommens am Nationaleinkommen Y_K/Y unverändert bliebe. Bei einer Substitutionselastizität von größer 1 würde die Kapitalrendite r geringer fallen als K/Y steigt, sodass $\alpha = Y_K/Y = r \cdot K/Y$ anstiege.

[42] In den Vereinigten Staaten sind geringere Kapital-Einkommens-Verhältnisse von 3–4 zu beobachten, was u. a. auf höhere Renditeforderungen hindeutet.

plant ist (HFCN 2013a). Für die in den meisten Ländern 2010 und 2011 durchgeführte erste Welle der Befragung mit freiwilliger Teilnahme wurden im April 2013 die Ergebnisse und der Datensatz für den Euroraum ohne Irland und Estland (Euro15) veröffentlicht (HFCN 2013b). Demnach liegt das Sachwerte und Finanzanlagen umfassende durchschnittliche Gesamtvermögen der privaten Haushalte in Deutschland mit 222,2 Tsd. € unterhalb des Mittelwerts der anderen großen Euroländer Spanien (324 Tsd. €), Frankreich (258,3 Tsd. €) und Italien (287 Tsd. €) und auch unterhalb des Durchschnitts der Euro15 von 257,4 Tsd. €. Den höchsten Wert verzeichnen Luxemburg mit 791,9 Tsd. € und Zypern mit 742 Tsd. €, den niedrigsten die Slowakei mit 83 Tsd. €. Neben dem Mittelwert aller Haushalte sind in der folgenden Tabelle auch die Mittelwerte der Perzentile p10 bis p90 aufgeführt.[43] Der Medianwert (p50) für Deutschland beträgt mit 67,9 Tsd. € weniger als die Hälfte des Medianwerts der Euro15 von 142 Tsd. € und ist damit nach der Slowakei (64,4 Tsd. €) der zweitniedrigste Wert der 15 erfassten Euroländer.

Tab. 4.1: Verteilung der Gesamtvermögen pro Haushalt im Euroraum (in Tsd. €, Quelle: HFCN 2013c: J2) [44]

	Euro15	BE	DE	GR	ES	FR	IT	CY	LU	MT	NL	AT	PT	SI	SK	FI
Mittel	257,4	368,9	222,2	159,7	324,0	258,3	287,0	742,0	791,9	378,2	252,1	281,8	170,3	154,0	83,0	197,9
p10	3,0	3,7	1,1	3,8	13,4	2,7	5,5	15,1	10,1	18,5	5,5	2,5	2,0	5,2	15,1	2,0
p20	11,4	24,1	6,0	20,0	81,2	7,8	19,9	98,8	49,3	66,3	21,3	8,3	13,1	30,2	34,2	8,5
p30	34,4	120,2	15,8	56,0	131,2	21,1	67,0	172,4	254,8	122,5	68,1	18,1	43,0	58,8	44,2	44,0
p40	84,9	197,9	33,2	84,9	173,3	76,8	133,3	238,1	392,7	174,3	145,6	39,3	69,7	81,2	53,3	93,5
p50	142,0	249,9	67,9	110,2	210,2	150,4	188,0	331,9	494,4	227,4	217,3	92,8	93,2	105,2	64,4	132,7
p60	201,9	313,9	126,8	145,0	256,9	210,5	235,0	435,9	585,9	276,9	268,1	162,6	118,2	138,9	76,5	172,1
p70	264,6	390,8	207,7	182,9	318,9	271,4	292,5	606,7	708,2	359,5	328,3	232,4	156,9	182,5	90,6	227,0
p80	357,8	515,5	308,5	236,9	427,6	359,8	392,1	860,9	966,1	477,7	399,2	331,3	211,0	245,5	111,6	306,9
p90	548,9	767,0	494,8	354,8	651,3	557,1	604,2	1619,2	1465,9	720,7	530,4	572,6	333,1	325,2	156,9	445,0

Nach Abzug der Verbindlichkeiten beträgt das durchschnittliche Nettovermögen der privaten Haushalte in Deutschland 195,2 Tsd. € und bleibt damit ebenfalls hinter Spanien (291,4 Tsd. €), Frankreich (233,4 Tsd. €), Italien (275,2 Tsd. €) und dem Durchschnitt der Euro15 (230,8 Tsd. €) zurück. Das höchste mittlere Haushaltsnettovermögen der Eurozone verzeichnen ebenfalls Luxemburg mit 710,1 Tsd. € und Zypern mit 670,9 Tsd. € und das niedrigste die Slowakei mit 79,7 Tsd. €.

Analysiert man die Vermögensverteilung innerhalb der privaten Haushalte nach Perzentilen, weist Deutschland im Vergleich zu den anderen Euroländern eine sehr ungleiche Vermögensverteilung auf. Beim Medianwert (p50) der Haushaltsnettovermögen liegt Deutschland mit nur 51,4 Tsd. € noch hinter der Slowakei mit 64,4 Tsd. € und hat damit den niedrigsten Wert aller 15 erfassten Euroländer.

Mit die niedrigsten Werte verzeichnet Deutschland lt. HFCN (2013c: J3) auch für die Perzentile p10 (durchschnittliches Nettovermögen pro Haushalt von 0,1 Tsd. €), p20 (3,5 Tsd. €), p30 (11,6 Tsd. €) und p40 (27,8 Tsd. €). Dass der p70-Wert mit 163,5 Tsd. € deutlich unter-

---

[43] Das p10-Einkommen wird von 10 % der privaten Haushalte unterschritten und von 90 % überschritten, während das p90-Einkommen von 90 % der privaten Haushalte unterschritten und von 10 % überschritten wird.

[44] Das *Gesamtvermögen* umfasst Sachwerte (Immobilien- und Grundbesitz, Fahrzeuge, Schmuck, Kunstwerke, Antiquitäten etc. und den Wert selbständig geführter Unternehmen) und Finanzanlagen (Sicht- und Spareinlagen, Investmentfonds, Anleihen, Aktien, Bargeld, Wert freiwilliger Altersvorsorge, Lebensversicherungen und sonstige finanzielle Vermögenswerte, wie Beteiligungen und verwaltetes Vermögen und andere Finanzanlagen). Nicht erfasst werden Anwartschaften aus gesetzlichen Renten und anderen Sozialversicherungen.
Euro15: Euroraum ohne Irland und Estland.

halb des deutschen Durchschnittswerts von 195,2 Tsd. € liegt, zeigt eine ausgeprägt rechts-schiefe Vermögensverteilung mit einer relativ kleinen Anzahl vermögender Haushalte in Deutschland, die das mittlere Haushaltsvermögen erhöhen.

Tab. 4.2:   Verteilung der Nettovermögen pro Haushalt im Euroraum (in Tsd. €, Quelle: HFCN 2013c: J3) [45]

	Euro15	BE	DE	GR	ES	FR	IT	CY	LU	MT	NL	AT	PT	SI	SK	FI
Mittel	230,8	338,6	195,2	147,8	291,4	233,4	275,2	670,9	710,1	366,0	170,2	265,0	152,9	148,7	79,7	161,5
p10	1,2	2,8	0,1	2,0	5,7	1,6	5,0	7,3	5,0	16,1	-3,8	1,0	1,0	4,2	12,9	-0,6
p20	8,0	18,0	3,5	15,0	55,4	5,7	18,0	59,4	34,7	63,0	7,1	6,1	8,8	28,1	30,2	2,9
p30	27,0	80,6	11,6	48,7	100,2	17,7	57,5	126,5	119,3	113,5	26,0	15,0	30,7	54,4	40,4	14,0
p40	61,8	149,6	27,8	73,8	140,8	53,4	116,3	189,1	269,2	165,3	62,4	34,7	52,2	71,8	50,8	46,2
p50	109,2	206,2	51,4	101,9	182,7	115,8	173,5	266,9	397,8	215,9	103,6	76,4	75,2	100,7	61,2	85,8
p60	167,4	274,1	97,2	129,8	228,2	174,9	221,4	357,7	502,2	267,7	155,5	139,6	100,3	136,4	72,4	130,1
p70	230,5	359,4	163,5	166,3	289,2	237,2	283,0	509,8	637,5	338,2	219,9	208,4	135,0	177,8	86,1	181,9
p80	320,6	483,6	261,1	220,4	387,4	328,8	375,5	768,6	889,7	452,8	304,0	310,8	188,1	237,5	108,0	262,9
p90	506,2	705,1	442,3	331,8	607,7	511,6	577,1	1469,9	1375,4	693,1	427,6	542,2	297,2	317,2	151,9	397,3

Nach der auf Daten des Sozio-oekonomischen Panels (SOEP)[46] basierenden aktuellen DIW-Studie zur Vermögensverteilung von Grabka und Westermeier (2014: 153 ff)

- lag das *Bruttovermögen*, ohne Fahrzeuge und Hausrat, der privaten Haushalte in Deutschland 2012 bei rd. 7,4 Billionen €, wovon auf Grund- und Immobilienbesitz 5,1 Billionen € entfielen.

- Nach Abzug der vorrangig aus Hypothekarkrediten bestehenden Verbindlichkeiten der privaten Haushalte von gut 1,1 Billionen € ergab sich ein wohlfahrtsökonomisch rele-vantes *Nettovermögen* der inländischen Erwachsenen in privaten Haushalten von rd. 6,3 Billionen € in 2012.[47]

- Das *individuelle Nettovermögen* der Personen ab 17 Jahren in Privathaushalten lag 2012 bei durchschnittlich 83,3 Tsd. € und hat sich gegenüber 2007 (81,1 Tsd. €) und 2002 (79,9 Tsd. €) nicht signifikant verändert. Der Median lag bei 16,7 Tsd. € gegenüber 14,8 Tsd. € in 2007 und 15,0 Tsd. € in 2002.

- 2012 verfügten 27,6 % der Bevölkerung über *kein Vermögen* (2007: 27,1 %, 2002: 25,8 %), davon hatten 7,4 % netto *Schulden* (2007: 7,4 %, 2002: 5,2 %).

---

[45] *Nettovermögen* ist die Differenz zwischen dem Gesamtvermögen und den Verbindlichkeiten der privaten Haus-halte. Die Gesamtverbindlichkeiten beinhalten Hypotheken, Grundschulden, Verbraucher-, Privat- und sonstige Kredite, Überziehungskredite, Kreditkartenschulden, Kredite für Geschäftstätigkeit etc., wobei in den Anmer-kungen auf länderspezifische Einzelheiten verwiesen wird (HFCN 2013c).
Euro15: Euroraum ohne Irland und Estland.

[46] Das Sozio-oekonomische Panel (SOEP) ist eine repräsentative Wiederholungsbefragung privater Haushalte, die im Auftrag des DIW Berlin seit 1984 in Westdeutschland und seit 1990 in Ostdeutschland jährlich durchgeführt wird; derzeit werden pro Jahr in Deutschland etwa 25.000 Befragte in fast 15.000 Haushalten von TNS Infratest Sozialforschung befragt.

[47] Das SOEP erhebt das individuelle Vermögen aller Befragungspersonen ab 17 Jahren in Privathaushalten. Als Vermögen erfasst werden Immobilien- und Grundbesitz, Sparguthaben, Spar- und Pfandbriefe, Aktien und In-vestmentanteile, Vermögen aus privaten Lebens- und Rentenversicherungen inkl. Riester-Verträge, Bausparver-träge, Betriebsvermögen (nach Abzug von betrieblichen Verbindlichkeiten), Sachvermögen in Form wertvoller Sammlungen wie Gold, Schmuck, Münzen oder Kunstgegenständen sowie Konsumenten- und Hypothekenkredi-te. Nicht erfasst werden sonstiges Gebrauchsvermögen, Fahrzeuge, Bargeld und Anwartschaften an Alterssiche-rungssysteme. Das Nettogesamtvermögen wird als Differenz zwischen dem Bruttovermögen und den Verbind-lichkeiten ermittelt und i.d.R. für Analysen zur personellen Vermögensverteilung verwendet.

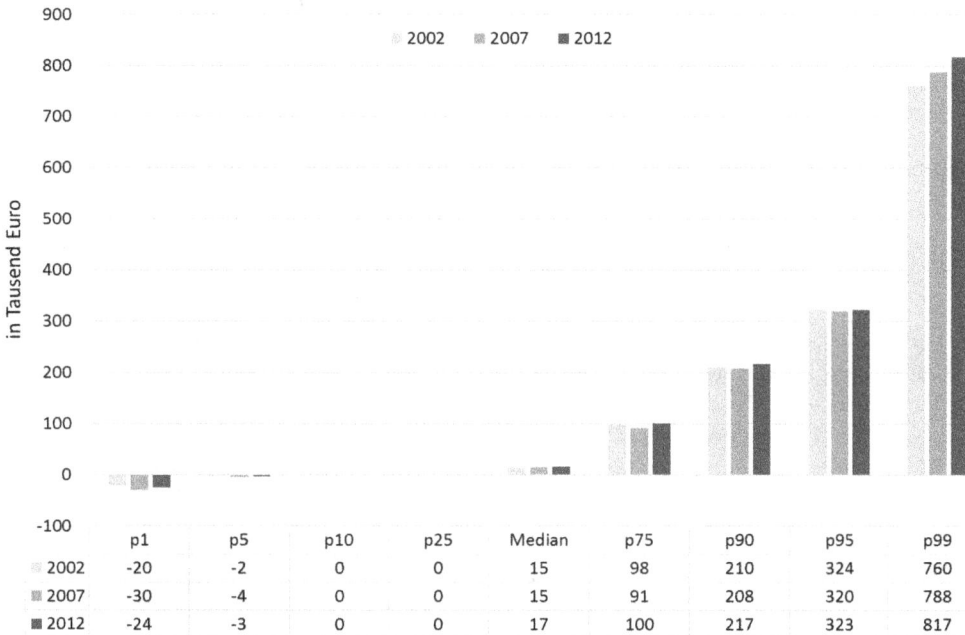

	p1	p5	p10	p25	Median	p75	p90	p95	p99
2002	-20	-2	0	0	15	98	210	324	760
2007	-30	-4	0	0	15	91	208	320	788
2012	-24	-3	0	0	17	100	217	323	817

Abb. 4.5: Individuelles Nettovermögen in Deutschland nach Perzentilen (Quelle: Grabka und Westermeier 2014: 156)

Die obige Abbildung zeigt, dass in Deutschland das Perzentil p99 (unterhalb dieses Punktes liegen 99 % aller Deutschen) des individuellen Nettovermögens zwischen 2002 und 2012 von 760 auf 817 Tsd. € angestiegen ist, während das Perzentil p95 (unterhalb dieses Punktes liegen 95 % aller Deutschen) nahezu unverändert blieb. Die Erkenntnis des BMAS (2013: XII), dass in Deutschland „die Haushalte in der unteren Hälfte der Verteilung nur über gut ein Prozent des gesamten Nettovermögens [verfügen], während die vermögensstärksten zehn Prozent der Haushalte über die Hälfte des gesamten Nettovermögens auf sich vereinen. Der Vermögensanteil des obersten Dezils ist dabei im Zeitverlauf immer weiter angestiegen", lässt sich insofern präzisieren, dass der Anstieg des Vermögensanteils vor allem auf das oberste Perzentil, d. h. die *reichsten 1 %*, entfällt.

Die Analyse des SOEP durch Grabka und Westermeier (2014) ergab zudem für Deutschland:

- Das *höchste individuelle Nettovermögen* haben Selbstständige mit zehn oder mehr Mitarbeitern (Mittelwert 952,3 Tsd. €, Median 504,9 Tsd. €), Selbständige mit 1–9 Mitarbeitern (Mittelwert 329,0 Tsd. €, Median 145,1 Tsd. €) und Angestellte mit umfassenden Führungsaufgaben (Mittelwert 209,1 Tsd. €, Median 114,6 Tsd. €).

- Das *geringste Pro-Kopf-Nettovermögen*[48] verzeichnen Auszubildende bzw. Praktikanten (Mittelwert 7,9 Tsd. €, Median 0,0 Tsd. €), Arbeitslose (Mittelwert 17,8 Tsd. €, Median 0,0 Tsd. €) und un- bzw. angelernte Arbeitnehmer (Mittelwert 32,5 Tsd. €, Median 2,0 Tsd. €).

---

[48] Hier analysieren Grabka und Westermeier (2014: 161 f) das individuelle Nettovermögen aller Personen in Privathaushalten und nicht nur das der über 17-Jährigen.

- Der *Gini-Koeffizient*[49] in Deutschland hatte 2012 mit 0,78 das gleiche Niveau wie 2002 und beschreibt damit eine deutlich höhere Vermögensungleichheit als etwa in Frankreich (0,68) oder Italien (0,61).
- Die *durchschnittlichen Nettovermögen* waren 2012 in Westdeutschland mit 93,8 Tsd. € (2007: 93,7 Tsd. €, 2002: 90,0 Tsd. €) mehr als doppelt so hoch wie in Ostdeutschland mit 41,1 Tsd. € (2007: 32,0 Tsd. €, 2002: 36,7 Tsd. €). Der Median lag 2012 in Westdeutschland mit 21,2 Tsd. € (2007: 18,9 Tsd. €, 2002: 19,8 Tsd. €) sogar um den Faktor 2,6 höher als in Ostdeutschland mit 8,1 Tsd. € (2007: 7,1 Tsd. €, 2002: 7,5 Tsd. €), das mit 0,79 einen etwas höheren Gini-Koeffizienten als Westdeutschland (0,77) aufweist.
- 2012 hatten von der erwachsenen Bevölkerung 50,5 % Versicherungen und/oder Bausparverträge, 46,8 % Geldvermögen, 38,2 % selbstgenutztes Wohneigentum (davon 17,7 % mit Hypotheken) und 10,0 % sonstige Immobilien (davon 4,1 % mit Hypotheken).
- Der erwachsene Bevölkerungsanteil mit *Konsumentenkrediten* lag 2012 bei 16,4 %, nachdem er 2002 noch bei 11,7 % gelegen hatte.
- Das *Vermögen* der privaten Haushalte in Prozent ihres Nettovermögens umfasste 30 % selbstgenutztes Wohneigentum, 18 % sonstige Immobilien, 16 % Geldvermögen, 11 % Versicherungen und/oder Bausparverträge, 9 % Betriebsvermögen und 1 % Wertsachen (Bruttovermögen in Summe 119 %) abzüglich 19 % Schulden, davon 11 % Hypotheken auf selbstgenutzte Immobilien, 4 % Hypotheken auf sonstige Immobilien und 3 % Konsumentenkredite.

Relevant für die Vermögenssituation der privaten Haushalte in Deutschland ist demnach vor allem ihr *Immobilienbestand*, denn 52 % des Nettovermögens der privaten Haushalte entfällt auf selbstgenutztes Wohneigentum und 14 % auf sonstige Immobilien. Dass es sich hierbei um Sachvermögen und nicht um Vermögen aus Schuldverhältnissen handelt, trägt zur Nachhaltigkeit dieser Vermögensart im Falle von Finanzkrisen bei.

Die *größten Vermögen* in Deutschland sind allerdings statistisch kaum erfasst. Bereits eine Ergänzung der Befragungsangaben des SOEP um die Angaben der Forbes-Liste, die rund 50 deutsche Dollar-Milliardäre aufweist, erhöht das aggregierte Nettogesamtvermögen aller privaten Haushalte in Deutschland 2012 je nach Szenario um ein Drittel bis die Hälfte. Auf Basis des so erweiterten Datensatzes besitzt das reichste Tausendstel der deutschen Haushalte 14–16 % des Nettogesamtvermögens, und auf das reichste Prozent entfällt rund ein Drittel des gesamten Privatvermögens (Westermeier und Grabka 2015: 123, 131).

HFCN (2013c) vergleicht den Anteil der privaten Haushalte mit selbstgenutztem *Wohneigentum* im Euroraum. Demnach hat Deutschland mit 44,2 % den niedrigsten Anteil der 15 vom HFCN erfassten Euroländer, der im Durchschnitt bei 60,1 % liegt. Über fast alle Einkommens-, Vermögens-, Haushaltsgrößen- und Altersklassen hat Deutschland die geringsten Wohneigentümeranteile im Euroraum. Deutschland und Österreich weisen die niedrigsten Wohneigentümerquoten der auf das Nettovermögen bezogenen unteren 40 % auf. Deutschland verzeichnet in den jüngeren Referenzgruppen zwischen 16 und 54 Jahren durchweg die geringsten Wohneigentümeranteile, wobei diese bei den 16 bis 34-Jährigen mit 13,2 % besonders niedrig sind.

---

[49] Der *Gini-Koeffizient* ist ein statistisches Maß zur Darstellung von Ungleichverteilungen, das einen Wert zwischen 0 (bei einer vollkommen gleichmäßigen Verteilung) und 1 (bei maximaler Ungleichverteilung) annimmt.

Tab. 4.3:   Anteil der Haushalte mit selbst genutztem Wohneigentum (Quelle: HFCN 2013c: B3)[50]

		Euro15	BE	DE	GR	ES	FR	IT	CY	LU	MT	NL	AT	PT	SI	SK	FI
Gesamtbevölkerung		60,1	69,6	44,2	72,4	82,7	55,3	68,7	76,7	67,1	77,7	57,1	47,7	71,5	81,8	89,9	67,8
Einkommen	Untere 20%	47,0	45,0	16,3	64,5	78,0	30,3	54,3	57,7	40,0	63,9	40,7	27,1	65,5	69,0	84,7	41,3
	20–40%	50,6	59,4	34,7	69,0	79,2	42,9	60,5	72,8	55,5	74,0	42,8	40,8	63,3	83,0	85,8	57,2
	40–60%	58,8	71,9	43,2	72,0	82,4	53,1	67,4	73,4	71,5	77,8	53,5	47,8	71,9	77,2	91,9	67,4
	60–80%	66,4	83,1	55,2	73,9	84,7	70,3	78,6	86,9	85,2	83,7	71,3	53,5	75,0	89,4	94,0	82,0
	80–90%	75,6	87,4	69,9	79,8	86,7	76,4	79,3	93,5	85,6	89,0	75,6	66,0	78,6	89,1	96,2	87,3
	90–100%	79,5	90,4	74,4	85,6	91,9	83,1	86,2	92,1	81,7	89,5	79,0	72,9	84,9	92,5	90,1	94,7
Nettovermögen	Untere 20%	4,8	2,7	3,8	6,5	30,6	1,2	2,3	19,3	3,8	12,8	25,0	3,1	12,4	23,7	52,7	19,3
	20–40%	28,7	60,0	6,7	73,9	92,6	13,4	54,1	81,4	48,2	85,2	22,8	3,9	66,6	92,6	98,7	34,1
	40–60%	78,9	94,8	39,4	92,8	96,6	77,5	93,2	94,7	93,9	97,0	55,1	52,0	89,2	97,9	99,6	90,9
	60–80%	93,4	96,1	79,0	95,0	96,9	91,1	97,2	92,7	95,7	98,5	87,3	87,9	94,5	98,8	99,0	96,5
	80–90%	94,6	96,3	93,0	95,2	97,3	92,5	97,2	94,7	93,0	96,0	93,2	91,1	96,1	99,3	99,9	97,6
	90–100%	95,0	93,8	91,5	93,7	96,6	93,8	96,8	97,3	95,8	94,9	97,8	92,4	93,7	97,0	99,2	98,9
Haushaltsgröße	1	43,8	54,5	28,5	53,3	77,7	43,2	61,0	64,2	55,9	62,4	39,3	30,4	61,6	68,7	82,3	53,4
	2	65,7	78,4	54,8	77,4	83,5	61,9	73,1	73,5	74,8	74,8	60,2	55,6	73,2	85,9	91,2	74,8
	3	66,9	74,6	50,2	76,9	85,1	58,5	70,2	84,9	68,2	80,1	54,5	60,3	71,3	79,6	94,5	76,9
	4	73,3	79,3	57,5	76,8	85,9	68,2	72,6	81,6	70,8	88,8	87,5	61,7	79,2	90,6	93,3	83,2
	5+	66,3	74,9	59,1	80,6	71,3	57,2	62,5	86,4	71,8	83,7	89,7	67,7	69,2	96,7	87,8	83,7
Alter der Referenzperson	16–34	31,9	46,4	13,2	36,2	66,6	25,7	42,1	73,7	44,3	68,9	53,4	20,8	48,4	59,8	71,1	39,1
	35–44	57,1	65,3	42,2	66,5	78,8	53,9	56,7	80,0	61,2	89,2	60,5	43,9	69,1	82,8	86,5	72,1
	45–54	64,3	74,6	48,2	76,7	85,0	62,2	69,2	81,8	63,3	79,2	61,6	54,8	76,9	83,1	94,6	73,3
	55–64	71,3	76,5	59,4	83,9	89,4	69,0	79,4	80,6	79,1	79,0	55,3	58,8	77,0	84,6	96,2	79,4
	65–74	71,0	80,4	58,6	88,0	89,0	70,3	78,8	73,2	85,4	71,8	54,9	58,1	78,3	90,0	96,9	82,2
	75+	65,2	79,4	48,4	83,8	89,7	59,1	75,9	61,1	86,7	64,2	50,5	50,2	71,8	89,2	94,0	73,3

Dass die Mehrheit der deutschen Gesamtbevölkerung zur *Miete* lebt, verstärkt strukturell die Ungleichverteilung, da aus den laufenden Erwerbseinkommen der Mieter ein kontinuierlicher Strom von Mietzahlungen an im In- oder Ausland ansässige Vermieter fließt und diese bei tendenziell höherem Einkommen mehr sparen und weiteres Vermögen akkumulieren können.

4.2.4   Einkommensverteilung im Euroraum und in der OECD

Vergleicht man die durchschnittliche *Jahresbruttoeinkommen* pro Haushalt, so liegt Deutschland mit 43,5 Tsd. € oberhalb des Durchschnitts der 15 von der HFCN erfassten Euroländer, und auch der Medianwert p50 ist mit 32,5 Tsd. € über dem Euro15-Mittel von 28,6 Tsd. €. Das mit deutlichem Abstand höchste Jahresbruttoeinkommen verzeichnet Luxemburg mit einem Durchschnittswert von 83,7 Tsd. € und einem Medianwert von 64,8 Tsd. €. Es folgen die Niederlande mit einem Durchschnittswert von 45,8 Tsd. € und einem Medianwert von 40,6 Tsd. € sowie Finnland mit einem Durchschnittswert von 45,1 Tsd. € und einem Medianwert von 36,3 Tsd. €. Die Slowakei hat mit einem Durchschnittswert von 13,5 Tsd. € und einem Medianwert von 11,2 Tsd. € die niedrigsten Jahresbruttoeinkommen der Euro15-Länder.

---

[50] Die Haushaltsbezugsperson wird nach den internationalen Standards der sog. Canberra-Gruppe (UNECE 2011) durch sequentielle Anwendung der folgenden Kriterien ermittelt: (1) Haushaltstyp: a) einer der Partner in einer eingetragenen oder de facto Ehe mit unterhaltsberechtigten Kindern, b) einer der Partner in einer eingetragenen oder de facto Ehe ohne Kinder, c) ein(e) Alleinerziehende(r) mit minderjährigen Kindern, (2) die Person mit dem höchsten Einkommen, (3) die älteste Person.

Tab. 4.4:   Verteilung der Jahresbruttoeinkommen pro Haushalt im Euroraum (in Tsd. €, Quelle: HFCN
               2013c: I3) [51]

	Euro15	BE	DE	GR	ES	FR	IT	CY	LU	MT	NL	AT	PT	SI	SK	FI
Mittel	37,8	49,5	43,5	27,7	31,3	36,9	34,3	43,3	83,7	26,4	45,8	43,9	20,3	22,3	13,5	45,1
p10	10,0	10,2	11,1	7,3	7,7	12,3	10,0	9,1	22,9	8,0	17,1	12,3	5,0	1,9	4,7	13,0
p20	14,6	15,9	16,0	11,0	12,4	16,4	14,3	14,9	32,8	10,9	24,1	17,1	7,1	5,6	6,0	17,9
p30	19,0	21,6	21,3	14,6	16,0	20,4	18,1	20,1	42,8	14,4	30,2	21,8	9,4	8,1	7,6	24,0
p40	23,8	26,7	26,4	18,0	20,5	24,6	22,2	26,6	52,8	18,1	35,3	26,4	12,1	12,9	9,6	30,2
p50	28,6	33,7	32,5	22,0	24,8	29,2	26,3	32,3	64,8	21,6	40,6	32,3	14,6	18,0	11,2	36,3
p60	34,8	42,6	40,1	26,7	29,0	34,6	32,1	38,4	75,7	26,4	46,8	39,7	17,6	23,1	13,4	44,5
p70	42,5	53,6	48,7	32,1	35,0	40,8	39,3	49,2	92,7	32,3	54,2	48,2	21,8	27,7	15,6	54,1
p80	52,9	69,2	61,0	39,6	43,0	49,2	48,3	60,5	114,8	39,4	64,4	60,7	28,1	34,1	18,4	65,2
p90	72,3	89,6	85,4	53,4	58,0	64,3	64,9	83,8	154,8	51,0	81,4	79,5	39,8	50,2	24,3	84,1

Laut OECD (2014) stieg der Anteil des *einkommensstärksten 1 Prozents* zwischen 1981 und
2012 in fast allen OECD-Ländern stark an, wobei dieser Anstieg in den Vereinigten Staaten
am höchsten war: das einkommensstärkste Prozent erhielt 1981 8,2 % und 2012 19,3 % des
Gesamteinkommens. In Großbritannien stieg der Einkommensanteil des obersten 1 Prozents
seit 1981 von 6,7 % auf 12,9 % (2011), in Deutschland von 10,7 % auf 12,7 % (1998), in
Kanada von 8,1 % auf 12,2 % (2010), in der Schweiz von 8,4 % auf 10,5 % (2009), in Irland
von 6,7 % auf 10,5 % (2009), in Portugal von 4,3 % auf 9,8 % (2005), in Japan von 7,2 %
auf 9,5 % (2010), in Italien von 6,9 % auf 9,4 % (2009), in Australien von 4,8 % auf 9,2 %
(2010), in Spanien von 7,5 % auf 8,2 % (2010), in Frankreich von 7,6 % auf 8,1 % (2009), in
Norwegen von 4,7 % auf 7,8 % (2011), in Finnland von 4,3 % auf 7,5 % (2009), in Neuseeland von 5,7 % auf 7,4 % (2010), in Schweden von 4,1 % auf 7,1 % (2012), in Dänemark
von 5,1 % auf 6,4 % (2010) und in den Niederlanden von 5,9 % auf 6,3 % (2012).[52]

Die Realeinkommen des obersten 1 Prozents reagieren laut OECD (2014: 2) empfindlicher
auf Konjunkturschwankungen als die Einkommen der übrigen Bevölkerung. Bezogen auf die
neun OECD-Länder mit verfügbaren Daten sank das Einkommen der „Top 1%" 2008 um 3,0
% und 2009 um weitere 6,6 %, während das Einkommen der „Unteren 90%" 2008 um 0,3 %
stieg und 2009 um 2,2 % zurückging. 2010 stiegen die Spitzeneinkommen der „Top 1%"
wieder um 3,9 %, während die Realeinkommen der unteren 90 % der Bevölkerung stagnierten.[53] Kritisch ist anzumerken, dass in der OECD-Studie grundsätzlich keine Kapitalgewinne
erfasst werden.

Zur Erklärung der zunehmend ungleichen Einkommensverteilung gibt es nach OECD (2014:
5) verschiedene Ansätze. Die *Superstars-Theorie* besagt, dass die Top-Leistungsträger besonders von der Globalisierung und der rasanten Entwicklung der Informations- und Kommunikationstechnologien profitieren, da sich Arbeitgeber im globalen Wettbewerb um die

---

[51] Das Gesamtjahresbruttoeinkommen pro Haushalt umfasst Einkommen aus unselbständiger und selbständiger
      Tätigkeit, Einkünfte aus öffentlichen Pensionen, aus privater und betrieblicher Altersversorgung, aus Arbeitslo-
      sengeld (für Haushaltsmitglieder ab 16 Jahren) und anderen Sozialtransfers, aus regelmäßigen privaten Trans-
      fers (wie Alimente), aus Mieteinnahmen für Immobilien, Erträgen für Finanzanlagen, privaten Unternehmen
      oder Partnerschaften sowie regelmäßige Einkommen aus anderen Quellen.
[52] Quelle: OECD-Berechnungen auf der Grundlage der World Top Income Datenbank. Die Einkommen beziehen
      sich auf Vorsteuereinkommen ohne Kapitalgewinne, mit Ausnahme von Deutschland, für das Kapitalgewinne
      berücksichtigt sind.
[53] Quelle: OECD-Berechnungen auf der Grundlage der World Top Income Datenbank. Die Einkommen beziehen
      sich auf Vorsteuereinkommen ohne Kapitalgewinne, für jene neun OECD-Länder (Australien, Kanada, Däne-
      mark, Japan, Neuseeland, Norwegen, Spanien, Schweden und USA), für die Daten für diese Jahre zur Verfügung
      stehen.

fähigsten Manager und Fachkräfte überbieten. In diesem Fall sollte ein Anstieg der höchsten Einkommen in allen marktwirtschaftlichen Ökonomien zu beobachten sein, was jedoch nicht der Fall ist: Im Zeitraum 1975 bis 2007 vor der Wirtschaftskrise ging vom gesamten Einkommenswachstum vor Steuern in den Vereinigten Staaten 47 % an die „Top 1%"; in Kanada waren es 37 %, in Großbritannien 24 % und in Australien 23 %, während der Anteil der „Top 1%" in Italien und Frankreich bei 11 %, in Spanien bei 10 %, in Schweden bei 8,8 %, in Portugal bei 7,5 % und in Dänemark bei nur 2,5 % lag.[54] Dieser empirische Befund spricht gegen die Superstars-Theorie. Der besonders starke Einkommensanstieg der Topverdiener in englischsprachigen Ländern deckt sich teilweise mit der schnellen Entwicklung und *Ausweitung des Finanzsektors* in diesen Ländern, sodass eine Verortung der Spitzenverdiener in diesen Sektoren vermutet werden könnte. Angesichts des relativ kleinen Anteils der im Finanzsektor Beschäftigten müssten jedoch Ausstrahlungseffekte zu den Spitzenverdienern anderer Sektoren stattgefunden haben, um die besagten Einkommensspreizungen zu erklären (OECD 2014: 3 ff).

Eine bessere Erklärung ist die weltweite *Senkung der Spitzensteuersätze*. Die in der Nachkriegszeit zunächst hohen Einkommen- und Erbschaftsteuern, die zwischen den 1920er und 1970er Jahren zur Nivellierung der Einkommensunterschiede beitrugen, wurden seit Anfang der 1980er Jahre erheblich reduziert (OECD 2014: 5). Lagen die Spitzensteuersätze 1981 im OECD Durchschnitt noch bei 66 % (zwischen 46 % in der Schweiz und 93 % in Japan), waren es 2013 im OECD-Mittel nur noch 43 % (zwischen 15 % in Tschechien und 60 % in Dänemark).

4.2.5   Globale Vermögensverteilung

Seit den 1980er Jahren ist weltweit eine deutliche Zunahme der Ungleichverteilung zu beobachten. Nach Becerra et al. (2012: 7) werden die weltweit rund *9.000 superreichen Haushalte* mit einem privaten Nettovermögen von über 100 Millionen US-Dollar, von denen die meisten in den Vereinigten Staaten (2.928) und in Großbritannien (1.125) leben, auch zukünftig das stärkste Vermögenswachstum verzeichnen. Ihr Vermögenszuwachs in den kommenden 5 Jahren wird auf 8 % geschätzt gegenüber 3 % für die Gruppe der Haushalte mit einem Vermögen von unter einer Million US-Dollar.

Da es bislang an belastbaren statistischen staatlichen Informationen zur globalen Vermögensverteilung mangelt, muss ersatzweise auf Berichte von Finanzinstitutionen, wie Credit Suisse, Merill Lynch oder Allianz, sowie auf Magazine, wie Forbes, zurückgegriffen werden. Nach vorliegenden Vermögensberichten scheint der globale Vermögensanteil des obersten Tausendstels fast 20 %, jener des obersten Perzentils etwa 50 % und jener des obersten Dezils 80 bis 90 % zu betragen, während die ärmere Hälfte der Weltbevölkerung sicher unter 5 % des Gesamtvermögens besitzt (Piketty 2014: 582 f). Diese globale Verteilung entspricht etwa der von King (1915) für die Vereinigten Staaten beschriebenen Vermögensverteilung, die von Fisher (1919: 13) als undemokratisch bezeichnet wurde.

Trotz massiver Steuersenkungen haben *Kapitalflucht* und *Steuerbetrug* zugenommen, denn die Bedingungen der Globalisierung, der digitalen Entgrenzung und des Standortwettbewerbs zwischen Ländern bieten Vermögenden gute Möglichkeiten, Steuerzahlungen durch

---

[54] Quelle: OECD-Berechnungen auf der Grundlage der World Top Income Datenbank. Die Einkommen beziehen sich auf Einkommen vor Steuern und ohne Kapitalgewinne.

Ausnutzung komplizierter internationaler Gesetzeslagen zu vermeiden und ihr Kapital in Offshore Steueroasen anzulegen. Dabei werden die weltweit reichsten Individuen von einer globalen Infrastruktur von Anwälten, Buchhaltern, Bankern und Beratern höchst erfolgreich unterstützt, ihr Vermögen zu verstecken (Shaxson et al. 2012: 3) und zu mehren.

Dass mit zunehmendem Vermögensbestand die durchschnittliche *reale Nettorendite* (inklusive Wertzuwächse, nach Inflation und Steuern und Abzug der Geschäftsführungskosten) erheblich steigt, zeigt Piketty (2014: 598 f) am Beispiel US-amerikanischer Universitäten, für die transparente Daten vorliegen.

Tab. 4.5:   Rendite des Stiftungskapitals US-amerikanischer Universitäten, 1980–2010 (Piketty 2014: 598)

Durchschnittliche reale Nettorendite pro Jahr (nach Abzug von Verwaltungskosten und inflationsbereinigt)	Zeitraum 1980–2010
US-amerikanische Universitäten insgesamt (850)	8,2 %
Harvard, Yale und Princeton	10,2 %
Stiftungsvermögen über 1 Milliarde Dollar (60)	8,8 %
Stiftungsvermögen zwischen 500 Millionen und 1 Milliarde Dollar (66)	7,8 %
Stiftungsvermögen zwischen 100 und 500 Millionen Dollar (226)	7,1 %
Stiftungsvermögen unter 100 Millionen Dollar (498)	6,2 %

Mit zunehmendem *Stiftungsvermögen* steigt der Anteil „alternativer Anlagen" in Form von nicht börsennotierten Aktien (Private Equity), Auslandsaktien, Hedgefonds, Derivaten, Immobilien und Rohstoffen, die bei Stiftungsvermögen unter 50 Millionen US-Dollar kaum 10 % des Portfolios, bei Stiftungsvermögen über 1 Milliarde US-Dollar dagegen über 60 % des Portfolios ausmachen. Alternative Strategien ermöglichen Realrenditen von an die 10 %, erfordern jedoch den Einkauf teurer Experten, was sich erst für entsprechend große Vermögen lohnt (Piketty 2014: 600 f).

Nach Informationen des Tax Justice Network (2012) besitzen die *reichsten 0,001 %* der Weltbevölkerung 30 % des weltweiten Nettofinanzvermögens (Aktien, Geldpapiere, Anleihen), wovon 59 % Offshore investiert sind. Mit zunehmendem Vermögen steigt der Anteil der Offshore in Steueroasen angelegten Vermögen, die in der Regel nur einer sehr geringen Besteuerung unterliegen.

Das Volumen des weltweit in *Offshore Steueroasen* investierten Finanzvermögens lag 2010 zwischen 21 und 32 Billionen US-Dollar, nachdem es 2004 noch zwischen 16 und 20 Billionen US-Dollar gelegen hatte (Tax Justice Network 2012). Ausgehend von der unteren Schätzung für 2010 zeigt die folgende Abbildung die globale Verteilung der Nettofinanzvermögen, wobei die Weltbevölkerung nach ihrem Vermögensbestand (unter 1 Mio. US-Dollar, 1 bis 3 Mio. US- Dollar, 5 bis 30 Mio. US-Dollar, über 30 Mio. US-Dollar) gruppiert ist.

Der Anteil der Weltbevölkerung mit einem Nettofinanzvermögen über 1 Mio. US-Dollar beträgt 0,14 %. Diese 9,35 Mio. Menschen besitzen 81,3 % des globalen Nettofinanzvermögens (44,8 Billionen US-Dollar), während auf die anderen 6.643,86 Mio. Menschen die verbleibenden 18,7 % des Nettofinanzvermögens (10,3 Billionen US-Dollar) entfallen. Von den vorsichtig geschätzten 20,6 Billionen US-Dollar, die in Steueroasen investiert sind, gehören etwa 95 % (19,6 Billionen US-Dollar) den reichsten 0,14 % der Weltbevölkerung und 5 % den sonstigen 99,86 % der Menschen (Tax Justice Network 2012: 5).

Personengruppe nach Vermögen	< 1 Mio. $	1 - 5 Mio. $	5 - 30 Mio. $	> 30 Mio. $
▦ Flüssige Mittel in Mrd. $	10.300	17.400	10.700	16.700
Flüssige Mittel in Steueroasen in Mrd. $	1.000	4.700	5.100	9.800
Anzahl Personen	6.643.863.592	8.419.794	839.020	91.186
%-Anteil Weltbevölkerung	99,86	0,13	0,01	0,001
Flüssige Mittel pro Kopf in $	1.550	2.066.559	12.752.974	183.142.149
Flüssige Mittel pro Kopf in Steueroasen in $	151	558.208	6.078.520	107.472.638

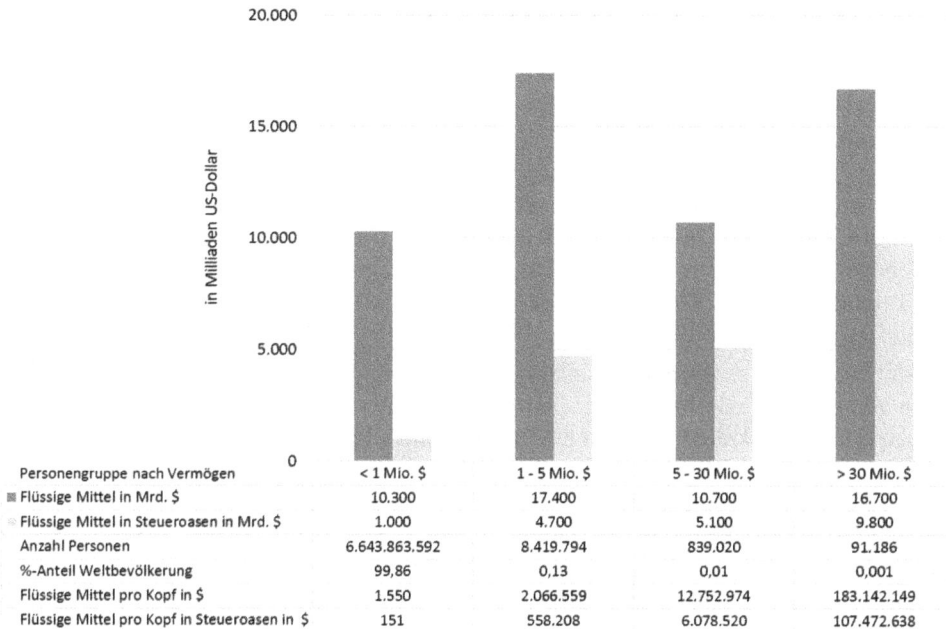

Abb. 4.6:   Globale Verteilung der Nettofinanzvermögen (Quelle: Tax Justice Network 2012: 5)[55]

4.2.6   Analyse der Verteilungsentwicklung in Deutschland

Der empirische Befund einer weltweit zu beobachtenden *Umverteilung von unten nach oben* wird im Folgenden bezogen auf Deutschland analysiert. Wichtig ist zunächst festzustellen, dass sämtliche Einkommen der Produktionsfaktoren Arbeit, Boden und Kapital letztlich von den Konsumenten über die Produktpreise bezahlt werden, in welche die Arbeitskosten, Kapitalkosten und Bodenrenten einkalkuliert sind. Die Arbeitskosten betreffen die Löhne und Gehälter der Arbeitnehmer, die Kapitalkosten umfassen die Zinsen für die aufgenommenen Kredite und die kalkulatorische Rendite auf das eingebrachte Eigenkapital, die Bodenrente betrifft die Mieten und Pachten für den Faktor Boden. Als Renten bezeichnen wir jene Einkommen, die ohne Arbeitsleistung als Gegenleistung erzielt werden.[56] In jedem zum Kauf angebotenen Produkt ist ein bestimmter Anteil an Kapital- und Bodenrenten enthalten. Die Lohnquote, d. h. die Arbeitnehmerentgelte der Inländer in Relation zum Volkseinkommen, lag im Berichtsjahr 2010 in Deutschland bei 66,8 % (SVR 2014: 121). Der restliche Anteil von 33,2 % des Volkseinkommens entfiel entsprechend auf Nicht-Arbeitseinkommen.

Bei einem Volkseinkommen von 2,1 Billionen € in 2013 (Statistisches Bundesamt 2014b) fließen rd. ein Drittel, d. h. 700 Milliarden € Unternehmens- und Vermögenseinkommen an die Eigentümer von Kapital und Boden. Dies entspricht etwa einem Viertel des deutschen Bruttoinlandsprodukts.

---

[55] Quelle: Tax Justice Network (2012) basierend auf Daten von Merrill Lynch/Cap Gemini (2001–09), World Bank Data, UN Wider (2007), US Treasury (2009).

[56] Als Renten werden auch Vorteile für Anbieter (Produzentenrente) und Nachfrager (Konsumentenrente) bezeichnet, die hier nicht gemeint sind.

Die ärmsten 50 % der bundesdeutschen Haushalte besitzen etwa ein Prozent des Nettovermögens, während das reichste Zehntel der Bevölkerung über etwa 60 % des Nettovermögens verfügt (Grabka und Frick 2007: 668). Nach neuesten Erkenntnissen besitzt das reichste Tausendstel der Haushalte 15 % des Nettovermögens und das reichste Prozent rund ein Drittel (Westermeier und Grabka 2015: 123, 131). Unter der vorsichtigen Prämisse, dass die 700 Milliarden € Unternehmens- und Vermögenseinkommen der inländischen Bevölkerung proportional zu ihrem Nettovermögen zufließen, bezieht das reichste Zehntel jährlich 420 Milliarden Euro (20 % des Volkseinkommens) an Kapitaleinkünften in Form von Gewinnen, Dividenden, Zinsen, Mieten und Pachten. Dabei entfallen auf das reichste Prozent jährlich 233 Milliarden Euro an Kapitaleinkünften (11 % des Volkseinkommens) und allein auf das reichste Tausendstel jährlich 105 Milliarden Euro (5 % des Volkseinkommens).

Relevant für diesen permanenten Einkommensstrom sind neben Miet-, Pacht- und Zinszahlungen von privaten Haushalten vor allem die Kapitalkosten der Unternehmen, welche in die Produktpreise einkalkuliert und von den Konsumenten bezahlt werden. Nach Berechnungen von Creutz (2010: 4) beträgt der *Zinsanteil an den Konsumausgaben* durchschnittlich 34,8 %. Der genaue Zinsanteil in den Produktpreisen hängt von der Produktionsweise ab: bei kapitalintensiver Produktion ist der Zinsanteil höher, bei arbeitsintensiver Produktion geringer. Da die Produktpreise der privaten Endverbraucher einen durchschnittlichen Zins- bzw. Rentenanteil von etwas mehr als einem Drittel enthalten, fließt ein permanenter Einkommensstrom von der konsumierenden Bevölkerung zu den Eigentümern von Vermögen, die hierfür Kapitaleinkünfte beziehen. Mit anderen Worten: ohne Zins würden die Löhne um etwa ein Drittel steigen.

Zinsen zahlen nicht nur verschuldete Menschen, die vom Zins besonders betroffen und teilweise in ihrer Existenz von der Zinshöhe abhängig sind, sondern auch schuldenfreie Menschen, die Zinsen über die Güterpreise bezahlen, was ihnen häufig gar nicht bewusst ist. Nach Creutz (2010: 5f) übersteigen für 80 bis 90% der Haushalte die Zinslasten die Zinseinkommen, während das reichste Zehntel der Haushalte pro Jahr durchschnittlich mehr als 60 Tsd. Euro an Zinsüberschüssen erzielt. Der durchschnittliche Zinslastanteil in den Haushaltsausgaben erhöhte sich sukzessive von 3 % in 1950 auf 13 % in 1975 und 31 % in 2000. In nominellen Werten stiegen die Zinsanteile in den Haushaltseinkommen, zusammen mit den Schulden, von 1950 bis 2000 auf das 90- bis 100-fache an, während die verfügbaren nominellen Lohneinkommen lediglich auf das 20-fache zunahmen. „Schulden und Zinslasten stiegen in den 50 Jahren rund fünf Mal so rasch an wie die Ausgaben der Haushalte, über die sie bedient werden mussten!" (Creutz 2010: 6). Diese Dynamik führt zur Akkumulation und Konzentration des Vermögens. Beim reichsten Zehntel lag das Verhältnis zwischen Einkommen und Vermögen 1990 bei 1 : 10, 2000 bei 1 : 16 und 2007 bei 1 : 20 (Creutz 2010: 3).

Die Eigentumsordnungen der meisten Staaten erlauben unbegrenzte Vermögensakkumulation. Nach Art. 14 des Grundgesetzes werden Eigentum und Erbrecht hierzulande gewährleistet und dessen Inhalt und Schranken durch Gesetze bestimmt. Eigentum verpflichtet. Sein Gebrauch soll zugleich dem Wohle der Allgemeinheit dienen. Eine Enteignung ist nur zum Wohle der Allgemeinheit zulässig und darf nur durch Gesetz oder auf Grund eines Gesetzes erfolgen, das Art und Ausmaß der Entschädigung regelt. In Deutschland gibt es somit keine gesetzlich definierte Höchstgrenze für Vermögen. Die vier Freiheiten der Vertragsfreiheit, der Eigentumsfreiheit, der Freiheit zur Innovation und der Freiheit, Geld verleihen oder leihen zu dürfen bilden gemäß AEUV die Grundlage des Binnenmarktes der Europäischen Union.

Durch den Zinseszinseffekt, der auch Bodenrenten und Eigenkapitalrenditen umfasst, enthält das kapitalistische System einen endogenen Mechanismus zur Vermögensakkumulation. Die Ungleichverteilung der Einkommen und deren Konzentration bei den reichen Bevölkerungsschichten bewirkt, dass im Zeitverlauf die Sparquote steigt. Das akkumulierte Kapital sucht nach rentablen Investitionsmöglichkeiten, wobei diese auf eine hohe gesamtwirtschaftliche Konsumnachfrage und entsprechende Massenkaufkraft angewiesen sind. Da die Entwicklung der Löhne und Gehälter hinter dem Wachstum der Kapitaleinkommen zurückbleibt, entsteht eine zunehmende Disproportionalität der Einkommens- und Vermögensverteilung. Durch Verschuldung der privaten Haushalte kann deren Konsumnachfrage trotz sinkender Lohnquote eine Zeit lang aufrechterhalten werden. Noch länger gelingt dies, wenn der Staat die Nachfragelücke der privaten Haushalte schließt, indem er sich verschuldet. Dass dieser Prozess zumindest aus mikroökonomischer Perspektive nicht nachhaltig ist, wurde erkannt und brachte die deutsche Politik dazu, eine *Schuldenbremse* in die Verfassung zu schreiben. Finanzpolitik zielt darauf, durch entsprechende staatliche Einnahmen- und Ausgabenpolitik kollektive Bedürfnisse, z. B. nach sozialer Sicherung, Bildung, Infrastruktur, innerer und äußerer Sicherheit zu decken. Mit der in Art. 109 Abs. 3 GG verfassungsrechtlich festgeschrieben staatlichen Schuldenbremse, welche die strukturelle, also nicht konjunkturbedingte, jährliche Nettokreditaufnahme des Bundes auf maximal 0,35 % des Bruttoinlandsproduktes begrenzt und für die Länder die Nettokreditaufnahme ganz verbietet, wurden die finanzpolitischen Möglichkeiten zur Finanzierung wirtschaftlicher und gesellschaftlicher Reformvorhaben reduziert, was wiederum makroökonomische Auswirkungen hat. Es ist zu erwarten, dass die Schuldenbremse den Druck auf Staatsausgaben und insbesondere Sozialausgaben erhöhen und die gesamtwirtschaftliche Nachfrage, die binnenwirtschaftlichen Absatzpotenziale der Unternehmen und das Wirtschaftswachstum abbremsen wird. Da Neuverschuldung ein wesentlicher Treiber für Wirtschaftswachstum ist (Länder mit einem hohem Pro-Kopf-Einkommen haben i. d. R. auch eine hohe Pro-Kopf-Verschuldung), kann staatlicher Schuldenabbau ohne Kompensation durch steuerfinanzierte öffentliche Nachfrage zu Postwachstum oder De-Growth führen, was im derzeitigen kapitalistischen System wirtschafts- und verteilungspolitische Probleme aufwirft. Betrachtet man die Struktur des Bundeshaushalts und berücksichtigt die Tatsache, dass der größte Haushaltsposten Sozialausgaben umfasst, wird deutlich, dass die Schuldenbremse Einschnitte in den Sozialhaushalt zur Folge haben wird, sofern nicht die Steuern erhöht werden. Mit der Reduzierung von Sozialleistungen würde gesamtwirtschaftliche Nachfrage ausfallen und zu einer Abschwächung nicht nur des Wirtschaftswachstums, sondern auch des Wohlstands sozial bedürftiger Menschen führen.

4.2.7 Folgen der Umverteilung von unten nach oben

Mit zunehmendem Einkommen steigt die Sparquote der privaten Haushalte deutlich an (ZEW 2012: 23 ff). Reiche Haushalte, deren tägliche Einkommen mehrere Tausend Euro betragen, können diese kaum ausgeben, weshalb ihre Sparquote sehr hoch ist. Mittlerweile gibt es eine *Überschussliquidität*, die nach rentierlicher Anlage sucht und diese angesichts zurückbleibender Massenkaufkraft immer schwieriger findet.

Umverteilung von unten nach oben verringert den Konsum, da einkommensstarke Personen einen kleineren Teil ihres Einkommens ausgeben als einkommensschwache, was ohne adäquate Gegensteuerung zu Arbeitslosigkeit führt (Stiglitz 2012: 85). Die Gegensteuerung bestand bislang darin, dass sich vor allem Staaten, aber auch Privatpersonen und Unternehmen in Erwartung zukünftiger Absatzchancen verschuldeten und hierdurch die gesamtwirtschaftliche Nachfrage und das wirtschaftliche Wachstum stimuliert wurden. Der durch Kreditfinanzierung zusätzlich stimulierten Nachfrage entsprechend wurden weltweit Produktionskapazitäten aufgebaut, deren Auslastung entsprechende Kaufkraft und Nachfrage breiter Bevölkerungskreise erfordert. Aufgrund einer im Zeitverlauf zinsinduziert verstärkt zunehmenden Verschuldung (und Vermögensbildung) sowie einer sukzessiven Umverteilung von unten nach oben kann dieser Prozess nicht dauerhaft aufrechterhalten werden, da die Fähigkeit der Schuldner, Zins und Tilgung zu bedienen ebenso schwindet wie die Bereitschaft und Möglichkeit, sich immer weiter zu verschulden, d. h. sich immer mehr Geldkapital von den Vermögenden zu leihen. Mit der Finanzkrise wurden Anleger risikobewusster und verlangen entsprechende Sicherheiten für weitere Kreditvergaben. Zwar besteht ein Überangebot an anlagesuchendem Kapital, was sich an den historisch niedrigen Zinssätzen zeigt, jedoch gehen dem anlagesuchenden Kapital allmählich die solventen Schuldner aus. Kapitalintensive Sektoren, wie die Immobilienbranche, können infolge des gestiegenen Kapitalangebots von sinkenden Zinsen profitieren, indem sie anlagesuchendes Kapital anziehen, was nachfrageinduzierte, sich selbst verstärkende Preissteigerungen bzw. Blasenbildungen auslöst. Die Überschussliquidität wird auch verwendet, um Rohstoffe, Edelmetalle, Lebensmittel und Unternehmen zu kaufen und deren Preise spekulativ in die Höhe zu treiben. Bei nachfrageinduzierten Kurssteigerungen (Herdenverhalten) können mikroökonomisch rational handelnde Investoren bei rechtzeitigem Verkauf ihrer Aktiva kurzfristig hohe Renditen erzielen. Makroökonomisch führt spekulatives Investitionsverhalten zu Boom-Bust-Zyklen bei existenziell bedeutsamen Gütern, wie Lebensmitteln, Rohstoffen oder Öl, und die Gütermärkte funktionieren nicht mehr als wirksames Steuerungsinstrument. Möglichkeiten, solche Fehlentwicklungen zu beseitigen und zu einem normalen güterwirtschaftlichen Marktmechanismus beizutragen, werden im nachfolgenden, das Geldsystem betreffenden Kapitel behandelt.

Durch niedrige Zinsen können Industrieunternehmen ihre Kapazitäten leichter ausbauen und erweitern. Solange die Massenkaufkraft infolge zinsgünstiger Konsumentenkredite hoch ist, können diese Kapazitäten ausgelastet und Wachstumsraten verzeichnet werden. Mit der allmählichen Überschuldung von Haushalten und auch infolge von Lohnzurückhaltung zunehmend ausbleibender Nachfrage kann dieses Wachstum jedoch nicht nachhaltig durchgehalten werden. Der Aufbau von zusätzlichen Kapazitäten erhöht den materiellen Wohlstand, ist aber nicht nachhaltig, wenn die Nachfrage nur durch Konsumkredit aufrechterhalten werden kann.

Nach der Finanzkrise wird Geld zurückgehalten, was die realwirtschaftliche Nachfrage eintrübt und zu einem Überangebot führt, welches sich zu Jahresbeginn 2015 etwa in starken Nachfrage- und Preisrückgängen im Rohstoffbereich ausdrückt. Bei fehlender Nachfrage verwandeln sich Kapazitäten in Überkapazitäten. In der Vergangenheit wurden weltweite Produktionskapazitäten aufgebaut, die Kaufkraft breiter Bevölkerungskreise erfordern, an der es infolge der im Zeitverlauf zunehmenden Umverteilung von unten nach oben nun teilweise mangelt.[57] Da der seit den 1980er Jahren durch höhere Verschuldung tatsächlich er-

---

[57] So stieg 2000–2010 das Pro-Kopf-BIP in den USA jährlich um durchschnittlich 6,8 % und in Deutschland um 10,4 %, während das Medianeinkommen in den USA jährlich um 4 % und in Deutschland um 3 % zurückging. Hinter der BIP-Entwicklung zurückbleibende Medianeinkommen verzeichneten auch die wirtschaftlich stark wachsende Tschechische Republik, Luxemburg, die Niederlande, Spanien und Belgien. Stärker als das BIP wuchs das Medianeinkommen 2000–2010 dagegen in Australien, Mexiko, Norwegen, Griechenland, Finnland, Italien, Irland, Polen, Neuseeland, Frankreich, Kanada und Großbritannien.

reichte Wachstumspfad deutlich höher war als ein theoretisch nachhaltiger endogener Wachstumspfad, der privaten Haushalten aus eigener Kraft und ohne Verschuldung möglich gewesen wäre, steht die Wirtschaft nach Kreiß (2013: 55 ff) vor einer Bereinigungskrise von vielleicht 25 % des BIP, die sich entweder durch eine langfristige über ein Jahrzehnt andauernde moderate reale Produktionsschrumpfung oder durch eine kurzfristige durch Panik ausgelöste steile Abwärtsentwicklung realisieren könnte. Ohne einen politischen und ökonomischen Richtungswechsel zu einer wirksamen Umverteilung von oben nach unten, etwa durch einen internationalen Kurswechsel in der Steuerpolitik, einen Schuldenerlass oder anderweitige Maßnahmen zur Sicherstellung eines nachhaltigen Geld- und Güterkreislaufs, sind Einbrüche in der Industrieproduktion ähnlich jenen der großen Depression zwischen 1929 und 1932 zu befürchten, als das reale Sozialprodukt in Deutschland um 23 % und in den USA um 30,5 % sank und die Industrieproduktion in Deutschland um 40 % und in den USA um 46 % einbrach (Kreiß 2013: 58). Überschussliquidität und entsprechend niedrige Zinsen bewirkten die Schaffung weltweiter Überkapazitäten, die jedoch aufgrund zu geringer Nachfrage bzw. Kaufkraft nicht ausgelastet werden können. Wird die Massenkaufkraft nicht erhöht, drohen dramatische Schrumpfungsprozesse, da die geforderten Renditen nicht mehr erwirtschaftet werden können. Wenn dem drohenden Kapazitätsabbau nicht durch eine Reform des Geldsystems begegnet werden kann (wie dies gelingen könnte, ist Gegenstand des nächsten Kapitels), stellt sich die Frage, wessen Kapazitäten abgebaut werden und wessen Kapazitäten erhalten bleiben, wer Verlierer und wer Gewinner in einem zukünftigen Schrumpfungsprozess ist. Sollte der Kapazitätsabbau infolge der Eurokrise vorwiegend in Europa stattfinden, würden die Weltregionen Amerika und Asien vor drastischen Einschnitten verschont bleiben.

Die hohe Jugendarbeitslosigkeit in südeuropäischen Ländern, die saisonbereinigt im Nov. 2014 in Spanien 54 %, in Griechenland 50 %, in Kroatien 46 % und in Italien 44 % betrug (Quelle: Eurostat), ist ein gesellschaftlich und politisch prekärer Zustand. Sollte angesichts dieser Situation ein großes Land aus dem Euro ausscheiden oder insolvent werden, droht eine Zuspitzung der Banken- und Finanzkrise in Europa, die Prozesse ähnlich der Weltwirtschaftskrise Anfang der Dreißigerjahre auslösen könnte. Folge wären weiter steigende Arbeitslosigkeit, ökonomische Schrumpfungsprozesse und mögliche gesellschaftliche Unruhen auch in Kontinentaleuropa.

4.3 Internationale Reformierung der Besteuerung für intragenerative Gerechtigkeit

4.3.1 Reformierung der Einkommensteuer

Nach UNCTAD (2012) ist die weltweit zunehmende Ungleichheit in der Einkommensverteilung keine unvermeidliche Konsequenz von Globalisierung und technologischem Wandel, da auch unter diesen Bedingungen Regierungen durch finanz- und arbeitsmarktpolitische Maßnahmen Einkommensunterschiede begrenzen und sogar reduzieren könnten. Regierungen haben laut OECD (2014: 1) verschiedene Optionen zur effektiven Steuererhöhung für Spitzeneinkommensbezieher, zur besseren Einhaltung der Steuervorschriften und zur Vermeidung von Steuerflucht, um auf diese Trends zu reagieren. Die zunehmend ungleiche Einkommensverteilung hat negative Auswirkungen auf das ökonomische Entwicklungspotential, da es die Güternachfrage, die Bildungschancen und die soziale Mobilität der ärmeren Bevölkerungsschichten einschränkt. Diesem Nachteil sollte durch Steuerreformen, gezielte Erhöhung von Sozialausgaben und verbesserte Arbeitsmarktpolitik entgegengewirkt werden (UNCTAD 2012). Dies ist nicht nur aus sozialen, sondern auch aus ökonomischen Gründen geboten, da die Konsumnachfrage der breiten Bevölkerung einen entscheidenden Faktor für nachhaltige wirtschaftliche und soziale Entwicklung darstellt. Bei sinkenden Lohnquoten kann die Konsumnachfrage der Bevölkerung nur durch zunehmende Verschuldung aufrechterhalten werden. Zunehmende Einkommens- und Vermögenskonzentration zugunsten einer Elite und parallel anwachsende Verschuldung bzw. Kaufkraftschwäche großer Bevölkerungsteile führen zu Überschussliquidität auf der einen und zu Überschuldung auf der anderen Seite, wodurch sich der ökonomische Nutzen nachhaltiger Investitionen, die breiten Bevölkerungskreisen zu Gute kommen sollen, und von diesen (nicht mehr) bezahlt werden, gegenüber kurzfristigen Finanzinvestitionen verringert.

Ein schwerwiegendes Problem ist die nicht verteilungsgerechte Finanzierung staatlicher Leistungen unter den Bedingungen der Globalisierung. Während sich das grenzüberschreitend mobile Kapital der Besteuerung, etwa durch Gründung von Finanzierungsgesellschaften in Niedrigsteuerländern, entziehen kann und die Steuerbasis für Kapitalerträge im Zuge eines Steuerwettbewerbs zwischen Staaten erodierte, lastet die Hauptsteuerlast heutzutage auf den weniger mobilen Arbeitnehmern und Konsumenten. Folge ist eine de facto regressive Besteuerung von Spitzeneinkommen, insbesondere von Kapitalerträgen.

In Deutschland halbierte sich seit 1980 die Steuerbelastung von Unternehmens- und Vermögenseinkommen im Vergleich zur Besteuerung der Arbeitnehmereinkommen (Lorenz und Obermaier 2004: 152). Während deutsche Unternehmen in den 1960er Jahren investierten und sich hierzu netto verschuldeten, hat sich diese Situation u. a. aufgrund der Unternehmenssteuersenkungen mittlerweile umgekehrt und führte zur atypischen ökonomischen Situation, dass die deutschen Unternehmen heute netto sparen. Die größten Nettosparer waren und sind die privaten Haushalte, wobei hierfür vor allem der Anteil der reichsten Haushalte maßgeblich ist. Mit der Schuldenbremse wird zukünftig auch die Netto-Neuverschuldung des deutschen Staates beendet. Da ohne politische Maßnahmen, wie Steuererhöhungen, voraussichtlich auch zukünftig keine Netto-Neuverschuldung des Unternehmenssektors zu erwarten ist, fallen private Haushalte, Staat und Unternehmen insgesamt als Schuldner aus. In diesem Fall müsste sich das Ausland weiter verschulden, damit die privaten Haushalte weiter sparen können. Die Eurokrise zeigt, dass dies noch weniger nachhaltig ist, als wenn sich der deutsche Staat verschuldet.

Aufgrund der negativen Erfahrungen mit Überschuldungen sind heute weltweit weniger Staaten bereit, die Schuldnerposition zu übernehmen. Den Gläubigern gehen die Schuldner aus. Das anlagesuchende Kapital findet weniger Nachfrage, sodass der Zins sinkt. Kritisch ist insbesondere, dass unterbliebene Investitionen negative Auswirkungen auf die Arbeitseinkommen haben und in Folge der sinkenden Massenkaufkraft eine Abwärtsspirale eingeleitet wird. Diese unausgeglichene ökonomische Situation, in der vermögende private Haushalte massiv sparen und selbst die Unternehmen zu Netto-Sparen wurden, anstatt zu investieren und sich hierfür zu verschulden, zeigt den steuerpolitischen Handlungsbedarf und legt es nahe, vermögende private Haushalte und ertragsstarke Unternehmen zukünftig stärker steuerlich zu belasten. Im Sinne der grundgesetzlich verankerten Schuldenbremse wäre es konsequent und zielführend, staatliche Neuverschuldung durch private Besteuerung zu ersetzen um öffentliche Aufgaben nachhaltig zu finanzieren.

Landais et al. (2011: 48 ff) zeigen für *Frankreich* im Jahre 2010, dass die anteilige Gesamtbelastung aus Steuern und Sozialabgaben für mittlere Einkommensbezieher am höchsten und für das wohlhabendste Tausendstel am geringsten ist. Die ärmere Hälfte der Franzosen mit einem monatlichen Bruttoeinkommen zwischen 1.000 € und 2.200 € wird mit 41–48 % bzw. durchschnittlich 45 % belastet. Die folgenden 48 % der oberen Hälfte der Einkommenspyramide mit einem monatlichen Bruttoeinkommen zwischen 2.300 € und 9.400 € leisten die höchsten Abgaben von etwa 48–50 %. Die Bezieher von monatlichen Bruttoeinkommen von 9.500 € bis 14.000 € zahlen bereits weniger. Innerhalb des einkommensstärksten Prozents geht die Gesamtbelastung mit zunehmendem Einkommen dann stark zurück. Für das einkommensstärkste Tausendstel liegt die Gesamtbelastung bei unter 35 %, wobei in Steueroasen erzielte Einkommen in der Studie gar nicht erfasst sind (Piketty 2014: 666).

Auch in *Deutschland* werden kleine und mittlere Einkommen durch Steuern und Sozialabgaben stärker belastet als hohe Einkommen. Grundproblem ist dabei neben der diskutierten Beitragsbemessungsgrenze, die durchaus dem Versicherungsprinzip entspricht, vor allem die systematisch höhere Besteuerung von Lohneinkommen im Vergleich zu Kapitaleinkommen. Eine Erhöhung der Körperschaftsteuer und Kapitalertragsteuer zur Behebung dieses Missverhältnisses wäre ökonomisch sinnvoll und sozial gerecht. Deutschland könnte z. B. seinen im internationalen Vergleich niedrigen Körperschaftsteuersatz von 15 % erhöhen und hierdurch versuchen, Impulse in Richtung einer internationalen Steuerharmonisierung und Beendigung des Steuerwettbewerbs auszulösen. Frankreich leitete mit der Reichensteuer einen ersten Schritt in Richtung eines steuerpolitischen Kurswechsels ein, der von weiteren, insbesondere europäischen Ländern nachgeahmt werden könnte. In Deutschland wäre ein progressiver Höchststeuersatz adäquat, der nicht bei 45 % abbricht, sondern hohe Einkommen stärker als bisher belastet.

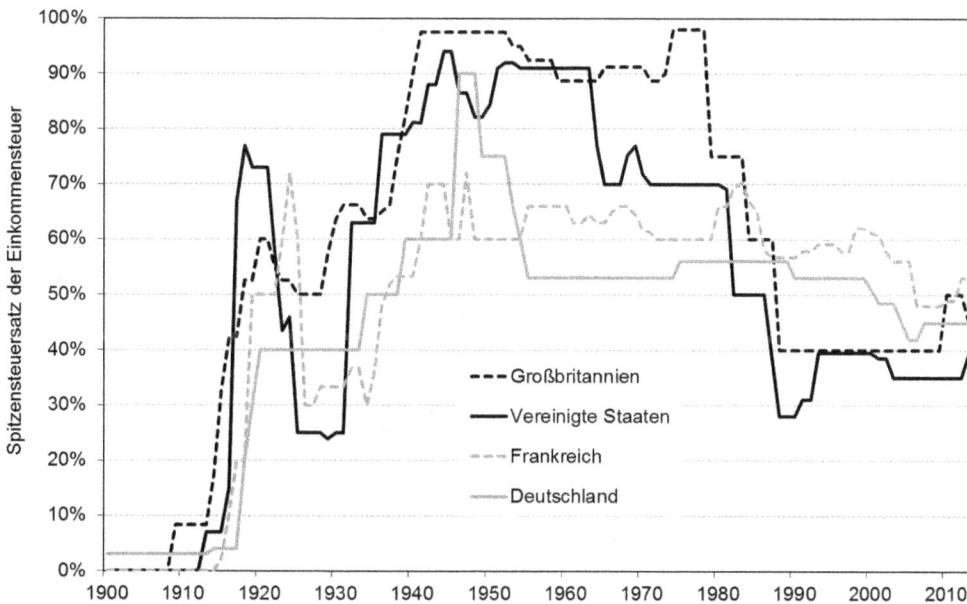

Abb. 4.7:   Entwicklung der Spitzensteuersätze der Einkommensteuer (in Anlehnung an Piketty 2014: 670)

Der weltweit zunehmenden Ungleichverteilung könnte durch eine deutlich progressivere Besteuerung von Einkommen und Vermögen wirksam entgegengewirkt werden. An dieser Stelle sei daran erinnert, dass kapitalistische Kernländer, wie Großbritannien und die Vereinigten Staaten, zwischen 1940 und 1980 Spitzensteuersätze der Einkommensteuer von über 70 %, in Großbritannien lange Zeit sogar von über 90 % aufwiesen. Im Zuge von Reagonomics und Thatcherismus wurden die Spitzensteuersätze der Einkommensteuer in den 1980er Jahren jedoch massiv gesenkt.

Da zwischen dem Sinken des Spitzensteuersatzes der Einkommensteuer und dem Anstieg des Anteils des obersten Perzentils am Nationaleinkommen eine fast perfekte Korrelation besteht (Piketty 2014: 686), wäre eine deutliche Wiedererhöhung des Spitzensteuersatzes der Einkommensteuer ein effektives Instrument zur Reduzierung der Einkommensungleichheit. Da das Absenken des Spitzensteuersatzes zu keiner bzw. keiner statistisch nachweisbaren Produktivitätssteigerung geführt hat, die Vorhersage der Angebotstheorie somit nicht eingetroffen ist, hätte eine Erhöhung des Spitzensteuersatzes auch keine negativen ökonomischen bzw. Wachstumseffekte. Vielmehr würde durch hohe Spitzensteuersätze der Anreiz für hoch bezahlte Manager und Banker abnehmen, erhebliche Anstrengungen für die Durchsetzung zusätzlicher Gehaltssteigerungen zu unternehmen (Piketty 2014: 687 f, Piketty et al. 2011).

Mangels steuerpolitischer Koordination ist es unter den Bedingungen der Globalisierung jedoch zu einem Wettlauf der Steuersätze nach unten gekommen. Um die mittlerweile drei Jahrzehnte anhaltende Phase international niedriger Spitzensteuersätze zu beenden und das Kapital wieder mehr an der Finanzierung staatlicher Leistungen zu beteiligen, müssen die Staaten verstärkt kooperieren und die Kapitalbesteuerung durch internationale Vereinbarungen harmonisieren. Dies könnte zunächst nach dem Wohnsitzprinzip oder durch eine allgemeine Quellensteuer erreicht werden.

Nach dem *Wohnsitzprinzip* werden alle weltweit erzielten Einkommen eines Wirtschaftssubjekts, gleich ob es sich um eine Person oder ein internationales Unternehmen handelt, am Wohnsitz oder Sitz der Muttergesellschaft versteuert. Das Wohnsitzprinzip setzt keine allgemeine Steuerharmonisierung voraus, sodass es zu Steuerwettbewerb kommen kann, wenn Unternehmen bereit sind, ihren Hauptsitz in ein steuergünstigeres Land zu verlegen. Damit den zuständigen Finanzämtern alle Einkünfte gemeldet werden, macht die Besteuerung nach dem Wohnsitzprinzip ein umfassendes und aufwändiges System von Kontrollmitteilungen erforderlich. Hierzu geeignet wäre der vom Financial Stability Board und der OECD favorisierte automatische Datenaustausch zwischen Staaten bei steuerlich relevanten Vorgängen in der Finanz- und Realökonomie. Ein erster Schritt in diese Richtung ist die EU-Zinsrichtlinie 2003/48/EG des Rates vom 3.6.2003, die sich jedoch nur auf grenzüberschreitende Zinszahlungen für Bankguthaben und Anleihen innerhalb Europas beschränkt und die innerstaatlichen Regelungen über die Besteuerung von Zinserträgen unberührt lässt. Deutlich weitreichender ist der 2010 in den Vereinigten Staaten in Kraft getretene Foreign Account Tax Compliance Act (FATCA), mit dem alle ausländischen Banken verpflichtet wurden, der US-Steuerbehörde IRS sämtliche Daten über Konten, Anlagen, Einnahmen, Gutschriften, Belastungen und Kontohöchststände zu melden, welche US-amerikanische Steuerzahler in anderen Ländern besitzen (IRS 2015). Aufgrund wenig präziser und systematischer Formulierungen des FATCA ist jedoch zu vermuten, dass sich Trust Funds und Stiftungen mit ihren Finanzaktiva dem automatischen Datenaustausch legal entziehen können (Piketty 2014: 707 f).

Bei der *Quellenbesteuerung* werden, unabhängig vom Sitz des Wirtschaftssubjekts, alle Einkünfte am Ort ihres Entstehens besteuert. Kontrollmitteilungen sind hier nicht erforderlich,

jedoch die zwischenstaatliche Einigung auf eine bestimmte Mindestbesteuerung, da die Besteuerung sonst leicht umgangen werden kann. Da den einheimischen Finanzämtern ohne
Kontrollmitteilungen ausländische Einkünfte kaum gemeldet werden, wirkt die Quellensteuer de facto wie eine Abgeltungssteuer. Damit Kapitaleinkommen nicht weiterhin geringer
besteuert werden als Arbeitseinkommen müssten sich die Staaten auf eine entsprechend hohe
Kapitalbesteuerung einigen.

Eine wirksame Besteuerung international agierender Konzerne durch einzelne Staaten wäre
nach Lorenz und Obermaier (2004: 160) ohne länderübergreifende Steuerharmonisierung
möglich, wenn nicht nur die Löhne und der als Restgröße ausgewiesene zu versteuernde
Gewinn, sondern die gesamte am Sitz der Betriebsstätte erwirtschaftete inländische Wertschöpfung unabhängig vom Sitz des Betriebseigentümers besteuert würden *(Besteuerung der
betrieblichen Wertschöpfung)*. Zur Wertschöpfung zählten neben den Löhnen alle mit Eigen-
oder Fremdkapital erwirtschafteten Erträge sowie der gesamte ausgeschüttete oder einbehal-
tene Gewinn, was eine gleichmäßige Besteuerung inländischer und ausländischer Unternehmen ermöglichte und gegebenenfalls eine aufkommensneutrale Steuersenkung erlaubte um
Abwanderungsgefahren ins eventuell steuergünstigere Ausland vorzubeugen. Wenn sämtliche Kapitaleinkommen inklusive erwirtschafteter Schuldzinsen sowie Einkommen aus Mieten, Pachten, Leasingraten und Lizenzgebühren an der betrieblichen Quelle besteuert würden, würde Kapital- und Steuerflucht weniger attraktiv und sich die unternehmerische Ansiedlung wieder stärker nach realwirtschaftlichen anstatt steuerlichen Standortbedingungen
orientieren.

4.3.2   Reformierung der Vermögensteuer

Um die ungleiche Verteilung der Bestandsgröße Vermögen zu reduzieren, reicht eine höhere
Besteuerung der Stromgröße Einkommen allein nicht aus. Um dies zu erreichen, müsste
durch Vermögen- und Erbschaftsteuern direkt auf Vermögen zugegriffen werden.

Vermögensteuer wurde bereits in der griechischen Antike (Eisphora) und im Römischen
Reich (Tributum civium) erhoben, und auch die Erbschaftsteuer (Vicesima hereditatium) war
bereits bekannt.[58] Die zu Seiten Solons eingeführte Eisphora entsprach einer progressiven
Besteuerung, wobei der Vermögensteuersatz mit zunehmendem Vermögen anstieg und zwischen 1 % und 20 % lag (Lieb 1992: 23 ff). Das Instrument einer Vermögensbesteuerung
wird heutzutage in vielen Ländern gar nicht oder nur in einem geringen Umfang angewendet,
was am Beispiel ausgewählter Länder illustriert werden soll:

- In *Deutschland* wird die Vermögensteuer seit 1997 nicht mehr erhoben, nachdem das
  Bundesverfassungsgericht 1995 entschieden hatte, dass eine unterschiedliche Vermögensbesteuerung von Grundbesitz und sonstigem Vermögen nicht mit dem Gleichheits-
  grundsatz nach Art. 3 Abs. 1 GG vereinbar sei (BVerfG 1995, Az. 2 BvL 37/91).
- Auch in den *Vereinigten Staaten* wurde die Vermögensteuer fast überall abgeschafft und
  besteht formal nur noch in einigen Bundesstaaten und Counties. Die Grundsteuer ist jedoch die zweitwichtigste Einzelsteuer und trägt zu 95 % zu einem gesamten vermögensbezogenen Steueraufkommen von 3,3 % des BIP bei (Warneke 2012: 12).

---

[58] Kaiser Augustus führte 6 nach Christus eine Erbschaftssteuer von 5 % ein, von der Verwandte ausgenommen
waren (Lieb 1992: 30).

- *Großbritannien* erhebt ebenfalls keine Vermögensteuer, allerdings werden auf kommunaler Ebene Business Rates und Council Tax als zwei verschiedene Grundsteuerformen erhoben, wobei auf die Business Rates etwa 4,44 % der gesamten Steuereinnahmen in Großbritannien entfallen (KPMG 2012: 20 f).
- *Frankreich* führte 1982 eine Vermögensteuer auf Privatvermögen mit progressiven Stufentarifen im Promillebereich ein. 2012 wurde der Eingangssteuersatz von 0,25 % auf 0,55 % erhöht und der Haushaltsfreibetrag von 1,3 Millionen Euro auf 800 Tausend Euro reduziert (KPMG 2012: 17, FAZ 18.07.2012), was bereits zu Kritik in den Medien führte (SZ 22.5.2013).

Die folgende Tabelle stellt das Vermögensteueraufkommen und das vermögensbezogene Steueraufkommen, zu dem neben der Vermögensteuer auch die Grund-, Grunderwerbs-, Erbschafts-, Schenkungs- und Börsenumsatzsteuern hinzugerechnet werden, gegenüber.

Tab. 4.6: Vermögen- und vermögensbezogene Besteuerung im Ländervergleich (Quelle: Warneke 2012: 12)[59]

Staat (2009)	Vermögensteueraufkommen in Prozent des BIP	Vermögensbezogene Steueraufkommen in Prozent des BIP
Deutschland	0	0,9
Vereinigte Staaten	0	3,3
Großbritannien	0	4,2
Frankreich	0,2	3,4

Die zunehmend ungleiche Vermögensverteilung mit einer extremen Vermögenskonzentration am obersten Rand könnte durch eine international abgestimmte Vermögensbesteuerung, falls diese auch die großen Kapitalien in Offshore Steueroasen erfasst, gebremst oder zurückgeführt werden. Da eine zunehmende Kapitalakkumulation die Stabilität des ökonomischen Systems gefährdet, handelt es sich hierbei um ein systemrelevantes Problem für die menschliche Gesellschaft. Würde dieses Erfordernis erkannt und politisch angegangen, bestünde die Frage nach *adäquaten Vermögensteuersätzen und Freigrenzen*.

Die Initiative Vermögender für eine Vermögensabgabe (2015) appelliert an die Politik, „Reiche durch eine Vermögensabgabe stärker zu belasten", um die Kosten zur Bewältigung der Finanz- und Wirtschaftskrise gerechter zu verteilen und einen ökologischen Umbau der Wirtschaft sowie Zukunftsinvestitionen in Bildung und soziale Gerechtigkeit zu finanzieren. Ihre Forderung, Vermögen über 500 Tausend Euro mit einer auf 2 Jahre befristeten Vermögensabgabe von jeweils 5 % zu belasten und anschließend eine Vermögensteuer von mindestens einem Prozent einzuführen, beträfe auch Vermögen, die im Laufe eines Lebens erarbeitet werden. Einem ähnlichen Ansatz entspricht der Vorschlag des DIW, bei einem persönlichen Freibetrag von 250 Tausend Euro (Ehepaare 500 Tausend Euro) Zwangsanleihen oder Vermögensabgaben in Höhe von z. B. zehn Prozent vorzusehen (Bach 2012: 3). Die Vorschläge des DIW und der Initiative Vermögender sind aufgrund einer fehlenden Progression der Vermögensteuersätze sowie relativ geringer Freibeträge kritisch zu hinterfragen. Um der langfristig exponentiell verlaufenden Kapitalakkumulation effektiv entgegenzuwirken und dabei keine aus normaler Arbeit entstandenen Vermögensbestände zu treffen, wären höhere Freibeträge und mit zunehmendem Vermögen progressiv steigende Steuersätze zielführender. Ein Freibetrag von einer Million Euro, ein Eingangssteuersatz in Anlehnung an Frankreich

---

[59] Unter Bezugnahme auf OECD, Revenue Statistics 1965–2011.

von 0,3–0,5 % und ein mit dem Vermögensbetrag progressiv steigender Steuersatz in Höhe von jährlich 3–5 % für dreistellige Millionenvermögen und 5 % oder mehr für Milliarden-vermögen könnten die zunehmende Kapitalakkumulation langfristig einbremsen und zu-gleich die private Vermögensbildung breiter Bevölkerungsschichten zur Verwirklichung eines guten, freien und wirtschaftlich unabhängigen Lebens fördern. Primär betroffen wären dann nicht mehr die reichsten acht Prozent der erwachsenen Bevölkerung gemäß DIW, son-dern lediglich das reichste Prozent und dort v. a. die hoch konzentrierten Vermögen. Insbe-sondere sollten auch Stiftungen und Trusts, die häufig auf ewig angelegt sind und in denen sich viel Vermögen konzentriert und im Zeitverlauf akkumuliert, von einer Vermögensbe-steuerung erfasst werden.

Die Boston Consulting Group beschreibt das Szenario einer einmaligen Vermögensbesteue-rung im Rahmen einer Schuldenumstrukturierung bzw. eines Schuldenerlasses nach dem Vorbild Mesopotamiens. Ausgehend von einem bei einem Zinssatz von 5 % und einem no-minalen Wirtschaftswachstum von 3 % noch als nachhaltig erachteten Schuldenniveau der privaten Haushalte, Nicht-Finanzunternehmen und des Staates von jeweils maximal 60 % des BIP errechnen Rhodes und Stelter (2011: 5 ff) notwendige Schuldenabschreibungsbedar-fe für die Länder der Eurozone sowie die Vereinigten Staaten und regen an, diese durch eine einmalige länderspezifische Vermögensteuer auf Finanzanlagen abzubauen. Diese einmalige Vermögensteuer müsste in Deutschland 11 %, in Frankreich 19 %, in Italien 24 %, in den USA 26 %, in Großbritannien 27 %, im Durchschnitt der Eurozone 34 %, in Griechenland 47 %, in Spanien 56 %, in Portugal 57 % und in Irland 113 % betragen (in Irland reicht das Finanzvermögen der privaten Haushalte nicht aus, um einen angestrebten Schuldenstand von insgesamt 180 % des BIP zu erreichen). Der Vorschlag der Boston Consulting Group zielt auf eine Entschärfung der Krisensituation im Euroraum, die sich, von institutionellen und politischen Hindernissen einmal abgesehen, hierdurch zumindest temporär erreichen ließe. Für eine dauerhafte Lösung der Eurokrise müssten allerdings die makroökonomischen Un-gleichgewichte abgebaut werden, auf die noch eingegangen wird.

Eine einmalige Vermögensteuer löst auch nicht die Grundproblematik exponentiellen Ver-mögens- und Schuldenwachstums, da sie ähnlich einer progressiven Einkommensteuer den exponentiellen Wachstumsprozess insbesondere des Finanzvermögens zwar verzögert, aber nicht verhindert. Effektiver wäre hier eine dauerhafte, moderate, progressive und internatio-nal koordinierte Vermögensbesteuerung. Nach dem Bundesverfassungsgerichtsurteil vom 22. Juni 1995 wären in Deutschland Finanzvermögen und Realvermögen in Form von Grundstü-cken, Immobilien etc. gleichermaßen zu besteuern. Eine Vermögensteuerreform erfordert die Konzeption vorausschauend durchdachter und politisch durchsetzbarer Lösungen, um insbe-sondere die Liquidierung von Betriebsvermögen und Steuerflucht zu vermeiden, was gege-benenfalls den Einsatz von Kapitalverkehrskontrollen voraussetzt, auf die noch eingegangen wird, wobei Einzelheiten an dieser Stelle nicht weiter vertieft werden können.

4.3.3   Reformierung der Erbschaftsteuer

Anders als die Vermögensteuer wird die Erbschaftsteuer, die bereits die alten Ägypter und Römer, und vermutlich auch die Sumerer kannten, von den meisten Ländern erhoben. Die Erbschaft- und Schenkungsteuer in den Vereinigten Staaten und in Großbritannien hatte ein halbes Jahrhundert lang, bis Anfang der 1980er Jahre, Spitzensätze von 70–80 % und war damit deutlich progressiver als in Deutschland und Frankreich, deren Spitzensteuersätze seit

1949 zwischen 15 % und 40 % lagen. Nachdem die niedrige Erbschaftsbesteuerung in der Nachkriegszeit zunächst die Vermögensbildung förderte, entsprach die Erhöhung der Spitzensätze der Erbschaftsteuer in Frankreich 1969 und 1984 sowie in Deutschland 1974 der zunehmenden Vermögensakkumulation im Verlauf der wirtschaftlichen Entwicklung. Die angelsächsischen Länder dagegen reduzierten seit den 1970er und vor allem in den 1980er Jahren die Spitzensätze der Erbschaftsteuer.

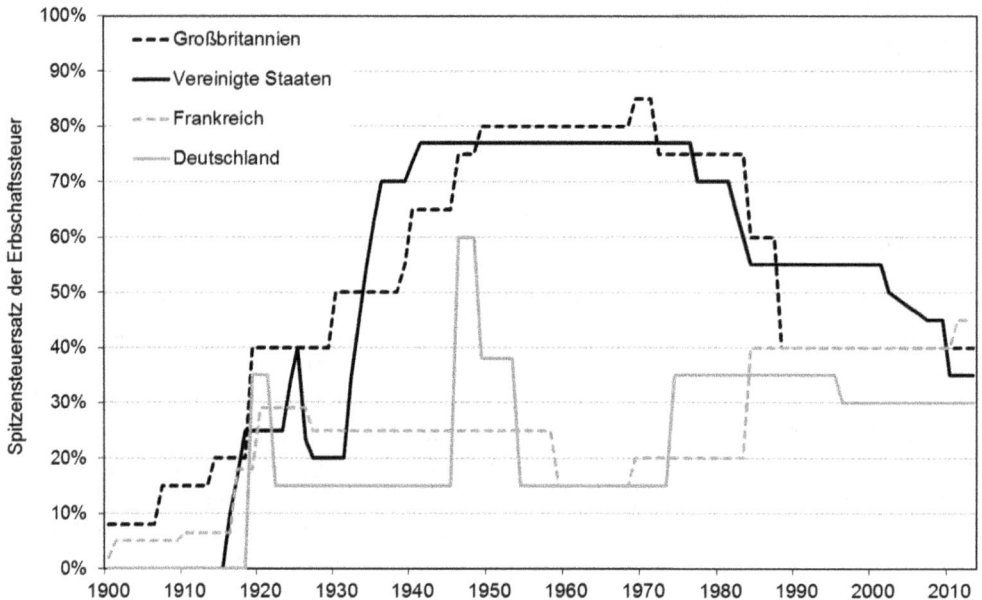

Abb. 4.8:   Entwicklung der Spitzensteuersätze der Erbschaftsteuer (in Anlehnung an Piketty 2014: 675)

Um der langfristig exponentiellen Kapitalakkumulation entgegenzuwirken und gleichzeitig die private Vermögensbildung breiter Bevölkerungsschichten zur Verwirklichung eines guten, freien und wirtschaftlich unabhängigen Lebens zu fördern, sollten bei der Erbschaftsteuer ähnliche Grundsätze wie bei der Vermögensteuer angewendet werden. Wesentlich sind auch hier auskömmliche Freigrenzen insbesondere für selbst genutzten Wohnraum, niedrige Eingangssteuersätze und ein bis in den Bereich von Multimillionen- und Milliardenvermögen progressiv steigender Steuersatz, der sich in Anlehnung an frühere Steuersätze im angelsächsischen Raum in Richtung 80 % und bei einer von der Gesellschaft gewünschten Vermögensbegrenzung für Milliardenvermögen auch asymptotisch in Richtung 100 % bewegen könnte. Bevor derartige Steuerreformen umsetzbar sind, müssten jedoch die entsprechenden Rahmenbedingungen durch internationale Steuerharmonisierung, internationale Zusammenarbeit oder Kapitalverkehrskontrollen geschaffen werden, um Steuerflucht wirksam vorzubeugen. Unter diesen Voraussetzungen könnten Vermögens- und Erbschaftsteuern dem Status quo der ungleichen Vermögens- und Schuldenverteilung effektiv entgegenwirken.

Andererseits könnte eine nachhaltigere ökonomische Entwicklung und mehr Verteilungsgerechtigkeit auch durch eine Reform des Geldsystems erreicht werden, die im folgenden Kapitel beschrieben wird.

4.3.4 Reformierung der Umsatzsteuer

Da die prozentual vom Entgelt berechnete Umsatzsteuer einkommensschwache Haushalte infolge ihrer höheren Konsumquote prozentual stärker belastet als reiche Haushalte, sollte sie für Existenzbedürfnisse reduziert und durch eine progressive Besteuerung gegenfinanziert werden. Der Umsatzsteuersatz könnte, über die bisherige Zweiteilung in einen ermäßigten und einen normalen Umsatzsteuersatz hinaus, nach Existenz-, Grund- und Luxusbedürfnissen sowie Nachhaltigkeitsaspekten differenziert und beispielsweise eine Umsatzsteuerbefreiung für nachhaltig produzierte Grundnahrungsmittel vorgesehen werden.

4.4 Stabilitätspolitische Herausforderung in Europa

4.4.1 Entwicklung des Euro und Ursachen der Eurokrise

Als wesentliche Ursachen für die anhaltende Eurokrise sind das vernachlässigte Stabilitätsziel eines außenwirtschaftlichen Gleichgewichts sowie die divergierende Inflationsentwicklung im Euroraum anzusehen. Das Inflationsziel wurde auf den Euroraum bezogen zwar erreicht, jedoch war die Inflationsentwicklung in den einzelnen Euroländern höchst unterschiedlich. Während die Preisentwicklung in Deutschland seit 1999 deutlich unterhalb von 2 % pro Jahr lag, war sie in Spanien, Portugal und Griechenland weit darüber.

Bis Mitte der 1990er Jahre mussten die südeuropäischen Länder aufgrund des höheren Inflations- und Abwertungsrisikos ihrer Währungen deutlich höhere Zinsen für Staatsanleihen zahlen als Deutschland, das grundsätzlich das niedrigste Zinsniveau innerhalb der Europäischen Union aufwies. Mit der unwiderruflichen Festlegung der Euro-Umrechnungskurse,[60] die am 3. Mai 1998 kommuniziert und am 1. Januar 1999 mit der Ablösung der nationalen Währungen durch den Euro offiziell in Kraft traten, verschwand das Abwertungsrisiko der südeuropäischen Währungen, sodass die Zinsen im Euroraum auf das niedrige deutsche Niveau konvertierten und alle Euroländer zwischen 1999 und 2009 für zehnjährige Staatsanleihen ein fast gleiches Zinsniveau von ca. 4–5 % p. a. hatten. Das Zinsniveau in Griechenland, das erst 2001 zum Euro beitrat, konvertierte entsprechend etwas später und hatte ab 2001 das beinahe gleiche Niveau wie die anderen Euro-Staaten. Die niedrigen Zinsen ermöglichten Ländern, wie Griechenland und Portugal, sich günstig im Ausland zu verschulden, den Staatssektor auszuweiten und die Löhne der Staatsbediensteten zu erhöhen, weshalb auch die Privatwirtschaft die Löhne erhöhen musste, um weiterhin Arbeitskräfte zu gewinnen. In Spanien und Irland waren es vor allem private Haushalte, die mit zinsgünstigen Krediten Bauprojekte finanzierten und einen Bauboom auslösten, der die Nachfrage nach Arbeitskräften und damit die Löhne erhöhte. Die Lohnsteigerungen waren deutlich höher als die Produktivitätssteigerungen in diesen Ländern, was zu hohen Inflationsraten führte und mit einem Verlust der Wettbewerbsfähigkeit infolge gestiegener Preise verbunden war. Nach Sinn (2013a: 3) war die Inflation Folge der außerordentlich hohen Kreditaufnahme der privaten und öffentlichen Sektoren von Griechenland, Italien, Portugal, Spanien, Irland und Zy-

---

[60] 1 Euro entspricht 40,3399 Belgischen Franken, 1,95583 Deutschen Mark, 5,94573 Finnmark, 6,55957 Französischen Franken, 340,750 Griechischen Drachmen, 0,787564 Irischen Pfund, 1936,27 Italienischen Lire, 40,3399 Luxemburgischen Franken, 2,20371 Niederländischen Gulden, 13,7603 Österreichische Schilling, 200,482 Portugiesischen Escudos und 166,386 Spanischen Peseten.

pern (GIPSIZ), da Banken für Kredite an EU-Staaten kein Eigenkapital vorsehen mussten und auf risikoadäquate Zinsaufschläge verzichten konnten[61], kauften insbesondere französische, aber auch deutsche und britische Banken, neben Versicherungen und anderen Investoren, Staatsanleihen der GIPSIZ-Länder und finanzierten deren Banken mit günstigen Interbankenkrediten, die dann an private und öffentliche Haushalte weitergeleitet wurden und eine Kreditblase entstehen ließen. Anleger in den südeuropäischen Ländern profitierten von historisch niedrigen Zinsniveaus, die angesichts hoher Inflationsraten in diesen Ländern zu negativen Realzinsen führten (Sinn 2010). Für Bauherren, etwa in Spanien, die kreditfinanzierte Immobilienkäufe tätigten, war dies höchst lukrativ, da die Inflation deutlich höher war als die Zinsen für die zu bedienenden Kredite und steigende Immobilienpreise überdies zu Vermögenswertsteigerungen führten. Waren die Realzinsen in Kontinentaleuropa, insbesondere in Deutschland, vor Einführung des Euros relativ niedrig, so hatte Deutschland nach Einführung des Euros die höchsten Realzinsen im Euroraum. Der starke Rückgang des Zinsniveaus in den südeuropäischen Ländern auf teilweise 2–3 % p. a. verbunden mit einer relativ hohen Inflationsrate und infolgedessen negativen Realzinsen bewirkte einen abnormalen und ökonomisch höchst fragwürdigen Kapitalstrom nach Südeuropa. Aufgrund negativer Realzinsen setzte in den südeuropäischen Ländern ein Bauboom ein und es kam letztlich zu einer Fehlallokation der Kapitalströme, die bei normaler Zinsstruktur nicht in derartige Verwendungen geflossen wären. Die durch die europäische Zinskonvergenz umgeleiteten Kapitalströme beliefen sich auf schätzungsweise 2 bis 3 Billionen Euro, die ökonomisch in fragwürdige Projekte gelenkt wurden und nun vor einer Bereinigung stehen. Die Immobilienpreise in Irland, Spanien, Frankreich, Italien, Portugal und Zypern stiegen seit der Fixierung des Euros 1998 stark an und gingen dann in Irland seit 2006, in Spanien seit 2007, in Griechenland und Zypern seit 2008 wieder zurück. In Frankreich verharren die Immobilienpreise bis 2014 auf hohem Niveau, während sie in Italien seit 2011 und in Portugal seit 2010 leicht zurückgehen (Sinn 2010: 16).

Ausgelöst durch notleidende Immobilienkredite in den USA, die US-amerikanische Banken an einkommensschwache Schuldner mit schlechter (subprime) Bonität für Hauskäufe ausgegeben hatten, die anschließend verbrieft und als Asset Backed Securities (ABS) weltweit an Investoren verkauft wurden, breitete sich die US-amerikanische Subprime-Krise 2007–2008 global aus und erfasste auch die europäischen Banken, die toxische ABS und entsprechende Abschreibungsbedarfe in ihren Bilanzen hatten. In der Folge nahm die Risikoaversion der Banken und Investoren zu, sodass die Zinsen im Euroraum seit 2008 zunehmend divergierten. Auf dem Höhepunkt der Euro-Krise 2011 kletterten die Renditen für zehnjährige Staatsanleihen Griechenlands auf fast 40 % und lagen auch in Portugal und Irland zeitweise im zweistelligen Prozentbereich. Die Griechenland-Hilfe, der Europäische Stabilitätsmechanismus (ESM), der überschuldete Mitgliedstaaten der Eurozone durch Notkredite und Bürgschaften unterstützt, um deren Zahlungsunfähigkeit zu verhindern, sowie die Ankündigung von EZB-Präsident Mario Draghi vom 26. Juli 2012, die EZB werde „innerhalb ihres Man-

---

[61] Nach dem Basler Abkommen können Risikogewichte für Staatspapiere abhängig vom Rating oder der Länderrisikoklassifizierung einer Exportversicherungsagentur Null sein, wenn sich die Bank an den Standardansatz für die Risikobewertung hält. Der Standardansatz ermöglicht es, den Forderungen gegenüber dem eigenen Staat niedrigere Risikogewichte zu geben. Nach der Solvabilitätsverordnung (SolvV) vom 14. Dezember 2006 sowie ähnlichen Regelungen in den anderen EU-Ländern dürfen Banken für Staatspapiere aus dem Euroraum ein Risikogewicht von Null setzen (Sinn 2013a: 3 unter Bezugnahme auf § 26 Nr. 2 b in Verbindung mit § 70 Nr. 1 c SolvV bzw. § 80 Nr. 1 in Verbindung mit § 89 Nr. 1 d der Richtlinie 2006/48/EG).

dates alles Erforderliche tun, um den Euro zu erhalten" und das vom EZB-Rat entsprechend beschlossene OMT-Programm bewirkten, dass die Zinsen im Euroraum wieder konvergierten, jedoch nicht so stark wie Mitte der 2000er Jahre.[62]

In der Peripherie Europas setzte mit der Euro-Einführung zunächst ein Wachstumsboom ein, während Deutschland aufgrund der hohen Realzinsen und gleichzeitig abfließender Kapitalströme wirtschaftlich stagnierte und bis 2005 hohe Arbeitslosenzahlen verzeichnete. Von 1995 bis 2009 hatten Deutschland und Italien das niedrigste Wirtschaftswachstum aller europäischen Länder (Sinn 2010: 16). Hohe Arbeitslosigkeit, Lohnzurückhaltung und mangelnde Massenkaufkraft schädigten die Binnenwirtschaft in Deutschland, während exportorientierte Unternehmen und Konzerne von der Euro-Einführung sowie Lohnzurückhaltung in Deutschland profitierten, denn diese ermöglichten ihnen Wettbewerbsvorteile, Skaleneffekte und steigende Marktanteile in Europa und der Welt. Nach Rürup und Heilmann (2012) erwuchs die deutsche Industrie zum großen Gewinner in einer neuen Weltwirtschaft mit sich verändernden Gravitationszentren und wird auch zukünftig von der Nachfrage der aufstrebenden Wirtschaftsnationen nach Investitionsgütern profitieren. Abgesehen von der Exportindustrie waren die deutsche Binnenwirtschaft und die Bevölkerung jedoch, zumindest bis zur Eurokrise, die großen Verlierer der Euro-Einführung, und es bleibt zu hoffen, dass die zur Finanzierung der deutschen Leistungsbilanzüberschüsse ins Ausland geleisteten Kapitaltransfers zukünftig zurückfließen, wenn sie zur Bewältigung der demographischen Herausforderungen in Deutschland benötigt werden. Dies sei hier betont, da Deutschland heute insbesondere in angelsächsischen Medien vorgeworfen wird, eine imperiale Stellung anzustreben (Sinn 2012: 2), obgleich für Imperien eher Leistungsbilanzdefizite als Leistungsbilanzüberschüsse charakteristisch sind.

Während die Inflation der südeuropäischen Länder nach der Euro-Einführung zu hoch war, war sie in Deutschland zu niedrig. Lediglich Frankreich bewegte sich auf der Zielinflationsrate von 2 %. Da die Lohnstückkosten stark mit den Preisen korrelieren, sieht Flassbeck (2012a: 26 ff, 2012c) die im Zuge der Agenda-Politik vorgenommene Lohnzurückhaltung in Deutschland als ursächlich für die, auch im Vergleich zu den großen Euroländern Frankreich und Italien, deutlich geringere Inflationsrate an. Im Rahmen der Agenda 2010 sowie des Bündnisses für Arbeit zwischen Regierung, Unternehmen und Gewerkschaften wurden die Reallöhne in Deutschland seit Anfang der 2000er Jahre nicht mehr erhöht. Bis 2008 war Deutschland neben Italien das einzige Euroland ohne Reallohnsteigerungen. Im Gegensatz zu Italien hatte Deutschland jedoch Produktivitätssteigerungen vorzuweisen. Nach der neoklassischen Arbeitsmarkttheorie sollten Unternehmen infolge der Lohnzurückhaltung Kapital durch Arbeit substituieren, indem sie auf Rationalisierung verzichten und ihre Wertschöpfung beschäftigungsintensiver gestalten. Die Kaufkraft sollte diesmal nicht durch Lohnsteigerungen, sondern durch mehr Beschäftigung erhöht werden, sodass es zu keiner binnenwirtschaftlichen Nachfrageschwäche gekommen wäre. Entgegen der vorgenannten neoklassisch motivierten Annahme war in Deutschland jedoch kein Verzicht auf Rationalisierung zu Gunsten von mehr Beschäftigung zu beobachten. In den 2000er Jahren erhöhte sich die Produktivität in Deutschland fast ebenso stark wie in Frankreich, das keine Lohnzurückhaltung vornahm. Anders als in Frankreich, wo der reale private Verbrauch in den 2000er Jahren stetig zunahm, stagnierte dieser in Deutschland und Italien infolge unterbliebener Reallohnsteigerungen. Die

---

[62] Im März 2015 lagen die Renditen für Staatsanleihen mit zehnjähriger Laufzeit im Euro-Raum zwischen 0,16 % für Luxemburg und 10,65 % für Griechenland (Quelle: Bloomberg, Statista vom 16.4.2014).

ursprüngliche Erwartung, dass durch Lohnzurückhaltung auch in der Binnenwirtschaft mehr Beschäftigung entstünde, was in der Summe zu mehr Lohnzahlungen und Kaufkraft führen und den privaten Verbrauch beleben sollte, war in Deutschland nicht zu beobachten. Infolge der Lohnzurückhaltung und den sich hieraus für die deutsche Exportwirtschaft ergebenden Wettbewerbsvorteilen stiegen allerdings die realen Exporte Deutschlands zwischen 2002 und 2008 deutlich an. Folge der unterschiedlichen Inflationsentwicklung im Euroraum war, dass sich deutsche Produkte im Vergleich zu den Produkten der anderen Euroländer kontinuierlich verbilligten und sich die Wettbewerbssituation der deutschen Exportwirtschaft sukzessive zulasten der anderen Euroländer verbesserte.

Der Wettbewerbsvorteil der deutschen Wirtschaft und ihrer zahlreichen mittelständischen Hidden Champions[63] innerhalb der Europäischen Union ist Ergebnis von langjähriger Lohn-zurückhaltung, aber auch von Skaleneffekten, Produkt- und Prozessinnovationen. Hierdurch gelang es der deutschen Exportwirtschaft, im Ausland Marktanteile zu gewinnen und auslän-dische Unternehmen teilweise in ihren Heimatmärkten zu verdrängen. Der Exporterfolg ermöglichte die Schaffung zusätzlicher Arbeitsplätze in Deutschland, jedoch auch zulasten von Arbeitsplätzen in den anderen Euroländern. Zusätzliche in Arbeitsstunden gemessene Beschäftigung entstand in Deutschland zwar nicht in der Binnenwirtschaft, jedoch in der Exportwirtschaft. Einerseits stiegen insbesondere 2010/2011 die deutschen Exporte von Au-tomobilen u. a. nach China stark an, was zu einem deutlichen Aufschwung führte, anderer-seits ging der deutsche Exporterfolg aber auch zulasten der Wirtschaft der anderen Eurolän-der. Im Wettbewerb um niedrigere Löhne, Steuern und Abgaben entstanden gesamtwirt-schaftliche Ungleichgewichte und unterschiedliche Inflationsraten in den verschiedenen Regionen der Eurozone. Da diese Ungleichgewichte in der Eurozone nicht mehr durch Auf-wertung bzw. Abwertung nationaler Währungen ausgeglichen werden konnten, erlangten Länder wie Deutschland mit niedrigeren Inflationsraten „nachhaltige" Preis- und Wettbe-werbsvorteile gegenüber Ländern mit höheren Preissteigerungen und erzielten dauerhafte Export- und Leistungsbilanzüberschüsse. Der Rückgang der Arbeitslosigkeit in Deutschland wurde als Erfolg der Agenda 2010 interpretiert, die allerdings originär ein binnenwirtschaft-liches Ziel verfolgte und nicht den Export von Arbeitslosigkeit ins Ausland vorsah. Die er-zielten Leistungsbilanzüberschüsse mussten durch entsprechende Kapitalexporte von Deutschland ins Ausland finanziert werden. Die Länder mit Importüberschüssen finanzierten sich durch Kapitaltransfers, sodass deren Verschuldung stieg. Sollen die sich hieraus erge-benden Forderungen Deutschlands gegenüber dem Ausland irgendwann einmal zurückge-zahlt werden, müssen die anderen Euroländer gegenüber Deutschland Exportüberschüsse erzielen. Ansonsten wären die deutschen Exportüberschüsse ein Transfergeschenk an die Euro-Partner. Angesichts der hohen Exportüberschüsse Deutschlands in Verbindung mit einer zu geringen Investitionsbereitschaft der deutschen Unternehmen sowie einer mangelnden Verschuldungsbereitschaft sowohl der Unternehmen als auch des Staates exportiert Deutsch-land jährlich seine Ersparnisse von rd. 180 Milliarden Euro ins Ausland. Europa steht heute vor der schwierigen wirtschaftlichen Situation, die außenwirtschaftlichen Ungleichgewichte umzukehren bzw. zumindest zurückfahren zu müssen. Dies kann nur über einen längerfristi-gen Zeitraum erfolgen, wobei die demographische Entwicklung in Deutschland ab 2020 die Lösung des Problems erleichtert, sofern der Euro so lange stabilisiert werden kann. Eine

---

[63] Als Hidden Champions bezeichnet Hermann Simon (2007) relativ unbekannte, meist inhabergeführte und nicht börsennotierte, d. h. mittelständisch geprägte Unternehmen, welche die Nummer 1, 2 oder 3 auf dem Weltmarkt oder auf ihrem Heimatkontinent sind.

positive langfristige Entwicklung setzt richtige heute und zukünftig getroffene Entscheidungen voraus, die aufgrund divergierender Interessen und ökonomischer Theorien hochkomplex und schwierig zu bewerkstelligen sind.

Zum Ausgleich der makroökonomischen Ungleichgewichte im Euroraum sind verschiedene Szenarien denkbar:

4.4.2 Szenario 1: Lohnerhöhungen und Inflation in Deutschland

In Deutschland müssten nach Flassbeck (2012a, 2012c) die Reallöhne über einen längeren Zeitraum etwas oberhalb der Produktivitätssteigerung erhöht werden, um die Lohnstückkosten im Euroraum anzugleichen und den Exportanteil der deutschen Wirtschaft zu Gunsten der Binnenwirtschaft zurückzuführen, d. h. den seit 2001 bezogen auf das BIP stark gestiegenen Außenbeitrag (Exporte minus Importe) Deutschlands gegenüber dem Euroraum wieder abzubauen.[64] Beispiel hierfür wäre China, das bei unverändertem Wechselkurs durch Lohnerhöhungen aufgewertet und seinen Exportüberschuss von 7 % auf 2 % reduziert hat. Von Lohnerhöhungen in Deutschland, die auf eine Angleichung der Lohnstückkosten im Euroraum zielen, wäre ein positiver Impuls für die Binnenwirtschaft zu erwarten. Inwieweit sich hierdurch die internationale Wettbewerbsfähigkeit Deutschlands verändert, ist letztlich viel stärker von den internationalen Wechselkursrelationen und deren vielfältigen Faktoren als von der Lohnentwicklung abhängig. Um Lohnerhöhungen in Deutschland politisch durchzusetzen, müssten die Gewerkschaften und die Unternehmen durch die Politik zu Lohnerhöhungen ermutigt werden. 1999 hatte man im Einvernehmen mit Gewerkschaften und Unternehmen den gegenteiligen Weg einer Lohnzurückhaltung beschritten und im Rahmen des Bündnisses für Arbeit die Agenda- und Hartz-Reformen realisiert. Nach neoklassischem Denkmuster wurde erwartet, dass infolge von Lohnzurückhaltung Kapital durch Arbeit substituiert und zusätzlich Beschäftigung geschaffen würde. Die Schaffung von Arbeitsplätzen erfolgte im Ergebnis nicht nach diesem Muster, sondern durch den oben beschriebenen Export von Arbeitslosigkeit ins Ausland, weshalb dieser Prozess durch Einflussnahme der Politik auf die Tarifpartner nun wieder zurückzunehmen und umzukehren wäre mit dem Argument, dass das Scheitern des Euro die preisliche Wettbewerbssituation der deutschen Exportwirtschaft dramatischer und abrupter verschlechtern würde als eine kontinuierliche Lohnsteigerung, die sich positiv auf die bislang gegenüber der Exportwirtschaft vernachlässigte Binnenwirtschaft auswirkt. Langfristig könnte die demographische Entwicklung in Deutschland eine Reduzierung bzw. Umkehrung der Leistungsbilanzüberschüsse in -defizite zur Folge haben. Dann könnten die Kapitalrücktransfers des Auslands an Deutschland zur Finanzierung einer alternden deutschen Gesellschaft helfen, sofern der Euro so lange aufrechterhalten werden kann.

4.4.3 Szenario 2: Austeritätspolitik und Deflation in Südeuropa

Die Angleichung der preislichen Wettbewerbsfähigkeit der Euroländer könnte theoretisch auch erreicht werden, indem die südeuropäischen Länder, aber auch Frankreich und Italien, den bisherigen deutschen Weg der Lohnzurückhaltung gehen und dabei Rückgänge ihrer

---

[64] Der auf das BIP bezogene Außenbeitrag Deutschlands stieg von nahe Null in 2000 auf 6,5 % in 2014, wobei der Exportanteil der deutschen Wirtschaft 2014 bei 46 % des BIP und der Importanteil bei 39 % lagen.

Binnennachfrage und Erhöhung der Arbeitslosigkeit in Kauf nehmen würden. Lohnsenkungen, die derzeit zur Angleichung der Wettbewerbsfähigkeit in Griechenland und Spanien durchgeführt werden, haben aufgrund der stark abgesenkten Kaufkraft ebenfalls Nachfrageeinbrüche im Binnenmarkt und damit einhergehende Arbeitslosigkeit zur Folge. Sparprogramme in Ländern wie Griechenland erhöhen die Staatsschuldenquote, da eine Reduzierung der Staatsausgaben aufgrund eines negativen Multiplikator-Effekts eine noch stärkere Absenkung des Bruttoinlandsprodukts bewirkt, sodass die Staatsschulden im Verhältnis zum Bruttoinlandsprodukt ansteigen. Hierzu könnte es sich als notwendig erweisen, dass einzelne Länder, wie Griechenland, aus dem Euro austreten, um eine ihre Binnenwirtschaft zerstörende Deflationspolitik zu vermeiden.

Szenario 2 erscheint wenig wahrscheinlich, da in den großen Euroländern Frankreich und Italien bislang keine Politik der Lohnzurückhaltung erkennbar ist, sodass deren Wettbewerbsnachteil gegenüber Deutschland unverändert bestehen bleibt. Wenn viele Länder des Euroraums den deflationären Weg Deutschlands gingen, führte dies international zu einer Aufwertung des Euro und somit einer Reduzierung der Wettbewerbsfähigkeit des Euroraums gegenüber dem Rest der Welt.

4.4.4   Szenario 3: Dauerhafte Transferunion oder Euro-Auflösung

Problem der Eurokrise ist, dass die Wettbewerbsunterschiede innerhalb des Euroraums erst nach einem langen Anpassungszeitraum ausgeglichen werden können und der erforderliche Prozess zum Abbau der makroökonomischen Ungleichgewichte zwischenzeitlich durch staatliche Transferzahlungen oder expansive Geldpolitik unterstützt werden muss. Die europäische Staatsschuldenkrise wurde durch die Ankündigung von Draghi entschärft, dass die EZB notfalls Staatsanleihen krisengeschüttelter Euroländer in unbegrenztem Umfang aufkaufen würde, was seit März 2015 für Staatsanleihen u. a. Wertpapiere vom Sekundärmarkt erfolgt. Die Niedrigzinspolitik der Europäischen Zentralbank veranlasste die Geschäftsbanken wieder zum Kauf von Staatsanleihen, wodurch die Schuldenkrise kurzfristig behoben, das langfristig wirksame Problem der unterschiedlichen Wettbewerbsfähigkeit der Euroländer jedoch nicht gelöst wurde.

Wenn die deutsche Exportwirtschaft Leistungsbilanzüberschüsse gegenüber den anderen Euroländern erzielen will, muss dies durch Kapitaltransfers aus Deutschland ins Ausland gegenfinanziert werden.[65] Mittelfristig ist absehbar, dass es zu einer dauerhaft de facto von Deutschland finanzierten Transferunion kommt, sofern nicht Euroländer, wie Griechenland, Spanien, Italien oder Frankreich, zur schnellen Wiederherstellung ihrer Wettbewerbsfähigkeit und unter dem Druck ihrer Bevölkerungen aus dem Euro austreten, was eine abrupte Aufwertung der dann neuen Währung und damit einen plötzlichen Verlust der bisherigen preislichen Wettbewerbsvorteile der deutschen Exportwirtschaft gegenüber dem Euroraum zur Folge hätte. Bei den meisten Finanzkrisen der Vergangenheit handelte es sich um Währungskrisen, die in der Regel beendet wurden, indem die betroffenen Länder ihre Währungen ab-

---

[65] Deutschland erzielte 2014 einen Handelsbilanzüberschuss von 216,9 Milliarden Euro, was rund 7,5 % des Bruttoinlandsprodukts entspricht. Die EU-Kommission stuft dauerhafte Werte von über 6 % als stabilitätsgefährdend ein.

werteten.[66] Dies würde eine geordnete Auflösung des Euro erfordern und für Deutschland die abrupte Aufwertung seiner dann neuen Währung bedeuten. Deutschland geriete hierdurch in eine ähnliche Situation wie die Schweiz, deren Währungsaufwertung den Export belastet und Importgüter verbilligt. Um dies zu vermeiden, führte die Schweizerische Nationalbank 2008 zeitweilig einen Euro-Mindestkurs von 1,20 Franken ein, der am 15. Januar 2015 wieder aufgehoben wurde, nachdem sich die Bilanzsumme der SNB seit 2008 mehr als verdreifacht hatte und die Devisenbestände der SNB auf 525,3 Mrd. Franken bzw. 85 % des BIP angewachsen waren. Analog zur Schweiz würde die deutsche Exportwirtschaft bei einer Euro-Auflösung eine Verschlechterung ihrer preislichen Wettbewerbsposition erfahren. Eine geordnete Euro-Auflösung würde wohl Arbeitsplätze in der Exportwirtschaft kosten, die deutsche Wirtschaft würde analog zur Schweiz die Aufwertung ihrer Währung jedoch verkraften und insbesondere Konsumenten von niedrigeren Preisen für Rohstoffe, Vorprodukte und Importwaren profitieren. Die Kaufkraft der deutschen Bevölkerung würde erhöht, Güter- und Kapitalimporte aus dem Ausland würden zunehmen, die Handelsbilanzüberschüsse verringert und die Binnenwirtschaft stimuliert. Ein großes Problem wäre freilich die Regelung der in Euro bestehenden Schuldverhältnisse zwischen den Euroländern, die hohe Kompromissbereitschaft aller Beteiligten zur Findung langfristig tragfähiger und fairer Lösungen, ggf. in Form geordneter Moratorien, erfordern würde.

4.5 Intergenerative Gerechtigkeit – Demographische Entwicklung in Deutschland

Die deutsche Bevölkerung wird durchschnittlich älter und nahm seit 2003 zahlenmäßig ab. Seit 2012 steigt die Bevölkerung in Deutschland infolge Zuwanderung wieder an und lag 2014 bei 81 Millionen, davon 74 Millionen Deutsche und 7 Millionen Nichtdeutsche (Destatis, Zensusdaten 2014). Das Altern einer Gesellschaft wird erstens anhand des Durchschnittsalters und des Medianalters, welches 50 Prozent der Neugeborenen erreichen, und zweitens anhand des Altenquotienten als Verhältnis der über 65 Jahre alten Personen im Rentenalter im Verhältnis zu den Personen im erwerbsfähigen Alter gemessen. Da der Altenquotient den intergenerativen Umverteilungsbedarf widerspiegelt, ist er das ökonomisch wichtigere Maß. Das weltweit höchste *Medianalter* haben Monaco mit 51,1 Jahren sowie Deutschland und Japan mit jeweils 46,1 Jahren (Stand 2014, CIA 2015). Den höchsten *Altenquotienten* hat Japan mit 36 %, gefolgt von Deutschland, Griechenland und Italien mit jeweils über 30 % (OECD 2009: 152).

Die *Bevölkerungsentwicklung* wird erfahrungsgemäß zu etwa 60 % durch die Fertilität (Geburtenhäufigkeit), zu etwa 30 % durch die Mortalität (Sterblichkeit bzw. Lebenserwartung) und zu etwa 10 % durch Migration (Wanderungen) bestimmt. Die *Fertilität* wird normalerweise durch die zusammengefasste Geburtenziffer (Total Fertility Rate TFR) gemessen. Diese ist eine hypothetische Kennziffer für die Zahl der Lebendgeburten pro Frau unter der Annahme, dass für deren ganzes Leben die altersspezifischen Geburtenziffern des jeweils betrachteten Kalenderjahres gelten würden. Ende des 19. Jahrhunderts lag die zusammengefasste Geburtenziffer in Deutschland noch bei 4,7. Während des Ersten Weltkrieges sank

---

[66] Argentinien hatte etwa um zwei Drittel real gegenüber der restlichen Welt abgewertet, und der damit einhergehende Impuls ermöglichte in der Folge jährliche Wachstumsraten von 8 %.

sie von 3,8 auf 2,0 und während des Zweiten Weltkrieges von 2,5 auf 1,4. In der Nachkriegszeit stieg die zusammengefasste Geburtenziffer bis Anfang der 1960er Jahre auf 2,5 (Baby-
Boom) und fiel dann in der zweiten Hälfte der 1960er Jahre auf 1,5. Da der Geburtenrück-
gang zeitlich mit der Verbreitung der Antibabypille zusammenfällt, wird dieser auch als Pil-
lenknick bezeichnet. Die zusammengefasste Geburtenziffer blieb seitdem auf relativ geringem Niveau und liegt derzeit bei 1,4. Dies sind nur rund zwei Drittel des für den Erhalt der
Elterngeneration erforderlichen bestandserhaltenden Niveaus, das bei etwa 2,1 läge. Nachdem die Geburtenhäufigkeit in der ehemaligen DDR in den 1980er Jahren noch höher als im
Bundesgebiet war, sank die zusammengefasste Geburtenziffer in Ostdeutschland nach der
Wiedervereinigung von 1,5 in 1990 auf den Tiefststand von 0,8 in 1994; seitdem ist sie aber
wieder angestiegen und hat sich zwischenzeitlich dem westdeutschen Niveau von 1,4 ange-
glichen bzw. übersteigt dieses sogar geringfügig. Die Zeugungs- und Gebärfreude wurde und
wird offensichtlich deutlich gedämpft durch Unsicherheiten und Umbrüche infolge von
Kriegen oder auch durch die Einführung einer marktwirtschaftlichen Ordnung in Ostdeutschland. Der empirische Befund, dass fast alle OECD-Staaten alternde und schrumpfende Bevölkerungen aufweisen, deutet darauf hin, dass mit zunehmendem materiellem Wohlstand
die Geburtenziffern fallen und die fernere Lebenserwartung steigt. Schrumpfung und Alterung der Bevölkerung wirken dabei tendenziell gegenläufig auf den Sozialbedarf. Deutlich
werden die hierzulande geringe Geburtenrate und ihr langfristig dramatischer Rückgang,
wenn man sich die Nettoreproduktionsziffer, d. h. das Verhältnis von Müttern zu den geborenen Mädchen anschaut. Hat diese auch Nettoreproduktionsrate genannte Kennziffer den Wert
eins, bedeutet dies, dass die Zahl der in jedem Jahr geborenen Töchter ausreicht, die jeweilige Müttergeneration zu ersetzen. Die derzeitigen Werte für diese Nettoreproduktionsziffer
liegen in Deutschland bei etwa 0,66, was bedeutet, dass die Müttergeneration nur zu zwei
Dritteln durch die Töchtergeneration ersetzt wird. Die Nettoreproduktionsziffer liegt schon
seit über vier Jahrzehnten unterhalb des bestandserhaltenden Niveaus. Über dem Bestandser-
haltungsniveau von eins lag die Nettoreproduktionsziffer letztmalig 1969 in den alten Bun-
desländern und 1971 in der ehemaligen DDR. Insgesamt besteht in Deutschland derzeit,
gemessen am bestandserhaltenden Niveau, ein Geburtendefizit von etwa 35 Prozent (Rürup
et al. 2003: 52 ff, Günther 2014: 8 ff, BiB 2015).

Die *Mortalität* beeinflusst die demographische Entwicklung in Deutschland insbesondere
durch die Zunahme der sogenannten fernen Lebenserwartung, die seit den 1960er Jahren
über zwei Drittel der Zunahme der gesamten Lebenserwartung ausmacht. Bei den 65-
jährigen westdeutschen Männern ist diese Restlebenserwartung, die derzeit bei 17,1 Jahren
liegt, um über 4,5 Jahre angestiegen und bei den Frauen, bei denen sie 20,4 beträgt, sogar um
5,5 Jahre. Im Rahmen der 12. koordinierten Bevölkerungsvorausberechnung des Statistischen Bundesamtes (2009) wird von einer weiteren Verlängerung der ferneren Lebenserwartung bis zum Jahre 2060 bei den 65-jährigen Männern auf 22,3 bis 24,7 Jahre und bei den
65-jährigen Frauen auf 25,5 bis 27,4 Jahre ausgegangen. Die Lebenserwartung bei Geburt
würde sich damit bei den Männern von derzeit 77,2 Jahren auf 85 bis 87,7 Jahre in 2060 und
bei den Frauen von 82,4 Jahren auf 89,2 bis 91,2 Jahre erhöhen (Stand 2006/2008 für
Deutschland).

Da sowohl alte Menschen als auch Kinder aus der von der Erwerbsbevölkerung erzeugten
Wertschöpfung unterhalten werden müssen, berechnet man den Gesamtquotienten als das
Verhältnis der unter 20-Jährigen plus der über 65-Jährigen zu den 20- bis 64-Jährigen. Der-
zeit sind die intergenerativen Verteilungsrelationen in Deutschland noch günstig, denn die

Erwerbsbevölkerung ist aufgrund der bis in die 1960er Jahre hohen Geburtenziffern hoch und der Anteil der zu unterhaltenden Jugendlichen niedrig. Jedoch steigt der Altenquotient seit 2010 an, sodass der Gesamtquotient besonders zwischen 2020 und 2030 stark ansteigen und die sozialen Sicherungssysteme belasten wird. Nach der 12. koordinierten Bevölkerungsvorausberechnung wird der Anteil der unter 20-Jährigen an der Gesamtbevölkerung von 19,0 % in 2008 auf 16,7 % in 2030 fallen, der Anteil der über 60-Jährigen von 25,6 % auf rund 36,5 % steigen und der Anteil der mittleren Generation, d. h. der 20- bis 59-Jährigen von 55,4 % auf 47 % sinken. Der Altenquotient als Anteil der über 60-Jährigen im Verhältnis zu den 20- bis 59-Jährigen wird von 46 % in 2008 auf rund 78 % in 2030 ansteigen. Die Situation erscheint etwas entschärft, wenn man die unter 65-Jährigen voll zur mittleren erwerbstätigen Generation rechnet. Nach der 12. Bevölkerungsvorausberechnung erhöht sich der Anteil der über 65-Jährigen von 20,4 % in 2008 auf 28 % in 2030, während der Anteil der 20- bis 64-Jährigen von 60,6 % auf rund 55 % zurückgeht, sodass der Altenquotient als Anteil der über 65-Jährigen im Verhältnis zu den 20- bis 64-Jährigen von 34 % in 2008 auf rund 52 % in 2030 ansteigt, danach jedoch in 2040 etwa 60 % erreicht (Statistisches Bundesamt 2009).

Der vorhersehbare *Anstieg des Altenquotienten* zwischen 2020 und 2030 wird das Arbeitsangebot in Deutschland verringern, was zu einem Abbau der Arbeitslosigkeit, zu Vollbeschäftigung sowie zu einer Verbesserung der Verhandlungsposition der Arbeitnehmer führen und die Durchsetzung von Lohnsteigerungen ermöglichen kann. Sofern es der Kapitalseite nicht gelingt, einem Arbeitskräftemangel durch Migration, Erhöhung der Frauenerwerbsquote und/oder Verlängerung der Jahres- und Lebensarbeitszeit entgegenzuwirken, wird sich die Marktposition der Arbeitnehmer gegenüber den Unternehmen verbessern, was zu steigenden Löhnen und Preisen bzw. zu einem Rückgang der Kapitalrenditen und in der Folge der Investitionen führen kann. Gleichzeitig wird sich der intergenerative Umverteilungsdruck in Deutschland erhöhen, der durch eine schrittweise angepasste Erhöhung der Sozialversicherungsbeiträge und des Renteneintrittsalters sowie eine Absenkung des Rentenniveaus von der Politik ausgesteuert werden muss. Ansonsten droht ein Wohlstandsverlust der Rentnergeneration, die von knappen Ressourcen und Gütern, etwa im Bereich der Pflege und Gesundheit, besonders betroffen wären. Zur Bewältigung des demographischen Wandels wird es zukünftig verstärkt darauf ankommen, das Potenzial an Erwerbspersonen u. a. durch Demografiemanagement (Preißing und Kolb 2015) möglichst optimal auszuschöpfen, absolute Verknappungen durch gesteuerte Migration zu verhindern und die Arbeitsproduktivität durch vermehrten Human- und Sachkapitaleinsatz zu erhöhen.

4.6 Konzeption eines neuen sozialen Kapitalismus

4.6.1 Nachhaltigkeit erfordert ein neues Verständnis von Kapitalismus

Eine nachhaltige Ökonomie erfordert einen *neuen Kapitalismus*, der auf die Vermehrung von Human-, Sach- und Naturkapital anstatt auf die monetäre Kapitalverzinsung zielt. Um den Erfordernissen einer nachhaltigen Entwicklung sowie intra- und intergenerativer Gerechtigkeit zu entsprechen, muss der Kapitalismus auf die reale Kapitalvermehrung und nicht wie bisher auf monetäre Renditen ausgerichtet werden. Ein neuer Kapitalismus benötigt Rahmenbedingungen, welche den privaten und staatlichen Aufbau von Human-, Sach- und Naturkapital wirksam fördern, um die Grundlagen für eine Befriedigung der Existenz- und Grundbedürfnisse aller Menschen auf dieser Erde zu schaffen. Der Aufbau von Naturkapital spielt hierbei eine ebenso große Rolle wie ausreichende Investitionen in Human- und Sachkapital. Da der private Kapitalaufbau angesichts augenscheinlicher Überkapazitäten an Wachstumsgrenzen stößt, auf dessen Ursachen und Lösungsmöglichkeiten im folgenden Kapitel näher eingegangen wird, hat der Aufbau von Staatskapital zukünftig eine große Bedeutung, zumal hinsichtlich einer national wie global ausreichenden Versorgung mit öffentlichen Gütern, die der Gesamtbevölkerung und nicht nur vornehmlich kaufkräftigen Schichten zu Gute kommen. Um dies zu erreichen, muss der Staat zukünftig eine aktive Rolle einnehmen. Ein auf den Kapitalaufbau zum Wohle der Menschen ausgerichteter neuer Kapitalismus würde die Verwirklichung einer globalen sozialen Marktwirtschaft ermöglichen und entspräche einem Alternativkonzept zur vor rund 15 Jahren initiierten neuen sozialen Marktwirtschaft, die vom Grundgedanken des Wettbewerbs zwischen Ländern geprägt war.

4.6.2   Chancen der Internationalisierung und Nachhaltigkeit

Die industriellen Wertschöpfungsketten sind heute auf viele Länder aufgeteilt. Seit den 1980er Jahren haben sich die ausländischen Direktinvestitionen vervierfacht, das Exportvolumen verachtfacht und grenzüberschreitende Finanztransaktionen verneunfacht. Bei stark zunehmendem Außenhandel hat sich der Wohlstand der Menschen in den letzten Jahrzehnten in fast allen Ländern erhöht (Bofinger 2011).

Insbesondere *China* entwickelt sich mit rasanter Geschwindigkeit und verzeichnete im letzten Jahrzehnt jährliche Wachstumsraten zwischen 7,5 % und 14,2 %. Die Vernetzung von Ländern und Kontinenten durch energieeffiziente Schienenverkehrsverbindungen, etwa durch den vorgesehenen Bau der Hochgeschwindigkeitsstrecke von China über Zentralasien nach Europa befördert die international arbeitsteilige ökonomische Entwicklung und bietet zusammen mit dem Bau von dutzenden Millionenstädten und der Errichtung tausender Industrieparks gute Chancen für eine exportorientierte deutsche Wirtschaft, insbesondere wenn diese international nachgefragte innovative Umwelttechnologien anbietet. Die deutsche Politik und Wirtschaft haben dies erkannt. Beispielsweise hat Siemens 2011 den Sektor Infrastructure & Cities gegründet, in dem Kompetenzen für Mobilität, Eisenbahn-, Energie-, Bau- und Umwelttechniken gebündelt werden. Einhergehend mit dem wirtschaftlichen Wachstum in Asien nehmen die Direktinvestitionen asiatischer Unternehmen in Europa zu, wobei chinesische Unternehmen, wie Sany, bereits Fabriken in Deutschland errichten. Auch die anderen BRICS-Staaten entwickeln sich dynamisch; so werden viele der in deutschen Apotheken verkauften Generika in Indien produziert (Simon 2011b).

Ein großes Potenzial im Sinne einer nachhaltigen Ökonomie haben sowohl die bereits erfolgreichen Aktivitäten in Richtung einer grünen Ökonomie, als auch der von China vorangetriebene internationale Ausbau einer leistungsfähigen *Schieneninfrastruktur*, die erst über große Entfernungen ihr volles Potenzial entfaltet. Der Ausbau einer neuen Seidenstraße mit Wirtschaftskorridoren nach Europa ist zentrales Ziel der chinesischen Außenpolitik. Nachdem bereits erste Güterzüge über mehr als 10.000 Kilometer von China nach Duisburg und Madrid fahren, ist ein Länder und Kontinente übergreifendes Infrastrukturnetz beabsichtigt. Nach einer gezielten Engpassbeseitigung und Kapazitätserhöhung des Schienengüterverkehrs in Deutschland sollte der Ausbau der bereits geplanten europäischen Güterverkehrskorridore und Schnellfahreisenbahnstrecken einschließlich des Ausbaus von Schieneninfrastrukturverbindungen zwischen Europa und Asien vorangetrieben werden, um die ökonomischen Potenziale einer stärkeren Arbeitsteilung zwischen Europa und Asien auszuschöpfen. Dies erfordert einen verstärkten Aufbau von infrastrukturellem Staatskapital und stellt Anforderungen an die Finanzierung des Investitionsbedarfs, die Harmonisierung national unterschiedlicher technischer Standards und das operative Management, dessen Komplexität mit der Größe der Netze steigt.

Da der globale Handel, auch vor dem Hintergrund einer wachsenden Weltbevölkerung, deutlich stärker zunimmt als das Bruttoinlandsprodukt und Volkseinkommen in Deutschland, lassen sich im *Exportgeschäft* hohe Wachstumsraten erzielen, die jedoch nicht von der Binnenwirtschaft entkoppelt werden dürfen, da Güterexporte sonst durch Kapitalexporte finanziert werden müssen, was zu außenwirtschaftlichen Ungleichgewichten führt und ökonomisch nicht nachhaltig ist. Deutschland, dessen besondere ökonomische Stärke der Mittelstand ist, ist stark im Export von Hochtechnologiegütern. Jedoch ist hierzulande die Weitergabe der industriellen Produktivitätssteigerungen bislang nicht im ausreichenden und für eine nachhaltige Entwicklung erforderlichen Umfang erfolgt. Im letzten Jahrzehnt lagen die Lohnsteigerungen deutlich unterhalb der Produktivitätssteigerung. Vom Wirtschaftswachstum profitierte nur ein relativ kleiner Teil der Bevölkerung, da die deutsche Lohnentwicklung hinter dem durchschnittlichen europäischen Lohnwachstum zurückblieb.

Die starke Exportorientierung der deutschen Wirtschaft ist eine Chance, von der Globalisierung in besonderem Maße zu profitieren. Diese Exportstrategie wird jedoch nur dann nachhaltig umsetzbar sein, wenn Wettbewerbsvorteile durch Innovationen und nicht durch Lohnzurückhaltung erzielt werden, und die Exporterlöse, entsprechend des Stabilitätsziels eines außenwirtschaftlichen Gleichgewichts, zur Erhöhung von Kaufkraft, Binnen- und Importnachfrage sowie zur Finanzierung öffentlicher Aufgaben und Investitionen in Bildung, Infrastruktur, Gesundheit und Pflege dienen.

4.6.3 Ökonomische Inklusion ermöglicht nachhaltige Entwicklung

Diversifikation der Einkommen ermöglicht Entwicklung

Eine Ökonomie ist insbesondere dann langfristig erfolgreich, wenn die erwirtschafteten Einkommen breit diversifiziert werden, sodass die gesamtwirtschaftliche Nachfrage belebt und entsprechend des Kreislaufmodells hieraus wieder ausreichend Einkommen entstehen. Wenn sich die Einkommen bei einer Minderheit konzentrieren und nicht an die breite Bevölkerung verteilt werden, entsteht dagegen Nachfrageschwäche und Überschussliquidität, die keine Anleger findet, da die Absatzpotenziale nicht ausreichen, um genügend rentierliche Investitionsmöglichkeiten für das anlagesuchende Kapital zu schaffen.

Ökonomische Nachhaltigkeit ist daher an soziale Nachhaltigkeit im Sinne von Verteilungsgerechtigkeit geknüpft. Nur eine Ökonomie, welche die *Gemeinschaft* partizipieren lässt, ist zukunftsfähig. Dies erkannte bereits der Industrielle Henry Ford, der seine Arbeiter gut bezahlte, damit sie seine Autos kaufen konnten. Die beobachtete Überschussliquidität ist ein Indikator, dass die Diversifikation der Einkommen aktuell nicht mehr richtig funktioniert und entsprechende Krisenerscheinungen zeigt. Es war bislang immer der große Vorteil von Industriegesellschaften, dass diese über Löhne ihre Arbeiter am Wohlstand teilhaben ließen und dies langfristiges Wachstum ermöglichte. Das Problem von rohstoffreichen Ländern, deren Rohstoffrenten nur einer kleinen Minderheit zufließen, die diese nicht weiter verteilt, behindert dagegen die ökonomische Entwicklung. Reichhaltige Rohstoffvorkommen sind für die Bevölkerung in diesen Ländern wenig segensreich, wenn es keine wirksamen staatlichen Institutionen und Strukturen gibt, welche die Teilhabe breiter Bevölkerungskreise durch Verteilung der Rohstoffrenten vorsehen (Flassbeck 2013).

Gesellschaftliche Teilhabe an Produktivitätssteigerungen

Der technische Fortschritt ermöglichte in den letzten Jahrhunderten sagenhafte Produktivitätssteigerungen, indem menschliche Arbeit durch Maschinenarbeit substituiert wurde. Produktivitätssteigerungen sind letztlich die Ursache für Wohlstandsgewinne. Voraussetzung für eine prosperierende Wirtschaft ist, dass die Produktivitätsgewinne nicht nur einer kleinen Elite zu Gute kommen, sondern dass idealerweise alle Menschen, zumindest der Großteil der Gesellschaft, an den Produktivitätszuwächsen partizipieren. Die Auswirkungen fehlender Teilhabe der Menschen an Produktivitätssteigerungen bzw. Rohstoffgewinnen lässt sich an Entwicklungsländern studieren, in denen der Zugang zu Ressourcen der herrschenden Elite vorbehalten ist. Aufgrund der fehlenden Einkommen breiter Bevölkerungskreise bleibt deren entsprechende gesamtwirtschaftliche Nachfrage aus und die Länder können sich weder sozial noch ökonomisch gut entwickeln und bleiben hinter der Entwicklung von Ländern mit breiter Teilhabe ihrer Bevölkerung zurück. Während bei einer Minderheit konzentrierte Einkommenszuwächse trotz deren luxuriösen Lebensstils nur zu einem relativ geringen Teil in den Konsum fließen und zu großen Teilen gespart bzw. dem Wirtschaftskreislauf entzogen werden, führen breit in der Bevölkerung verteilte Einkommenszuwächse nicht nur zu einer allgemeinen Erhöhung des Wohlstandsniveaus, sondern induzieren auch zusätzliche Nachfrage und stimulieren die Ökonomie. Die Verteilung der Produktivitätsgewinne erfolgte bislang vor allem über die Löhne, sodass die Arbeitnehmer im industriellen Sektor, in dem die größten Produktivitätsgewinne erzielt werden, vornehmlich profitierten, während in Dienstleistungssektoren mit geringen Produktivitätssteigerungen die Löhne relativ zurückblieben. Abgesehen davon, dass in Deutschland in der letzten Dekade die industriellen Produktivitätssteigerungen nicht durch entsprechende Lohnsteigerungen an die Arbeitnehmer weitergegeben wurden, da die nominale Lohnsteigerung unterhalb der Produktivitätssteigerung zuzüglich der Inflationsrate lag, besteht zudem das grundsätzliche Problem, dass nur ein Viertel der Erwerbstätigen im industriellen Sektor tätig ist und entsprechend an dessen Produktivitätsgewinnen teilhat. Neben den noch verbleibenden 1,5 % der Erwerbstätigen im primären Sektor (Agrarwirtschaft und Urproduktion) arbeiten drei Viertel der Erwerbstätigen im tertiären Sektor, der wirtschaftsbezogene, gesellschaftsbezogene, distributive und haushaltsbezogene Dienstleistungen umfasst. Vor dem Hintergrund, dass die Entlohnungsstrukturen in Dienstleistungswirtschaften normalerweise deutlich weiter aufgefächert sind als in Industriewirtschaften, ist interessant, dass sich die Tertiarisierung in Deutschland eher produktivitätsintensiv vollzogen hat, während sie in Ländern wie den Vereinigten Staaten eher beschäftigungsintensiv verlief. Die Schaffung von Dienstleistungsjobs mit niedriger Produktivität kann die Arbeitslosigkeit gering Qualifizierter abbauen, jedoch ist eine Hochproduktivitätsstrategie gepaart mit gezielter Forschung und Bildungsförderung der erforderliche Weg für höhere Reallöhne und damit steigenden Lebensstandard breiter Bevölkerungsschichten. Ein exportorientiertes Land wie Deutschland, dessen Exporte in überwiegendem Maße aus Industriegütern bestehen, kann seinen Wohlstand durch eine breite und hochproduktive industrielle Basis in Verbindung mit entsprechenden wirtschaftsbezogenen Dienstleistungen erhalten, denn wertschöpfungsintensive Dienstleistungen setzen für ein Land von der Größe

Deutschlands einen leistungsfähigen industriellen Sektor voraus. Die mittelständisch geprägte deutsche Industrie ist in verschiedensten Nischen Weltspitze und hat mit ihren innovativen Produkten insbesondere in den bevölkerungsreichen industrialisierenden asiatischen Ländern große Absatzpotenziale (Rürup und Heilmann 2012). Gelingt es, durch ein leistungsfähiges verarbeitendes Gewerbe eine dynamische Entwicklung der Dienstleistungsbranchen zu induzieren und Produktivitätssteigerungen, Einkommenszuwächse und Wohlstandsgewinne auf die Erwerbstätigen im tertiären Sektor und insbesondere den personenbezogenen Dienstleistungen zu übertragen, ermöglicht dies die Teilhabe breiter Bevölkerungskreise.

Entkoppelung von Erwerbsarbeit und Einkommen

Innovationen haben ermöglicht, dass menschliche Handarbeit durch Maschinen ersetzt wurde, wobei der Mensch die Entwicklung und Bedienung der Maschinen übernahm. Während sich die Erwerbsarbeit und damit die primäre Einkommensquelle der breiten Bevölkerung von der Agrarwirtschaft zur Industriewirtschaft und Dienstleistungswirtschaft verlagerte, wird sich durch die *Computerisierung* ggf. auch die Kopfarbeit des Menschen zunehmend durch Maschinen substituieren lassen. Der frühere amerikanische Arbeitsminister Reich ging davon aus, dass zur Aufrechterhaltung der Produktion zukünftig nur etwa 20 % der erwerbsfähigen Bevölkerung benötigt würden. Damit fiele für 80 % der Bevölkerung die Erwerbsquelle aus, wenn sie keine anderweitigen Erwerbseinkommen oder Einkommenstransfers erhielten.

Götz Werner (2007) widmet sich der Erosion der Erwerbsarbeit als Einkommensquelle und fordert ein *bedingungsloses Grundeinkommen* als Alternative zum Erwerbseinkommen, das derzeit jedoch praktisch nicht finanzierbar ist. Nach Busch (2005: 988 ff) wären bei einem monatlichen Grundeinkommen von 1.000 € jährlich rund 990 Milliarden € aufzubringen, was 95 % des Gesamtbudgets der öffentlichen Haushalte, 103 % der Steuer- und Beitragseinnahmen des Staates (einschließlich der Sozialversicherungen) und 168 % der ausgeschütteten Sozialleistungen entspräche. Bontrup (2008: 103 f) sieht durch ein Grundeinkommen ohne Arbeit darüber hinaus negative Anreize für die erwerbstätige Bevölkerung sowie demotivierende Wirkungen auf die Jugend und plädiert stattdessen für eine bedarfsabhängige und armutsfeste Grundsicherung, welche die Annahme zumutbarer Arbeit sowie einen Einkommens- und Qualifikationsschutz vorsieht (Arbeitsgruppe Alternative Wirtschaftspolitik 2006: 280 f).

Entsprechend müssen zukünftig alternative praxistaugliche steuerfinanzierte Systeme zur Entkoppelung von Erwerbsarbeit und Einkommen entwickelt werden, welche die breite Bevölkerung an der hochproduktiven industriellen Wertschöpfung teilhaben lassen, die Schaffung produktiver Kräfte fördern und Einkommen für dringende Aufgaben in Bildung, Gesundheit, Pflege, Naturschutz u. a. nachhaltig wertschöpfenden Bereichen generieren. Auch die Förderung privater Vermögensbildung geht in diese Richtung, wobei dies allenfalls eine Ergänzung zu einer deutlich wirkmächtigeren steuerfinanzierten *bedarfsabhängigen Grundsicherung* darstellt.

4.6.4   Globale ökonomische Inklusion

Infolge der wachsenden Weltbevölkerung steigt das globale Arbeitsangebot kontinuierlich an. Nach dem Arbeitsmarktmodell bedeutet ein steigendes Angebot ein Absinken des Gleichgewichtslohnes, der ohne staatlich festgelegte Mindestlöhne unterhalb des Existenzminimums sinken kann. Niedrige Löhne bewirken niedrige Erwerbseinkommen, niedrige Nachfrage und damit niedrige Produktion, was wiederum negativ auf die Arbeitsnachfrage wirkt.[67] Niedriglöhne einerseits oder ein Überschuss an Arbeitsangebot und entsprechende Arbeitslosigkeit andererseits bewirken global betrachtet, dass das Einkommen der Menschen insgesamt zu gering ausfällt, solange es von Erwerbsarbeit abhängig ist. Sozialstaaten wie Deutschland gleichen dies durch steuer- oder sozialabgabenfinanzierte Einkommenstransfers teilweise aus, dies ist jedoch kein globales Modell. Der europäische Sozialstaat wird bereits kontrovers diskutiert und auf globaler Ebene ist ein solcher derzeit nicht in Sicht. Die große Herausforderung besteht darin, *globale Sozialstrukturen* aufzubauen, die sich aus der durch sie induzierten Nachfragesteigerung selbstständig finanzieren. Die globale Liberalisierung der Märkte kennt bislang keine Schutzmechanismen, welche soziale Verelendung durch Arbeitslosigkeit oder Niedriglöhne verhindern. Wichtig wäre die weltweite Durchsetzung vereinbarter Standards, wie der UN-Menschenrechte, ILO-Vereinbarungen und Millenniums-Entwicklungsziele. Anzustreben wäre die Einführung globaler Mindestlöhne und Mindestsozialstandards sowie eine von der Weltgemeinschaft gemeinsam verantwortete Minimum-Daily-Allowance von 0,5 bis 1 US-Dollar pro Tag für die Ärmsten zur Überwindung des Hungers, wobei diese nicht deren Subsistenzwirtschaft verdrängen darf. Um mehr *Steuereinnahmen* zu generieren und dem Steuerwettbewerb wirksam zu begegnen, wären wichtig: (1) internationale Harmonisierung der Steuerbemessungsgrundlagen, (2) Festlegung eines Mindeststeuervolumens für Staaten entsprechend des Pro-Kopf-BIP, (3) Beendigung der Begünstigung grenzüberschreitender Prozesse gegenüber inländischen Prozessen, u. a. bzgl. Transparenz, Sozialabgaben und Besteuerung, (4) Verbot anonymer Truststrukturen, (5) Mindestanforderungen an Besitzfristen, (6) Sicherstellung entsprechender Grundbuchqualitäten, (7) Verantwortungsübernahme für Besitz, (8) strafrechtliche Verfolgung und Ahndung von Steuerbetrug, Insiderhandel u. a. ökonomischem Fehlverhalten als schwere Delikte und (9) automatischer Datenaustausch über Staatsgrenzen, wie vom Finanzstabilitätsrat und der OECD vorgeschlagen, und ggf. Kappen der elektronischen Transaktionskanäle zur Einhegung von Steuerparadiesen (Radermacher 2012a: 32 ff). Würde der Zugang zu Ressourcen gerechter verteilt, könnten arme Menschen einen Teil der ihnen zugesprochen Ressourcen verkaufen um Einkommen zu generieren, anstatt wie derzeit Einkommen erzielen zu müssen, um sich lebensnotwendige Ressourcen kaufen zu können. Hilfreich wären auch weltweite *Sozial-, Bildungs- und Gesundheitsprogramme*, wie z. B. die Bolsa Família der brasilianischen Regierung, die armen brasilianischen Familien finanzielle Hilfe bietet, wenn sie ihre Kinder zur Schule schicken und impfen lassen. Denkbar wäre, dass hierzu neben dem Instrument der Besteuerung auch jenes der Geldschöpfung genutzt würde, auf das im folgenden Kapitel eingegangen wird.

---

[67]   Nach der neoklassischen Theorie können Mindestlöhne zu einem Angebotsüberschuss an Arbeit führen, sodass nicht alle Arbeitswilligen und Arbeitssuchenden einen entsprechenden Arbeitsplatz finden.

5 Nachhaltige Ökonomie und Geld

5.1 Status Quo: Krisenanfälligkeit des Weltfinanzsystems

Eine nachhaltige Gesellschaft bedarf einer nachhaltigen Wirtschaft und diese wiederum eines nachhaltigen Finanz- und Geldsystems, welche gleichsam das ökonomische Fundament bilden und die reale Ökonomie unterstützen sollten, ohne die Produktion und Verteilung der Wertschöpfung negativ zu beeinflussen oder wirtschaftlich wünschenswerte Transaktionen infolge von Kredit- und Geldverknappung zu behindern.

Das *Weltfinanzsystem* verzeichnete in den letzten Dekaden eine zunehmende Krisenanfälligkeit. Nach der Lateinamerikakrise in den 1970er und 1980er Jahren, der US-Sparkassenkrise in den 1980er Jahren und der japanischen Bankenkrise in den 1990er Jahren folgten die Mexikokrise 1994–1995, die Südostasienkrise 1997–1998, die Russlandkrise 1998–1999, die Brasilienkrise 1999 und die Argentinienkrise 2000–2001. Das neue Millennium zeigt aus ökonomischer Sicht einen wenig nachhaltigen empirischen Befund. Angefangen beim Zusammenbruch der New Economy (Dotcom-Krise) im Jahr 2000 und gefolgt von globalen Krisenerscheinungen der Subprime-Finanzkrise seit 2007, die beinahe zum Zusammenbruch des westlichen Bankensystems führte, der isländischen Finanzkrise 2008–2011 und der Eurokrise seit 2010, steht vor der Krisenbewältigung die Frage nach den Krisenursachen im Raum. Dabei geht es weniger um Moral und individuelles Fehlverhalten, sondern um Systemfehler. Die Finanz- und Wirtschaftskrisen offenbaren Instabilitäten und Irrationalitäten eines auf kurzfristiger Gewinnmaximierung fokussierten Wirtschaftsmodells, in dem versucht wird, ohne den aufwändigen Weg güterwirtschaftlicher Wertschöpfung Geld direkt aus Geld zu machen und nach dem Ponzi-Schema kurzfristige, nicht nachhaltige Gewinne zu erzeugen und das Verlustrisiko auf Dritte respektive den Staat zu verlagern.

Die *Krisentendenz* wurde verstärkt durch eine zunehmende Deregulierung und Liberalisierung der Finanzmärkte nach Beendigung des Bretton-Woods-Systems 1973 und einem seit Mitte der 1970er Jahre vollzogenen neoliberalen Paradigmenwechsel, der Effektivitäts- und Effizienzvorteile privater Entscheidungen auf Märkten gegenüber staatlichen Entscheidungen und Eingriffen sieht. Mit dem Zusammenbruch der Sowjetunion endete das sozialistische Gegenmodell zum Kapitalismus, der sich nach seinem Sieg im Systemwettbewerb in den 1990er Jahren ungezügelt global ausbreiten konnte. Der Abbau politischer Schranken für die Mobilität von Gütern, Kapital und Technologie und insbesondere die Deregulierung von Kapitalmarktrestriktionen leitete eine neue Epoche des Finanzmarktkapitalismus ein, in der Anleger immer weniger auf Investitionen in der heimischen Wirtschaft fokussiert bzw. angewiesen sind. Unterstützt durch moderne Informations- und Kommunikationstechnologien können Banken, Versicherungen, Investmentfonds und institutionelle Anleger als finanzökonomische Hauptakteure Finanzanlagen permanent und weltumspannend nach aktuellen Rendite- und Risikoerfordernissen optimieren und umschichten. Die Verdopplung der Renditeerwartungen insbesondere von Finanzinvestoren und Großanlegern, die nun 15 bis 25 % forderten und einen neuen Managementstil des Shareholder Value propagierten, verstärkte den Standortwettbewerb zwischen Ländern und erhöhte den Renditedruck der Finanzmärkte auf Unternehmen, die heute nach Finanzkennziffern gesteuert werden. Dabei dominieren kurzfristige Renditeziele im Zweifel über langfristige Unternehmensziele, Qualifikation der Mitarbeiter und Zufriedenheit der Kunden. Eigenkapitalrenditen von 15 bis 25 % (vor Steuern) können von einzelnen marktmächtigen Unternehmen häufig nur durch Umverteilung innerhalb des Unternehmenssektors sowie zwischen Unternehmen und Arbeitnehmern, d. h. auf Kosten anderer Akteure, erzielt werden. Kurzfristig kann durch harte Preisverhandlungen gegenüber Zulieferern, Absenkung der Arbeitskosten mittels Deregulierung und Flexibilisierung des Arbeitsmarktes und Ausweis von Scheingewinnen durch Überbewertung von Aktiva zum teilweise spekulativ überbewerteten Zeitwert, die Rendite maximiert werden. Langfristig und nachhaltig sind derartig hohe Renditen bei realwirtschaftlichen Wachstumsraten von wenigen Prozent freilich nicht zu erzielen. Platzen Finanzblasen und erscheint das ökonomische System durch die Insolvenz als systemrelevant erachteter Banken in ihrer Funktionsweise gefährdet, übernimmt der Staat die maroden Forderungen privater Akteure und sozialisiert deren Verluste. Dies geschieht im Widerspruch zur neoklassischen Wirtschaftstheorie, welche grundsätzlich die Zurückhaltung des Staates fordert, und entspricht auch nicht der marktwirtschaftlichen Argumentation von Keynes (Huber 2009).

Bezugnehmend auf die neoklassische *Modellierung* vollkommener Märkte wurde davon ausgegangen, rationale Akteure an den Finanzmärkten würden fehlbewertete Preise erkennen und wieder zurück ins Gleichgewicht bringen. Unberücksichtigt blieb, dass sich Finanzmarktakteure individuell rational verhalten, wenn sie bei spekulativen Blasenbildungen dem Trend bzw. Herdenverhalten folgen und versuchen, ihre Anlageobjekte erst beim Auftreten von Indikatoren zu verkaufen, die auf das Erreichen eines Höchstpreises respektive das Platzen der Finanzblase hindeuten, wie dem ersten Zusammenbruch einer Bank oder dem sprunghaften Anstieg der Zinsen für Interbankfinanzkredite. Besonders problematisch ist, wenn Investoren bzw. Spekulanten versuchen, ihre Eigenkapitalrendite zu maximieren, indem sie den Leverage-Effekt nutzen und Aktiva mit geliehenem Geld kaufen. Grundgedanke des Leverage-Effekts ist, dass die Eigenkapitalrendite durch Fremdkapitalaufnahme gesteigert werden kann, sofern der Fremdkapitalzins unterhalb der Gesamtkapitalrendite liegt. Kehrt sich dieses Verhältnis infolge eines Preisrückgangs der Aktiva um, sodass der Fremdkapitalzins die Gesamtkapitalrendite übersteigt, entstehen überproportionale Verluste, welche das relativ geringe Eigenkapital schnell aufzehren, sodass auch die Kredite gefährdet sind und Fremdkapitalgeber versuchen, diese schnellstmöglich fällig zu stellen. Um Verluste zu begrenzen, verkaufen zahlreiche Investoren und es entsteht zunehmender Verkaufsdruck insbesondere bei jenen Anlegern, die Aktiva mit geliehenem Geld kauften, was zu rapidem Preisverfall und Platzen der Blase führt. Spekulative Blasen in Form überbewerteter Aktiva oder Währungen, deren plötzlich fallende Bewertung die Zahlungsunfähigkeit von Investoren, Banken und anderen Finanzinstituten zur Folge hat, sowie Staatsschuldenkrisen, in denen Länder ihre Auslandsschulden nicht mehr bedienen können, sind wesentliche Auslöser für Finanzkrisen. Erklärungsansätze für Finanzkrisen bietet der in der österreichischen und keynesianischen Wirtschaftstheorie bekannte Kreditzyklus (Hayek 1929, Keynes 1936), nicht jedoch die etablierte Finanztheorie und die seit den 1980er Jahren vollständig mikrofundierte Totalmodelle anwendende Makroökonomik der neoklassisch-keynesianischen Synthese, die auch Neue Neoklassische Synthese oder Neukeynesianische Makroökonomik genannt wird und von Robinson (1962: 691) als Bastard-Keynesianismus bezeichnet wurde. Anders als in der Wirtschaftspolitik, die konstruktivistisch gesteuert wurde, verfolgte man auf den Finanzmärkten lange Zeit einen liberalen Ansatz. Abgeleitet aus den Theorien rationaler Erwartungen und effizienter Märkte sowie fälschlicherweise als bekannt angenommener Verteilungsfunktionen der Finanzpreise, für die einfachheitshalber gerne Normalverteilung unterstellt wurde, beschränkte man die geldpolitische Steuerung auf ein verbraucherpreisbezogenes Inflationsziel, wobei die Entwicklung der Vermögenspreise ignoriert und der Finanzsektor kaum reguliert wurden. Nachdem sich dies als folgeträchtige Fehleinschätzung und der Finanzsektor als inhärent instabil erwies, soll der in der Wirtschaftspolitik übliche Konstruktivismus nun auch auf den Finanzsektor angewendet werden (Mayer 2012).

Da die Finanzkrise mit den konventionellen ökonomischen Theorien und Modellen nicht vorhergesagt werden konnte, werden *im Folgenden* andere Erklärungen für Finanzkrisen und alternative Wege für ein nachhaltigeres Geld- und Finanzsystem gesucht, indem u. a. auf historische Beispiele, divergierende Geldfunktionen und ökonomische Wirkungen der Geldschöpfung eingegangen und Widersprüche im derzeitigen Geldsystem aufgezeigt werden.

5.2 Historische Erkenntnisse aus Antike und Mittelalter

5.2.1 Geld vermittelt Arbeitsteilung und Wirtschaftsentwicklung

Solange Geld nicht von staatlicher Seite vorgegeben wurde, bildeten sich andere allgemeine Tauschmittel, wie beispielsweise Salz, Felle, Tiere oder Getreidekörner. Während solche natürlichen Tauschmittel verderblich und vergänglich sind, weil sie faulen, rosten, sterben, sich auflösen, verrotten oder von Insekten befallen werden, haben Edelmetalle, wie Gold und Silber, diese negativen Eigenschaften nicht und etablierten sich deshalb im Laufe der Zeit als allgemeine Tauschmittel. Aufgrund ihrer hohen Wertdichte eigneten sie sich auch gut für den Transport über weite Strecken und unterstützten damit den Handel. Wegen ihrer natürlichen Knappheit und des hohen Aufwands ihrer Gewinnung waren sie im Kontext der Geldeigenschaft wertvoll und begehrt. *Gold und Silber* ermöglichten den Übergang von der Urwirtschaft zur arbeitsteiligen Wirtschaftsweise. Hoch entwickelte Ökonomien und moderne Gesellschaften sind ohne Geld undenkbar, denn durch Geld können sich Arbeitsteilung und Güteraustausch viel effektiver und effizienter entfalten als dies mit irgendeinem anderen Tauschmittel der Fall wäre. Geld ist nach Gesell (1949: 111) der Fußball der Volkswirtschaft. In früheren Zeiten eignete sich Gold aufgrund seiner Knappheit, Beständigkeit und neutralen stofflichen Eigenschaften hervorragend als Tauschmittel. Seine Einführung als Geld vereinfachte und beschleunigte den Tausch und unterstützte maßgeblich die Arbeitsteilung zwischen den Menschen und den Übergang von der selbstversorgenden Urwirtschaft zur produktiveren arbeitsteiligen Tausch- und Handelswirtschaft. Gold und Silber erleichterten die Arbeitsteilung und den Handel, die Menschen konnten sesshaft werden, sich arbeitsteilig spezialisieren und besondere Fertigkeiten in ihrem Spezialgebiet entwickeln, wodurch sich die Produktivität arbeitsteilig vernetzter Gesellschaften erhöhte und über die Befriedigung von Grundbedürfnissen hinaus Potenziale für gesellschaftliche und kulturelle Entwicklung geschaffen wurden, auf denen wirtschaftliche, gesellschaftliche und kulturelle Entwicklung und letztlich die Erschaffung von Hochkulturen basierte. Dabei ist freilich nicht zu übersehen, dass kulturelle Blüte und ein luxuriöser Lebensstil meist einer kleinen Schicht vorbehalten blieb, während große Teile der Bevölkerung ein einfaches oder sogar unfreies Leben führten, solange die menschliche Arbeit noch nicht durch die Nutzung fossiler Brennstoffe potenziert wurde. Solange das Geld an die Materie des Goldes oder Silbers gebunden war, begrenzte dieses das ökonomische Entwicklungspotenzial bzw. Ausbeutungspotential, da Soldaten besoldet werden mussten. Es musste immer wieder neues Gold oder Silber gefördert oder erobert werden, um den Geldkreislauf und damit auch den Güterkreislauf aufrecht zu erhalten und auszuweiten. Stockte die Zufuhr, so stockte die Wirtschaft und der allmähliche Verfall der Ökonomien und damit auch der Kulturen setzte ein, wie die Geschichte Babylons, Griechenlands und Roms lehrt. Das Römische Reich scheiterte letztlich nicht an seiner Dekadenz, sondern an der Erschöpfung seiner Gold- und Silberminen.[68] Versiegt oder versagt die bestehende Geldwirtschaft, muss unverzüglich ein neues Geld(-system) bereitgestellt werden, um den Güterkreislauf aufrecht zu erhalten, um eine wirtschaftliche Krise zu verhindern; andernfalls droht der ökonomische und gesellschaftliche Abstieg. Die Germanen konnten mangels Geld auf den Trümmern Roms kein neues Reich errichten. Erst nach über tausendjähriger wirtschaftlicher Stagnation ermöglichte die Erfindung unechter Kupfermünzen in der Renaissance ein neues wirtschaftliches Erwachen und Erblühen Roms (Gesell 1949: 168). Bei Goldknappheit bot die Falschmünzerei die Möglichkeit, einen Wirtschaftsaufschwung zu initiieren und den Wirtschaftskreislauf aufrecht zu erhalten.

Die *Merkantilisten* des 17. und 18. Jahrhunderts wussten um die Bedeutung des seinerzeit in Form von Gold zirkulierenden Geldes für einen florierenden Wirtschaftsablauf[69] und erkannten die Bedeutung staatlicher Wirtschaftspolitik für die ökonomische Entwicklung. Die merkantilistische Politik zielte nicht nur darauf, die Staatseinkünfte und die Bevölkerung, sondern vor allem auch die Goldmenge zu vermehren, die erforderlich war, um einen funktionierenden Geldkreislauf und damit auch Güterkreislauf sicherzustellen. In einer Zeit, in der Gold das einzige allgemeine Zahlungsmittel war, war ein Land zwingend auf Goldvorräte angewiesen, um den Geldumlauf zu gewährleisten und somit erst ökonomische Entwicklung und Wachstum zu ermöglichen. Ohne eigene Goldfunde war es ökonomisch sinnvoll, mehr Waren gegen Gold zu exportieren als zu importieren, um mittels des zusätzlich erhaltenen Goldes den Wirtschaftskreislauf anzuregen. Die Merkantilisten in England und Frankreich forderten eine Exportförderung und Importbehinderung gegenüber Spanien und Portugal, um diesen Ländern ein Handelsbilanzdefizit aufzudrängen, das diese in Gold und Silber begleichen mussten. Diese merkantilistische Wirtschaftspolitik war eine elegante Alternative, um Gold zu erhalten, das andere Länder von den Völkern Mittel- und Südamerika auf kriegerische Weise erbeuteten bzw. raubten. Karl-Heinz Schmidt (1994: 40) schreibt: „Die Vermehrung der Geldmenge sollte dazu beitragen, neue Arbeitsplätze in Gewerbe und Handwerk zu schaffen, das eigene Land von den Einfuhren wichtiger Waren der gewerblichen Wirtschaft unabhängig zu machen und dadurch die wirtschaftliche und politische Macht des Landes zu erweitern." Problem war dabei regelmäßig die Beschaffung von ausreichend Gold und Silber, um einen funktionierenden Geldkreislauf bei wachsender Wirtschaftsleistung aufrecht zu erhalten.

---

[68] Auch heute findet wieder eine zwar durchaus berechtigte Diskussion zu Moral und Ethik von Managerverhalten statt, die jedoch zu kurz greift, wenn nicht die relevanten systemischen Krisenursachen erkannt und beseitigt werden.

[69] Das Verständnis einer Volkswirtschaft als einem kontinuierlichen aus Tauschakten bestehenden güter- und geldwirtschaftlichen Kreislaufprozess wurde Ende des 18. Jahrhunderts von den Physiokraten weiterentwickelt.

5.2.2 Hochmittelalterliche Beherrschung der Umlaufgeschwindigkeit und Wertbefestigung

Dass es keiner wertvollen Gold- oder Silbermünzen bedarf, sondern ohne sie ein noch wirksameres und erfolgreicheres Geldsystem installiert werden kann, zeigte Mitteleuropa zwischen 1150 und 1350, einer Zeit, in der es zu einer wirtschaftlichen und kulturellen Blüte kam, in der es der Bevölkerung und nicht nur der Oberschicht gut erging. Anstelle vollwertiger Gold- und Silbermünzen prägten die Bischöfe, Fürsten und Könige im 12. bis 14. Jahrhundert dünne Münzen (Brakteaten, Brechgeld), auf denen ein höherer als der metallene Wert eingeprägt war. Das meist aus Silber oder Billon bestehende Metallblech der Brakteaten war so dünn, dass es nur einseitig geprägt und leicht durchgebrochen werden konnte. Einige trugen sogar Markierungen zur Zerkleinerung, um noch kleinere Geldeinheiten herzustellen. Da die umlaufenden *Brakteaten* häufig vom adeligen oder kirchlichen Münzherren zurückgerufen wurden und dann in schlechtere Münzen umzutauschen waren, bestand für die Bevölkerung ein Anreiz, erhaltenes Geld möglichst schnell wieder auszugeben, was den Wirtschaftskreislauf belebte. Der regelmäßig erhobene Schlagschatz von ca. einem Viertel des Münzwertes (meist wurden für vier alte drei neu geprägte Brakteaten ausgegeben), war eine einfache und wirksame Form der Besteuerung, der sich niemand entziehen konnte und die einen Anreiz bot, das Geld nicht zu horten und damit dem Kreislauf zu entziehen, sondern die Münzen möglichst schnell wieder in Waren umzutauschen oder (ohne Zins und ohne Wertverlust) zu verleihen und damit den Geld- und Güterkreislauf aufrecht zu erhalten. Entsprechend der Volksweisheit „Taler, Taler du musst wandern, von dem einen zu dem andern" erhielten in dieser Zeit Handel, Gewerbe und Künste einen Auftrieb, da die Menschen bestrebt waren, ihr Geld möglichst schnell wieder loszuwerden anstatt dieses als Wertaufbewahrungsmittel zu horten. Dies ermöglichte einen funktionierenden Geld- und Güterkreislauf ohne größere Inflation oder Deflation. Nach der Geschichtsschreibung kam es mit den Brakteaten auch nicht zu Schiebertum, das gewöhnlich eine Inflation begleitet, weshalb das Brechgeld als Beispiel für die Beherrschung der Umlaufgeschwindigkeit sowie die Wertbefestigung von Bedeutung ist (Fisher 1980: 46). Dieses historische Beispiel zeigt, dass der *Wirtschaftskreislauf* mit den zerbrechlichen Brakteaten viel besser funktionierte als mit werthaltigem Gold oder Silber, da dieses Geld primär als Tauschmittel anstatt als Wertaufbewahrungsmittel fungierte.

5.3 Geldfunktionen und Geldformen

5.3.1 Geldfunktionen

Geld erfüllt in der heutigen Ökonomie grundsätzlich drei Funktionen, die von Crowther (1940: 15 ff) definiert wurden: erstens fungiert es als Wertmaßstab, zweitens als Zahlungs- bzw. Tauschmittel und drittens als Wertaufbewahrungsmittel.

1. Geld ist *Wertmaßstab* und Recheneinheit, wobei die Kaufkraft des Geldes in Währungseinheiten gemessen wird. Preise sind Wertverhältnisse, die zuvor ausgehandelt wurden. Die Funktion als Wertmaßstab ist als elementar anzusehen, wird jedoch durch Inflation oder Deflation beeinträchtigt. Einerseits muss Geld knapp gehalten werden, sonst entsteht Inflation, andererseits darf es nicht dem Wirtschaftskreislauf entzogen werden,

sonst bewirkt dies Deflation. Beides hat verheerende Auswirkungen für Wirtschaft und Gesellschaft, wie etwa die Inflation 1923 und die Deflation 1929 in Deutschland gezeigt haben. Erstere entwertete die existenziellen Grundlagen, letztere führte zur Massenarbeitslosigkeit und bereitete dem Nationalsozialismus den Boden.

2.   Als *Zahlungsmittel* fungiert Geld als Tausch- und Schuldtilgungsmittel.[70] Indem Geld beispielsweise in Form von Banknoten umläuft, vereinfacht es den Tausch von Gütern sowie die Aufnahme und Tilgung von Schulden. Da es in der Praxis kaum direkte Warenaustausche gibt und diese auch nicht durch Geld vermittelt werden müssten, sondern unmittelbar direkt erfolgen könnten, etwa tausche ein Brot gegen zehn Eier, wird Geld realiter nicht als Tauschmittel im engeren Sinne, sondern als Recheneinheit (Wertmaßstab) und Tauschmittel im weiteren Sinne verwendet, indem Menschen regelmäßig zunächst ihre Arbeitskraft gegen Geld verkaufen und für dieses Geld dann Güter kaufen.

3.   Wird Geld nicht weitergegeben, sondern gehortet, dient es der *Wertaufbewahrung* oder *Liquidität*. In dieser Zeit ist es dem Geldkreislauf entzogen, was den Güterkreislauf stört.

Geld erfüllt in der heutigen Ökonomie grundsätzlich alle drei theoretischen Funktionen: es fungiert gleichzeitig als Tauschmittel, als Wertmaßstab und als Wertaufbewahrungsmittel. Eine genauere Analyse der drei oben beschriebenen Geldfunktionen und ihrer Wirkungen zeigt, dass Geld in seiner heutigen Beschaffenheit als allgemein anerkanntes Tausch- und Zahlungsmittel *konkurrierende Eigenschaften* aufweist: es ist sowohl ein öffentliches als auch ein privates Gut, es unterliegt einem allgemeinen Annahmezwang, aber keinem Zwang zur Weitergabe in den Wirtschaftskreislauf, es fungiert gleichzeitig als Tauschmittel und auch als Wertaufbewahrungsmittel. Als Tauschmittel ist Geld unerlässlich für einen funktionierenden Wirtschaftskreislauf (der Rubel muss rollen), als Wertaufbewahrungsmittel kann Geld als sogenannte Liquidität zurückgehalten und gehortet werden. Zwischen der Tauschmittelfunktion und der Wertaufbewahrungsfunktion des Geldes besteht eine konkurrierende Zielsetzung, da das Zurückhalten bzw. Horten des Geldes zwecks Wertaufbewahrung dieses dem Wirtschaftskreislauf als Tauschmittel entzieht und damit den güterwirtschaftlichen Kreislauf stört (Creutz 1995). Dieses Problem wird in modernen Ökonomien durch die unten behandelte Kreditgeldschöpfung symptomatisch behoben, die zu Verschuldung führt und weitere negative Wirkungen hat, wenn sie etwa ausufernde Liquidität für Spekulationszwecke bereitstellt.

Die reibungslose Funktion des Geldes als Tauschmittel setzt voraus, dass Geld dem güterwirtschaftlichen Umsatzprozess entgegen läuft und nicht durch Hortung verknappt wird. In diesem Sinne sollte die Wertaufbewahrungsfunktion idealerweise nicht durch Geld, sondern anderweitig erfolgen. Im etablierten Wirtschaftskreislaufmodell erfolgt dies durch Ersparnisbildung gegen Zins, wobei die Ersparnisse an die Unternehmen verliehen werden und Investitionen finanzieren. Auch der Kauf von Waren, beispielsweise von Edelmetallen oder Diamanten, zwecks Wertaufbewahrung, wäre eine Alternative, welche die Tauschmittelfunktion des Geldes grundsätzlich nicht beeinträchtigte. Werden jedoch seltene, von der Industrie benötigte Rohstoffe bzw. Metalle gehortet, führt diese Verknappung regelmäßig zu Preissteigerungen und verzerrt die Allokation der Produktionsfaktoren. Diese durch die Verknappung

---

[70]   Martin und Lüftl (1990) sehen Geld nicht als Tauschmittel, sondern als übertragbare Schuld bzw. als Kredit (debt). Ihre Theorie des *Debitismus* betrachtet keine Tauschgeschäfte, sondern Schuldverhältnisse. Auch nach Heinsohn und Steiger (2009) ist nicht der Tausch, sondern das Eigentum der Ursprung allen Wirtschaftens; ohne Eigentum gebe es keine Ökonomie, sondern nur Produktion.

der Rohstoffe induzierte Preissteigerung ermöglicht Anlegern kurzfristige Spekulationsgewinne, hat jedoch negative Effekte für die Gesamtwirtschaft und Gesellschaft.

Ausgehend von dieser Problematik stellt sich erstens die Frage, ob und inwieweit eine Trennung der Tauschmittelfunktion und der Wertaufbewahrungsfunktion sinnvoll und möglich ist, und zweitens wie einzelne Funktionen, etwa die Wertaufbewahrungsfunktion gesamtwirtschaftlich verträglich und ohne negative Betroffenheit anderer ökonomischer Akteure gestaltet werden könnten. Geld hat eine transaktive, aber keine produktive Funktion; es arbeitet nicht. Reale Wertschöpfung entspringt letztlich der lebendigen Natur und menschlicher Arbeit. Wir leben jedoch in einem von Menschen geschaffenen ökonomischen System, in dem ursprünglich als Tauschmittel und Recheneinheit konzipiertes Geld arbeiten und sich selbstständig vermehren kann. Da die moderne arbeitsteilige Gesellschaft Geld als Transaktionsmittel voraussetzt, kann sich niemand seinem Einfluss entziehen, was in der Volksweisheit zum Ausdruck kommt: Geld regiert die Welt. Ausgehend von einer aufklärenden Bildung zur Funktions- und Wirkungsweise unseres Geldsystems sollte ein *gesellschaftlicher Diskurs* zu den erwünschten Geldfunktionen und eine bedürfnisgerechte Gestaltung und Weiterentwicklung im Sinne einer nachhaltigen bzw. ökosozialen Ökonomie angestrebt werden (Hörmann und Pregetter 2011, Huber 2013).

5.3.2   Geldformen

Grundsätzlich ist zwischen Geldfunktionen und Geldformen zu unterscheiden. Die Geldfunktionen wurden durch im Laufe der Zeit veränderliche und weiterentwickelte Geldformen erfüllt. Hinsichtlich der Geldformen, die sich im historischen Zeitverlauf kontinuierlich weiter entwickelt haben, unterscheidet man heute Münzen, Banknoten, Sichteinlagen und weitere Geldformen, die ihren Ausdruck in den unterschiedlichen Geldmengendefinitionen finden. Gesetzliches Zahlungsmittel und damit Geld im engeren Sinne ist heute Bargeld in Form von Münzen und Banknoten, die außerhalb des Bankensystems bei Nicht-Banken umlaufen. Zum Bargeld werden auch die im Ausland umlaufenden Banknoten gezählt, nicht jedoch die Kassenbestände der Geschäftsbanken. Die Europäische Zentralbank (2011: 51) hat für das Eurosystem verschieden weit gefasste Geldmengenaggregate (M1 bis M3) definiert.

- Die Geldbasis M0 bilden das Bargeld (*Münzen und Banknoten*) zuzüglich des als Sichteinlagen der Geschäftsbanken bei der Zentralbank gehaltenen Zentralbankgeldes (die Geschäftsbanken unterhalten Konten bei der Zentralbank, auf denen ihre Zentralbankeinlagen verbucht werden).
- Die Geldmenge M1 umfasst neben der Geldbasis M0 auch die täglich fälligen *Sichtguthaben* bzw. Sichteinlagen der Nichtbanken bei den Geschäftsbanken.
- Die Geldmenge M2 beinhaltet die Geldmenge M1 zuzüglich der *Spareinlagen* mit einer vereinbarten Laufzeit von bis zu zwei Jahren sowie Einlagen mit vereinbarter Kündigungsfrist von bis zu drei Monaten.
- Die Geldmenge M3 enthält die Geldmenge M2 zuzüglich jener Anteile an Geldmarktfonds, Geldmarktpapieren, Repogeschäften[71] und Bankschuldverschreibungen mit einer Laufzeit von bis zu zwei Jahren.

---

[71] Ein Repo bzw. eine Rückkaufvereinbarung (Sale and Repurchase Agreement) ist eine kurzfristige Finanztransaktion, die einen gleichzeitigen Verkauf und Rückkauf eines Wertpapiers kombiniert und eine Laufzeit von meist unter einem Jahr, teilweise nur wenigen oder einem Tag hat.

Da Spareinlagen im Gegensatz zu Bargeld oder Sichteinlagen nicht direkt zur Zahlung eingesetzt werden können, sind sie kein unmittelbares Tauschmittel. Bargeld ist bislang alleiniges
gesetzliches Zahlungsmittel, allerdings fungieren Sichtguthaben als faktische Zahlungsmittel,
sodass diese beiden Geldformen (Bargeld und Sichteinlagen) als *Geld im engeren Sinne*
betrachtet werden, da man mit ihnen zahlen und fällige Rechnungen begleichen kann.

5.4   Moderne Geldschöpfung durch Kreditschöpfung

5.4.1   Kausalität zwischen Geldmenge, Wachstum und Zins

Laut EZB (2011: 63) steht der von der Zentralbank festgelegte Leitzins am Anfang einer
durch zahlreiche Schocks beeinflussten und aus einem komplexen Geflecht ökonomischer
Wirkungszusammenhänge bestehenden Wirkungskette (diese wird als *Transmissionsmechanismus* bezeichnet), über die sich geldpolitische Entscheidungen der Zentralbank auf Wirtschaft und Preisniveau auswirken.

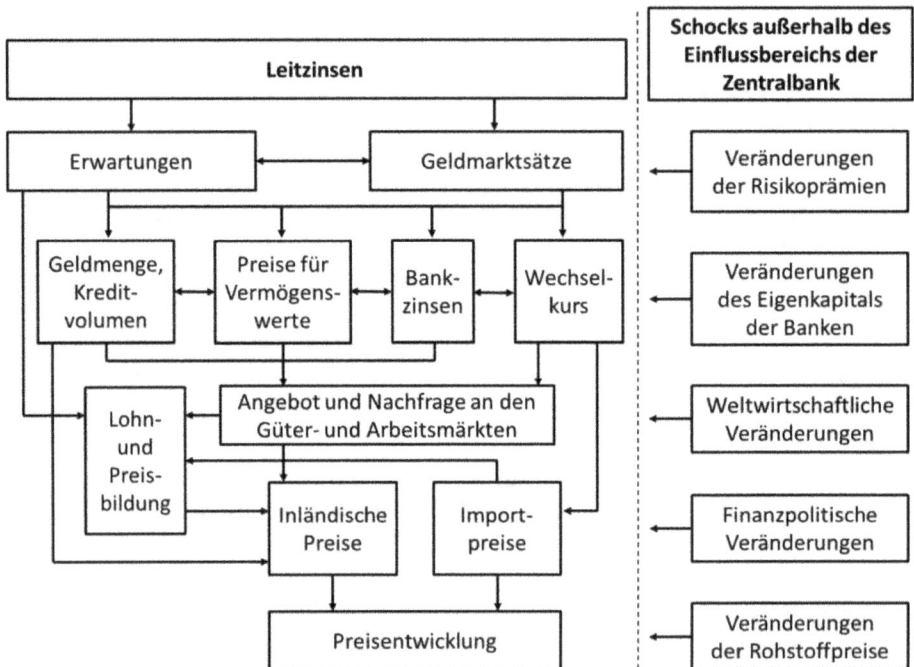

Abb. 5.1:   Vereinfachte Darstellung des Transmissionsmechanismus von den Zinssätzen zu den Preisen (in An-
             lehnung an EZB 2011: 64)

Demnach steuert die Zentralbank, indem sie die Leitzinsen verändert, Wirtschaft und Preisniveau. Allgemein wird davon ausgegangen, dass das Wirtschaftswachstum durch sinkende
Zinsen stimuliert und durch steigende Zinsen gebremst wird, Zinsen also negativ mit dem
Wirtschaftswachstum korreliert seien. Dieser offiziellen Story widerspricht Werner (2012,
2005) auf Basis empirischer Untersuchungen, nach denen (1) die Zinsen dem Wirtschafts-

wachstum nachfolgen, und nicht umgekehrt,[72] und (2) Zinsen und Wirtschaftswachstum nicht negativ, sondern positiv korreliert sind: Steigendes Wachstum führt zu höheren Zinsen und schwächeres Wachstum zu niedrigeren Zinsen.[73] Wenn *Zinsen* das *Ergebnis* und nicht die Ursache *von Wirtschaftswachstum* sind, stellt sich die Frage, welche monetäre Größe das Wirtschaftswachstum tatsächlich bestimmt. Da es beim Geld immer mehr Nachfrage als Angebot gibt, wird der Geldmarkt von den Anbietern dominiert, welche die für wirtschaftliche Transaktionen verfügbare Geldmenge schöpfen und über ihre Verteilung entscheiden.[74]

5.4.2 Geldschöpfung durch Geschäftsbanken

Im konventionellen Wirtschaftskreislaufmodell werden Banken als Intermediäre betrachtet, welche die Ersparnisse der Anleger gegen Zins entgegennehmen und zu einem höheren Zins, der Risiko und Verwaltungskosten abdeckt, an investitionswillige und kreditsuchende Unternehmen und Haushalte verleihen. Der in ökonomischen Lehrbüchern verbreitete Geldschöpfungsmultiplikator verleitet zu der Annahme, dass die Geschäftsbanken Kredite nur in Höhe ihrer Einlagen bzw. Überschüsse ausreichen könnten (Blanchard und Illing 2009: 138) und ist zur Modellierung der heute von den Geschäftsbanken praktizierten Giralgeldschöpfung ungeeignet. Die tatsächlich praktizierte Geld- und Kreditschöpfung aus dem Nichts *(Fiat Money)* wird im Folgenden v. a. unter Bezugnahme auf Hans Christoph Binswanger, Richard A. Werner und Joseph Huber vorgestellt.

Während Bargeld von der Zentralbank als einer staatlichen Institution geschaffen wird, ist die Schöpfung von Giralgeld (auch: Buchgeld, Sichtguthaben, Sichteinlagen) derzeit den privaten Geschäftsbanken überlassen. Zwar hat die Zentralbank ein im 18. Jahrhundert eingeführtes Banknotenmonopol, dieses wird jedoch durch den bargeldlosen Zahlungsverkehr mit Giralgeld, d. h. Sichteinlagen auf Bankkonten, unterminiert. Geschäfts- und Zentralbanken erschaffen heute *Geld durch Kreditvergabe*, wobei nur ein geringer Teil von länderspezifisch 3–20 % von den Zentralbanken in Form von Bargeld und Zentralbankgeld und der weit größere Teil von 80–97 % des Geldes von den Geschäftsbanken in Form von Giralgeld geschöpft wird. Aufgrund der heute üblichen Wirtschaftspraxis, dass die meisten Zahlungen nicht mehr durch Barzahlung, sondern durch Überweisung von bei Geschäftsbanken verbuchtem Giralgeld (Sichtguthaben) erfolgen, bestimmen heute die Geschäftsbanken durch Buchgeldschöpfung über die Geldmenge und Geldversorgung der Wirtschaft. Im Sinne der vorherrschenden Finanztheorie, die von effizienten Geld- und Kapitalmärkten ausgeht, wurde im Vertrauen auf den freien Marktmechanismus nicht in die Geldschöpfungspolitik der Geschäftsbanken eingegriffen.

Geschäftsbanken verbuchen *Sichteinlagen (Giralgeld)* ihrer Kunden auf der Passivseite ihrer Bilanz, da es sich für die Bank um eine Verbindlichkeit und für den Bankkunden um eine Forderung gegenüber der Bank handelt.[75] Sichteinlagen sind zwar keine gesetzlichen Zahlungsmittel, jedoch allgemein akzeptierte Zahlungsmittel, wobei selbst Steuerschulden durch

---

[72] Werner beobachtete diesen Zusammenhang in fast allen Ländern der letzten 50 Jahre.

[73] Dies trifft sowohl für lang- und kurzfristige als auch für nominale und reale Zinsen zu (Werner 2012: 6).

[74] Für wirtschaftliche Transaktionen und Wirtschaftswachstum relevant ist letztlich das Geldmengenaggregat M1, da mit diesem Geld bezahlt werden kann.

[75] Kontoinhaber können über Sichtguthaben auf Sicht, d. h. ohne Voranmeldung verfügen und zur Zahlung verwenden oder es sich in Bargeld auszahlen lassen.

Banküberweisung und nicht durch Barzahlung an das Finanzamt geleistet werden müssen. Während Bargeld als gesetzliches Zahlungsmittel von der Zentralbank herausgegeben und ihre Menge somit direkt gesteuert werden kann, entziehen sich Sichtguthaben bei Geschäftsbanken, solange sie nicht in Bargeld umgetauscht werden, weitgehend der Steuerung durch die Zentralbank. Die Annahme vieler Menschen, Banken könnten Kredite nur in Höhe der bei ihr vorhandenen Einlagen oder sonstiger vorhandener Überschüsse ausreichen, ist falsch. Tatsächlich schöpfen Geschäftsbanken Giralgeld, mit dem heute die weit überwiegende Mehrzahl aller Transaktionen bezahlt wird, durch Kreditvergabe förmlich aus dem Nichts und benötigen hierzu prinzipiell keine Spareinlagen.

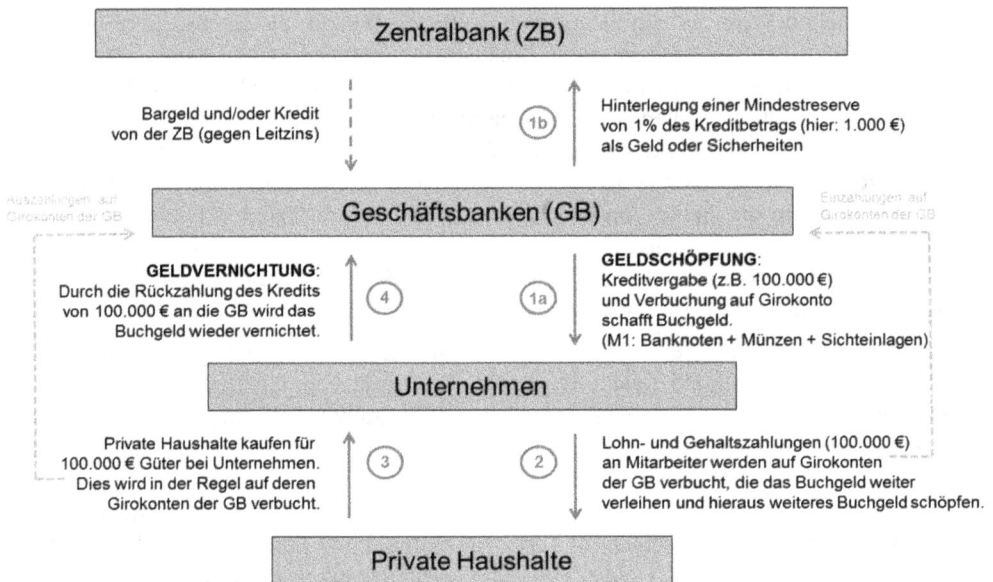

Abb. 5.2: Geldschöpfungsprozess (eigene Darstellung)

Ein gängiger Weg der Giralgeldschöpfung ist die *Kreditvergabe*. Um einen Bankkredit zu erhalten, muss der Kreditnehmer in der Regel Sicherheiten vorweisen, auf die bei unterbliebenen Zins- und Tilgungszahlungen seitens der Bank zurückgegriffen werden kann. Wird der Kreditantragsteller von der Bank im Zuge der Kreditwürdigkeitsprüfung als solvent beurteilt bzw. weist er die erforderlichen Sicherheiten nach, so kommt der Kreditvertrag zustande. Nach Abschluss des Kreditvertrages bekommt der Kreditnehmer den Kreditbetrag von seiner Bank auf dem Girokonto gutgeschrieben und hat hierfür Zinsen, Tilgung und Sicherheiten zu leisten. Die sich aus dem Kreditvertrag ergebende und normalerweise besicherte Forderung der Bank gegenüber dem Kreditnehmer ist die Deckungsbasis für den von der Bank in Form neu geschöpften Buchgeldes ausgereichten Kreditbetrag. Dabei verbucht die Bank den Kreditbetrag einerseits auf der Aktivseite ihrer Bilanz als Forderung gegenüber dem Kreditnehmer und andererseits auf der Passivseite als Sichtguthaben des Kreditnehmers bei der Bank. Damit entstehen gleichzeitig eine Schuld des Kreditnehmers gegenüber der Bank, welche sich als Bankaktiva ausdrückt sowie eine Sichteinlage auf der Passivseite der Bankbilanz, die eine Schuld der Bank gegenüber dem Kreditnehmer darstellt. Buchhalterisch betrachtet ist Giralgeldschöpfung eine *Bilanzverlängerung* der Geschäftsbank.

Tab. 5.1: Geldschöpfung durch Kreditvergabe und Bilanzverlängerung (in Anlehnung an Binswanger 2009: 5 f)

Bilanz der Geschäftsbank

Aktiva	Passiva
+ 10.000	+10.000
Forderung der Bank	= Verbindlichkeit der Bank
= Schuld des Kreditnehmers	= Sichtguthaben des Kreditnehmers
	(Giralgeld bzw. Buchgeld)

Die Geschäftsbank erhält für ihre Forderung gegenüber dem Kreditnehmer Zinsen und generiert hierdurch Erträge, während ihre Verbindlichkeit in Form des im Zuge der Kreditvergabe geschöpften Sichtguthabens des Kreditnehmers eine Geldform darstellt, welche die Bank innerhalb ihrer Bilanz zinsfrei erzeugen kann. D. h., im Gegensatz zur Schuld der Bank, die als Sichteinlage Geld und damit zunächst unbefristet und für die Bank zinsfrei ist, ist die Schuld des Kreditnehmers zeitlich terminiert und mit Zinszahlungen an die Bank verbunden. Die Zinszahlungen an die Bank stellen deren Erlöse dar, während die Tilgungszahlungen zum Abbau der Bankforderung gegenüber dem Kreditnehmer und gleichzeitig zur Reduzierung der von der Bank im Zuge der Kreditausreichung geschöpften Buchgeldmenge beitragen. Durch die Kreditvergabe wird die Geldmenge M1 erhöht, welche das außerhalb des Bankensystems umlaufende Zentralbankgeld M0, d. h. Banknoten und Münzen, sowie die Sichteinlagen der Nichtbanken bei den Geschäftsbanken umfasst. Indem der Kreditbetrag von der Bank als Sichtguthaben auf dem Giro- bzw. Kontokorrentkonto des Kreditnehmers gutgeschrieben wird, entsteht Buchgeld, über das der Kreditnehmer durch bargeldlose Zahlungsweise oder nach Einlösung in Bargeld verfügen kann. Will der Kreditnehmer bzw. Kontoinhaber Bargeld ausgezahlt bekommen, benötigt die Bank entweder Bargeld aus Kundeneinlagen, oder sie leiht es sich gegen Zins von der Zentralbank. Ähnliches gilt, wenn der Kontoinhaber sein Guthaben auf das Konto einer anderen Geschäftsbank überweist. In diesem Fall muss die Geschäftsbank prinzipiell Zentralbankgeld von ihrem Konto bei der Zentralbank auf das Zentralbankkonto der anderen Geschäftsbank überweisen und sich das hierzu erforderliche Zentralbankgeld gegebenenfalls von der Zentralbank leihen. Die Geschäftsbanken haben Konten bei der Zentralbank, über die sie sich untereinander verrechnen und Salden mit Zentralbankgeld ausgleichen. Da zwischen den Geschäftsbanken stets zahlreiche Überweisungen ihrer Kunden in unterschiedliche Richtungen stattfinden, gleichen die Geschäftsbanken untereinander nur die sich hieraus am Tagesende ergebenden Salden aus, welche nur einen Bruchteil der von ihnen geschöpften Buchgeldmenge betrifft. Mit wenig Zentralbankgeld kann somit ein Vielfaches an Giralgeld erzeugt werden. Aufgrund der Beliebtheit des bargeldlosen Zahlungsverkehrs wird heute nur noch ein kleiner Anteil der Sichtguthaben in Banknoten eingelöst. Diese erforderlichen Banknoten beschaffen sich die Geschäftsbanken bei der Zentralbank, indem sie einen Kredit aufnehmen und hierfür Bargeld (Zentralbankgeld) ausgezahlt bekommen. Dabei verbucht die Zentralbank auf der Aktivseite ihrer Bilanz die Forderung gegenüber der Geschäftsbank und auf ihrer Passivseite das Zentralbankgeld, d. h. die Zentralbankeinlagen der Banken bzw. die ausgegebenen Banknoten. Diese sind eine Schuld der Zentralbank, die nicht beglichen werden muss, da Banknoten heute nicht mehr in Gold oder Silber eingelöst werden müssen. Zentralbankgeld wird von den Zentralbanken zinslos aus dem Nichts geschaffen und ist damit beliebig vermehrbar. Gleiches gilt für das von den Geschäftsbanken geschaffene Giralgeld (Binswanger 2009: 4 ff).

5.4.3   Geldpolitische Möglichkeiten und Grenzen der Zentralbanken

Derzeit bestimmen realiter die Geschäftsbanken durch Kreditvergaben an Kunden sowie durch Zu- und Verkäufe von Aktiva im Rahmen von Eigengeschäften bzw. Eigenhandel, wieviel Geld im Wirtschaftskreislauf verfügbar ist. Die Giralgeldschöpfung durch die Geschäftsbanken ist der initiierende Schritt, der über die Geldversorgung der Wirtschaft entscheidet. Die Zentralbanken folgen der Entscheidung der Geschäftsbanken, indem sie für deren Refinanzierung sorgen und sicherstellen, dass der Zahlungsverkehr nicht aufgrund mangelnder Liquidität ins Stocken gerät. Den Geschäftsbanken obliegt die Entscheidung, welche ökonomischen Akteure in welcher Menge mit Kredit bzw. Geld versorgt werden, weshalb heutzutage de facto die Geschäftsbanken und nicht die Zentralbanken die Geldversorgung der Wirtschaft steuern. Bei der Kreditvergabe müssen sich die Geschäftsbanken nur zu einem geringen Teil bei der Zentralbank refinanzieren.

Restriktionen für eine ansonsten unbegrenzte Buchgeldschöpfung der Geschäftsbanken, bei der Kredite zu Geld werden, welches dem Wirtschaftskreislauf stetig zugeführt wird, sind

- die Eigenkapitalunterlegungspflichten entsprechend der Basel-Regelungen bei Kreditvergaben (häufig 0 % und damit unwirksam bei Staatsanleihen),
- das Zahlungsverhalten der Kunden und die davon abhängige Bargeld- und Reservehaltung für Bargeldabhebungen und Überweisungen an andere Geschäftsbanken (bei unzureichenden Reserven hilft die Zentralbank als Lender of last resort, d. h. als Kreditgeber der letzten Zuflucht aus),
- das erforderliche Zentralbankgeld in Höhe des sog. Mindestreservesatzes (derzeit fordert die Europäische Zentralbank 1 % Mindestreserve, wobei sich die Geschäftsbanken die Mindestreserve von der Zentralbank leihen können, sodass diese letztlich keine Restriktion darstellt).

Die Buchgeldschöpfung der Geschäftsbanken wird realiter nur durch die bei Anwendung der Baseler Regularien für ausgereichte Kredite zu hinterlegende Eigenkapitalquote begrenzt, die beim Erwerb von Staatsanleihen mit Bonitätsbeurteilung AAA bis AA- oder ECA 1 jedoch 0 % beträgt, was in diesem Fall ein gleichsam unbegrenztes Geldschöpfungspotenzial der Geschäftsbanken zulässt. Die Mindestreservepflicht stellt keine wirkliche Restriktion für die Geldschöpfung dar, solange sich eine Geschäftsbank die zur Erfüllung der Mindestreservepflicht erforderliche Zentralbankgeldmenge am Interbankenmarkt oder notfalls auch direkt von der Zentralbank leihen kann. Zwar sind Geschäftsbanken bezüglich der Bargeld- und Reservehaltung von den Zentralbanken abhängig, dies stellt jedoch keine effektive Steuerungsmöglichkeit der Zentralbank dar, da die Zentralbank stets die Geldnachfrage der Geschäftsbanken bedient, nachdem diese Giralgeld erzeugt haben. Der Leitzins wird zwar als das zentrale Element zur Steuerung der Geldpolitik angesehen, ist jedoch angesichts der im Vergleich zum geschöpften Giralgeld geringen erforderlichen Zentralbankgeldmenge für die Geschäftsbanken kaum relevant. Da die Geschäftsbanken das Zentralbankgeld für ihre Kreditausleihungen ohnehin benötigen, ist die Nachfrage der Geschäftsbanken nach Zentralbankgeld unelastisch (Werner, R. 2007, 2014a, 2014b, Huber 2014).

Banken erzielen durch die zinslose Emission von Geld einen Gewinn, der als *Seigniorage* bezeichnet wird. Während die Kreditnehmer den Geschäftsbanken für alle als Sichtguthaben oder Bargeld ausgezahlten Kredite Zinsen zahlen müssen, zahlen die Geschäftsbanken der Zentralbank nur für das ausgeliehene Zentralbankgeld und Bargeld Zinsen.

5.4.4   Geldschöpfung und reales Wirtschaftswachstum

Die Fiat Money- bzw. Schuldgeldschöpfung durch Kreditvergabe für produktive Verwendungen ermöglicht *realwirtschaftliches Wachstum*, wenn Unternehmen die von den Banken aufgenommenen Kredite als Vorschuss für Investitionen verwenden und von dem neu geschöpften Geld die zur Erstellung von Gütern erforderlichen Produktionsfaktoren kaufen. Wenn es den Unternehmen gelingt, die produzierten Güter mit einem Mehrwert am Markt zu verkaufen, um Zins und Tilgung für das aufgenommene Fremdkapital zu leisten und darüber hinaus Gewinne zu erzielen, welche die Eigenkapitalgeber einfordern, verwandelt sich das durch produktive Kreditvergabe an die Unternehmen geschaffene Schuldgeld durch die Wertschöpfung der Unternehmen und Arbeitnehmer in reale Güter und drückt sich in einem realen Anstieg des Bruttoinlandsprodukts aus. Aus geschöpftem Geld entsteht dann reales Vermögen. Da Unternehmen die Produktionsfaktoren bezahlen müssen, bevor sie durch die Herstellung und das Angebot von Produkten am Markt Einnahmen erzielen, sind sie nur dann bereit zu investieren, wenn der Gewinnerwartungswert positiv ist. Nur wenn die Chance auf Gewinn stets grösser ist als das Risiko eines Verlusts werden risikoneutrale Unternehmen das Investitionsrisiko auf sich nehmen und investieren. Dies muss im Durchschnitt für alle Unternehmen gelten, wenn die Wirtschaft funktionieren soll. Die Gewinne der Unternehmen sind die Differenz zwischen den Erträgen der Unternehmen und den Kosten für die Herstellung der Produkte. Aus gesamtwirtschaftlicher Perspektive erwirtschaften die Unternehmen insgesamt Gewinne und Zinsen nur, wenn die zusammengezählten Einnahmen aller Unternehmen stets größer als ihre gesamten Ausgaben sind, d. h. der Wirtschaft muss stets neues Geld in Form von Kredit zufließen, damit Unternehmen investieren und der Wirtschaftskreislauf funktioniert. Dann führt die Geldschöpfung über die Wertschöpfung zu höheren Gewinnen und diese ermöglichen weitere Geld- und Wertschöpfung. Würde sich das Geld ohne stetig neue Geldschöpfung nur im Kreis zwischen Unternehmen und Haushalten bewegen (unter der hier zunächst getroffenen Annahme, dass keine Geldhortung stattfindet), würden sich die Einnahmen und Ausgaben der Unternehmen immer nur gerade ausgleichen. In Summe gäbe es für die Unternehmen keine positive Gewinnerwartung und damit auch keinen Anreiz, unternehmerisches Risiko einzugehen und zu investieren. Ein positiver Gewinnsaldo, der mindestens das eingegangene Risiko deckt, kann gesamtwirtschaftlich nur entstehen, wenn ständig (derzeit auf dem Kreditweg) neu geschaffenes Geld in die Wirtschaft fließt. Dies motiviert die Unternehmen, das Investitionsrisiko einzugehen, in Vorleistung zu gehen und hierfür Kredite aufzunehmen. Durch den Kauf der Produktionsfaktoren bei den Haushalten beziehen diese Einkommen, welches sie wiederum für den Kauf der von den Unternehmen produzierten Güter ausgeben können. Die Wirtschaft erhält auf dem Wege der repetitiven Kreditschöpfung eine *Wachstumsdynamik*, die immer weiter fortgesetzt werden muss. Schumpeter (2005) erkannte die Geldschöpfung aus dem Nichts bereits als das Adrenalin, das die Wirtschaft treibt. Ein Gleichgewichtszustand, in dem Unternehmen keinen Gewinn erzielen, ist im derzeitigen kapitalistischen System nicht möglich, da ansonsten Investitionen ausbleiben und der Wirtschaftskreislauf ins Stocken gerät. Der Wachstumsprozess muss immer weiter fortgesetzt werden, sonst bleiben mit den Gewinnerwartungen die Investitionen und damit einhergehende Nachfrage aus, immer mehr Unternehmen machen Verluste und scheiden aus, und die *Wachstumsspirale* kehrt sich um in eine *Schrumpfungsspirale*. Binswanger (2013: 345) schätzt auf Basis einer Modellrechnung, dass jährlich mindestens 1,8 % Wachstum nötig sind, um Schrumpfung zu vermeiden. Ein Nullwachstum oder gar ein negatives Wachstum (De-Growth), wie von manchen Vertretern einer Postwachstumsökonomie gefordert, führe zu einem Einbruch des modernen Wirtschaftssystems, jedoch könnte das derzeitige jährliche Weltwirtschaftswachstum von 4 bis 5 % p. a. im Sinne ökologischer Nachhaltigkeit auf etwa 2 % p. a. sinken ohne hierdurch das ökonomische System zu gefährden (Binswanger 2009: 7 ff, 2013: 305 ff).

5.4.5   Ökonomische Wirkungen der Giralgeldschöpfung

Die Kreditvergabe der Geschäftsbanken kann abhängig von der Verwendung des geschöpften Geldes produktive oder unproduktive ökonomische Wirkungen entfalten (Werner 2013a).

1. *Investitionskredite* für produktive realwirtschaftliche Investitionen der Unternehmen oder des Staates erhöhen die Geldmenge und gleichzeitig werden durch ökonomische Wertschöpfung auch Gütermenge, Produktivität und/oder Qualität erhöht und dadurch realwirtschaftliches Wachstum erzielt. Investitionskredite ermöglichen die Schaffung neuer Beschäftigungsverhältnisse und treiben den wirtschaftlichen Strukturwandel voran. Da der zusätzlich geschöpften Geldmenge ein durch die Kreditvergabe ermöglichtes höheres Sozialprodukt gegenübersteht, führen Investitionskredite aufgrund ihrer produktiven ökonomischen Wirkung allenfalls zu einem geringen Anstieg des Preisniveaus im Sinne einer durchaus erwünschten schleichenden Inflation, und wirken damit deutlich anders als unproduktive Konsum- oder Finanzkredite.
2. *Konsumkredite*, die Banken an Haushalte zur Finanzierung von Konsumausgaben vergeben, erhöhen bei unausgelasteten Produktionskapazitäten die gesamtwirtschaftliche Nachfrage, führen bei ausgelasteten Kapazitäten jedoch zu Preisinflation auf den Gütermärkten, da im letzteren Fall bei konstanter Gütermenge die Geldmenge erhöht wird.
3. *Finanzkredite*, die zum Kauf von Vermögenstiteln, wie Wertpapieren oder Immobilien, bzw. für Transaktionen, die nicht zum Bruttoinlandsprodukt beitragen, verwendet werden, wirken inflationär auf die Vermögenswerte (Asset Price Inflation). Die Preise von Finanz- und Vermögenstiteln steigen aufgrund der finanzkreditinduzierten zusätzlichen Nachfrage, wobei die Realwirtschaft hiervon unberührt bleibt bzw. (zunächst) von Einkommen aus Spekulationsgewinnen stimuliert wird. Wenn nicht die Verbraucherpreise, sondern die Preise von Vermögenstiteln steigen, wird dies allgemein weniger als Inflation, sondern als vermeintliche Wertsteigerung wahrgenommen.

Überhöhte *Finanzkreditvergaben* der Geschäftsbanken führten in der Vergangenheit häufig und wiederholt zu Asset Price Inflation, Finanzmarktblasen und nach deren Platzen zu Finanz- und Wirtschaftskrisen, d. h. Boom-Bust-Zyklen. Mit dem Übergang von Gold- und Silbergeld zu in beliebiger Menge produzierbaren Banknoten privater Geschäftsbanken traten ab dem 18. Jahrhundert zunehmende Finanz- und *Spekulationsblasen* auf (z. B. Darién-Desaster 1700, Mississippi-Spekulation und Südseeblase 1720, Eisenbahnspekulation und Schwarzer Freitag 1873, Schwarzer Donnerstag 1929), die zu wirtschaftlichen und gesellschaftlichen Verwerfungen führten. Bereits John Law (1671–1729) erkannte, dass eine Erhöhung der Papiergeldmenge durch Bankkredite zu zusätzlichen Investitionen und entsprechenden Produktionssteigerungen führen kann, wobei sich der Wert des Landes ohne Preissteigerungen (von Konsumgütern) erhöht (Law 1934: 158). Von der Möglichkeit der Entstehung von Spekulationsblasen sah er ab. Die Erkenntnis, dass die Zettelwirtschaft bzw. überhöhte Ausgabe privater Banknoten der Geschäftsbanken zu Vermögenswertinflation und Spekulationsblasen führten und Wirtschaftszyklen förderten bzw. auslösten, führte im 19. Jahrhundert zur Kontroverse zwischen der British Banking School und der British Currency

School. Während die *Banking School* ähnlich der heutigen Finanzlehre von funktionierenden Finanzmärkten ausging und Geld als Kredit betrachtete, forderte die *Currency School* die Trennung von Geld und Kredit sowie die staatliche Ausgabe schuldfreien Geldes. Dies führte zur Einführung des Banknotenmonopols der Zentralbank und Beendigung der Ausgabe privater Banknoten. Das von Geschäftsbanken geschöpfte Giralgeld, das im 19. Jahrhundert etwa ein Drittel der Gesamtgeldmenge ausmachte und mit der Ausweitung des elektronischen Geldes in den letzten 50 Jahren massiv anstieg, wurde jedoch nicht reguliert. In Deutschland kam es, abgesehen von der Dotcom-Blase 2000, seit den 1920er Jahren zwar zu keinen wesentlichen Finanzblasen, da der deutsche Bankensektor zu über zwei Dritteln Sparkassen und Volksbanken umfasst, die kaum Finanzkredite zu Spekulationszwecken vergeben. Doch selbst in Deutschland stieg die für wirtschaftliche Transaktionen relevante Geldmenge M1 in den 15 Jahren vor der Finanzkrise um 189 %, das nominale BIP um 51 % und das reale BIP um 23 %. Somit dienten vom gesamten Zuwachs der Geldmenge M1 nur 12 % der realen Wirtschaftsentwicklung, 15 % der Verbraucherpreisinflation, während 73 % (spekulative) Finanztransaktionen und Vermögenswertinflation von Aktien, Immobilien, Anleihen, Derivaten und anderen Finanzanlagen sowie die Finanzierung von Fusionen und insbesondere feindlichen Übernahmen ermöglichten (Huber 2013, 2014).

Finanzblasen entstehen, wenn die Geldschöpfung längere Zeit deutlich schneller zunimmt als das Bruttoinlandsprodukt. Da sich der Kauf von Vermögenstiteln, der durch Kredite für Finanzinvestitionen ermöglicht wurde, nicht im Bruttoinlandsprodukt darstellt, werden derartige Kredite in der *Quantitätsgleichung* auch nicht unter der BIP-Größe Y berücksichtigt. Werner (2005: 181 ff) erweitert die Quantitätsgleichung daher um Nicht-BIP-Transaktionen, was zur Erklärung der heutigen Geldmengenentwicklung beiträgt. Ein relativ konstantes Preisniveau bei starker Erhöhung der Geldmenge M wurde früher allgemein durch ein dramatisches Absinken der Umlaufgeschwindigkeit v erklärt. Besser verständlich wird dieser Effekt, wenn man berücksichtigt, dass die Geldmengenausweitung in diesem Fall primär für Nicht-BIP-Transaktionen verwendet wurde, wodurch Inflation zwar nicht in der Realwirtschaft, jedoch in der Finanzwirtschaft stattfindet. Bei stabilen Verbraucherpreisen profitieren die Besitzer der durch Finanzkreditexpansion verteuerten Vermögenswerte, bis irgendwann eine Korrektur dieser Werte eintritt. Wenn eine Finanzblase platzt und die Finanzkredite nicht mehr zurückgezahlt werden können, verlieren die Kreditforderungen der Banken an Wert und es kommt zu Bankenkrisen. Bankenkrisen könnten nach Werner (2013b) vermieden und behoben werden, indem die Zentralbanken die Kreditvergabepraxis der Geschäftsbanken beobachteten und Finanzkredite zu Spekulationszecken unterbänden. Zur Beilegung einer bereits eingetretenen Bankenkrise könnte die Zentralbank den Geschäftsbanken die notleidenden Kredite zum Nominalpreis abkaufen. Die Zentralbank schöpfte hierbei Geld aus dem Nichts und machte einen Gewinn in Höhe des tatsächlichen Wertes der aufgekauften Forderung ohne ansonsten ihre eigene Bilanz oder die Steuerzahler zu belasten.

Heutzutage wird die Giralgeldmenge durch Finanzkredite erhöht, die spekulative Investitionen in Aktien, Renten, Devisen, Finanzderivate und Immobilien ermöglichen und aufgrund der durch niedrige Zinsen beförderten spekulativen Nachfrage nach Anlagevermögen und Finanzanlagen zu deren Überbewertung beitragen, wobei immer wieder neue Spekulationsblasen entstehen, sich aufblähen und irgendwann platzen. Einerseits entkoppeln sich mit Liquidität aufgeblähte Finanzmärkte von der Realwirtschaft, andererseits hat das Platzen von Finanzblasen dramatische realwirtschaftliche Auswirkungen, die ganze Volkswirtschaften betreffen, sodass sich Staaten aufgrund der Gefahr von Rezession, Arbeitslosigkeit oder eines zusammenbrechenden Zahlungsverkehrs veranlasst sehen, private Verluste von Investoren durch staatliche Verschuldung zu finanzieren, d. h. zu sozialisieren. Durch den Abbau von Kapitalverkehrsbeschränkungen, die Entstehung supranationaler Wirtschaftsräume und eine zunehmende globale Entgrenzung und elektronisch unterstützte Vernetzung der Finanzmärkte sank die Einfluss- und Gestaltungsmöglichkeit der *Nationalstaaten*, die zur Finanzierung und Prolongation ihrer Staatsschulden, aber auch zur Stimulierung der Realwirtschaft, auf den Zustrom von Finanzkapital und damit auf das Wohlwollen und Vertrauen von Investoren auf den internationalen Finanzmärkten angewiesen sind, während Staaten andererseits als Garant für Rettungspakete und Rettungsschirme und ihre Zentralbanken als Kreditgeber der letzten Zuflucht (Lender of last resort) auftreten.

5.4.6 Vermögensbildung durch Geldschöpfung und Zeitwertbewertung

Vermögenskonzentration durch Geldschöpfung

Banken können mit dem von ihnen geschöpften Giralgeld Vermögensgüter, wie Aktien, Anleihen, Immobilien, Unternehmensbeteiligungen und andere Wertpapiere, kaufen, indem sie dem Verkäufer den Kaufpreis auf seinem bei der Bank geführten Girokonto gutschreiben. Dadurch verlängert sich die Bankbilanz, und zwar auf der Aktivseite in Höhe des erworbenen Anlagevermögens und auf der Passivseite in Höhe des hierzu geschöpften und zur Zahlung verwendeten Sichtguthabens. Durch diese Möglichkeit haben Geschäftsbanken einen staatlich finanzierten Wettbewerbsvorteil bei *Eigengeschäften*, da andere ökonomische Akteure für Zukäufe benötigtes Geld erst erwirtschaften oder es sich gegen teilweise hohe Zinsen leihen müssen. Unter dem Dach von Universalbanken profitierten auch Investmentbanken von den Geldschöpfungsprivilegien der Geschäftsbanken. Die Möglichkeit der Banken, mit selbst geschöpftem Geld Vermögensgüter aufzukaufen, hat den weltweiten ökonomischen Konzentrationsprozess zusätzlich befördert.

Zwar ist das Machtgefüge innerhalb der Unternehmen heterogen, jedoch üben Unternehmen der Finanzbranche einen herausragenden Einfluss auf die Weltwirtschaft aus. Eine an der ETH Zürich durchgeführte Analyse der Eigentumsverhältnisse und Vernetzung von 43.060 transnationalen Unternehmen kam zu dem Ergebnis, dass 147 transnationale Konzerne über ein kompliziertes Netz von Eigentumsverhältnissen fast 40 % der Kontrolle über den wirtschaftlichen Wert in der Welt halten. Die größte *weltwirtschaftliche Kontrolle* üben Finanzinstitute aus (1. Barclays plc 4,05 %, 2. Capital Group Companies Inc 2,61 %, 3. FMR Corporation 2,28 %, 4. AXA 2,27 %, 5. State Street Corporation 1,81 %, 6. JP Morgan Chase & Co 1,53 %, 7. Legal & General Group plc 1,47 %, 8. Vanguard Group Inc 1,23 %, 9. UBS AG 1,21 %, 10. Merrill Lynch & Co Inc 0,99 %), die als „Wirtschaftssupermacht" innerhalb des globalen Netzwerks von Unternehmen angesehen werden können (Vitali et al. 2011, Glattfelder 2013). Dieser globalen Vermögens- und Machtkonzentration kann seitens nationalstaatlicher und auch supranationaler Kartellbehörden und Anti-Trust-Gesetze nicht adäquat entsprochen werden, sondern in einer entgrenzten Welt allenfalls durch globale staatliche Strukturen und Instrumente.

Vermögensbildung durch Zeitwertbewertung (Fair Value-Bewertung)

Beim Erwerb von Finanzanlagen, beispielsweise von Aktien anderer Unternehmen durch eine Bank, besteht zudem die Möglichkeit, die Kurse dieser Vermögenswerte durch verstärkte Geldschöpfung systematisch in die Höhe zu treiben. Man könnte sich diesen Prozess wie folgt vorstellen: Angenommen, ein Unternehmen hat eine Million Aktien ausgegeben und deren an der Börse gehandelter Marktpreis beträgt aktuell 50 Euro je Aktie. Die Marktkapitalisierung des Unternehmens beträgt somit 50 Millionen Euro. Nehmen wir an, dass normalerweise nur ein kleiner Teil dieser Aktien an der Börse gehandelt wird, so ist folgendes Szenario denkbar: Die Bank kauft die entsprechende Aktie und bewirkt aufgrund der gestiegenen Nachfrage einen Anstieg des Aktienkurses. Ergebnis sei ein Preis von 60 Euro je Aktie. Die Marktkapitalisierung des Unternehmens erhöht sich entsprechend auf 60 Millionen Euro. Im Sinne der Zeitwertbewertung nach IFRS etc. können nicht nur die Besitzer der zu dem höheren Preis von 60 Euro je Aktie gekauften Aktien, sondern auch Besitzer, welche die Aktien für 50 Euro oder einen anderen geringeren Preis gekauft hatten, ihre Aktien nun mit dem Marktwert von 60 Euro buchhalterisch bewerten. Damit entsteht insgesamt augenscheinlich ein Vermögenszuwachs von 10 Euro je Aktie, d. h. insgesamt 10 Millionen Euro, wenngleich in unserem Beispiel der höhere Aktienpreis nur durch den Handel weniger Aktien entstanden ist. Der gegenteilige Effekt tritt ein, wenn der Preis der Aktie sinkt. Auch dann kann ein relativ kleines Handelsvolumen von Aktien, die nun z. B. zu 40 Euro je Aktie gehandelt werden, dazu führen, dass nun alle Aktien mit diesem entsprechenden neuen Marktpreis zu bewerten sind. Die Marktkapitalisierung sinkt in diesem Fall von 60 Millionen Euro auf 40 Millionen Euro, d. h. um ein Drittel. Unternehmen müssen in Höhe dieser Entwertung nun Abschreibungen vornehmen, die das Ergebnis des Unternehmens direkt belasten und gegebenenfalls zu einer wirtschaftlichen Schieflage oder Überschuldung führen können. Anders als das Niederstwertprinzip gemäß HGB ermöglicht die moderne Zeitwertbewertung nach IFRS die Generierung von Gewinnen durch Vermögenswertinflation, welche durch Geldschöpfung der Banken genährt werden kann. Thesaurierte Gewinne erhöhen das Eigenkapital, was wiederum zusätzliche Geldschöpfung unter Berücksichtigung der Basel-Regularien ermöglicht, wodurch ein sich selbst verstärkender Zyklus aus vermögensinflationärer Geldschöpfung und hieraus finanzierten Akquisitionen induziert werden kann.

5.5   Geldschöpfung im internationalen Währungssystem

5.5.1   Das Bretton-Woods-System bis 1973

Im Bretton-Woods-System war der Dollar an Gold und die übrigen Währungen an den Dollar gekoppelt. Angesichts begrenzter Goldvorräte war die für den Welthandel benötigte Liquidität nur durch kontinuierliche Schöpfung von US-Dollars möglich, die von Amerikanern für Warenkäufe oder Investitionen im Ausland verausgabt wurden, wodurch den USA Zahlungsbilanzdefizite entstanden. Um die im Bretton-Woods-System vereinbarungsgemäß festen Wechselkurse zu halten, hatten die Zentralbanken der Teilnehmerstaaten eine betragsmäßig unbegrenzte Interventionspflicht gegenüber dem Dollar, sodass im Ergebnis die Zahlungsbilanzdefizite der USA durch unbegrenzte Dollar-Ankäufe der Zentralbanken der anderen Mitgliedsländer finanziert wurden. Zur Historie: das Bretton-Woods-System wurde 1944 entsprechend des White-Plans als System fester Wechselkurse mit Interventionspflichten der beteiligten Zentralbanken und einer Sonderrolle des US-Dollar als internationaler Leit- und Reservewährung begründet; Keynes konnte sich mit seinem Plan, dem US-Dollar keine Sonderrolle zuzugestehen, nicht durchsetzen. Damit bei einem System festgelegter Wechsel-

kurse kein Angebots- oder Nachfrageüberhang am Devisenmarkt entsteht, der zu Devisen-
schwarzmärkten führen würde, waren die Zentralbanken der Teilnehmerstaaten des Bretton-
Woods-Systems verpflichtet, Überangebote an US-Dollar, die am Devisenmarkt zum festgelegten Wechselkurs nicht nachgefragt wurden, aufzukaufen, d. h. gegen die jeweilige Lan-
deswährung einzutauschen und die hierfür erhaltenen Dollars als Währungsreserven zu halten. So war die Deutsche Bundesbank zu Dollar-Stützungskäufen im Sinne eines Zwangsum-
tauschs verpflichtet und musste das Überangebot an Dollar in unbegrenzter Höhe zu einem
überhöhten festgelegten Wechselkurs aufkaufen, d. h. in hierfür neu geschöpfte zusätzliche
D-Mark umtauschen, die bei ausgelasteten Kapazitäten und Vollbeschäftigung in Deutschland zu einer importierten Inflation führten. Die importierte Inflation wirkte umverteilend, da
die Inlandsnachfrage infolge höherer Preise nur noch einen geringeren Teil des deutschen
Sozialprodukts kaufen konnte, und durch die US-amerikanische Auslandsnachfrage verdrängt wurde, ohne dass deshalb deutsche Importe als Gegenleistung angestiegen wären.
Zwar profitierte die deutsche Exportindustrie, für die deutsche Wirtschaft insgesamt bedeute-
ten der Zahlungsbilanzüberschuss und die importierte Inflation jedoch Verluste, während die
zur Finanzierung des expandierenden Welthandels durchaus erwünschte inflationäre Geldpolitik der USA den Amerikanern einen wachsenden Anteil am Sozialprodukt Deutschlands
und anderer Mitgliedsländer verschaffte. Um die importierte Inflation durch Dollarüberflu-
tung abzuwehren, hätte die Deutsche Bundesbank eine hausgemachte Inflation, wie z. B.
Italien, erzeugen müssen (insofern bot das Bretton-Woods-System einen Anreiz zur Inflation), die jedoch höchstens der inflationären Geldschöpfung der USA hätte entsprechen dürfen, da im Falle eines Überangebots an D-Mark (bzw. Devisen anderer Länder) die amerikanische Federal Reserve nicht verpflichtet war, diese überschüssigen Devisen aufzukaufen,
um deren Kurs zu stützen. Geriet ein Teilnehmerland in ein Zahlungsbilanzdefizit, musste es
zunächst seine vorhandenen Dollarreserven zur Kursstützung der eigenen Währung verwenden und notfalls Devisenkredite beim IWF aufnehmen, wobei strenge Auflagen, insbesondere eine restriktive Geldpolitik und Rückführung der Staatsausgaben und Staatsverschuldung,
zu erfüllen waren, damit das Zahlungsbilanzdefizit in einen -überschuss umgekehrt wurde,
aus dem die IWF-Kredite zurückgezahlt werden konnten. Einzig die USA waren auf keinerlei Devisenkredite angewiesen, da ihnen ihr jahrzehntelanges Zahlungsbilanzdefizit durch
die Stützungskäufe der Zentralbanken der anderen Teilnehmerländer finanziert und letztlich
geschenkt wurden. Die anderen Zentralbanken hatten die Garantie, ihre durch Stützungskäufe angesammelten Dollarreserven bei der Federal Reserve zu einem festen Kurs von 35 US-
Dollar pro Feinunze in Gold einlösen zu können. Als Frankreich unter Staatspräsident Charles de Gaulle 1969 als einziges Teilnehmerland seine Dollar gegen Gold tauschen wollte,
wurde deutlich, dass die amerikanischen Goldreserven knapp waren und das Bretton-Woods-
System geriet aufgrund fehlender Golddeckung der Dollars ins Wanken. Am 15. August 1971
stoppte US-Präsident Richard Nixon die Goldeinlösegarantie mit sofortiger Wirkung, 1973
brach das System fester Wechselkurse dann endgültig zusammen (Senf 2009: 175 ff).

5.5.2   System flexibler Wechselkurse nach 1973

Im nach 1973 folgenden System flexibler Wechselkurse gab es keine Dollar-Ankaufspflicht
der übrigen Zentralbanken mehr, weshalb inflationäre Politik plötzlich auch für die USA
nachteilige Folgen implizierte. Ein alternativer Weg zur Stützung des US-Dollars nach Beendigung des Bretton-Woods-Systems war die getroffene Vereinbarung der Vereinigten Staaten

mit Saudi-Arabien, saudisches Öl nur in US-Dollar zu fakturieren und somit eine stetig steigende Nachfrage nach Petro-Dollars sicherzustellen. Für das Versprechen Saudi-Arabiens, Öl nur noch gegen US-Dollar zu verkaufen, garantierten die USA den Saudis militärischen Schutz (Doll 2013). Einerseits wurde die Nachfrage nach US-Dollar durch die massiven Erhöhungen der Rohölpreise 1973 und 1979/80 stabilisiert und belebt, andererseits traten infolge der beiden Ölpreisschocks gleichzeitig Arbeitslosigkeit und Inflation (Stagflation) auf, der mit keynesianischer Wirtschaftspolitik nicht begegnet werden konnte. In der Folge gewannen die Monetaristen der Chicago-Schule um Milton Friedman, Karl Brunner u. a., die vor den Gefahren inflationärer Geldpolitik warnten und eine Anti-Inflationspolitik forderten, mit ihrem monetaristischen Gegenentwurf zum nachfrageorientierten Keynesianismus an politischem Einfluss. Anfang der 1980er Jahre wurde vom neuen Chef der Federal Reserve Paul Volcker eine über zweijährige Hochzinspolitik mit Zinsen von bis zu 20 % (1982) eingeleitet um die hohe Inflation zu bekämpfen, die 1979 noch bei 14 % gelegen hatte (ZEIT-magazin 8.8.11). Nicht nur die Finanzierungskosten stiegen dramatisch an, die restriktive Geldpolitik und gedrosselte Geldschöpfung reduzierten zudem die Verschuldungs- und Nachfragepotenziale des Staates, was sich negativ auf die gesamtwirtschaftliche Nachfrage und die durchschnittlichen Erlöse der Unternehmen auswirkte. Dies erhöhte den Kostendruck der Unternehmen, denen, bei gegeben hohen Finanzierungskosten, allenfalls durch Produktivitätssteigerungen, Rationalisierung, Reallohnsenkungen oder Unternehmenssteuersenkungen, die von den Monetaristen gefordert wurden, begegnet werden konnte (Senf 2009: 208 ff). Während der Hochzinspolitik stieg die Arbeitslosenquote in den USA kurzfristig von 5,8 % in 1979 auf 9,7 % in 1982 und ging danach wieder zurück (Bureau of Labour Statistics 2015).

Kapitalverkehrskontrollen, die bis in die 1970er Jahre in den meisten Ländern ein gebräuchliches Instrument zur Regulierung der Kapitalexporte und Kapitalimporte waren, wurden nach Ende des Bretton-Woods-Systems in fast allen Industrieländern, aber auch in vielen Schwellen- und Entwicklungsländern, sukzessive abgeschafft. Ab den 1980er Jahren forderte der IWF im Rahmen seiner Strukturanpassungsprogramme die Aufhebung von Kapitalverkehrskontrollen und ermöglichte so Direktinvestitionen, aber auch kurzfristige volatile Kapitalflüsse, welche die Finanzsysteme der betroffenen Länder instabiler und Finanzkrisen wahrscheinlicher machten (Straub 2004). Da Saudi-Arabien seine Petro-Dollars in amerikanische Staatsanleihen investierte und im Zuge der seit den 1980er Jahren verstärkten Globalisierung auch der Welthandel und internationale Finanzgeschäfte zunehmend in US-Dollar abgewickelt wurden, stieg die Nachfrage nach Dollarinvestitionen und amerikanischen Staatsanleihen, was den USA eine expandierende Neuverschuldung bei niedrigem Zinsniveau ermöglichte und neben der Stimulierung der Investitions- und Konsumnachfrage vor allem eine massive Erhöhung des Rüstungshaushalts bei gleichzeitiger Senkung der Unternehmenssteuern ermöglichte (Doll 2013, Senf 2009: 208 ff).

Die Entwicklung der Staatsverschuldung der USA illustriert die beschriebene Entwicklung. Die im Verhältnis zum BIP gemessene Staatsverschuldung der Vereinigten Staaten stieg von 1940–1946 kriegsbedingt von 51,6 % auf 118,9 %. In der Nachkriegsphase nahmen die realen Staatsschulden der Vereinigten Staaten u. a. aufgrund des Bretton-Woods-Systems kontinuierlich ab und lagen bei dessen Zusammenbruch 1973 nur noch bei 34,4 % des BIP. Danach blieb die amerikanische Staatsverschuldung bis Ende der 1970er Jahre relativ konstant bei rund 34 % des BIP, ging im Zuge der Hochzinspolitik Anfang der achtziger Jahre leicht zurück und stieg dann während der Präsidentschaft von Ronald Reagan und George Bush vom Tiefstand 31,7 % im Jahr 1981 auf 64,0 % in 1993. Im Sinne einer angebotsorientierten monetaristischen Wirtschaftspolitik (Reaganomics) wurden die Spitzensteuersätze von 70 % Anfang der 1980er Jahre schrittweise auf unter 30 % Ende der 1980er Jahre reduziert, wodurch sich die Steuereinnahmen deutlich verringerten. In der Zeit von Bill Clinton, als die Spitzensteuersätze wieder bei rd. 40 % lagen, sank die amerikanische Staatsverschuldung vom Höchststand 64,9 % in 1995/96 auf 54,6 % in 2001, wozu auch der vorübergehende Aufschwung der New Economy beigetragen hat. Unter George W. Bush stieg die amerikanische Staatsverschuldung dann wieder auf 82,4 % in 2009 und erreichte im Zuge der Finanzkrise und entsprechender Konjunkturprogramme unter Barack Obama mit 103,2 % in 2014 ihren bisherigen Höchststand (Office of Management and Budget 2015).

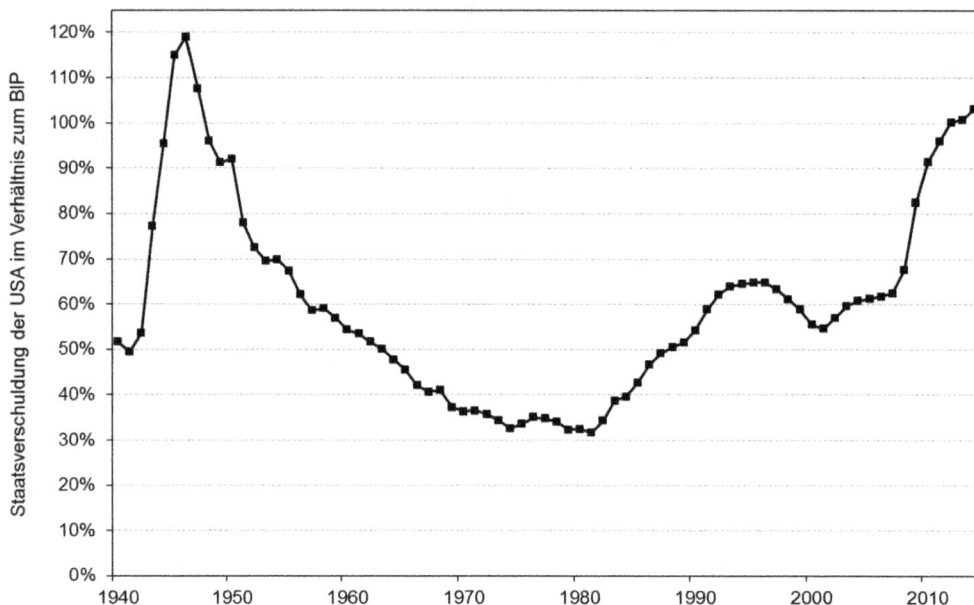

Abb. 5.3:   Die Staatsverschuldung der USA, 1940–2014 (Quelle: Office of Management and Budget 2015)

Nach Ende des Bretton-Woods-Systems konnten sich die Vereinigten Staaten aufgrund der privilegierten Rolle des US-Dollars als Weltleitwährung, in welcher der Öl- und Devisenhandel abgewickelt werden, über einen Zeitraum von mehreren Jahrzehnten fortgesetzt in der eigenen Währung verschulden. Obgleich der Außenwert des US-Dollars seit Mitte der 1960er Jahre, zu Zeiten des Bretton-Woods-Systems, von umgerechnet über 2 Euro pro US-Dollar auf rund 0,94 Euro pro US-Dollar (Stand: 15.4.2015) sank, ist er weiterhin Weltreservewährung geblieben. Zahlreiche Gläubigerstaaten, wie China, Japan, die EU und insbesondere Deutschland, Saudi-Arabien u. a. Ölländer finanzieren den US-amerikanischen Staatshaushalt, der für 2015 1,1 Billionen US-Dollar, davon 585 Milliarden US-Dollar für Militärausgaben vorsieht, welche die bereits bestehende Staatsverschuldung von rund 18 Billionen US-Dollar in 2014 weiter erhöhen werden. Diese Schulden sind nicht rückzahlbar ohne zum Einbruch der US-amerikanischen Wirtschaft und zur Entwertung der ausländischen Vermögen zu führen.

5.5.3   Nachhaltigkeitsproblematik verzinslichen Schuldgeldes

Mit der Beendigung zunächst des Goldstandards in der Weltwirtschaftskrise und schließlich auch des Bretton-Woods-Systems 1973 waren und sind die Währungen einschließlich des US-Dollars heutzutage nicht mehr mit Gold gedeckt, sondern beruhen auf dem Vertrauen der Marktteilnehmer in die Werthaltigkeit des Geldes. Geld wird heute von den Zentral- und Geschäftsbanken gegen Hinterlegung von Sicherheiten als Kreditgeld geschöpft und ausgegeben. Die Zentralbank verleiht Geld gegen Leitzins an die Geschäftsbanken und verlangt Wertpapiere als Sicherheiten. Die Geschäftsbanken wiederum verleihen Geld gegen Kreditzins an Unternehmen und Haushalte und fordern dingliche Sicherheiten oder Bürgschaften für den Fall, dass Tilgung und Zins nicht gezahlt werden können. Da Geld in Form von Krediten ausgegeben wird, ist das Bezahlen der hierauf zu entrichtenden Zinsen gesamtwirtschaftlich betrachtet für alle Kreditnehmer ceteris paribus nur dann möglich, wenn die Geld- und Kreditmenge immer weiter erhöht wird. Denn da Geld als Kredit geschöpft wird, sind hierauf Zinsen zu entrichten, für die jedoch zunächst kein zusätzliches Geld geschaffen wurde. An die Geld in Form von Kredit ausgebende Bank kann letztlich nur so viel Geld zurückgezahlt werden, wie auch ausgegeben wurde. Dies hat zur Folge, dass die als Geld ausgegebenen Kredite nur zum Teil in Form von Tilgung und Zins zurückgezahlt werden können, während ohne stetige Kreditexpansion Geld in Höhe der zu entrichtenden Zinsen fehlen würde, um die restlichen Kredite tilgen und verzinsen zu können. Da nach dieser Logik einige Kreditnehmer insolvent gehen müssen, werden alle zu Konkurrenz gegeneinander angespornt, um das erforderliche Geld für Zins und Tilgung im Wettbewerb um das insgesamt für alle zu knapp bemessene Geld zu erwirtschaften. Jene, denen dies nicht gelingt, gehen insolvent und können den Kredit nicht bedienen. Die Ausgabe von verzinstem Kreditgeld fördert somit *Konkurrenz anstatt Kooperation*. Sofern die geschöpfte Geld- und Kreditmenge nicht ständig weiter erhöht wird, sodass immer wieder zusätzliches Geld für die anfallenden Zinsen in den ökonomischen Kreislauf gebracht wird, muss es aufgrund zu knappen Geldes Kreditausfälle und Verlierer geben, die Zins und Tilgung nicht leisten können. Solange die Geld- und Kreditmenge stetig expandiert, kann Insolvenzen infolge zu geringer Geldmenge grundsätzlich vorgebeugt werden. Nachhaltig ist diese Geld- und Kreditexpansion nicht, da sie nicht gestoppt werden kann, ohne dass viele Kreditnehmer durch Geldverknappung zahlungsunfähig werden.

5.6   Zinstheorien

Nicht zuletzt die jüngste Finanzkrise und die daraus deutlich gewordene Bedrohung für das gesamte ökonomische und gesellschaftliche System macht eine Auseinandersetzung mit Geld und Zins respektive der Funktions- und Wirkungsweise unseres Geld- und Finanzsystems erforderlich. Geldtheorie und Zinstheorie sind eng verzahnt, da der Zins aus den besonderen Eigenschaften des Geldes abgeleitet werden kann.

5.6.1   Realwirtschaftlich abgeleitete Zinstheorien

Zinstheoretiker lieferten verschiedenste Erklärungen für den Zins, wobei diese bis heute widersprüchlich sind. Grundsätzlich lassen sich auf realen Faktoren aufbauende und monetäre Zinstheorien unterscheiden (Lutz 1967). Boehm-Bawerk (1921) unterscheidet bzgl. der ersteren Fruktifikationstheorien, Produktivitätstheorien, Nutzungstheorien, Abstinenztheorien, Arbeitstheorien und Ausbeutungstheorien, die von Gesell (1949: 273 ff) kritisiert wurden: *Fruktifikationstheorien* (Bodenfruchtbarkeitstheorien) von Anne R. J. Turgot (1727–1781) und Henry George (1839–1897) leiten den Zins aus der Grundrente ab und sehen die Reproduktionskraft der Natur als ursächlich für den Zins. Da fruchtbares Land Zinsen erbringt, müsse auch Geld und alles, was man mit Geld kaufen kann, Zinsen erwirtschaften, wobei unklar bleibt, warum man überhaupt mit unfruchtbarem Geld fruchtbaren Acker kaufen kann. Nach der *Grenzproduktivitätstheorie* von John B. Clark (1847–1938) entspricht der Zins der Grenzproduktivität des Kapitals. Produktivitätstheorien erklären den Zins damit, dass Kapital die Arbeit produktiv unterstütze und der dadurch erzeugte Mehrwert dem Kapitalbesitzer als Zins zukomme, wobei kritisch anzumerken ist, dass Kapital und Arbeit nur in gemeinsamer Kombination Wertschöpfung erbringen und der hierdurch erzielte Mehrwert nach den Marktverhältnissen verteilt wird. Nach der Produktivitätstheorie müsste der Zins mit zunehmender Leistungsfähigkeit der Produktionsmittel bzw. des Kapitals steigen, während tatsächlich ein zunehmendes Kapitalangebot zu einem sinkenden Zins führt, sofern die Schaffung zusätzlichen Kapitals nicht durch Zurückhaltung von Geld behindert wird. *Nutzungstheorien* stammen von den Produktivitätstheorien ab, wobei die produktive Fähigkeit des Kapitals zur Erzeugung von mehr Gütern im Sinne der Werttheorie zugleich auch die Erzeugung von mehr Wert bedeutet, da sich eine durch den Einsatz leistungsfähigeren Kapitals beispielsweise verdoppelte Produktionsmenge in eine doppelte Warenmenge mit entsprechend doppeltem Wert eintauschen lässt. *Abstinenztheorien* (Enthaltsamkeitstheorien) sehen den Zins als Entschädigung für Konsumverzicht (Nassau W. Senior 1790–1864) und erklären ihn mit einem Mangel an Kapital durch Verschwendung, wobei sie Genusssucht und mangelnde Enthaltsamkeit als Verschwendungsursachen anprangern, anstatt die Verschwendung ungenutzter Arbeitskraft durch Arbeitslosigkeit infolge von Geldverknappung zu thematisieren. *Arbeitstheorien* erklären den Zins just als Arbeitsprodukt des Kapitalisten. Nach der Loanable-Funds-Theorie von Bertil G. Ohlin (1899–1979) bestimmt sich der Zins nach Kreditangebot und -nachfrage, und nach der dynamischen Zinstheorie von Joseph A. Schumpeter (1883–1950) korrespondiert der Zins mit den variablen Unternehmensgewinnen. *Ausbeutungstheorien* von Karl Marx interpretieren den Zins als gewaltsamen Abzug vom Arbeitserzeugnis, den die Kapitalisten vornehmen können, weil die Arbeiter zur Bestreitung ihres Lebensunterhalts auf Arbeit angewiesen sind und Kapital zur Arbeit benötigen.

Böhm-Bawerk (1921), der bis heute viel zitiert wird, erklärt den Zins letztlich damit, dass der heutige Konsum gegenüber zukünftigem Konsum präferiert würde (*Gegenwartspräferenz*) und durch Ersparnisbildung Investitionen und Mehrproduktion in der Zukunft möglich seien (*Mehrergiebigkeit der Produktionsumwege*). Der Zins wäre eine entsprechende Belohnung des Verleihers für eine hypothetische Verschiebung seines Konsums, wobei auch diese Argumentation insbesondere für Haushalte mit hoher Sparquote, die überschüssiges Geld lieber sparen als konsumieren wollen, wenig überzeugt.

5.6.2   Monetäre Zinstheorien und Kapitalrendite

Im Gegensatz zu den vorgenannten, auf realen Faktoren aufbauenden Zinstheorien erklären die *monetären Zinstheorien* von Gesell und Keynes den Zins aufgrund der Möglichkeit, Geld zu horten oder gegen Zins freizugeben. Beide Ökonomen erkannten den Zins als Entgelt für die Aufgabe von Liquidität, was ein tieferes Verständnis für bislang wenig beleuchtete Aspekte unseres Wirtschaftssystems ermöglicht, die relevant für eine nachhaltige Ökonomie sind. Der Anreiz, überschüssiges Geld in den Wirtschaftskreislauf zu geben, anstatt es zu horten, wird durch den Zins gesetzt.

Gesell (1949) erklärt den Zins mit der unterschiedlichen Zeitbeständigkeit von Waren- und Geldkapital. Für Eigentümer von verderblichen Waren, die diese lagern und zu einem späteren Zeitpunkt verbrauchen möchten, wäre es aufgrund von Lagerhaltungskosten, Verderblichkeit, Alterung und sonstigen Schädigungen, denen die meisten Waren im Laufe der Zeit anheimfallen, zweckmäßig, diese Waren zinslos auszuleihen, um sie zu einem späteren Zeitpunkt in frischer Qualität zurück zu erhalten. Zinslose Ausleihung ist für den Eigentümer eines zeitweise nicht nutzbaren Warenüberschusses ein lohnendes Geschäft, da er sich die Lagerkosten und den Schwund, die mit der Zeit auftreten, spart. Anders ist die Situation beim Eigentümer von Geldkapital. Da Geld, insbesondere in der Form von wertbeständigem Gold, keinem natürlichen Verschleiß, keiner Verderbnis und keiner Alterung unterliegt, kann dieses von seinem Eigentümer problemlos gehortet werden. Dieser wird sein Gold bzw. Geld nur dann ausleihen, wenn ihm ein entsprechender Zins geboten wird. Grundsätzlich ist Geld, sei es in der Form von Edelmetallen, Banknoten oder Giralgeld wertbeständiger als die meisten anderen verderblichen und alternden Waren, weshalb letztere weder als Tauschmittel noch als Wertaufbewahrungsmittel als dem Gelde äquivalent angesehen werden. Besitzer von Waren, die der Alterung und dem Wertverlust ausgesetzt sind, wollen ihre Waren gegen wertbeständigeres Geld eintauschen (Keynes nannte dies Liquiditätspräferenz), was den Besitzern von Geldüberschüssen, die nicht darauf angewiesen sind, ihr Geld kurzfristig gegen Waren zur Bedürfnisbefriedigung umtauschen zu müssen, das Einfordern von Zinsen ermöglicht. Wird ihnen kein Zins geboten, so horten sie das Geld und entziehen es dem Wirtschaftskreislauf. Diese Vorrangstellung des vermögenden Geldbesitzers gilt freilich nicht für jene kleinen Geldbesitzer und Käufer von Waren, welche auf die Ware ebenso angewiesen sind, wie der Warenbesitzer auf das Geld. Viele Konsumenten verfügen zwar über Geld, können oder wollen den Kauf der Ware aber nicht hinaus zögern, da sie ihre Bedürfnisse befriedigen müssen oder möchten. Anders als Geldbesitzer können Kaufleute als Besitzer von Waren, auch wenn sie keine direkten persönlichen Bedürfnisse befriedigen müssen, mit dem Verkauf ihrer Waren nicht allzu lange warten, da diese sonst veralten und Kosten verursachen. Vermögende Geldbesitzer können dagegen abwarten und werden ihr gehortetes Geld nur gegen Zins herausgeben. Diese Kapitaleigenschaft des Geldes basiert nach Gesell (1949: 246 f) auf folgenden Eigenschaften: Da Geld unerlässlich für eine arbeitsteilige Wirtschaft ist und in Form von Metall- und Papiergeld unbegrenzt und nahezu kostenfrei gehortet werden kann, während die Produzenten bzw. Arbeiter zwingend auf Geld als Tauschvermittler angewiesen sind, da die Aufbewahrung der verderblichen Waren zunehmende Verluste verursacht, kann der Geld besitzende Kaufmann von den Warenbesitzern eine Sondervergütung dafür erzwingen, dass er den Warenaustausch durch Festhalten des Geldes nicht willkürlich hinauszögert, verschleppt oder nötigenfalls ganz verhindert. „Aus dieser regelmäßigen Vergütung setzt sich der Zins des Handelskapitals zusammen, und er beträgt, auf den Jahresumsatz verteilt, nach mehrtausendjähriger Erfahrung 4–5%" (Gesell 1949: 247).

Bereits in Rom lag der Zinsfuß im 1. Jahrhundert vor Christus seit Sulla typischerweise bei 4–6 % bei sicherem Kredit, während er bei weniger sicherem bis an die Grenze des Wuchers ging, wobei ein gesetzliches Maximum von 12 % vorgegeben war, das als der höchste noch „anständige" Zinssatz galt (Billeter 1898: 163 f). Im alten Rom und auch heute wird bei riskanten Anlageformen eine höhere Kapitalrendite gefordert. Billeter (1898: 164) zitiert

Cicero (62 v. Chr.), demzufolge solide zahlungskräftige Leute Geld zu 6 % in Hülle und Fülle geliehen bekommen, während für weniger sichere Anlagen (nicht bona nomina) ein höherer Zinssatz galt. In unsicheren Kriegszeiten mussten selbst solide Leute (bona nomina) 12 % und die anderen noch mehr bezahlen, während rasch nach dem Krieg wieder der ehemalige Stand von 4 % erreicht wurde (Billeter 1898: 167). Auch heute erzielen Anlagen mit einem höheren Risiko eine höhere Kapitalrendite, da diese sich aus Geldzins und Risikoprämie zusammensetzt. So beträgt der Wert börsennotierter Unternehmen nach Piketty (2014: 82) meist dem 12–15 fachen ihres Jahresgewinns, was einer Kapitalrendite vor Steuern von 6–8 % entspricht. Über die „Römische Kaiserzeit vor Justinian" schreibt Billeter (1898: 180): „Der eigentliche Typus liegt zwischen 4 und 6 %". Für die Zeit des Justinian (527–565 n. Chr.) ermittelt Billeter (1898: 315) einen Mittelwert von „etwas unter 5 bis gegen 6 %". Gesell (1949: 283 ff) nennt unter Bezugnahme auf Adam Smith „Untersuchung über das Wesen des Reichtums" weitere historische Beispiele aus dem 16.–18. Jahrhundert „zum Beweis, daß der reine Kapitalzins eine eherne Größe ist, daß der reine Kapitalzins nicht unter 3% fällt, nicht über 4–5% steigt, daß alle Schwankungen des Zinsfußes … auf Schwankungen des Urzinses zurückzuführen sind". Dieser Befund setzt sich im 19. Jahrhundert fort: so lag die Inflation zwischen 1815 und 1914 in Großbritannien praktisch bei 0, während der Zinssatz für Staatsanleihen im Allgemeinen bei 4–5 % lag (Piketty 2014: 173 f).

Nach Piketty (2014: 470) lag die reine Kapitalrendite im Verlauf der letzten 2000 Jahre generell bei 4–5 %. Dies bestätigt die Feststellung von Gesell (1949: 278 ff), dass der Urzins für die Herausgabe von Geld im historischen Durchschnitt etwa 4–5 % pro Jahr beträgt. Dieser Urzins „wird von den Waren, also unmittelbar aus dem Kreislauf von Ware und Geld erhoben" und „ist vom Vorhandensein eines von Arbeitsmitteln entblößten Proletariats vollkommen unabhängig" (Gesell 1949: 254). „Die Ware wird mit Geld gekauft und, mit Urzins belastet, an den Verbraucher gegen Geld wieder verkauft. Und mit dem Verkauf der Ware ist das Geld wieder frei für einen neuen Beutezug. Das ist der wirkliche Inhalt der Marxschen Formel G.W.G.' Der Urzins, den das Geld auf solche Weise von den Waren erhebt, ist also keine einmalige Beute. Der Urzins ist eine dauernd sprudelnde Quelle, und die Erfahrung von Jahrtausenden zeigt, daß man mit einer durchschnittlichen Beute von 4 oder 5% des jährlichen Umsatzes rechnen kann…. Kann das Geld von den Waren aufs Jahr verteilt, 5% erheben, so muß auch das Haus von den Mietern, das Schiff von den Frachtgütern, die Fabrik von den Löhnen die gleiche Abgabe erheben können, sonst bleibt das Geld einfach auf dem Markte bei den Waren, und das Haus wird nicht gebaut… Wenn aber das Geld sich nicht hergibt für den Bau von Häusern, falls diese nicht den gleichen Zins, den das Geld von den Waren erhebt, erzielen können, so ruht die Bautätigkeit, und der alsbald einsetzende Mangel an Häusern treibt dann den Mietzins herauf, genau wie der Mangel an Fabriken den Lohn drückt. Also muß es gesetzmäßig dahin kommen, daß die Häuser, Schiffe, Fabriken, kurz, das gesamte sogenannte Realkapital den gleichen Zins einträgt, den das Geld dem Warenaustausch als Urzins aufbürden kann." (Gesell 1949: 255 f).

Da moderne arbeitsteilige Gesellschaften auf die durch den Zins motivierte Weitergabe von Geld als Tauschmittel angewiesen sind, wird es Zinswirtschaft so lange geben, wie Geld ohne Verluste vom Markt zurückgehalten, gehortet und dem Wirtschaftskreislauf entzogen werden kann. Nach Suhr (1983: 2 ff) ist Liquidität ein ökonomischer Vorteil durch die Zurück- bzw. Bereithaltung von Geld, der am Markt gegen eine Liquiditätsverzichtsprämie in Form eines Zinses veräußert werden kann. Der Verleiher von Geld verkauft Liquidität für einen bestimmten Zeitraum, während er die Kaufkraft als besicherte Darlehensforderung behält. Da man Geld als gesetzliches Zahlungsmittel universell eintauschen kann, ist es nach Gesell begehrter als andere Güter, die altern, rosten, verderben usw. und für die man möglichst rasch bestimmte Nachfrager braucht. Aufgrund seiner privilegierten Stellung im Wirtschaftsverkehr kann Geld als „Joker unter den Tauschobjekten" (Suhr 1983: 3) einen Zins, soweit er Liquiditätsprämie ist, erwirtschaften bzw. erpressen oder sich seiner Funktion als Tauschmittel entziehen und damit den Wirtschaftskreislauf stören. Die Eigentumstheorie von Gunnar Heinsohn (*1943) und Otto M. Steiger (1938–2008) argumentiert ähnlich. Demnach ersetzt der Zins dem Verleiher den Verlust seiner „Eigentumsprämie" als einem immateriellen Sicherheitsertrag aus Eigentum, die in seiner „freien Verkaufbarkeit, Verpfändbarkeit und Belastbarkeit" besteht.

Der für die Verleihung von Geld geforderte Zins kann nicht beliebig hoch sein, denn er bildet sich im Wettbewerb des Geldes mit den Alternativen der Urwirtschaft, Tauschwirtschaft und Wechselwirtschaft (Gesell 1949; 245 ff):

- Ist der Zins hoch, werden Teile der arbeitsteiligen Warenwirtschaft durch Urwirtschaft oder Teile des geldbasierten Handels durch Tauschwirtschaft oder Wechselwirtschaft substituiert. Denn je höher der Zins, desto attraktiver werden Ur-, Tausch- und Wechselwirtschaft trotz ihrer sonstigen Nachteile gegenüber der Geldwirtschaft.[76] Werden diese Alternativen verstärkt genutzt, sinkt die in Geld gehandelte Gütermenge, was Preissteigerungen zur Folge hat, die den Geldumlauf unter einen wirtschaftlichen Zwang stellen, „der dazu führt, daß das Geld auch solchen Waren gegenüber seine Macht über bestimmte Grenzen hinaus nicht mißbrauchen kann, die zu ihrem Austausch sich nicht des Wechsels oder des Tauschhandels bedienen können" (Gesell 1949: 253 f).
- Bei sinkenden Zinsen wird dagegen die Urwirtschaft, Tauschwirtschaft und Wechselwirtschaft zunehmend durch die Geldwirtschaft substituiert, weil letztere lohnender wird. Die im Geld gehandelte Gütermenge steigt, in der Folge sinken die Güterpreise, weshalb die Geldverleiher den Zins erhöhen können, sodass sich wiederum ein Gleichgewichtszins ergibt.[77]

Der auf das Geld zu entrichtende Urzins begründet und beherrscht nach Gesell (1949: 257 ff) die auf Realkapital zu entrichtenden Zinsen. Sinkt der Zins der Realkapitalien unter den Urzins, unterbleiben Investitionen in Realkapital, sodass der Zins der Realkapitalien allmählich wieder auf den Urzins steigt. Heute beobachten wir eine diesbezügliche Umlenkung der Investitionen in Finanzkapital, wo durch Spekulation und Blasenbildung zumindest kurzfristig höhere Renditen erzielt werden können. Ist die Verzinsung der Realkapitalien größer als der Urzins, so wird in Realkapital investiert, bis aufgrund der gestiegenen Kapitalmenge die Verzinsung des Realkapitals wieder auf den Urzins zurückgeht.

Da für das Ausleihen von Geld Zinsen zu entrichten sind, die als Maßstab für den mindestens zu erzielenden Zins bzw. die Rendite auf Realkapital gelten, überträgt sich der Geldzins auf alle anderen Kapitalien, für die nun auch eine entsprechende Kapitalrendite gefordert wird.

---

[76] Die Geldwirtschaft und der von ihr erhobene Zins stehen somit in Konkurrenz zur Ur-, Tausch- und Wechselwirtschaft. Ur- und Tauschwirtschaft haben natürliche Nachteile gegenüber dem Bargeld. Auch der Wechsel, der durch Eingehen einer Schuld beim Kauf von Waren bzw. deren Konsum entsteht, hat Nachteile gegenüber dem Geld bzgl. Sicherheit, Teilbarkeit etc., weshalb er diskontiert wird. Beim Diskontieren eines Wechsels erfolgt eine vorschüssige Verzinsung, indem beim Einreichen des Wechsels nur ein Teil des Nennbetrags ausgezahlt wird.

[77] In der Zeit eines Goldstandards stellte Gesell (1949: 251 ff) fest: Da nur Geld verliehen werden kann, das zuvor dem Wirtschaftskreislauf entzogen wurde, ist der Zins unabhängig von der Anzahl der Geldverleiher bzw. deren Wettbewerb untereinander.

5.7 Zins, Kapitalrendite und Kapitalstock

5.7.1 Goldene Regel der Kapitalakkumulation

Nach der *goldenen Regel der Kapitalakkumulation* von Phelps (1961: 642) wird das höchste Konsumniveau pro Kopf der Bevölkerung dann erreicht, wenn die Profitquote ($\alpha = Y_K/Y$), genau gleich der Sparquote (s) ist. Daraus lässt sich ableiten:

$$\alpha = s \Leftrightarrow \frac{Y_K}{Y} = g \cdot \frac{K}{Y} \Leftrightarrow \frac{Y_K}{K} = g \Leftrightarrow r = g$$

Das von Phelps (1961) beschriebene Optimum ist somit erreicht, wenn die Kapitalrendite (r) gleich der Wachstumsrate (g) ist. Um r = g zu ermöglichen, bedarf es eines sehr viel größeren Kapitalstocks, als jemals im Verlauf der Geschichte beobachtet werden konnte. Denn je größer der Kapitalstock, desto kleiner die erzielbare Kapitalrendite r. Nach der goldenen Regel sollte genauso viel Kapital akkumuliert werden, dass die Kapitalrendite r dem Wirtschaftswachstum g entspricht (Piketty 2014: 772). *Problem ist, dass dies bei geringen Wachstumsraten mit dem vorherrschenden Geldsystem nicht erreicht werden kann!* Piketty (2014: 25, 283) legt die realwirtschaftlich abgeleitete Zinstheorie der Grenzproduktivität des Kapitals und nicht die monetäre Zinstheorie zu Grunde. Demnach kann die Vermögensakkumulation sehr hoch sein und sich insbesondere bei schwachem Wirtschaftswachstum weiter verstärken. Dass dies bislang nur bis zu Höchstwerten von 6–7 (Kapitalstock zu Nationaleinkommen K/Y) erfolgte, kann nicht durch die realwirtschaftlich abgeleitete, jedoch durch die monetäre Zinstheorie erklärt werden. Wenn das Verhältnis von Kapitalstock zu Nationaleinkommen K/Y über die bisher erreichten Höchstwerte von 6–7 zu Beginn des 19. Jahrhunderts auf deutlich höhere Werte stiege, ginge die Kapitalrendite unter das historische Mittel von 4–5 % zurück. Wenn der Urzins aufgrund geringen Wirtschaftswachstums nicht mehr erreicht wird, unterbleiben Investitionen, weshalb das Kapital-Einkommens-Verhältnis nach oben begrenzt ist – zu diesem Schluss kommt man bei Anwendung der monetären Zinstheorie.

5.7.2 Zusammenhang zwischen Zins, Kapitalrendite und Kapitalstock

Um zu verstehen, warum die Kapitalrendite im Verlauf der Jahrhunderte und Jahrtausende stets relativ konstant bei 4–5 % gelegen hat, muss man den Zusammenhang zwischen Zins, Kapitalrendite und Kapitalstock näher beleuchten. Erste Ansätze hierzu finden sich bei Pierre-Joseph Proudhon (1809–1865), der argumentiert, dass eine Vermehrung des den Arbeitern angebotenen Kapitals die Löhne heben und schließlich den Zins bzw. Mehrwert auf Null bringen würde: „Wenn den Unternehmern das Geldkapital zur Hälfte des jetzigen Zinses angeboten würde, so müßte auch bald der Zinsertrag aller übrigen Kapitalien um die Hälfte heruntergehen. Wenn z. B. ein Haus mehr Miete abwirft, als dem Unternehmer das Baugeld an Zins kostet, wenn der Zins des für das Roden eines Waldes ausgegebenen Geldes weniger ausmacht als die Pacht eines gleich guten Kulturbodens, so wird der Wettbewerb unfehlbar eine Herabsetzung der Mieten und Pachten auf die Höhe des herabgesetzten Geldzinses herbeiführen (also den Mehrwert schmälern), denn das sicherste Mittel, um ein aktives Kapital (Haus, Acker) zu entwerten (also um den Mehrwert zu Gunsten der Löhne zu beschneiden), besteht doch darin, neben ihm andere, neue Kapitalien zu schaffen und in Betrieb zu setzen.

Nach allen wirtschaftlichen Gesetzen vermehrt eine größere Erzeugung auch die Masse des den Arbeitern angebotenen Kapitals, hebt die Löhne und muß schließlich den Zins (Mehrwert) auf Null bringen" (Proudhon 1840: 235, 2014, Gesell 1949: 9). Nach Gesell (1949: 9 f) hat man „Proudhon zwar nicht ganz vergessen, aber niemand hat ihn recht verstanden. Sonst gäbe es heute kein Kapital mehr... Er ist ein gefährlicher Bursch, denn es ist einfach unbestreitbar, was er sagt, daß, wenn die Arbeiter ungestört, ungehemmt, ununterbrochen arbeiten dürften, das Kapital bald in einer Kapital-Überproduktion (nicht mit Warenüberproduktion zu verwechseln) ersticken würde. Das, was Proudhon zur Bekämpfung des Kapitals empfiehlt, kann heute unmittelbar in Angriff genommen werden, ist also gefährlich." Bei ungebremster Arbeit und entsprechender Kapitalüberproduktion würde die Kapitalrendite massiv sinken und der erzielte Mehrwert nicht mehr dem Kapital, sondern der Arbeit zufließen. Zu einer solchen Kapitalüberproduktion kommt es jedoch nicht, wenn das für Investitionen erforderliche Geld knapp gehalten wird. Verknappung des Geldes begrenzt die menschliche Arbeit und schützt das bestehende Kapital vor dessen Überproduktion. Der Zins als Preis für Kapital ist Ausdruck für dessen Macht, die durch ein Überangebot an Kapital gebrochen werden könnte. Allerdings wird die Kapitalvermehrung durch wertbeständiges Geld, das bei niedriger Kapitalrendite zurückgehalten wird und mindestens den Urzins fordert, begrenzt. Nach Gesell (1949: 253), der sich teilweise auf Proudhon bezieht, beeinflusst der Geldzins den Zins der Realkapitalien, während der Geldzins (Urzins) umgekehrt nicht vom Realkapitalzins abhängt, sondern lediglich vom Wettbewerb mit anderen Tauschmitteln, wie Wechsel, Tauschhandel und Urwirtschaft, begrenzt wird. Wenn das angewachsene Realkapital keine ausreichende Rendite mehr erwirtschaftet, wird Geld zurückgehalten und dem realen Wirtschaftskreislauf entzogen, sodass die Produktionsmenge sinkt und das Kapital gegen weitere Vermehrung geschützt wird.

Da sich der Kapitalstock aus Realkapital und Finanzkapital zusammensetzt, können Kapitalrenditen nicht nur durch Realinvestitionen, sondern auch durch Finanzinvestitionen erwirtschaftet werden. Wenn durch Vermehrung des Realkapitals die Realkapitalrendite unter den Urzins sinkt, wird Geld zunehmend dem realwirtschaftlichen Kreislauf entzogen. Durch das Angebot von Finanzprodukten, die zumindest kurzfristig eine höhere Kapitalrendite als Realinvestitionen versprechen, kann das Geld jedoch wieder zur Investition gelockt werden. Diese Situation wird durch einen relativ stärkeren Anstieg des Finanzkapitals im Vergleich zum Realkapital charakterisiert. Zwar fußt echte Wertschöpfung immer auf der Erzeugung realer Güter; solange finanzwirtschaftliche Produkte jedoch nicht in reale Güter getauscht werden, ist virtuelles Wachstum des Finanzkapitals ohne realwirtschaftliche Fundierung zumindest temporär möglich. Aufgrund der Konzentration von Vermögenswerten bei Haushalten mit hoher Sparneigung werden die erzielten Vermögenszuwächse primär reinvestiert, und nur ein relativ kleiner Teil wird konsumtiv verwendet. Das Angebot innovativer Finanzprodukte ermöglicht so ein virtuelles, von der realwirtschaftlichen Sphäre temporär entkoppeltes Wachstum finanzieller Vermögenswerte. Da von der realen Wirtschaft losgelöste Scheinwerte langfristig keinen Bestand haben können, passen sie sich mit dem Platzen von Finanzblasen nach kürzerer oder längerer Zeit immer wieder der Realität an.

Dass Geld bei niedrigen Zinsen zurückgehalten oder in Finanzanlagen anstatt in reale Anlagen investiert wird, lässt sich historisch gut belegen. So entwickelten sich in den Jahren 1925 bis 1929 infolge niedriger Zinsen zunächst ausgeprägte Finanzblasen, nach deren Platzen in 1929 das Geld dann sowohl von den Finanz- als auch von den realen Märkten zurückgehalten wurde. Auch in der Niedrigzinsphase der letzten 15 Jahre kam es zunächst zu starken

Blasenbildungen an den Finanzmärkten, die durch günstige Liquidität seitens der Zentralbanken gefüttert wurden. Nach dem Platzen der amerikanischen Immobilienblase und der hierdurch eingeleiteten globalen Finanzkrise wird Geldkapital seit 2007/2008 nun ebenfalls zurückgehalten bzw. allenfalls selektiv in als sicher erachtete Anlageformen investiert (Kreiß 2013: 38 f).

5.7.3 Kapitalvermehrung senkt Zinsen und Renditeerfordernis anderer Kapitalien

Die besondere Vorrangstellung und Attraktivität des als gesetzliches Zahlungsmittel erklärten Geldes im Vergleich zu anderen Waren begründet sich in dessen Unverderblichkeit und hervorragenden Eignung als Wertaufbewahrungsmittel. Nicht benötigtes Geld wird daher nur gegen mindestens den Urzins verliehen oder, sofern dieser nicht erzielbar ist, gehortet. Der mit Geld erzielbare Urzins überträgt sich auf alle anderen Kapitalien, die entsprechend ebenfalls verzinst werden müssen. Denn die Erschaffung von Realkapital erfordert Geld, und Geld gibt sich für den Bau von Häusern, Fabriken, Schiffen usw. nur her, falls diese mindestens den Geld- bzw. Urzins, den das Geld von den Waren erhebt, erzielen können (Gesell 1949: 255). Durch die Zerstörung von Kapital steigt die Rendite, durch die Schaffung von Kapital sinkt diese. Insofern wird das Kapital durch Unterlassen kapitalaufbauender Arbeit in seiner Macht gestärkt, während das Kapital durch die Schaffung zusätzlichen Kapitals in seiner Macht geschwächt wird; damit steht die These von Gesell im diametralen Widerspruch zu jener von Marx. Nach Gesell kann eine Zinssenkung durch eine Erhöhung des Kapitalstocks erreicht werden. Unter Wettbewerbsbedingungen bewirkt eine Reduzierung des Zinses für Geldkapital eine Reduzierung der Verzinsung aller anderen Kapitalien. Je größer die Menge des vorhandenen Kapitals, desto kleiner die erzielbare Rendite. Durch unermüdlichen Bau von Fabriken, Häusern, Wohnungen usw. sinken Mieten, Pachten und Zinsen, sodass der Aufbau von Kapital die Macht der Kapitalisten nicht erhöht, sondern bricht. Die Schaffung zusätzlichen Kapitals ist im derzeitigen ökonomischen System jedoch begrenzt, denn sobald die (Real-)Kapitalrendite unter den Zins auf Geldkapital sinkt, unterbleiben weitere Investitionen in Realkapital und dessen Wachstum hört auf.

Die heutige Zentralbankpolitik historisch niedriger Leitzinsen von im Euroraum 0,05 % seit 4.9.2014, in den USA 0 bis 0,25 % seit 16.12.2008, in Japan 0 bis 0,10 % seit 5.10.2010 und in Großbritannien 0,50 % seit 5.3.2009 (Quelle: www.leitzinsen.info, 15.4.2015) steht vor dem Problem mangelnder Investitionsbereitschaft („man kann die Pferde zur Tränke führen, saufen müssen sie selbst"). Sofern die erwarteten Kapitalrenditen von 4–5 % aufgrund geringeren realwirtschaftlichen Wachstums nicht mehr erzielt werden können[78], besteht wenig Anreiz für unternehmerische Investitionen in die Realwirtschaft. Billiges Geld ohne Umlaufsicherung erhöht allenfalls die Erfolgsmöglichkeit für spekulative Finanzanlagen, welche durch Asset Price Inflation kurzfristig höhere Renditen ermöglichen, die langfristig jedoch nicht nachhaltig sind.

Für Ökonomien mit einem geringen Wirtschaftswachstum wäre es wichtig, das Geld- und Finanzsystem so zu gestalten, dass auch bei niedrigen Kapitalrenditen investiert wird. Der Kapitalstock K würde dann durch Investitionen weiter wachsen, was mit einem steigenden

---

[78] In Deutschland lag die Rendite für 10-jährige Staatsanleihen im März 2015 bei 0,26 % und damit deutlich unterhalb der ehernen Grenze von 3 % (Quelle: Bloomberg, Statista vom 16.4.15).

Kapital-Einkommens-Verhältnis K/Y einherginge. Dies wäre unproblematisch, wenn die Kapitalrendite r sinken würde, was aufgrund der Kapitalrenditeforderung von 4–5 % jedoch nicht der Fall ist. Es wurde bereits gezeigt, dass im geschichtlichen Verlauf das Geld aufgrund seiner Überlegenheit gegenüber den Waren stets einen Zins von 4–5 % beanspruchen konnte, der sich als Renditeerwartung auf andere Kapitalien übertrug. Zwar wurde der Überlegenheit des Geldes im 20. Jahrhundert durch Inflation entgegengewirkt, jedoch wirkt sich die Inflation nicht nur auf Geld, sondern auch auf alle anderen Güter und Kapitalien aus. Bleibt eine hohe Inflationsrate über eine längere Zeit bestehen, führt sie zu entsprechend höheren Zins- und Renditeforderungen, wodurch das Problem nicht gelöst, sondern verschärft wird.

Bei dem Kapitalzins von 4–5 % p. a. handelt es sich, wie bereits dargelegt, um einen historisch seit über 2000 Jahren beobachteten Gleichgewichtspreis.[79] Kann dieser Marktzins aufgrund niedrigen Wirtschaftswachstums bzw. einer schlechten Wirtschaftslage nicht erzielt werden, unterbleiben Investitionen. Problematisch ist eine Kapitalrendite r oberhalb der Wachstumsrate g, die zur Umverteilung von unten nach oben führt, nicht hingegen ein gewaltiger Kapitalstock, der das Produktionspotenzial der Gesellschaft erhöht. Der archimedische Punkt für die Lösung des Problems r > g liegt in der Erkenntnis der monetären Ursache des Zinses und dessen Beeinflussung der geforderten Kapitalrendite.

5.7.4 Kapitalistische Grenzen der Kapitalbildung

Im derzeitigen kapitalistischen System muss die Wirtschaft pro Jahr um mindestens etwa 1,8 % wachsen, damit keine Krise entsteht (Binswanger 2013: 345). Die Alternative zum Wachstum ist nicht Stabilität, sondern Schrumpfung. Unterbleibt das Wirtschaftswachstum, so unterbleiben nach Binswanger (2009: 10 f) die Gewinnaussichten für die Unternehmen, weshalb diese nicht mehr bereit sind zu investieren. Sinkende Gewinnchancen und entsprechend unterbleibende Investitionen werden unmittelbar für die Investitionsgüterindustrie spürbar. Diese baut Kapazitäten und Arbeitsplätze ab mit entsprechend negativen Implikationen auf die gesamtwirtschaftliche Nachfrage, wodurch der Konsum zurückgeht. Es besteht die Gefahr einer Abwärtsspirale. Zur Vermeidung bzw. Bekämpfung von Arbeitslosigkeit reagiert der Staat mit schuldeninduzierten Wachstumsimpulsen. Durch Arbeitsproduktivitätssteigerungen wegfallende Arbeitsplätze werden bei Wirtschaftswachstum entsprechend aufgenommen. Eine Wachstumsökonomie mildert auch die Verteilungsproblematik ab, da solange die Wirtschaft wächst, Pareto-optimal alle etwas abbekommen können. Da der Staat auf Steuereinnahmen angewiesen ist, bevorzugt er Investitionsprogramme, um die wirtschaftliche Leistungsfähigkeit und damit Besteuerbarkeit nicht zu gefährden.

Um die Wachstumsproblematik besser zu analysieren, wird unterschieden zwischen

- Wachstum des Bruttoinlandsprodukts (Wirtschaftswachstum im herkömmlichen Sinne),
- Wachstum des Ressourcenverbrauchs (ökologisch relevantes Wachstum) und
- Wachstum des Human-, Natur- und Sachkapitalstocks (Kapitalwachstum).

---

[79] Wer einen formalen Beweis des Urzinses fordert, sei an den Gödelschen Unvollständigkeitssatz verwiesen, nach dem es selbst in formalen Systemen, in denen sich mathematische Aussagen normalerweise beweisen lassen, ab einer bestimmten Leistungsfähigkeit Aussagen geben muss, die man weder formal beweisen noch widerlegen kann.

Qualitatives Kapitalwachstum im Sinne eines Anstiegs des Human-, Natur- und Sachkapitals ist erforderlich, um die weltweiten ökologischen und sozialen Herausforderungen zu bewerkstelligen. Hier besteht das Problem, dass in einem kapitalistischen System, welches Mindestkapitalrenditen voraussetzt, die Investitionsbereitschaft bei geringem Wirtschaftswachstum nachlässt. Hinsichtlich des Wachstums besteht nicht nur ein ökologisches, sondern vor allem die dem vorherrschenden Geldsystem immanente Problematik, dass ab einer gewissen Kapitalakkumulation nicht mehr ausreichend investiert wird: ist das Wirtschaftswachstum g unterhalb der Kapitalrendite r, so steigt zunächst das Kapital-Einkommens-Verhältnis K/Y an, was Piketty (2014) empirisch belegt hat. Bei einer unterstellten Kapitalrendite von 5 % und einem Kapital-Einkommens-Verhältnis K/Y von 7–8 beträgt der Anteil der Kapitaleinkommen am Nationaleinkommen Y_K/Y = 35–40 %. Der für die gesamtwirtschaftliche Nachfrage wesentliche Anteil der Arbeitseinkommen, die zu einem kleineren Teil als die Kapitaleinkommen gespart werden, beträgt entsprechend 60–65 %. Die gesamtwirtschaftliche Nachfrage reicht unter diesen Bedingungen nicht mehr aus, um weiteres Kapitalwachstum zu initiieren, sodass eine Ökonomie an ihre kapitalistischen Grenzen des Kapitalwachstums stößt. D. h., ab einem Kapital-Einkommens-Verhältnis K/Y von 7–8 wird wegen der unerfüllten Kapitalrenditeforderungen nicht mehr ausreichend in Realkapitalaufbau und dadurch initiierte wirtschaftliche Innovationen und Entwicklung investiert. Liegt das Wirtschaftswachstum dagegen oberhalb der geforderten Kapitalrendite von 5 %, wie dies in der Nachkriegszeit in Europa oder bislang in China der Fall ist, werden diese kapitalistischen Wachstumsgrenzen nicht wirksam, sodass die volkswirtschaftliche Produktivitätskraft (List 1841) voll entfaltet werden kann. Die Notwendigkeit, dass das Wirtschaftswachstum oberhalb der historisch beobachteten durchschnittlichen Kapitalrendite von 4–5 % liegen muss, um eine langfristig nachhaltige dynamische Wirtschaftsentwicklung aufrecht zu erhalten, ist im Geldsystem begründet, jedoch weder aus ökologischer Sicht erstrebenswert noch realistisch für ökonomisch entwickelte und demografisch schrumpfende Volkswirtschaften, wie Deutschland. Allenfalls einige Entwicklungs- und Schwellenländer, wie China, verzeichnen Wachstumsraten von über 5 %, was ihre anhaltende wirtschaftliche Dynamik erklärt. Vor allem für die entwickelten Industrieländer, die derartige Wachstumsraten nicht erzielen werden, müssen die ökonomischen Rahmenbedingungen des Geldsystems verändert werden, damit weitere Human-, Natur- und Sachkapitalbildung auch bei niedrigen Wachstumsraten und Kapitalrenditen stattfinden kann.

5.8 Reformansätze für ein nachhaltiges Geldsystem

Im Folgenden wird ein Zwei-Stufen-Plan zur Weiterentwicklung des Geldsystems vorgestellt, mit dem das ökonomische und monetäre System dauerhaft stabilisiert, eine nachhaltige Ökonomie respektive ein nachhaltiger Kapitalismus erreicht und die Grundlagen für wirtschaftliche Prosperität geschaffen werden können, von der alle Menschen profitieren.

- Die 1. Stufe verwirklicht die staatliche Steuerung und Kontrolle der derzeit den Geschäftsbanken überlassenen Giralgeldschöpfung und die Wiedergewinnung des staatlichen Geldschöpfungsmonopols.
- Die 2. Stufe betrifft die Einführung einer Demurrage zur Geldumlaufsicherung des nach Umsetzung der 1. Stufe vollständig staatlichen Geldes, wodurch der Übergang von ei-

nem monetär renditeorientierten Kapitalismus zu einem neuen, reales Human-, Natur- und Sachkapital mehrenden Kapitalismus eingeleitet wird.

5.8.1 Staatliches Vollgeld für ein stabiles Geld- und Finanzsystem

Aufbauend auf der Quantitätstheorie des Geldes zielt eine Vollgeldreform auf eine stabile Geldordnung durch staatliche Kontrolle der Geldschöpfung. Vollgeld bezeichnet vollgültige, im juristischen Sinne unbeschränkte gesetzliche Zahlungsmittel, die vom Staat bzw. der Zentralbank ausgegeben werden. Während es sich bei Bargeld und Zentralbankreserven (Geldbasis M0) um Vollgeld handelt, ist Giralgeld heute kein Vollgeld, sondern lediglich eine Forderung gegenüber einer Geschäftsbank, die zu durchschnittlich 3–6 %, krisenbedingt zu 12 % durch Zentralbankgeld gedeckt ist, jedoch gemäß Treu und Glauben als Zahlungsmittel akzeptiert werden muss (Huber 2013).

Die instabile und unstete Giralgeldschöpfung der Geschäftsbanken wurde bereits in den 1930er Jahren von amerikanischen Ökonomen kritisiert. Nachdem sich die geforderten Mindestreserven in der Great Depression als unzureichend erwiesen, Bank Runs abzufedern, schlugen 11 Ökonomen der University of Chicago im März 1933 vor, für Sichteinlagen eine Mindestreserve von 100 % (Vollreserve) einzuführen und die Geschäftsbanken zu verpflichten, sämtliche Sichteinlagen ihrer Kunden zu 100 % mit Zentralbankgeld abzusichern (Phillips 1992). Der von Irving Fisher (1935, 1936) beschriebene Chicago-Plan sah eine Trennung der Geld- und Kreditfunktionen der Geschäftsbanken vor und forderte eine 100-prozentige Hinterlegung der Einlagen (100 % Money). Geschäftsbanken sollten Kredite nur vergeben dürfen, wenn sie sich das Geld zuvor durch Kundeneinlagen oder Kreditaufnahme bei der Zentralbank beschafften. Nach den IWF-Ökonomen Benes und Kumhof (2012) könnten hierdurch Boom-Bust-Zyklen deutlich reduziert, Bank Runs verhindert und die Höhe von staatlichen und privaten Schulden sofortig und stark abgebaut werden. Wenn Geschäftsbanken ihre Kreditausreichungen zukünftig 100%ig mit Einlagen decken müssten, müssten sie sich das hierzu erforderliche Geld beim Staat leihen. Die sich hieraus ergebenden Forderungen des Staates gegenüber den Banken ließen sich dann mit den Verbindlichkeiten des Staates, etwa den von Banken gehaltenen Staatsanleihen, verrechnen. Die Bankbilanzen würden hierdurch verkürzt und der Staat sukzessive entschuldet. Nach Benes und Kumhof (2012: 55 f) gibt es keine theoretische Fundierung für die Behauptung, dass ein exklusives Staatsmonopol über die Geldausgabe inflationär wirke. Im Gegenteil ließe sich durch eine staatliche Kontrolle der breiten Geldmengenaggregate M0 und M1 eine dauerhafte Geldwertstabilität ohne Inflation erreichen.

Bereits vor der Finanzkrise plädierte Huber (2004) dafür, die derzeit privaten Geschäftsbanken überlassene Geldschöpfung ganz der öffentlichen Hand zu übertragen, um die Kontrolle der Zentralbank über die Geldmenge M1, die zum weit überwiegenden Anteil von den Geschäftsbanken geschöpftes Giralgeld umfasst, und damit das staatliche Hoheitsrecht über die Geldausgabe, das sog. Geldregal, zurückzugewinnen.

Huber und Robertson (2008) fordern gemeinsam mit anderen Ökonomen und Sozialwissenschaftlern sowie dem gemeinnützigen Verein Monetative e. V. (1) die Beendigung der Geldschöpfung durch private Geschäftsbanken, (2) die Schaffung einer unabhängigen vierten staatlichen Gewalt, d. h. einer Monetative in Ergänzung zur Legislative, Exekutive und Judikative, mit dem staatlichen Vorrecht der Geldschöpfung und (3) das in Umlauf bringen neuen Geldes durch öffentliche Ausgaben zugunsten der Allgemeinheit. Giroguthaben bei Geschäftsbanken sollten zu gesetzlichen Zahlungsmitteln erklärt werden, die nur noch durch die von Regierung und Parlament unabhängige staatliche Zentralbank (Monetative) geschöpft werden dürfen. Ebenso wie in früheren Zeiten durch Geschäftsbanken privat ausgegebene Banknoten durch staatliche Zentralbanknoten ersetzt wurden, sollte das heutige durch Geschäftsbanken geschöpfte Giralgeld zu staatlichem Vollgeld, d. h. zu vollwertigen gesetzlichen Zahlungsmitteln, erklärt werden. Dies könnte realisiert werden, indem die bisherigen Girokonten der Kunden aus der Bankbilanz herausgelöst und separat als Geldkonten in eigenem Recht geführt würden. Staatliches Geld und gesetzliches Zahlungsmittel wären dann nicht nur jene 3–20 % des Geldes in Form von Münzen und Banknoten, sondern auch die 80–97 % bargeldlosen Giralgeldes, welches bislang von den Geschäftsbanken als Kreditgeld in Umlauf gebracht wird. Das von der unabhängigen staatlichen Zentralbank diskretionär neu geschöpfte Geld würde der Regierung zinslos überlassen werden, die es durch öffentliche Ausgaben in Umlauf brächte. In der Europäischen Währungsunion wären dies zuletzt rd. 200 bis 400 Milliarden Euro jährlich, davon allein rd. 50 bis 100 Milliarden Euro in Deutschland, was 4–8 % des öffentlichen Gesamthaushalts entspräche. Die Geschäftsbanken könnten im gesetzlichen Rahmen weiterhin frei an den Finanzmärkten agieren, dürften jedoch kein Giralgeld mehr schöpfen, sondern nur mit solchem Geld operieren, das sie selbst einnehmen oder aufnehmen und über das sie als Bargeld oder Zentralbankgeld tatsächlich verfügen (Huber und Robertson 2008, Monetative 2015).

Huber et al. (2012) brachten das Konzept „Vollgeld statt Giralgeld – Ausweg aus der Staatsschuldenkrise" auch als Vorschlag für den Zukunftsdialog der Bundeskanzlerin ein: „Die Euro-Zentralbanken erhalten das ausschließliche Recht, Geld in Umlauf zu bringen – außer Bargeld auch alles Buchgeld für den bargeldlosen Zahlungsverkehr. Die Giralgeldschöpfung der Banken wird beendet. Einzig das Geld der Zentralbank zirkuliert als vollwertiges gesetzliches Zahlungsmittel, kurz Vollgeld. Das Vollgeld der Zentralbank kann per Kredit an Banken in Umlauf gebracht werden, vor allem aber per Überweisung an den Staatshaushalt. Vollgeld der Zentralbank ist sicheres Geld. Es kann in Bankenkrisen nicht verschwinden. Von Konkurs bedrohte Banken müssten nicht mehr auf Kosten der Allgemeinheit gerettet werden. Für überschießende Finanzmarktspekulation würden die Banken nicht mehr zusätzliches Giralgeld erzeugen können. Finanzmarkt- und Konjunkturzyklen würden erheblich moderater verlaufen. Der Geldschöpfungsgewinn käme ungeschmälert dem öffentlichen Haushalt zugute. Nach heutigen Maßstäben wären das in Deutschland etwa 25 Mrd Euro je 1 Prozent Wirtschaftswachstum. Darüber hinaus würden die Bestände an Giralgeld, zuletzt etwa 1.100 Mrd Euro, nach und nach durch Vollgeld ersetzt. Die Staatsschuld lag zuletzt bei etwa 2.100 Mrd Euro. Soweit das Vollgeld über den Staatshaushalt in Umlauf käme, ließe sich somit bis zur Hälfte der Staatsschulden abbauen – ohne ‚Haircut', ohne Inflation, ohne Arbeitsplatzverluste und Abbau von staatlichen Leistungen."

Die jüngste Finanzkrise belegt das dringende Erfordernis, die Kontrolle über das Geld, die Geldschöpfung und die Erstverwendung neu geschaffener Zahlungsmittel der staatlichen Hoheit zu unterstellen. Dazu sollte das heutige staatliche Münz- und Banknotenmonopol auf alle unbaren Zahlungsmittel auf laufenden Konten und mobilen Geldspeichern ausgedehnt und die Giralgeldschöpfung der Geschäftsbanken beendet werden. Analog zur erforderlichen Transformation vor rund 150 Jahren, als ehemals private Banknoten durch staatliche, von der Zentralbank ausgegebene Banknoten ersetzt wurden, erfordert die heutige Wirtschaftspraxis der unbaren Geldschöpfung, dass auch dieses Giralgeld unter staatliche Währungs- und Geldhoheit gestellt wird. Geld würde dann zukünftig nicht mehr als Kredit von Geschäftsbanken, sondern von der öffentlichen Hand bzw. Zentralbank schulden- und zinsfrei bereitgestellt werden. Die Zentralbank würde im Rahmen ihrer monetären Aufgabe über die Geldmenge bestimmen, jedoch nicht über die Geldverwendung, da dies eine fiskalische Aufgabe ist. Eine Wirtschaft mit unausgelasteten Kapazitäten kann durch Zuführung von Geld in den Kreislauf ausgelastet werden. Dabei gibt es einen optimalen Korridor für die Geldmengenentwicklung, sodass die Realwirtschaft ausgelastet wird und dabei sowohl Inflation (durch zu viel zirkulierendes Geld) als auch Deflation (durch zu wenig Geld) vermieden wird. Die mit Vollgeld effektiv mögliche Geldmengenpolitik der Zentralbank könnte sich gezielt am Wachstumspotential der Realwirtschaft im Sinne einer Vollauslastung der Produktionskapazitäten orientieren und das Geld auf Wegen bereitstellen, welche die Realwirtschaft am besten erreichen. Solange sich die ausgegebene Geldmenge im Rahmen des von der Zentralbank festgelegten Zielkorridors bewegt, könnte Geld als Staatsausgaben, als Bürgereinkommen, als Grundsicherung oder als den Geschäftsbanken zur Kreditausreichung bereit gestelltes Zentralbankgeld in den Wirtschaftskreislauf gebracht werden. Der Gewinn aus der Geldschöpfung, die Seigniorage durch schuldenfreie Geldausgabe und die Zins-Seigniorage durch Zentralbankkredit an Geschäftsbanken, käme dann ungeschmälert den öffentlichen Haushalten und Bürgern zugute. Da Geschäftsbanken kein Giralgeld mehr schöpfen könnten, stünde hieraus kein Geld mehr für Finanzmarktspekulationen zur Verfügung, sodass eine Trennbankenordnung durch Vollgeld teilweise bereits realisiert würde (Huber 2013).

5.8.2 Demurrage für natürliches Geld und Realkapitalbildung

Erreichen Investitionen in Realkapital, etwa aufgrund zu geringer Kaufkraft und Nachfrage der Bevölkerung, nicht mehr die geforderte Mindestrendite von im Allgemeinen 4–5 %, verweigert sich das Geld und es wird nicht weiter investiert. Dies wäre nicht der Fall, wenn die Hortung von Geld durch eine Demurrage auf Geldhaltung unterbunden oder andere Zahlungsmittel, wie zinsfreie Komplementärwährungen oder Wechsel, verstärkt zur Bezahlung am Markt akzeptiert würden.

Auch Keynes (2006) hielt eine Demurrage bzw. Verfallsgebühr auf Geld für sinnvoll: „The idea behind stamped money is sound", gab jedoch zu bedenken, ein seiner Liquiditätsprämie entzogenes Geld könnte durch Substitute, wie Bankgeld, Schulden bei Abruf, ausländisches Geld, Schmuck, Edelmetalle etc. ersetzt werden. Sofern die Demurrage von Staats wegen auf das mit Annahmezwang versehene gesetzliche Zahlungsmittel angewendet wird, wäre dies jedoch kaum zu befürchten, da Währungen bei (moderater) Inflation bekanntlich auch angenommen werden und nicht einfach durch Substitute ersetzt werden können. Selbst als Komplementärwährung, die keinem allgemeinen Annahmezwang unterliegt, hat sich Geld mit Demurrage (Freigeld) in der Vergangenheit in wirtschaftlichen Krisenzeiten bereits als erfolgreich erwiesen. Für die Einführung einer Demurrage gibt es somit erste historische Erfahrungen, an denen man sich orientieren kann.

Ein Beispiel ist die Komplementärwährung Wära (eine Wortbildung aus Währung und Ware), die in vielen Städten Deutschlands Ende der 1920er Jahre von Hans Timm und Helmut Rödiger eingeführt wurde, die 1929 in Erfurt die Wära-Tauschgesellschaft gründeten. Die Wära war als Freigeld konzipiert und einem Umlaufzwang unterworfen, da Geldbesitzer jeden Monat eine Marke in Höhe von einem Prozent des Nennwerts auf den Wära-Geldschein kleben mussten, damit dieser seinen Nennwert behielt. Nach einem Jahr wurden die mit 12 Monatsmarken beklebten alten Geldscheine durch neue ersetzt. Um die hier durch

Markenkleben realisierte Demurrage zu vermeiden, wurde das Geld von seinen Besitzern möglichst schnell wieder ausgegeben oder bei einer der Geschäftsstellen der Wära-Tauschgesellschaft[80] zinslos angelegt, die es dann als zinsgünstige Kredite an Unternehmen weiterreichte. So konnte etwa die Produktion in einem zuvor stillgelegten Schwanenkirchener Bergwerk durch einen Kredit von 50.000 Wära wieder aufgenommen werden. Nach zwei Jahren gehörten der Wära-Tauschgesellschaft deutschlandweit bereits mehr als eintausend Unternehmen als Mitglieder an. Alle führten das Hinweisschild „Hier wird Wära angenommen", sodass neben der Reichsmark nun auch die Wära als Zahlungsmittel umlief. Da die Wära inmitten der großen Depression wirtschaftliche Aktivitäten ermöglichte und förderte, verbreitete sie sich zunehmend, wurde jedoch am 30. Oktober 1931 von Reichsfinanzminister Dietrich im Zuge der Brüningschen Notverordnungen verboten. Wära-Hochburgen, wie Schwanenkirchen, Hengersberg und Schöllnach gerieten in die wirtschaftliche Krise und auch das mit Wära finanzierte Bergwerk musste wieder schließen (Onken 1983, 1997).

Das bislang erfolgreichste Freigeldexperiment in der österreichischen Gemeinde Wörgl wurde weltbekannt. Inmitten der großen Depression bezahlte die Gemeindeverwaltung unter Bürgermeister Michael Unterguggenberger ab Ende Juli 1932 ihre Angestellten mit eigenen Wörgler Schilling. Dabei handelte es sich um Arbeitswertscheine, die gegen menschliche Arbeit ausgegeben wurden und mit denen Gemeindesteuern und einheimische Geschäftsleute bezahlt werden konnten. Der Wörgler Schilling entsprach dem Wert des österreichischen Schillings und war durch von der Gemeinde bei der Wörgler Raiffeisenkasse hinterlegte Schillinge gedeckt. Nach dem Vorbild der Wära unterlag der Wörgler Schilling einer Demurrage von monatlich einem Prozent; auch hier musste jeden Monat eine käuflich erwerbliche Marke in Höhe von einem Prozent des Nennwertes auf den Geldschein geklebt werden, damit dieser seine Gültigkeit behielt. Das Wörgler Experiment lief nur vom 31. Juli 1932 bis 15. September 1933, dann wurde es aufgrund eines erfolgreichen gerichtlichen Einspruchs der Österreichischen Nationalbank, die sich auf ihr Geldmonopol berief, verboten. In dieser kurzen Zeit belebte der Wörgler Schilling den Geld- und Güterkreislauf sowie die Wirtschaftsaktivität in einem Maße, dass die Presse vom „Wunder von Wörgl" sprach: in knapp 14 Monaten verdoppelten sich die Investitionsausgaben der Gemeinde, die Arbeitslosenquote sank inmitten der Depression von 21 % auf 15 % und die Gemeindesteuern stiegen um rund ein Drittel. Irving Fisher, der dies beobachtete, versuchte die US-Regierung von Freigeld als kurzfristig wirksamem Mittel gegen die Depression zu überzeugen und verfasste ein Handbuch zur lokalen Einführung des Klebemarkengeldes (Fisher et al. 1933, Broer 1932, Ottacher 2007, Kreiß 2013). Ab 1932 führten in den Vereinigten Staaten über 400 Städte und Tausende von Gemeinden Stamp Scrips (Stempel-, Marken- bzw. Freigeld) ein, allerdings wurde die Demurrage auf Antrag zweier US-Senatoren von März 1933 mit 2 % pro Woche übertrieben hoch angesetzt, sodass das im Jahr fast 200 % an Wert verlierende Geld nicht akzeptiert und die Freigeldidee in den Vereinigten Staaten diskreditiert wurde (Kreiß 2013: 165 f).

Durch eine moderate Demurrage von etwa 5 % pro Jahr könnte die Umlaufgeschwindigkeit des Geldes verstetigt werden, sodass stets ausreichende und günstige Liquidität für wertschöpfende Transaktionen verfügbar wäre und heute durch Geldschöpfung induzierte Wachs-

---

[80]   Diese befanden sich u. a. in Berlin, Bielefeld, Bonn, Chemnitz, Dortmund, Düsseldorf, Eisenach, Erfurt, Freiburg, Halle/S., Hamburg, Köln, Leipzig und Nürnberg (Onken 1983).

tumsimpulse entbehrlich würden. Inflation ist hierfür ungeeignet, da sie nicht nur das Horten von Geld, sondern die gesamte Wirtschaft und insbesondere die Bezieher fester Einkommen belastet, die Wertmessfunktion und Zahlungsmittelfunktion beeinträchtigt und die Zinsen entgegen der Zielsetzung weiter erhöht, da die Geldkapitalbesitzer die Inflation durch höhere Zinsen ausgleichen wollen und können, da zurückgehaltenes Geld und fließendes Geld von der Inflation gleichermaßen betroffen sind. Nach Piketty (2014: 605) ist auch die „Auffassung, die Inflation reduziere die durchschnittliche Kapitalrendite… deshalb falsch, weil im Durchschnitt die Preise für Kapital, d. h. die Preise für Immobilien- und Finanzwerte, dazu tendieren, mit der gleichen Geschwindigkeit zu steigen wie die Konsumentenpreise."

Wenn dem Geld seine Vorrangstellung gegenüber anderen Gütern durch eine Demurrage entzogen wird, können Geldbesitzer keinen Urzins mehr fordern, da sie bei Geldhortung mit einer Verfallsgebühr belegt werden. Wer über Geld bzw. Liquidität verfügt, wird dies nicht mehr horten, sondern möglichst schnell entweder als Konsumausgaben oder als Ersparnisse in den Wirtschaftskreislauf zurückgeben. Die Ersparnisse stehen für Investitionen zur Verfügung, wodurch Arbeits- und Einkommensplätze geschaffen und die Kapitalbildung vorangetrieben wird. Zusätzliche Kapitalbildung erhöht das Kapitalangebot, was nach den Marktgesetzen zu einer sinkenden Kapitalrendite führt. Durch die Demurrage wird der Geldumlauf sichergestellt, Ersparnisse und Investitionen nehmen zu, permanenter Kapitalaufbau wird ermöglicht, Zinsen und Renditen für die Bereitstellung von Geld und Kapital sinken durch die Kräfte des Wettbewerbs allmählich ab, ohne dass es zu einem Investitionsabbruch kommt.

Die praktische Umsetzung der Demurrage vereinfacht sich mit der zunehmenden Verbreitung elektronischen Geldes. Bei dem heute meist zur Zahlung verwendeten *Buchgeld* könnte für das auf dem Girokonto zurückgehaltene, nicht weitergeflossene Geld automatisch und elektronisch eine dem öffentlichen Haushalt zufließende „Umlaufsicherungsgebühr auf zurückgehaltenes Geld" abgebucht werden. Um im erwünschten Sinne die Umlaufsicherungsgebühr zu vermeiden, bräuchte der Kontoinhaber sein Geld lediglich von seinem Girokonto auf ein von der Gebühr unbelastetes Sparkonto übertragen, von wo aus es als Kredit an andere Wirtschaftsteilnehmer weitergereicht würde (Senf 2009: 121 ff). Bei *Bargeld* könnte die Umsetzung durch datiertes Geld, welches im Zeitverlauf an Wert verliert bzw. durch Markengeld erfolgen, das Anfang der 1930er Jahre bereits in Deutschland, Österreich und den Vereinigten Staaten zur „Beherrschung der Umlaufgeschwindigkeit" eingesetzt wurde (Fisher 1980: 46). Nach Senf (2009: 126) ließen sich technisch effektiv umsetzbare Wege zumindest für die großen Geldscheine finden, da in kleinen Scheinen oder Münzen keine größeren Geldsummen gehortet würden und kleine gehortete Beträge keine größeren Störungen in den Wirtschaftskreislauf brächten. Somit bräuchte man das Bargeld auch nicht abzuschaffen, wofür sich der ehemalige amerikanische Finanzminister Larry Summers und Kenneth Rogoff ausgesprochen haben. „Die Zentralbanken könnten", so Rogoff, „auf diese Weise leichter Negativzinsen durchsetzen, um so die Wirtschaft anzukurbeln" (FAZ 19.11.2014). Der Vorschlag der beiden Harvard-Ökonomen, negative Zinsen einzuführen, wäre ggf. auch ein Instrument, die bereits fortgeschrittene Geld- und Kreditexpansion ohne Kreditausfälle zurückzuführen, wenngleich die scharfe Kritik u. a. der deutschen Banken, Versicherungen und Politik auf die Leitzinssenkungen der Europäischen Zentralbank die schwierige politische Durchsetzbarkeit negativer Zinsen verdeutlicht. Sparer würden bei Negativzinsen vermutlich verstärkt in Sachgüter, wie Immobilien oder Edelmetalle, investieren. Angesichts der geringen Nachhaltigkeit von Spekulationsblasen, die immer wieder platzen, müssten die Anleger langfristig jedoch einen geringeren Zins als den Urzins akzeptieren. Eine Umlaufsicherungsgebühr bzw. negative Zinsen auf Giralgeld wären ein wirksamer Anreiz für Geldbesitzer, das Geld möglichst schnell wieder in Umlauf zu geben, allerdings sollte zunächst eine Vollgeldreform durchgeführt werden. Dies ist der archimedische Punkt, um die Kapitalrendite r nachhaltig und ohne Investitionsklemme zu reduzieren und das jahrtausendealte Privileg des Kapitals gegenüber der Arbeit aufzulösen. *Gelänge es, die politischen Entscheidungsträger von der stabilisierenden Wirkung eines staatlichen Vollgeldes in Kombination mit einer Demurrage zu überzeugen, wäre ein großer Schritt in Richtung einer nachhaltigen Entwicklung getan.*

Im Kontext der aktuellen schweizerischen Vollgeldinitiative bestätigt Bernholz (2015) dass eine Vollgeldlösung sicherlich eine geringere Anfälligkeit des Finanzsystems für Krisen zur Folge hätte, gibt jedoch auch zu bedenken, dass infolge der durch Vollgeld erreichbaren größeren Sicherheit des Finanzsystems der Schweiz besonders in Krisenzeiten mit einer noch stärkeren Überbewertung des Frankens gerechnet werden müsste. Würde neben der Einführung staatlichen Vollgeldes zudem eine geringe Demurrage von jährlich 3–5 % auf staatliches Vollgeld eingeführt werden, würden sich Vollgeld und Demurrage sinnvoll ergänzen und könnten gemeinsam ihre vollen positiven Wirkungen hinsichtlich Geld- und Wertstabilität, Geldumlauf und Investitionsförderung entfalten und die notwendigen Rahmenbedingungen schaffen für eine auf Realkapitalbildung anstatt Renditemaximierung zielende nachhaltige Ökonomie.

Komplementärwährungen zur Krisenbekämpfung

Eine Vollgeldreform in Kombination mit der Einführung einer Demurrage auf staatliches Vollgeld wäre die große Lösung für ein nachhaltiges Geld- und Wirtschaftssystem. Die Wahrscheinlichkeit, dass dieses geldpolitische Konzept in naher Zukunft politisch durchgesetzt werden kann, erscheint unter den gegebenen Rahmenbedingungen und Machtverhältnissen (noch) nicht besonders hoch. Zur Bekämpfung akuter Wirtschaftskrisen, wie sie derzeit in Südeuropa stattfinden, eignet sich notfalls auch die Einführung einer mit Demurrage versehenen Komplementärwährung, wie sie bereits von Lietaer (1999, et al. 2012) vorgeschlagen wurde. Die Erfahrungen während der großen Depression haben gezeigt, dass Komplementärwährungen in dieser Zeit vom Markt sehr gut angenommen wurden und überaus geeignet waren, kurzfristig einen realwirtschaftlichen Aufschwung einzuleiten. Die Demurrage trug dabei zur Geldumlaufsicherung und -beschleunigung bei. Im freien Wettbewerb mit einer Gold- oder Silberwährung würde sich ein mit Hortungsgebühr versehenes Geld freilich nicht durchsetzen können, da die Demurrage nur bei staatlichem Geld oder, wie die Historie zeigt, zumindest in Krisenzeiten auch bei Komplementärwährungen akzeptiert wird.

5.8.3   Goldstandard als Krisenoption

Falls es zu einer erneuten schweren Finanz- oder Währungskrise kommen sollte, werden verschiedenste Alternativen vorgelegt werden, um die weitere Zukunft zu gestalten. Die Wiedereinführung eines Goldstandards oder die Zulassung privaten Geldes wird bereits heute öffentlich diskutiert und soll an dieser Stelle näher beleuchtet werden.

Bei Geld handelt es sich um ein öffentliches Gut, das vom Staat bereitgestellt werden sollte. Grundsätzlich gilt: Je besser ein Gut die erwarteten Geldfunktionen erfüllt, umso eher wird es als Geld angesehen. Dies gilt in der Regel für Geld, das von Staats wegen als gesetzliches

Zahlungsmittel akzeptiert, knapp gehalten und als allgemein akzeptiertes Tauschmittel im Wirtschaftskreislauf kursiert. Gesell erkannte in einer Zeit, als es noch den Goldstandard gab und Geld durch Gold gedeckt war, dass der Staat Geld aus Zellstoff machen kann, das ohne Einlösungsversprechen und ohne Anlehnung an irgendeine Ware, wie z. B. Gold, die Inschrift trägt: Ein Euro, Dollar usw., wobei es sich bei Geld um eine staatliche Einrichtung handelt, da es entweder staatliches Geld oder überhaupt kein Geld gibt und Gewerbefreiheit in der Herstellung des Geldes unmöglich ist (Gesell 1949: 100, 104). Nicht Gold oder eine sonstige materielle Deckung, sondern die staatliche Autorität und das durch sie abgesicherte Vertrauen verleihen dem Geld seinen Wert. Anders als staatliches Geld steht privates Geld, dessen Zulassung von manchen Geldreformern gefordert wird, vor dem Problem der allgemein gültigen Akzeptanz. In einem freien Wettbewerb der Währungen, den u. a. Vertreter der österreichischen Schule fordern, würden sich Gold und Silber gegenüber Bitcoins oder Regionalwährungen durchsetzen, da erstere aufgrund ihrer natürlichen Knappheit keiner staatlichen Autorität bedürfen, um allgemein akzeptiert zu werden. Eine Gold- oder Silberwährung ist vor dem Hintergrund der historischen Erfahrungen jedoch wenig erstrebenswert, da es die Geldmengensteuerung entsprechend der wirtschaftlichen Entwicklung erschwert und den Anreiz zur Geldhortung erhöht anstatt reduziert. Wenn Gold und Silber heute als Wertaufbewahrungsmittel gehortet werden, ist dies unproblematisch, nicht jedoch, wenn diese (gesetzliches) Zahlungsmittel sind und die Wirtschaft deshalb auf ihren Umlauf als Tauschmittel angewiesen ist.

Bei einem Zusammenbruch des Finanz- bzw. Währungssystems könnte die Wiedereinführung einer Gold- und/oder Silberwährung sich jedoch trotz ihrer Nachteile als naheliegende Lösung zur Sicherstellung des ökonomischen Geld- und Güterkreislaufs erweisen. Nach dem in der Tradition der österreichischen Schule argumentierenden Wirtschaftsprofessor Fekete (2014) könnte die Wirtschaft im Falle eines kompletten Währungszusammenbruchs durch Handelswechsel aufrechterhalten werden, die in Gold, Silber oder einem anderen natürlicherweise knappen Gut einzulösen wären, wobei davon auszugehen sei, dass sich dann ein Goldstandard etabliere, sodass mit auf Gold bezogenen Handelswechseln lebensnotwendige Güter bezahlt und somit in Krisenzeiten erst produziert und am Markt angeboten würden. Die erfolgreiche ökonomische und industrielle Entwicklung des 19. Jahrhunderts funktionierte nach Fekete mit Goldmünzen, die ähnlich dem Wasserkreislauf in der Natur in der Wirtschaft umliefen. Die Arbeiter wurden mit Goldmünzen bezahlt, verwendeten diese für ihren Konsum im Einzelhandel, der Großhandel zog Wechsel auf den Einzelhandel und diese Handelswechsel gingen entlang der Wertschöpfungskette zu den Produzenten und Arbeitern. Der Goldstandard kann nach Fekete nur in Kombination mit Handelswechseln gut funktionieren, die gleichsam dessen Clearinghaus darstellen und multinational im Außenhandel eingesetzt werden können. Handelswechsel, die grundsätzlich eine Laufzeit von drei Monaten aufweisen, müssten bei Fälligkeit in Gold beglichen werden. Wenn die von den Arbeitern produzierten Güter nicht unmittelbar einnahmewirksam verkauft werden, könnten die Löhne der Arbeiter aus einem Lohnfonds bezahlt werden, der durch mit Konsumgütern gedeckte selbsttilgende Kredite in Form von Handelswechseln finanziert würde und in Deutschland bis 1914 gebräuchlich war. Arbeitslosigkeit sei so vermieden und der Wirtschaftskreislauf im Gleichgewicht gehalten worden. Handelswechsel und der Lohnfonds verschwanden jedoch zwischen den beiden Weltkriegen. Der entscheidende Fehler war nach Fekete, dass es zum Zeitpunkt der Weltwirtschaftskrise 1929 in Großbritannien zwar noch den Goldstandard gab, nicht jedoch den Goldmünzenstandard und für normale Geschäftsleute auch nicht die Möglichkeit, auf Gold bezogene Handelswechsel im Geschäftsverkehr einzusetzen, da lediglich 12 kg Goldbarren, aber keine Goldmünzen gegen Banknoten erworben werden konnten. Mit Gold in Kombination mit Handelswechseln könnten Schulden ultimativ getilgt werden, was bei Papiergeldsystemen nicht möglich sei.

Durch eine Rückkehr zum Goldstandard würden die Möglichkeiten der Geldschöpfung und hieraus resultierende instabile Finanzkreditexpansionen zwar verhindert, jedoch würden auch die positiven Möglichkeiten der Geldschöpfung, die Realwirtschaft zu stimulieren, aufgegeben. Durch einen Goldstandard würde die Wirtschaft wieder in ein starres monetäres Korsett gezwängt, welches wirtschaftliche Entwicklung und Realkapitalaufbau durch zu knappes Geld begrenzen würde. Die Möglichkeit, dass sich der Goldstandard trotz seiner negativen sozialen Wirkungen wieder durchsetzt, ist angesichts der derzeitigen Finanzkrisen und des Diskurses zur Krisenbewältigung jedoch durchaus gegeben. Namhafte, mit aktuellen Entwicklungen und Trends bestens vertraute Unternehmensberater, wie Hermann Simon, gehen zumindest davon aus und befürworteten ihn bereits 2011: „Ich kenne nur eine Methode, die die Verschuldung wirksam begrenzt: Die Wiedereinführung des Goldstandards. Dann ist Schluss mit der Geldvermehrung per Druckerpresse" (Simon 2011a: 16).

5.8.4   Reform der monetären Staatsfinanzierung

Zentralbanken dienten ursprünglich der Finanzierung des Staates, jedoch ist die direkte Staatsfinanzierung durch Zentralbanken heute verboten. Art. 123 (1) AEUV (ex-Artikel 101 EGV) lautet: „Überziehungs- oder andere Kreditfazilitäten bei der Europäischen Zentralbank oder den Zentralbanken der Mitgliedstaaten (im Folgenden als "nationale Zentralbanken" bezeichnet) für Organe, Einrichtungen oder sonstige Stellen der Union, Zentralregierungen, regionale oder lokale Gebietskörperschaften oder andere öffentlich-rechtliche Körperschaften, sonstige Einrichtungen des öffentlichen Rechts oder öffentliche Unternehmen der Mitgliedstaaten sind ebenso verboten wie der unmittelbare Erwerb von Schuldtiteln von diesen durch die Europäische Zentralbank oder die nationalen Zentralbanken." D. h., Staaten müssen sich heute bei den Geschäftsbanken verschulden bzw. relativ teure Schuldverschreibungen am Finanzmarkt emittieren, da Zentralbanken nicht mehr wie früher als Bank der Staaten, sondern nur noch als Bank der Banken agieren und private Geschäftsbanken, nicht jedoch die öffentliche Hand, als Lender of last resort notfalls mit unbegrenzter Liquidität versorgen dürfen. Im Zuge einer zunehmenden Verschuldung des Staates bei Investoren und Geschäftsbanken profitieren diese von lukrativen, aus Steuermitteln zu finanzierenden Zinseinnahmen. Einerseits darf der Staat keine Anleihen an die Zentralbank (am Primärmarkt) verkaufen, andererseits kauft die Europäische Zentralbank jedoch Staatsanleihen und sonstige Papiere vom Sekundärmarkt auf, um die Bilanzen von Geschäftsbanken von minderwertigen Aktiva zu befreien und die Zentralbankgeldreserven der Geschäftsbanken zu erhöhen. Dieses Vorgehen schafft zusätzliches zwischen Geschäftsbanken zirkulierendes Zentralbankgeld und befeuert Finanzmarkttransaktionen und Vermögenswertinflation. Besser wäre es, Artikel 123 AEUV, der jeglichen direkten Zentralbankkredit an den Staat verbietet, zu streichen. Da der bereits praktizierte Kauf der EZB von Staatsanleihen vom Sekundärmarkt auf die Staatsfinanzierung letztlich genauso wirkt wie dies ein nicht zulässiger Kauf vom Primärmarkt täte, ist das derzeitige gesetzliche Verbot der Staatsfinanzierung durch Zentralbankkredite sachlich nicht begründet, sondern dient der Absicherung von ertragreichen Privilegien von Geschäftsbanken, die bei der Staatsfinanzierung bislang immer zwischengeschaltet und beteiligt werden müssen. Da Artikel 123 (1) AEUV die staatliche Geldhoheit untergräbt und die Giralgeldhoheit privater Geschäftsbanken festigt, sollte er, wie zuvor bereits die Nichtbeistands-Klausel (No-Bailout-Klausel) des Artikels 125 AEUV, infrage gestellt und in diesem Fall idealerweise ganz abgeschafft werden. Solange dies nicht erfolgt, wäre es als Zwischenlösung sinnvoll, die Staaten direkt über Kredite der Geschäftsbanken zu finanzieren, anstatt zuvor eine umständliche und teure, jedoch für Investmentbanken lukrative Verbriefung als Staatsanleihen vorzunehmen, die dann von der EZB aufgekauft werden. Ein weiterer Vorteil der staatlichen Kreditaufnahme bei (inländischen) Banken im Vergleich zum Verkauf von Staatsanleihen an Investoren wäre ein zusätzliches durch Kreditschöpfung induziertes Wirtschaftswachstum (Werner, R. 2007, 2014c, Huber 2013, 2015).

5.8.5   Reform der staatlichen Bankenrettung

Aufgrund der für die Realwirtschaft systemrelevanten Bedeutung eines international funktionsfähigen Geld- und Kreditkreislaufs wird eine Bankenrettung durch den Staat zur finanz- und damit realökonomischen Krisenbewältigung meist als zwingend erforderlich angesehen. Da es sich bei Giralgeld um Schulden der Geschäftsbank gegenüber Kontoinhabern handelt, die im Falle von Finanzkrisen gefährdet sind und zu Bank Runs und Störungen bzw. Unterbrechungen des Zahlungsverkehrs führen können, wurde die staatliche Rettung als systemrelevant erachteter Banken betrieben. Dies ist grundsätzlich sinnvoll, nicht jedoch die staatliche Auslösung von Eigenkapitalgebern und Investoren, die ihre Aktiva ohne staatliche Rettung hätten abschreiben müssen. Durch staatliche Rettung sollte das marktwirtschaftliche Korrektiv der Abschreibung bzw. Insolvenz nicht ausgeschaltet werden. Idealerweise sollte nur das systemrelevante Kerngeschäft der Geschäftsbanken gerettet werden, welches insbesondere den Zahlungsverkehr und die Depositen der Kunden betrifft. Am einfachsten und günstigsten wäre dies zu erreichen, wenn die Kundeneinlagen durch eine Vollgeldreform aus den Bankbilanzen herausgenommen und zu gesetzlichen Zahlungsmitteln erklärt würden.

5.8.6   Geldmengensteuerung durch Kreditplafondierung

Zentralbanken bedienen die Geldnachfrage der Geschäftsbanken derzeit reaktiv, anstatt proaktiv die Geldmengenversorgung der Wirtschaft zu steuern. Die Kreditplafondierung, die als Mittel der Notenbankpolitik in China, früher auch in Frankreich, Großbritannien, Österreich, der Schweiz und in Deutschland, hier Anfang der 1970er Jahre zur Inflationsbekämpfung, angewendet wurde, wäre ein geeignetes geldpolitisches Instrument zur effektiven Geldmengensteuerung, Sicherstellung einer ausreichenden Geldversorgung der Realwirtschaft sowie Beschränkung unerwünschten finanzkreditinduzierten Geldmengenwachstums, das zu Vermögenswertinflation und Blasenbildung auf den Finanzmärkten führt (Klein 1967, Bredemeier 1972, Tuchtfeldt 1976). Damit das derzeit zu niedrigen Zinsen bereit gestellte Zentralbankgeld verstärkt in Realinvestition anstatt in Finanzanlagen geleitet wird bzw. von den Geschäftsbanken für Investitionskredite anstatt für Finanzkredite verwendet wird, könnten die Vergabe von Investitions-, Finanz- und Konsumkrediten plafondiert, Korridore für die Kreditgewährung an verschiedene ökonomische Akteure definiert und der Finanzkreditzuwachs zur Verhinderung von Vermögenspreisinflation und Spekulationsblasenbildung nach oben begrenzt werden. Hierzu müsste jedoch zunächst die Kreditplafondierung als geldpolitisches Instrument für die Europäische Zentralbank eingeführt werden, da die EZB dieses bislang nicht vorsieht (EZB 2011).

5.8.7 Finanztransaktionssteuer

Nachdem die auf den Handelsumsatz mit Wertpapieren erhobene Börsenumsatzsteuer in vielen Ländern abgeschafft wurde, ist die Finanztransaktionssteuer (Financial Transaction Tax FTT) mittlerweile ein breit diskutiertes und politisch zumindest in Teilen wieder in Realisierung befindliches Instrument, um kurzfristige Spekulation einzudämmen und mehr Transparenz über Finanzströme zu erhalten. Bei der Finanztransaktionssteuer handelt es sich um eine Kapitalverkehrsteuer auf börsliche und außerbörsliche Finanztransaktionen, die prinzipiell wie eine Umsatzsteuer funktioniert, bei welcher der Staat den Handel mit Finanzprodukten mit einer geringen Steuer belegt. Eine Finanztransaktionsteuer hätte eine stabilisierende und ausgleichende Wirkung auf die Finanzmärkte und -systeme. Der Anreiz für kurzfristige Spekulationsgeschäfte würde durch eine Finanztransaktionssteuer effektiv reduziert werden, während der im Vergleich zur Umsatzsteuer sehr geringe Steuersatz im Promille- bzw. unteren Prozentbereich für längerfristig orientierte Transaktionen von nachrangiger Bedeutung wäre. Insbesondere der computerisierte Hochfrequenzhandel, der auf kleinen Gewinnmargen bei großen Einsätzen basiert, würde hierdurch jedoch effektiv eingebremst. Nach Keynes (1936) bewirkt die Einführung einer Finanztransaktionssteuer, dass die Unternehmen kurzfristige Spekulation vermindern und sich wieder mehr auf eine längerfristige, nachhaltigere Gewinnmaximierung konzentrieren könnten. Sein Schüler James Tobin (1918–2002) schlug eine nach ihm benannte Finanztransaktionssteuer auf Devisengeschäfte (Tobin-Steuer) vor und ging dabei von Steuersätzen bis zu einem Prozent aus. Keynes wusste um die von Gegnern einer Finanztransaktionssteuer angeführte Möglichkeit eines Rückgangs der Liquidität und des Handelsvolumens. Der Einwand, dass auch nicht-spekulative Geschäfte verteuert und die gestiegenen Kosten an die Kunden weitergegeben würden, ist angesichts der im Vergleich zu sonstigen Bankgebühren geringen Steuerbelastung weniger überzeugend. Die Möglichkeit, dass Finanzunternehmen in Länder abwanderten, in denen sie keine Finanztransaktionssteuer zahlen müssten, erscheint da schon plausibler, wobei neben der Höhe der Steuerbelastung vor allem die Offenlegung der Handelstransaktionen und ihrer inneren Strukturen und Mechanismen gegenüber den Finanzbehörden eine wesentliche Rolle spielen dürften (Finanztransaktionssteuer.de 2015).

Ideal wäre eine weltweit verbindliche Finanztransaktionssteuer, wobei hierzu vor allem die USA und Großbritannien mitmachen müssten, die bislang entschiedenen Widerstand gegen eine globale Lösung leisten. Angesichts der globalen Finanzkrise wurde ab 2007 in Europa und insbesondere in Deutschland über die Einführung einer Finanztransaktionssteuer diskutiert und ein Gesetzentwurf der EU-Kommission zur Einführung einer Finanztransaktionssteuer in der EU vorgelegt, jedoch scheiterte eine einheitliche Regelung der EU-Finanzminister bislang am Widerstand einzelner Länder, wie Großbritannien. Im Vorgriff einer gesamteuropäischen Regelung hat Frankreich seit 1. August 2012 eine allgemeine Finanztransaktionssteuer auf den Erwerb von Kapitalwertpapieren und auch in Belgien, Zypern, Irland, Finnland und Griechenland gelten bereits gewisse spezifische Formen von Finanztransaktionssteuern (Finanztransaktionssteuer.de 2015). Im Januar 2013 haben 11 EU-Staaten, darunter Deutschland, beschlossen, eine Finanztransaktionssteuer einzuführen, wofür seit Februar 2013 der Richtlinienentwurf KOM/2013/71 vorliegt. Am 6. Mai 2014 haben die Finanzminister von Belgien, Deutschland, Estland, Griechenland, Spanien, Frankreich, Italien, Österreich, Portugal und der Slowakei erklärt, die Finanztransaktionssteuer in Stufen einführen zu wollen, wobei zunächst lediglich Aktien und einige Derivate besteuert werden sollen (Joint Statement by ministers of Member States participating in enhanced cooperation in the area of financial transaction tax). Das ursprüngliche Vorhaben der 11 EU-Staaten, eine Finanztransaktionssteuer auf möglichst alle Finanzinstrumente einzuführen, wurde auf eine stufenweise Einführung der Steuer reduziert und soll zunächst nur auf wenige Anlageprodukte erhoben werden (Neuhaus 2014). Das Besteuerungsregime der ersten Stufe soll spätestens ab 1. Januar 2016 in Kraft treten, wobei das BMF davon ausgeht, dass die tatsächliche Steuererhebung vor dem 1. Januar 2019 beginnen kann. Die Erarbeitung und Einführung weiterer Stufen lässt die Erklärung offen (Deutscher Bundestag 2014b: 28 f). Nach dem Endbericht des vom BMF beauftragten Gutachtens „Eine Europäische Finanztransaktionssteuer, Einnahmen und Auswirkungen auf das deutsche BIP" würde die Finanztransaktionssteuer auf Grundlage des umfassenden Kommissionsentwurfs allein in Deutschland jährliche Steuereinnahmen von 18 bis 28 Mrd. Euro generieren, wobei ein theoretisches Potenzial von bis zu 88 Mrd. Euro bestünde. Auf diese Weise könnte der Finanzsektor zumindest teilweise an der finanziellen Bewältigung von Finanzkrisen beteiligt werden (Deutscher Bundestag 2014a, Finanztransaktionssteuer.de 2015). Anstatt derzeitiger Steuersätze zwischen 0,01 % und 0,1 % wären mindestens 0,5 % bis 1,0 %, die von führenden Politikern nach der Finanzkrise bereits gefordert wurden, ggf. auch höhere international vereinbarte Steuersätze, adäquat für eine effektive Besteuerung des Finanzsektors.

5.8.8 Renaissance von Kapitalverkehrskontrollen

Dass Kapitalverkehrskontrollen in der Griechenlanddebatte von Eurogruppen-Chef Dijsselbloem ins Spiel gebracht wurden (FAZ 18.3.2015), deutet evtl. darauf hin, dass dieses die Souveränität nationaler Wirtschaftspolitik stärkende Instrument zukünftig wieder stärker eingesetzt wird. Die staatliche Souveränität gegenüber Entscheidungen der internationalen Finanzmärkte würde im Falle einer Renaissance von Kapitalverkehrskontrollen gestärkt. Nachdem die europäischen Schwachwährungsländer in den 1980er Jahren noch Kapitalverkehrskontrollen einsetzten, um wechselkurspolitisch nicht neutralisierte Unterschiede aufzufangen, führte der Abbau dieser Kapitalverkehrskontrollen Anfang der 1990er Jahre zu spekulativen Kapitalbewegungen, welche das Vertrauen in Lira, Peseta und Pfund Sterling erodierten (Wagner 2013: 226). Anders als die EWWU, die Kapitalverkehrskontrollen gegenüber Nichtmitgliedern zunehmend beseitigt, halten Länder, wie China oder Indien, bislang an strengen Kapitalverkehrskontrollen fest und waren von der internationalen Finanzkrise deshalb kaum betroffen (Wagner 2013: 73, 2009: 229). Kapitalexportkontrollen können Kapitalflucht bremsen bzw. verhindern, was insbesondere bei panischen Fluchtreaktionen in Krisenzeiten wichtig ist. Kapitalimportkontrollen haben sich v. a. in Entwicklungs- und Schwellenländern als wirksam erwiesen, durch Reduzierung kurzfristiger spekulativer Nettokapitalzuflüsse den Finanzmarkt zu stabilisieren und wirtschaftlicher Überhitzung entgegenzuwirken (Straub 2004).

5.8.9   Weitere Regulierungsansätze nach der Finanzkrise

Die bisher vorgestellten Reformvorschläge setzen an Schlüsselpunkten an, um das Geld- und Finanzsystem nachhaltig zu transformieren, und wurden hier deshalb ausführlicher vorgestellt, um diese begründeten Konzepte im wissenschaftlichen und politischen Diskurs weiter zu verbreiten.

Ausgehend vom Status Quo der Nachhaltigkeitsproblematik und offenbar gewordener Regulierungserfordernisse nach der Finanzkrise benennt Radermacher (2012a: 31 ff) weitere Bausteine erforderlicher Veränderungen und Regulierungen: So sollten die Eigenkapitalbasis im Finanzsektor erhöht, Over the Counter-Geschäfte verboten und neue Finanzprodukte genehmigungspflichtig werden. Banken und Finanzinstitutionen sollten, wo erforderlich, aufgeteilt und re-dimensioniert werden, um „too big to fail" im Finanzsektor zukünftig auszuschließen. Für Finanztransaktionen sollte eine Transaktionsbesteuerung, Devisenbesteuerung und Besteuerung des Handels mit strukturierten Produkten vorgesehen werden. Ebenfalls besteuert werden sollten die (mit einer Vollgeldreform nicht mehr mögliche) Geldschöpfung durch Geschäftsbanken, die Schöpfung von Finanzprodukten sowie gehebelte spekulative Investments, sodass die relative Zinsbelastung in der Realwirtschaft günstiger als bei spekulativen Aktivitäten wäre. Schattenbanken und graue Finanzmärkte sollten transparent reguliert oder verboten werden. Rating-Agenturen sollten eingehegt, ihre Genehmigung und Aufsicht verbessert, Insider-Geschäfte und beeinflussende Anreize verboten werden. Gemeinwohlorientierte Anliegen und Nachhaltigkeitserfordernisse sollten, abhängig von spezifischen Ratinganforderungen, in rechtliche Vorgaben zur Behandlung unterschiedlicher Anlagenklassen übersetzt werden. Finanzinstrumente sollten enger an die Realwirtschaft angebunden werden. Halter und Volumina von Finanzinstrumenten sollten transparent gemacht, die Lieferfähigkeit nachgewiesen und Warenterminmgeschäfte zwischen Finanzinstituten ohne realwirtschaftlichen Bezug verboten werden. Echte Versicherungen sollten bevorzugt werden, und nur für Halter der versicherten realökonomischen Basis sollten Leerverkäufe oder Kreditabsicherung zulässig sein. Security Lending und Derivate Lending sollten verboten werden. Kritische Märkte für Nahrung, bestimmte Rohstoffe etc. sollten reguliert werden. Die Zeitwertbewertung (Fair Value Prinzip) in der Bilanzierung sollte deutlich korrigiert werden. Eigenkapital und Vermögenswerte, die als Sicherheiten dienen, sollten insbesondere im Finanzsektor ehrlich, konservativer und vorsichtiger bewertet werden müssen als bisher. Alle Finanz-, Handels- und Transaktionsinfrastrukturen sollten öffentlich gemacht und Handelsabwicklungsplattformen sowie Depot-Verwahrer-Strukturen einer öffentlichen Aufsicht unterstellt werden. Kommerzielle Bankgeschäfte und Investmentbanking sollten getrennt (eine Trennbankenordnung würde durch Vollgeld bereits teilweise bewirkt) und riskante Eigenhandelsgeschäfte für Kreditinstitute verboten werden. Die Corporate Governance sollte bzgl. Haftung und Steuerehrlichkeit verschärft werden. Missbrauch, etwa bei Steuerdelikten und Insidergeschäften sollte strenger bestraft werden. Die Möglichkeit zu steuerfreien Offshore-Geschäften sollte ggf. durch Isolierung der Steueroasen beendet werden. Gehaltsstrukturen und Boni sowie korrespondierende Besteuerungsniveaus sollten auf Ebene der G20 reguliert und begrenzt werden.

Über diese zur Bewältigung der Finanzkrise gemachten Vorschläge hinaus gibt es weitere Regulierungsansätze, deren Verwirklichung eine starke supranationale bzw. globale Koordination erfordert. Neben divergierenden Interessen erschwert auch die Zahl der Regulierungserfordernisse die Findung gemeinsam getragener Entscheidungen der internationalen Gemeinschaft. Da sich schon Akteure auf Ebene der G20, der OECD, des Finanzstabilitätsrats etc. um die oben genannten Vorschläge kümmern, werden diese Regulierungsvorschläge hier nicht weiter vertieft; aufgrund ihrer praktischen Relevanz wurden sie jedoch genannt und es bleibt zu hoffen, dass auf diesem Weg das ökonomische System stabilisiert und schwerwiegende Finanz- und Wirtschaftskrisen zukünftig abgewendet werden können.

6 Nachhaltige Ökonomie und Ökologie

6.1 Planetare Entwicklungen und ökologische Grenzen

Gesellschaften mit einer intakten Natur und einem stabilen ökologischen Gleichgewicht haben diesbezüglich die besten Voraussetzungen für ökonomische Leistungsfähigkeit. Die Ausbeutung und Verschmutzung der Natur durch den Menschen hat mittlerweile in weiten Teilen der Erde allerdings ein Niveau erreicht, das die Lebensqualität und Lebensbedingungen zukünftiger Generationen gefährdet. Dies betrifft sowohl die Aufnahmefähigkeit der Natur für Belastungen (Senken) als auch die Verfügbarkeit natürlicher Ressourcen, wobei neben dem Abbau nicht-regenerierbarer Ressourcen auch die Übernutzung regenerierbarer Ressourcen relevant ist. Da die Natur die Lebensgrundlage für den Menschen, sein Handeln und Wirtschaften bildet, sollte sich die Ökonomie möglichst an der Natur orientieren anstatt diese zu zerstören. Bereits Marx hatte ein nachhaltiges Grundverständnis: „Selbst eine ganze Gesellschaft, eine Nation, ja alle gleichzeitigen Nationen zusammengenommen sind nicht Eigentümer der Erde. Sie sind nur ihre Besitzer, ihre Nutznießer, haben sie als boni patres familias (gute Familienväter) den nachfolgenden Generationen verbessert zu hinterlassen." (MEW 25: 784). Einerseits besteht die ökonomische Zielsetzung einer ausreichenden Versorgung aller Menschen mit materiellen und immateriellen Gütern, andererseits besteht das ökologische Erfordernis, die Produktionsweisen und Konsumstile naturverträglich anzupassen. Umweltverschmutzung ist Folge des Einsatzes von Technologie und könnte daher in Analogie zum Marktversagen als Technologieversagen bezeichnet werden.

6.1.1 Ökologische Belastungsgrenzen

Die *Biodiversität*, welche die biologische Vielfalt an Tier- und Pflanzenarten, Ökosystemen und Lebensräumen umfasst, ist das vielleicht wichtigste und gleichzeitig gefährdetste Gut auf Erden. Der Living Planet Index (LPI), der die Bestandsänderungen von Tierarten verschiedener Ökosysteme und Regionen aufzeigt, verringerte sich in den letzten Jahrzehnten dramatisch. Zwischen 1970 und 2010 verkleinerten sich die Populationen der an Land lebenden Arten um 39 %, der in Süßwassern lebenden Arten um 76 % und jener in Meeren um 39 %. Während der LPI in Ländern mit hohem Einkommen um 10 % zunahm, sank er in Ländern mit mittlerem Einkommen um 18 % und in einkommensschwachen Ländern um 58 %. Europa und Nordamerika, die bereits vor 1970 hohe Biodiversitätsverluste hatten, konnten diesen teilweise entgegenwirken bzw. sie in einkommensschwächere Länder auslagern (WWF 2014b: 26 ff).

Bei Fortsetzung des bisherigen ökonomischen Entwicklungspfads und Überschreitung ökologischer Grenzen droht der Menschheit anstatt der angestrebten Wohlstandsmehrung eine Minderung von Wohlergehen und Lebensqualität. Nach Rockström et al. (2009) wurden die globalen *ökologischen Belastungsgrenzen* beim Biodiversitätsverlust, Stickstoffkreislauf und

Klimawandel bereits überschritten. Insbesondere der Biodiversitätsverlust, aber auch der Stickstoffkreislauf befinden sich deutlich oberhalb, der Klimawandel etwas oberhalb der sicheren Belastungsgrenzen; beim Phosphorkreislauf sind diese fast erreicht.

Die *ökologische Betroffenheit* bzw. Umweltwirkung ergibt sich aus dem Zusammenspiel der Bevölkerungsentwicklung, des konsumtiven Anspruchsniveaus und der technologischen Entwicklung. Nach der IPAT-Formel wird die Umweltwirkung (Impact I) durch Multiplikation der Faktoren Bevölkerung (Population P), Konsumniveau des Einzelnen (Affluence A) und der technologisch bedingten Umweltschädigung (Technology T) berechnet (Commoner 1972: 339 ff):

$$\text{Ecological Impact (I) = Population (P)} \cdot \text{Affluence (A)} \cdot \text{Technology (T)}$$

Die Umweltentwicklung ist demnach abhängig von der Bevölkerungsentwicklung, der Konsumentwicklung und der Technologieentwicklung. Das materielle Wohlstandsniveau der in den entwickelten Industriestaaten lebenden Menschen lässt sich auf Basis der derzeit verfügbaren Produktionstechnologien nicht für die gesamte Weltbevölkerung erreichen, ohne die ökologischen Grenzen der Erde zu überschreiten. Während Entwicklungsländer eher auf Bevölkerungskontrolle setzen, zielen die entwickelten Länder des Nordens v. a. auf eine Beschränkung des konsumtiven Anspruchsniveaus, wobei die Umweltbetroffenheit ab einem bestimmten Bevölkerungsniveau auch durch konsumtive Beschränkungen nicht mehr reversibel ist.

6.1.2   Entwicklung der Weltbevölkerung

Der ökologisch bedeutendste globale *Megatrend* ist die Zunahme der Weltbevölkerung. Diese betrug um das Jahr 1600 etwa 500 Millionen und stieg ab etwa 1700 nahezu exponentiell an. 1700 lebten etwa 600 Millionen Menschen auf der Erde, davon etwa 2/3 in Asien, 1/5 in Europa, 1/10 in Afrika und rund 2 % in Amerika. In den folgenden zwei Jahrhunderten bis zum Ersten Weltkrieg nahm die Bevölkerung vor allem in Europa und Amerika zu: 1800 lebten 1 Milliarde Menschen auf der Erde. 1913 waren es 1,8 Milliarden, davon 56 % in Asien, 26 % in Europa, 10 % in Amerika und 7 % in Afrika (Piketty 2014).

Seit dem Ersten Weltkrieg zeigt sich eine veränderte Entwicklungsstruktur: War der Anteil der Europäer an der Weltbevölkerung bis dato angestiegen, so ging er zwischen 1913 und 2012 von 26 % auf 10 % zurück, während der Bevölkerungsanteil der Amerikaner bis ca. 1970 und jener der Afrikaner und Asiaten bis heute zunahm. Mitte der 1920er Jahre gab es 2 Milliarden, 1960 3 Milliarden, 1975 4 Milliarden, 1987 5 Milliarden, 1999 6 Milliarden und 2011/12 7 Milliarden Menschen, davon 61 % in Asien, 15 % in Afrika, 14 % in Amerika und 10 % in Europa (UN Population Division 2013).[81]

Für 2050 prognostiziert die UNO bei mittlerer Fertilität eine Weltbevölkerung von 9,6 Milliarden. Die Schwankungsbreite der Prognose liegt dabei zwischen 8,3 Milliarden bei niedri-

---

[81] Anfang 2014 lebten rund 7,2 Milliarden Menschen auf der Erde, davon 26 % Kinder unter 15 Jahren und 8 % ältere Menschen über 64. Im Durchschnitt bekamen die Frauen 2,5 Kinder. Die 16 bevölkerungsreichsten Staaten im Jahr 2014 sind nach Stiftung Weltbevölkerung (2014: 6 ff) die Volksrepublik China (1.364 Mio.), Indien (1.296 Mio.), die Vereinigten Staaten (318 Mio.), Indonesien (252 Mio.), Brasilien (203 Mio.), Pakistan (194 Mio.), Nigeria (178 Mio.), Bangladesch (159 Mio.), Russland (144 Mio.), Japan (127 Mio.), Mexiko (120 Mio.), die Philippinen (100 Mio.), Äthiopien (96 Mio.), Vietnam (91 Mio.), Ägypten (88 Mio.) und Deutschland (81 Mio.).

ger Fertilität und 10,9 Milliarden bei hoher Fertilität. Bis 2100 soll die Weltbevölkerung bei mittlerer Fertilität auf 10,9 Milliarden steigen, wobei diese langfristige Schätzung eine hohe Schwankungsbreite zwischen 6,8 Milliarden bei niedriger und 16,6 Milliarden bei hoher Fertilität aufweist (UN Population Division 2013). Das starke Bevölkerungswachstum ist vor allem auf eine höhere Lebenserwartung durch verbesserte Hygiene und medizinische Versorgung zurückzuführen. Die Bevölkerungszuwachsraten entwickeln sich proportional zur medizinischen Versorgung und umgekehrt proportional zum ökonomischen Entwicklungsstand. Empirische Studien zeigen, dass mit dem Pro-Kopf-Einkommen die Lebenserwartung steigt, die Korrelation zwischen beiden Größen jedoch mit zunehmendem Einkommen abnimmt (Gapminder World 2015).

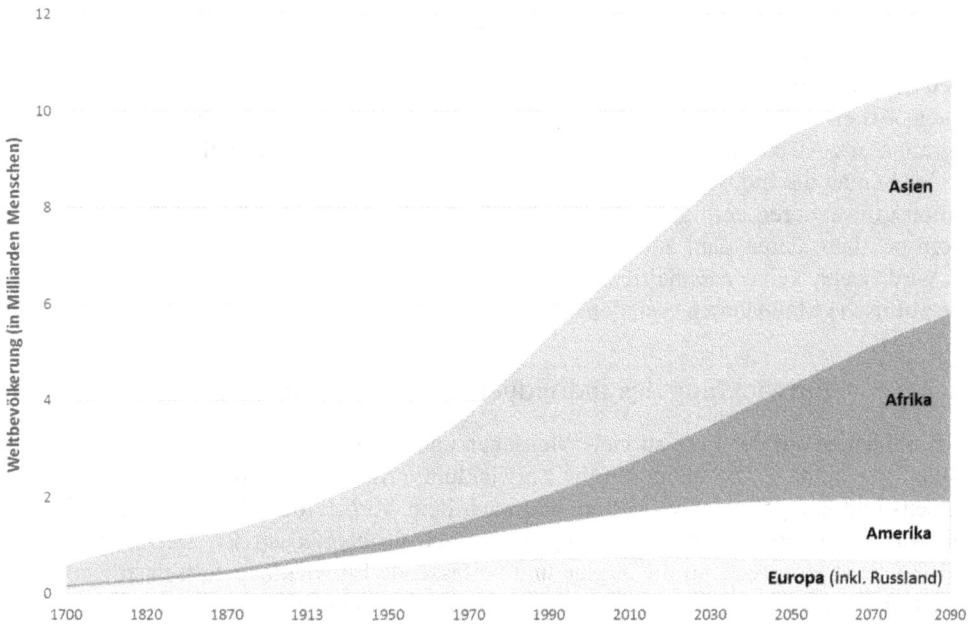

Abb. 6.1:   Die Entwicklung der Weltbevölkerung, 1700–2090 (UN-Prognose bei mittlerer Fertilität)[82]

Der prognostizierte Anstieg der Weltbevölkerung auf 9,6 Milliarden in 2050 geht mit Strukturveränderungen zwischen den Kontinenten einher:

- Modelliert man die Welt zum Jahresbeginn 2014 als ein Dorf mit 100 Einwohnern, wären davon 60 Asiaten, 15 Afrikaner, 10 Europäer, 9 Lateinamerikaner, 5 Nordamerikaner und 1 Ozeanier.
- Im Jahr 2050 würden 134 Menschen im Dorf leben, davon 73 Asiaten, 33 Afrikaner, 11 Lateinamerikaner, 10 Europäer, 6 Nordamerikaner und 1 Ozeanier (Stiftung Weltbevölkerung 2014: 2).

Das stärkste Bevölkerungswachstum verzeichnen Indien mit jährlich 9,8 Millionen und Nigeria mit jährlich 7,3 Millionen zusätzlichen Menschen, gefolgt von Äthiopien, Pakistan,

---

[82]   Quelle: Piketty (2014) für die Jahre 1700–2010, UN Population Division (2013) für 2010–2090.

Kongo, USA und Tansania, deren Bevölkerung jährlich um zwischen 2,5 und 2,2 Millionen steigt. Der stärkste Bevölkerungsrückgang wird dagegen für Russland (-600 Tausend p. a.), Japan (-520 Tausend p. a.), die Ukraine (-310 Tausend p. a.) und Deutschland (-280 Tausend p. a.) prognostiziert (UN Population Division 2013).

Der Anstieg der Weltbevölkerung führt zu einer verstärkten Konzentration der Ansiedlung in Megastädten. Heute lebt bereits die Hälfte der Menschheit in städtischen Ballungsgebieten, für das Jahr 2050 wird dieser Anteil auf bis zu ¾ weiter ansteigen. Urbane Räume werden somit Hauptträger der wirtschaftlichen Entwicklung der Welt.

Die Bevölkerungsentwicklung ist eine wesentliche Determinante des Wirtschaftswachstums. Länder mit steigender Bevölkerungszahl brauchen Wachstum, um die Bedürfnisse der Menschen befriedigen zu können. Stagnation würde ein sinkendes Pro-Kopf-Einkommen und Perspektivlosigkeit der Menschen bedeuten und könnte zu gesellschaftlicher und politischer Instabilität führen. In *Afrika* wird sich die Bevölkerung nach der UN-Prognose von 1,1 Milliarden in 2014 auf 2,4 Milliarden Menschen in 2050 mehr als verdoppeln.[83] Sofern es nicht gelingt, Arbeit und Einkommen für viele junge Menschen in Afrika zu schaffen, wird die Migration aus Afrika nach Europa in den nächsten Jahren voraussichtlich stark zunehmen. Vergleicht man die Industriestaaten, so verzeichnen die Vereinigten Staaten jährlich rund eine Million Einwanderer, gefolgt von Italien und Spanien mit jeweils rund 400 Tausend Einwanderern pro Jahr, deren Zahl auch infolge politischer Instabilitäten in Nordafrika weiter steigen wird, wenn keine nachhaltigen ökonomischen Lösungen gefunden oder protektionistische politische Maßnahmen ergriffen werden.[84]

6.1.3   Entwicklung des individuellen Konsums und der Ernährung

Noch nie lebten auf der Erde so viele Menschen und noch nie gab es so viele Bedürfnisse zu erfüllen wie heute.[85] Die ökonomische Entwicklung ermöglicht immer mehr Menschen ressourcen- und energieintensive Lebensstile nach dem Vorbild der etablierten Industrienationen, was sozial erstrebenswert, ökologisch jedoch problematisch ist. Der Club of Rome (2012) fordert entsprechend die zügige und umfassende Entwicklung fortschrittlicher Potenziale neuartigen *Wachstums 2.0* im Umweltschutz, Gesundheits- und Bildungswesen, bei Nutzung von Sonnen- und Windenergie, Wasseraufbereitung, klimaschonenden Mobilitätssystemen und nicht zuletzt beim Pflanzen von Bäumen. Die materielle Versorgung der jährlich um 0,8 % wachsenden Weltbevölkerung erfordert ein entsprechendes reales Wirtschaftswachstum, wobei dieses v. a. in den ärmeren Ländern stattfinden sollte. Da bedürftigen Menschen i. d. R. ein geringerer Anteil des gesamtwirtschaftlichen Wachstums zukommt, müsste das Wachstum jährlich rund 4 % betragen. Radermacher (2012a) sieht für die Zukunft drei mögliche *Szenarien*:

1.   Ökologischer Kollaps bei Fortsetzung bisherigen Wirtschaftens (Business as usual),
2.   Brasilianisierung (globale Zweiklassengesellschaft) als das wahrscheinlichste Szenario,
3.   weltweite ökosoziale Marktwirtschaft als menschenwürdige Perspektive.

---

[83]   Die UN-Prognose für 2050 schwankt zwischen 2,1 und 2,7 Milliarden Afrikanern bei niedriger bzw. hoher Fertilität.

[84]   Durch Medien sind die Menschen heute vernetzt und über den möglichen Lebensstandard in anderen Teilen der Welt informiert, was die Sehnsucht nach einem besseren Leben verstärkt.

[85]   Haub (2002) schätzt, dass derzeit etwa 6 % aller jemals geborenen modernen Menschen leben.

Um den ökologischen Kollaps zu verhindern gibt es nach Radermacher (2014a) zwei Möglichkeiten: entweder eine weltweite Balance wie in Europa oder eine weltweite Zweiklassengesellschaft à la Brasilien oder Südafrika und in diesem Falle auch bei uns. Die größte Herausforderung sei, die globalen politischen Bedingungen für die Wirtschaft durch geeignete Regulierung so zu setzen, dass das ökonomische System zugunsten der großen Mehrheit der Menschen wirksam werde und nicht nur zugunsten von Eliten.

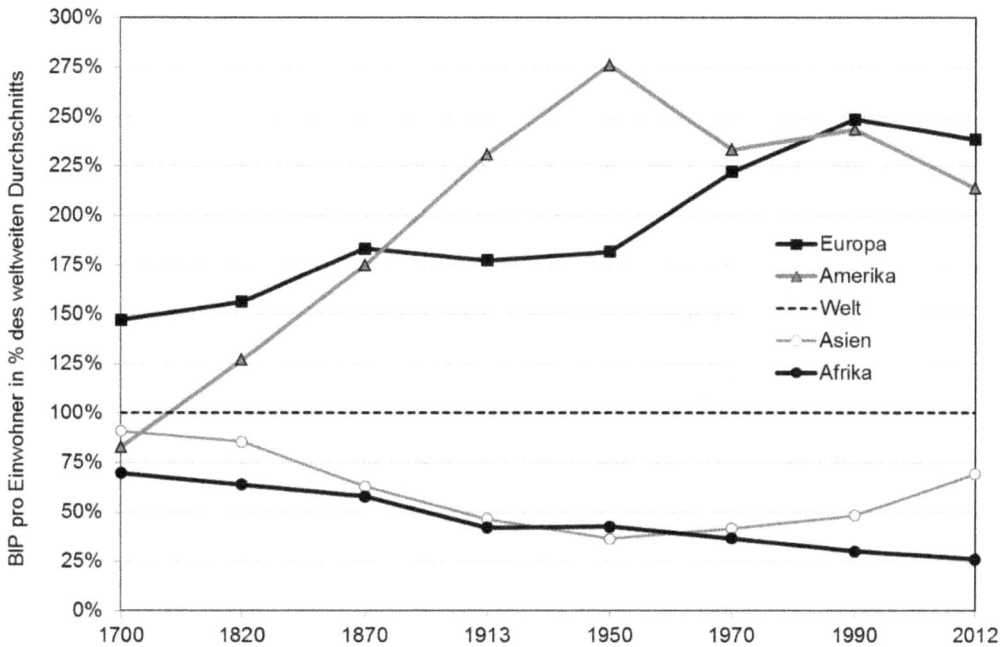

Abb. 6.2:   Die weltweite Ungleichheit, 1700–2012 (in Anlehnung an Piketty 2014: 90)[86]

Der Produktionsvorsprung Amerikas, dessen Bruttoinlandsprodukt pro Einwohner zwischen 1700 und 1950 von 83 % auf 276 % des weltweiten Durchschnitts stieg, ist seit 1950 wieder rückläufig, während sich das Pro-Kopf-Bruttoinlandsprodukt in Europa und Asien seit 1950 relativ zum Weltdurchschnitt erhöhte. Seit 1990 konvergiert das Bruttoinlandsprodukt pro Einwohner in Asien gegenüber Europa und Amerika, wobei mit 69 % des Weltdurchschnitts Asien heute etwa den Stand Mitte des 19. Jahrhunderts erreicht hat. Die relative Position Afrikas verschlechterte sich hingegen kontinuierlich. 2012 lag das Bruttoinlandsprodukt je Einwohner in Afrika bei nur noch 26 % des weltweiten Durchschnitts.

Die Bevölkerungszunahme gepaart mit einem höheren individuellen Konsumniveau und veränderten *Ernährungsgewohnheiten* in Richtung zunehmenden Fleisch- und Fischkonsums könnte trotz steigender Nahrungsmittelproduktion zu Ernährungsengpässen führen. Cassidy et al. (2013) untersuchten die Allokation pflanzlicher Nahrung in Bezug auf ihren Kalorien-

---

[86] Die Berechnungen basieren auf Angus Maddison's "Historical statistics of the world economy 1-2008" (Feb. 2010) und offiziellen Statistiken der UN und Weltbank für 1990–2012 (Okt. 2012). Russland wurde Europa, die früheren zentralasiatischen Republiken und Ozeanien wurden Asien zugeordnet.

und Eiweißgehalt. Auf globaler Ebene dienten dem unmittelbaren menschlichen Verzehr (Food) 67 % der geernteten Pflanzenmasse, 55 % der Kalorienproduktion und 40 % der Pflanzenproteinproduktion, während auf Futterpflanzen (Feed), wie Mais, Soja und Ölsamen, 24 % der geernteten Pflanzenmasse, 36 % der Kalorienproduktion und 53 % der Pflanzenproteinproduktion entfielen. Für industrielle Zwecke einschließlich Biokraftstoffe (Fuel) wurden 9 % der Pflanzenmassen, 9 % der Kalorien und 7 % des Pflanzenproteins verwendet. Weltweit konnten mit einem Hektar Anbaufläche 6 Menschen ernährt werden. Würde sämtliche Pflanzennahrung als Lebensmittel verwendet, könnten 10,1 Menschen von einem Hektar leben. Zwischen den untersuchten Ländern Indien, China, den Vereinigten Staaten und Brasilien bestehen dabei deutliche Unterschiede bezüglich Anbau und Verwendung pflanzlicher Nahrungsmittel.

Tab. 6.1: Globale Verwendung der Ernte der 41 wichtigsten Kulturpflanzen sowie Ernährungspotenzial pro Hektar (Quelle: Cassidy et al. 2013: 3)

| | Verwendung geernteter Pflanzennahrung | | | | | | | | | Ernährte Menschen pro ha | |
| | für Menschennahrung (Food) | | | für Tierfütterung (Feed) | | | für andere Nutzung (Fuel) | | | produzierte Kalorien | verwendete Kalorien |
	Gewicht	Kalorien	Protein	Gewicht	Kalorien	Protein	Gewicht	Kalorien	Protein		
Indien	92	89	77	4	6	18	4	5	5	6,5	5,9
China	67	58	50	26	33	42	7	9	8	13,5	8,4
USA	37	27	14	57	67	80	6	6	6	16,1	5,4
Brasilien	39	45	16	14	41	79	27	14	5	10,6	5,2
Welt	67	55	40	24	36	53	9	9	7	10,1	6,0

Bei einem unterstellten menschlichen Tagesbedarf von 2.700 Kilokalorien könnten die heutigen Ackerflächen 357 Millionen Menschen zusätzlich ernähren, wenn Rindfleisch vollständig durch Huhn oder Schwein substituiert würde. Bei ausschließlich vegetarischer Welternährung, die noch Milchprodukte und Eier zuließe, könnten zusätzliche 815 Millionen Menschen und bei rein veganer Ernährung vier Milliarden Menschen mehr ernährt werden (Cassidy et al. 2013: 6). Veganismus ist jedoch von den meisten Menschen nicht gewollt und auch ernährungswissenschaftlich nicht unumstritten. Für eine gute Ernährung der Menschen in der Zukunft werden somit zusätzliche Anbauflächen und Produktivitätssteigerungen im Agrarsektor erforderlich sein. Dass nicht die Produktion, sondern die *Verteilung* der Kaufkraft das Hauptproblem bei der Lösung des Welthungers darstellt und die Ungerechtigkeit hier dramatisch ist, verdeutlichte der UN-Sonderberichterstatter für das Recht auf Nahrung Jean Ziegler (2005): „Die Weltlandwirtschaft könnte problemlos 12 Milliarden Menschen ernähren. Das heißt, ein Kind, das heute an Hunger stirbt, wird ermordet."

6.1.4   Herausforderung an ein ökologiegerechtes Wachstum

Erschien die räumliche und wirtschaftliche Expansion für die Menschen Europas mit der Entdeckung neuer Kontinente noch zu Beginn der Neuzeit nahezu grenzenlos, stößt wirtschaftliches Wachstum heute auf Grenzen der Verfügbarkeit und Regenerationsfähigkeit der natürlichen Ressourcen des Planeten. Wir stehen vor der Herausforderung, wie eine Ökonomie zu gestalten ist, die eine gute Zukunft für zukünftig 10 Milliarden oder mehr Menschen sicherstellt, die ökologischen und sozialen Ansprüchen genügt. Die Marktwirtschaft hat sich als sehr leistungsfähig erwiesen, ökonomischen Wohlstand zu erzeugen und sollte deshalb trotz ihrer Probleme und Krisenerscheinungen nicht grundsätzlich infrage gestellt werden. Es bedarf jedoch einiger grundlegender Korrekturen im kapitalistischen System, auf die in den vorherigen Kapiteln bereits eingegangen wurde und die nun im ökologischen Kontext weiter beleuchtet werden sollen.

Die *Wachstumsproblematik* besteht insbesondere darin, dass auf einem begrenzten Planeten der Rohstoff- und Energieverbrauch, die umweltschädlichen Emissionen, aber auch Vermögen in Form von Forderungen gegenüber anderen ökonomischen Akteuren, nicht unbegrenzt gleichsam in den Himmel wachsen können. Aus gestiegenen Forderungen und damit Schulden erhöht sich für die Schuldner der Druck, ihre wirtschaftliche Aktivität, d. h. das Bruttoinlandsprodukt, steigern zu müssen um die Schulden nebst Zinsen überhaupt bedienen zu können. Im Nachhaltigkeitsdiskurs wird zwischen Wachstum und Wohlstand differenziert und die Eignung des Bruttoinlandsprodukts als Wohlstandsmaß kontrovers diskutiert. Der aktuelle Diskurs reicht dabei von einer sehr umfassenden Kritik am *Bruttoinlandsprodukt* als Wohlfahrtsmaßstab (Stiglitz et al. 2009) bis hin zu einer grundsätzlichen Kritik am ökonomischen Wachstumsmodell als Ursache für Umweltbelastung und Ausbeutung natürlicher Ressourcen (Miegel 2010, Porritt 2007). Wachstum bezieht sich dabei nicht auf den Wohlstand, sondern auf die als Bruttoinlandsprodukt gemessene Wirtschaftsleistung, die lange Zeit als vorrangiges ökonomisches Ziel galt, heute jedoch nur dann als akzeptabel angesehen wird, wenn sie ökologisch verträglich erfolgt. Das Bruttoinlandsprodukt erfasst statistisch die gesamtwirtschaftlichen Aktivitäten innerhalb eines Jahres ungeachtet ihrer positiven oder negativen ökologischen Auswirkungen. Staatliche Ausgaben für Umwelt- und Naturschutz erhöhen das Bruttoinlandsprodukt ebenso wie Rüstungsausgaben. Wirtschaftswachstum und Umweltschutz können daher komplementäre, indifferente oder konkurrierende Zielbeziehungen aufweisen. Das Bruttoinlandsprodukt und dessen Wachstum sagt noch nichts über dessen Umweltqualität aus. Da Schäden (Schadschöpfung) durch Naturkatastrophen, Umweltverschmutzung, Vandalismus, Kriege usw. nicht als negative Größen (Verluste) in die gesamtwirtschaftliche Rechnung eingehen, Maßnahmen zur Schadensbeseitigung aber als positive Größen dem Bruttoinlandsprodukt hinzugerechnet werden, ergibt sich hieraus ein unvollständiges Bild über den tatsächlichen Wohlstand einer Gesellschaft.

Wirtschaftswachstum und *Wohlstand* dürfen *nicht gleichgesetzt* werden, da (1) das Bruttoinlandsprodukt eine Geldgröße ist, welche die in einer Periode erstellten Produkte zu Marktpreisen bewertet und nichts über deren soziale Wertschätzung aussagt, (2) fürsorgende und andere soziale Dienstleistungen, wie z. B. die Erziehung von Kindern, die Pflege von Angehörigen oder die Haushaltsführung, die gesamtwirtschaftliche Wohlfahrt steigern, jedoch nicht in das Bruttoinlandsprodukt eingehen und (3) die mit dem Bruttoinlandsprodukt gemessene Güterproduktion nichts über deren gerechte und damit wohlfahrtsteigernde Verteilung aussagt. Gleichwohl ist Wirtschaftswachstum wichtig für gesellschaftlichen Wohlstand und deshalb als notwendige, nicht jedoch als hinreichende Bedingung für Wohlstand anzusehen. Angesichts weltweit zunehmender ökologischer Probleme stellt sich heute die Frage nach der Sinnhaftigkeit einer weiteren Forderung und Förderung wirtschaftlichen Wachstums. Hierbei kann Wachstum auf das Bruttoinlandsprodukt, die Produktivität oder den Wohlstand bezogen werden. Gegen die einseitige Definition von Wachstum als Zunahme des Bruttoinlandsprodukts spricht, dass diese Sichtweise wichtige, nicht in Geldeinheiten messbare Wohlfahrtsfaktoren unberücksichtigt lässt, wie die Verfügbarkeit von reiner Luft, sauberem Wasser oder unberührter Natur. Geht man davon aus, dass Wachstum letztlich beschreibt, was die Gesellschaft wünscht bzw. nachfragt, so kann Wirtschaft der Natur dienen, wenn diese zu einem begehrenswerten Gut wird. Auch das durch erhöhten Einsatz von Produktionsfaktoren ausgeweitete öffentliche Angebot von Bildungs-, Gesundheits- und Erholungseinrichtungen, Infrastruktur oder Sozialwohnungen, trägt zur Verbesserung des Wohlstands und damit auch der Freiheit einer Gesellschaft bei. Privater Konsum und öffentlicher Konsum stellen Alternativen dar, wobei Produktivitätssteigerungen mehr Mittel für den öffentlichen Bedarf ermöglichen, ohne den privaten Konsum zu beeinträchtigen. Auch können durch höhere Produktivität mehr Mittel für Umwelt- und Klimaschutz bereitgestellt werden, ohne den sonstigen Wohlstand zu verringern. Wohlstand hängt somit sowohl von der Produktivität der eingesetzten Produktionsfaktoren als auch von der Verwendung des Sozialprodukts ab (Zwiefelhofer 1974: 87 ff).

6.2   Leitstrategien nachhaltiger Entwicklung

Bei unveränderter Wirtschafts- und Produktionsweise ist angesichts einer zunehmenden Weltbevölkerung und wirtschaftlichem Aufholbedarf der Entwicklungsländer mit weiteren Zunahmen des Ressourcenverbrauchs sowie der Emissionen, etwa von Treibhausgasen, zu rechnen. Solange wirtschaftliche Aktivität mit Ressourcen- und Energieverbrauch verbunden ist, besteht ein Konflikt zwischen Wirtschaftswachstum und den ökologischen Belastungsgrenzen und es stellt sich die drängende Frage, welche Strategien sich als erfolgreich erweisen können, um ein stabiles ökologisches Gleichgewicht zu erreichen bzw. zu erhalten.

Das ökologische Ziel eines verringerten Ressourcenverbrauchs ist mit Wirtschaftswachstum dann kompatibel, wenn entweder die Energie- und Ressourceneffizienz dramatisch gesteigert werden kann (Effizienzstrategie) oder etwa fossile durch regenerative erneuerbare Energieträger ersetzt werden (Konsistenzstrategie). Beispiele sind der Einsatz regenerativer Energien sowie Wiederverwertung, Recycling und Wiederaufbereitung von Stoffen, die erneut als Produktionsfaktoren genutzt werden und sowohl Kosten als auch Umweltbelastung reduzieren. Davon ausgehend, dass dies nicht ausreicht, um den ökologischen Erfordernissen zu entsprechen, wollen Befürworter einer Suffizienzstrategie das Wirtschaftswachstum begrenzen, wobei die Forderungen von Postwachstum zu De-Growth reichen.

In der Praxis werden daher die drei Nachhaltigkeitsstrategien der Konsistenz, Effizienz und Suffizienz unterschieden.

- *Konsistenzstrategien* wollen Produkte und Prozesse von vornherein naturverträglich gestalten und Emissionen hierdurch grundsätzlich vermeiden. Durch Wirtschaften im Einklang mit der Natur soll die Zielbeziehung zwischen Ökonomie und Ökologie von der Konkurrenz zur Indifferenz oder sogar zur Komplementarität gewandelt werden. Konsistenzstrategien geht es nicht um eine Effizienzsteigerung bestehender Technologien, sondern um die Entwicklung und Innovation neuer Produkte und Verfahren für geschlossene Wertstoffkreisläufe sowie um eine Umgestaltung des industriellen Systems im Sinne ökologisch verträglicher Wertstoffströme. Dies soll durch den Einsatz naturverträglicher Technologien erreicht werden. Da Zukunftstechnologien grundsätzlich schwer vorhersehbar sind, geht es neben der Entwicklung neuer Technologien insbesondere auch um die Förderung von deren Verbreitung. Dies betrifft etwa Technologien zur Rückführung und Wiederverwertung von Rohstoffen und Materialien. Auf geschlossene ökologische Stoffkreisläufe zielende Konsistenzstrategien gehen mit qualitativem Wachstum einher, während Effizienz- und Suffizienzstrategien quantitätsorientiert sind.
- *Effizienzstrategien* wollen durch Verbesserung des Input-Output-Verhältnisses, d. h. der technologischen Effizienz, ökonomische und ökologische Ziele gleichermaßen errei-

chen, wodurch die Umweltwirkung relativ reduziert, aber nicht ganz beseitigt wird. Effizienzstrategien zielen auf die Erhöhung der Energie- und Ressourceneffizienz, indem mehr Ertrag bzw. Nutzen aus dem Energie- und Ressourceneinsatz gezogen (Maximalprinzip) bzw. die bestehenden Bedürfnisse mit weniger Energie- und Ressourceneinsatz befriedigt (Minimalprinzip) werden.

- *Suffizienzstrategien* zielen auf menschliche Verhaltensänderungen und wollen den Ressourcen- und Energieverbrauch durch Abwerfen von unnötigem Ballast, Entschleunigung, Entrümpelung, Entkommerzialisierung, Entflechtung, Genügsamkeit, bewusster Selbstbegrenzung und Konsumverzicht reduzieren. Sie wirken komplementär zu technisch orientierten Konsistenz- und Effizienzstrategien und ergänzen diese. Nach Sachs (1993: 69 ff) bleibt die Effizienzstrategie richtungsblind, wenn sie nicht von einer Suffizienzstrategie begleitet wird.

6.2.1 Suffizienzstrategien

Im Gegensatz zur grünen Wachstumstheorie, die auf der Prämisse fußt, dass wirtschaftliches Wachstum durch Technik- und Systeminnovationen von den Stoff- und Energieströmen entkoppelt werden können, gehen Wachstumskritiker davon aus, dass Wirtschaftswachstum weder ökologisch entschärft noch durchgehalten werden könne. Nach der Suffizienzstrategie soll eine Verringerung des ökologischen Verbrauchs durch eine allgemeine Entschleunigung, welche den Energie- und Stoffumsatz verringert, erreicht werden. Die Ergebnisse der Glücksforschung zeigen, dass individuelle Lebensqualität und Suffizienz ab einem bestimmten Wohlstandsniveau durchaus auch in komplementärer Zielbeziehung stehen können.

Individuelle Lebensqualität und Glücksforschung

Die Frage, was Menschen glücklich macht, rückte in letzter Zeit wieder stärker in den Fokus wirtschaftswissenschaftlicher Forschungen. Die Glücksforschung hat zwar einen etwas anderen Fokus als die Wirtschaftsforschung, da Glück und Zufriedenheit nicht den ökonomisch-technisch induzierten Wohlstand meint, ihre Erkenntnisse sind jedoch im Diskurs um eine nachhaltige Wirtschaft für entwickelte Ökonomien bemerkenswert: Nach den Ergebnissen der Glücksforschung sind materieller Wohlstand und menschliches Glück bis zu einer bestimmten Einkommenshöhe stark korreliert, wobei diese Korrelation ab einem gewissen materiellen Wohlstandsniveau abnimmt und mit zunehmendem Einkommen verschwindet. Der Zusammenhang zwischen Einkommen und subjektivem Glück wurde von Easterlin (1974) zunächst in 19 Ländern im Zeitraum von 1946 bis 1970 und anschließend in 37 Ländern über durchschnittlich 22 Jahre empirisch untersucht. Ergebnis der intertemporalen umfragebasierten Studie war u. a., dass US-Amerikaner im Untersuchungszeitraum trotz Einkommenszuwächsen nicht glücklicher wurden. Als mögliche Erklärung führte Easterlin an, dass die subjektive Zufriedenheit stärker vom relativen als vom absoluten Einkommen abhinge (Easterlin 2001, 2003, Easterlin et al. 2010).

Das deutliche Zurückbleiben der auf Basis zahlreicher Indikatoren gemessenen Lebensqualität und des subjektiven Glücks hinter dem gemessenen Anstieg des BIP und Einkommens ist insbesondere Folge der zunehmenden Ungleichheit in der Vermögens- und Einkommensverteilung, die aus der durchschnittlichen BIP- und Einkommensentwicklung pro Kopf nicht ersichtlich ist. Nach Wilkinson und Pickett (2009) werden Prosperität, Lebenserwartung, Gesundheit, Harmonie, Bildung und soziale Funktionsfähigkeit einer Gesellschaft weniger vom durchschnittlichen Pro-Kopf-Einkommen determiniert, als vielmehr von der Einkommensverteilung bzw. Differenz zwischen den oberen 20 % und den unteren 20 %.

Empirische Studien deuten darauf hin, dass das Glücksempfinden und die Zufriedenheit der in entwickelten Ländern lebenden Menschen in den letzten Jahrzehnten nicht mehr zunimmt, obwohl sich die ausgewiesenen durchschnittlichen Einkommen erhöht haben. Umfragen zufolge fühlen sich zahlreiche Menschen gestresst und leben offenbar nicht so, wie es für sie selbst am besten wäre. Auch gibt es Befunde, dass Menschen durch Überstunden nicht glücklicher werden und es ihnen besser ginge, wenn sie mehr Zeit hätten und dafür auf zusätzliches Einkommen verzichteten. Dass trotzdem viele Menschen freiwillig Überstunden machen und generell nach einem immer höheren Einkommen streben, führt zur Frage, warum Menschen an gewohnten Mustern festhalten anstatt ihr Verhalten zu ändern, um glücklicher zu werden. Der Grund liegt nach Binswanger (2006) an vier Tretmühlen: (1) Statustretmühle, (2) Anspruchstretmühle, (3) Multioptionstretmühle und (4) Zeitspartretmühle. Auf einer Tretmühle kann man immer schneller laufen und diese immer schneller bewegen, doch man bleibt immer am selben Ort. Genauso verhalte es sich mit dem menschlichen Streben, durch mehr Einkommen glücklicher zu werden. Die Menschen werden dadurch zwar reicher, aber nicht glücklicher. Die Hoffnung auf mehr Glück wird ständig enttäuscht, dennoch wird an diesem Glauben festgehalten. Um glücklicher zu werden, bedarf es der Loslösung von Pfadabhängigkeiten, welche auch Voraussetzung für einen nachhaltigen Transformationsprozess ist.

Externe Kosten werden bei der Berechnung des Einkommens ebenfalls nicht berücksichtigt. Auch werden Leistungen der Natur, Selbstversorgungs- und Naturaltauschprozesse, für die früher nicht bezahlt werden musste, zunehmend in den Markt und damit in die Einkommensberechnung einbezogen. So erhöht die Substitution landwirtschaftlicher Selbstversorgung durch Agrarmarktprodukte das reale Volkseinkommen, ohne die Menge der zur Bedürfnisbefriedigung verfügbaren Lebensmittel, den hieraus gewonnenen Nutzen oder das Glücksempfinden zu erhöhen (Binswanger 2013: 287 ff).

Glück hängt auch an der Vorstellung des Möglichen. Unsere Vorfahren waren vermutlich auch glücklich, obwohl materieller Wohlstand und Lebenserwartung in früheren Zeiten deutlich geringer waren, jedoch würde ein derartiger Rückschritt im Versorgungsniveau und in der Lebenssituation aus heutiger Sicht keineswegs glücklich machen, da wir andere Möglichkeiten kennen und erwarten. Manche Menschen erfahren durch freiwilligen Verzicht auf Luxusprodukte vielleicht mehr Glück und Lebensqualität. Dies gilt jedoch grundsätzlich nicht bei Gütern, die der Befriedigung von Existenz- und Grundbedürfnissen dienen. Angesichts der knappen Versorgungslage großer Teile der Weltbevölkerung sind diese dringend auf Wachstum angewiesen um ihre Konsum- und Lebenssituation zu verbessern.

Aufgrund des technischen Fortschritts ist das durchschnittliche Wohlstandsniveau heute trotz zweier Weltkriege deutlich höher als zu Beginn des 20. Jahrhunderts, wenngleich es schwierig ist anzugeben, um wieviel es dem durchschnittlichen Menschen heute besser geht als früher. Das von Gossen (1854) formulierte *Gesetz vom abnehmenden Grenznutzen* erklärt, wie sich der Nutzen bzw. das subjektive Glücksempfinden bei zunehmendem Konsum eines Gutes verändert. Es besagt, dass je mehr bereits von einem Gut konsumiert wurde, desto geringer ist der Nutzenzuwachs (Grenznutzen), den eine weitere zusätzlich konsumierte Einheit dieses Gutes mit sich bringt. So stiftet der Genuss eines Maßes Bier einen größeren Nutzen als das zweite Maß Bier und ab dem dritten oder vierten Maß, dem sogenannten

Sättigungspunkt, kann der Grenznutzen, also der durch den Konsum einer zusätzlichen Einheit hervorgerufene Nutzen, sogar negativ werden. Bis zum Sättigungspunkt ist der Grenznutzen positiv; über den Sättigungspunkt hinaus ist der Grenznutzen negativ, sodass dann auch der Gesamtnutzen abnimmt. Das Gesetz vom abnehmenden Grenznutzen kann auch auf die Nachfrage und den vermögens- bzw. einkommensabhängigen Grenznutzen privater Haushalte und Personen angewendet werden. So ist davon auszugehen, dass der Nutzen, den eine Person einer Geldeinheit beimisst, von der Höhe ihres Vermögens und Einkommens abhängig ist. Die Erhöhung des Vermögens, Einkommens und Konsums armer Menschen um eine Geldeinheit erhöht deren Nutzen stärker als dies für reiche Personen zutrifft, da diese einen abnehmenden Grenznutzen verzeichnen.

Dass der Nutzen bzw. Glücksbeitrag durch Geld, Konsum und Wirtschaftswachstum mit steigendem Niveau sinkt, wurde vom Glücksforscher Layard (2005, 2009) empirisch bestätigt, der die Dominanz der Ökonomie über unser Leben kritisiert und relativiert, indem er feststellt: „Aber der größte und vor allem der beste Teil ist zwischenmenschlicher Austausch, bei dem unter dem Strich mehr steht als Null und der zu unserem Wohlbefinden beiträgt" (Layard 2005: 109 ff). Die Glücksforschung bietet sogar Argumente, dass weniger als ein mehr empfunden werden kann. Beispielsweise können Entrümpelung und die Befreiung von Überflüssigem unter gewissen Umständen das Leben verbessern (Küstenmacher und Seiwert 2004). Mit zunehmendem Konsum und entsprechender Sättigung greift die *zeitökonomische* These von Paech (2012, 2013), der davon ausgeht, dass Glück und subjektives Wohlbefinden von der Zeit abhängen, die einer Handlung oder einem Konsumobjekt gewidmet wird. Ein Anstieg der Kaufkraft erhöhe die Vielfalt der Optionen und führe damit zu einer Reizüberflutung mit den Folgen von *Zeitknappheit* und *Überforderung* der Konsumenten. Lebenskunst bzw. Selbstschutz zur Unglücksvermeidung bedeute, sich jenes Wohlstandsschrotts zu entledigen, der zur Last oder Überforderung führe. Die Frage nach dem Glück sei hier falsch; tatsächlich gehe es darum, wie sich Unglück vermeiden lasse. Ein einfaches Leben und Befreiung von unnötigem Ballast, unnötigen Produkten oder angehäuftem Nippes, der dem Verkäufer jedoch vielleicht zu dringend benötigtem Einkommen verhalf, können das individuelle Leben verbessern. Dies bedeutet jedoch noch nicht, dass ein negatives Wirtschaftswachstum erstrebenswert ist, wenn man bedenkt, dass etwa auch verbesserte und zusätzliche Angebote im Bereich von Bildung, Gesundheit oder Pflege wirtschaftlichem Wachstum entsprechen und im Krankheitsfall kaum jemand freiwillig auf medizinische Hilfe verzichten möchte. Für den Wachstumskritiker Paech (2012, 2013) ist der westliche Wohlstand weniger das Resultat von Fortschritt oder Effizienz als von Plünderung. Moderner Konsumwohlstand resultiere aus entgrenzter industrieller Arbeitsteilung, durch welche wir in dreierlei Hinsicht über unsere Verhältnisse lebten: erstens durch zeitliche Entgrenzung im Sinne von jetzt haben und später zahlen, zweitens durch physische Entgrenzung mittels Substitution der Arbeit durch Energie und drittens durch räumliche Entgrenzung und globalisierte Wertschöpfungsketten. Anzumerken ist, dass das erste Argument einer zeitlichen Entgrenzung letztlich kein ökologisches, sondern ein soziales Problem der Nachhaltigkeit ist, welches sich aus einer ungleichen Einkommens- und Vermögensverteilung ergibt, wobei die Symptome geringer Kaufkraft großer Bevölkerungsteile durch Verschuldung zunächst temporär gemildert werden können, während sich langfristig die sozialen Spannungen hierdurch erhöhen.

Bevölkerungsentwicklung und Suffizienz

Heute leben rund eine Milliarde Menschen, vor allem in den OECD-Staaten, in einem relativen Wohlstand, während es der Mehrheit von heute sechs und zukünftig weiteren Milliarden Menschen ökonomisch betrachtet schlechter geht. Um deren Lebensstandard zu erhöhen, bedarf es wirtschaftlichen Wachstums, was aus Sicht der Postwachstumsökonomie und Gemeinwohl-Ökonomie (Felber 2012) jedoch keine Lösung ist. Da Wirtschaftswachstum den Ressourcen- und Energiebedarf steigert, wird für die heutigen Wohlstandsgesellschaften ein ökologisch begründetes negatives Wirtschaftswachstum (De-Growth) und eine Verringerung des materiellen Konsums im Sinne einer umweltgerechten Lebens- und Wirtschaftsweise gefordert. Anstatt den materiellen Ressourcenverbrauch der ärmeren sechs Milliarden Menschen auf das Niveau der heute reichsten einen Milliarde Menschen anzuheben, könnte auch deren Niveau auf das der anderen abgesenkt werden. Das Bestreben in Ländern des Nordens nach einer Begrenzung und Kontrolle des Konsumanspruchs und Konsumniveaus wird von den Ländern des Südens, aber auch vielen Menschen im Norden grundsätzlich abgelehnt. Neben der individuellen Genügsamkeit im Verbrauchsverhalten ist die Begrenzung des Bevölkerungswachstums durch politische Bevölkerungsplanung eine Suffizienzstrategie, die von China, Indien und anderen südostasiatischen und afrikanischen Ländern betrieben wird, während im industriellen Norden „eine kuriose Koalition aus Katholizismus, Feminismus, Antirassismus u.ä. eine öffentliche, politisch betriebene Bevölkerungsplanung inopportun erscheinen lässt" (Huber 2000: 1). Angesichts der bereits stark gestiegenen Weltbevölkerung auf mittlerweile über sieben Milliarden Menschen ist ein von Wachstumskritikern des Nordens geforderter Konsumverzicht für den Süden politisch kaum durchsetzbar und allein bezogen auf den Norden nur begrenzt wirksam. Bei zunehmender Lebenserwartung und steigendem ökonomischen Wohlstand in den Entwicklungsländern ist mit einem allmählichen Sinken der Geburtenraten zu rechnen, wobei sich das generative Verhalten der Bevölkerung nur langsam verändert. Sozial problematisch ist, wenn die Bevölkerung stärker zunimmt als die Anzahl der verfügbaren Arbeitsplätze und Erwerbsmöglichkeiten. Das Problem der offenen Arbeitslosigkeit, dass Menschen vergeblich Arbeit suchen, sowie der verdeckten Arbeitslosigkeit bzw. Unterbeschäftigung wird sich weltweit voraussichtlich weiter verschärfen.

Innovationen und Suffizienz

Um eine nachhaltige Welt zu erreichen, muss die Menschheit große Innovationsleistungen im Bereich ökologischer Nachhaltigkeit vollbringen, um durch konsistente bzw. geschlossene Stoffkreisläufe und höhere Ökoeffizienz, auf die noch eingegangen wird, dem Verlust der Biodiversität, einem zunehmendem Ressourcen- und Flächenverbrauch, Klimaveränderungen, Ozonabbau, Plastikmüll in den Ozeanen etc. zu begegnen. Der Umfang des heute verfügbaren Wissens sowie das geistige Potenzial von sieben Milliarden Menschen könnten theoretisch eine einmalige Chance in der Weltgeschichte bieten, wenn es gelingt, die gewaltigen Innovations- und Kreativitätspotenziale durch grenzüberschreitende Netzwerkbildung und mithilfe moderner weltweit verbreiteter Informations- und Kommunikationstechnologien nutzbar zu machen. Denn selbst wenn ein globaler Konsumverzicht gelänge, würde dies das durch steigende Energie- und Ressourcenbedarfe der Menschheit ausgelöste Umweltproblem allenfalls mindern, jedoch nicht beseitigen, sodass vielleicht etwas Zeit gewonnen, das Umweltproblem jedoch keineswegs gelöst wäre. Um das industrielle Mengenwachstum umzukehren, müsste die De-Materialisierung der Wirtschaft gelingen, was angesichts der derzeitigen Bedeutung von Kohlenstoff und CO_2 für den materiellen Wohlstand überaus schwierig ist, oder die Lebensstile der Menschen müssten einer Kulturrevolution oder einem Ökodiktat durch von der Öffentlichkeit weitgehend unbemerkte Geldverknappung unterworfen werden, welche auch gewisse Existenz- und Grundbedürfnisse, wie etwa die Ernährung mit Fleisch, einschränkt.

Unterbinden von geplanter Obsoleszenz als erster naheliegender Schritt

Im Vergleich zu anderen (unfreiwilligen) Suffizienzmaßnahmen wäre zunächst die Verhinderung von geplanter Obsoleszenz naheliegend. Geplante Obsoleszenz bezeichnet einen geplanten vorzeitigen Produktverschleiß, durch den Unternehmen höhere Gewinne zulasten der Verbraucher und der Umwelt erzielen. Nach Slade (2009: 3) ist vorsätzliche Überalterung in all seinen technologischen, psychologischen oder geplanten Formen eine einzigartige amerikanische Erfindung. Als Erfinder gilt Alfred P. Sloan, der 1923 bis 1937 Präsident von General Motors war und nach Wegen suchte, die Haltbarkeit der Produkte zu verringern und es als eine große Aufgabe ansah, Überalterung zu beschleunigen (Slade 2009: 43 ff). Sloans Strategie jährlicher Konfigurations- und Produktänderungen und cleveren modebewussten Marketings war erfolgreich gegenüber jener seines Konkurrenten Henry Ford, der geplante Obsoleszenz ablehnte und dessen Ford T-Modell in wenigen Jahren die Hälfte des Marktanteils verlor und 1927 ganz aufgegeben werden musste (Schridde und Kreiß 2013: 6). Schridde und Kreiß (2013: 27 ff) nennen unterdimensionierte Elektrolytkondensatoren in Computermonitoren, brechende Drahtanschlüsse bei Kopfhörern, Kunststoffzahnräder in Handmixern, vorzeitigen Abrieb bei Schuhsohlen, Spiral-Reißverschlüsse von geringer Haltbarkeit, vorzeitige Materialermüdung von Heizstäben, Kugellagern, Laugenbehältern in Waschmaschinen, vorzeitig abnutzende kurzfaserige Baumwolle, elektrische Zahnbürsten mit fest eingebautem Akkumulator, verklebte Komponenten in Laptops, eingebaute Zähler bei Tintenstrahldruckern und Lasertonerkartuschen und weitere konkrete Produktbeispiele für geplante Obsoleszenz. Kreiß (2013: 23) schätzt den durch diese Unternehmensstrategie allein in Deutschland ausgelösten Kaufkraftentzug bei den Endverbrauchern auf etwa 100 Milliarden Euro pro Jahr, wobei geplante Obsoleszenz durch gesättigte Märkte, Überkapazitäten, intransparente Märkte mit zahlreichen Produkten, eine starke Kapitalmarkt- und Gewinnorientierung der Produzenten sowie durch fehlende ethische und moralische Skrupel beim Management begünstigt werde (Schridde und Kreiß 2013: 8). Als Maßnahmen gegen geplanten Verschleiß wären neben einer Kennzeichnungspflicht für Produktlebensdauern auch Zulassungstests (TÜVs) für Neuprodukte, eine Erweiterung der Produkthaftung oder ein generelles Verbot denkbar.

6.2.2 Effizienzstrategien

Grundidee und Zielsetzung

Die Effizienzstrategie zielt zur Erreichung ökologischer Nachhaltigkeit auf Ökoeffizienz, d. h. auf die gleichzeitige Erreichung ökologischer und ökonomischer Effizienzziele. Ökoeffizienz ist darauf ausgerichtet, durch Einsatz innovativer und integrierter Umwelttechnik eine Entkopplung zwischen ökonomischer Wertschöpfung einerseits und ökologischer Schadschöpfung in Form von Umweltbelastung oder Ressourceninanspruchnahme andererseits zu erreichen. Zwar gibt es keine normierte Definition von Ökoeffizienz, jedoch lässt sie sich anschaulich durch folgenden Quotienten ausdrücken (Hauff und Kleine 2009: 77 ff).

$$\text{Ökoeffizienz} = \frac{\text{Wertschöpfung}}{\text{Schadschöpfung}} = \frac{\text{Umsatz abzgl. Vorleistungen [monetär]}}{\text{Ressourceninanspruchnahme [physikalisch]}}$$

Ziel von Ökoeffizienz ist, ökonomische und ökologische Ziele gleichzeitig zu erreichen. Dies gelingt etwa durch Maßnahmen zur Ressourcen- und Energieeinsparung, welche sowohl die Kosten als auch die Umweltbelastung reduzieren, oder durch ökoeffiziente Innovationen, welche zum Erhalt und Ausbau der Wettbewerbsfähigkeit beitragen. Zwischen Ökoeffizienz und Innovationsfähigkeit besteht daher eine komplementäre Zielbeziehung.

Ökoeffizienz wurde von Schmidheiny (1992) und dem von ihm gegründeten Wirtschaftsrat für nachhaltige Entwicklung (Business Council for Sustainable Development BCSD) Anfang der 1990er Jahre eingeführt und auf der Rio-Konferenz 1992 erstmals vorgestellt.[87] Da angesichts der zunehmenden Weltbevölkerung und eines steigenden konsumtiven Anspruchsniveaus die Hoffnung zur Verbesserung der Umweltsituation auf der Technologie als dem dritten verbleibenden Faktor der IPAT-Formel liegt, wurde im Rahmen der Rio-Konferenzen der technologieorientierte Ansatz im Sinne einer Effizienzstrategie als Lösungsweg propagiert, bei dem es um die Rationalisierung von Energie- und Stoffumsätzen geht, woraus sich sowohl ökologische als auch ökonomische Vorteile ergeben und zwischen Ökologie und Ökonomie komplementäre Zielbeziehungen bestehen. Ökoeffizienz wird dabei als wettbewerbskonformer Beitrag der Unternehmen zur nachhaltigen Entwicklung angesehen, der sowohl dem unternehmerischen Nutzenkalkül als auch der ethischen Verantwortung von Unternehmen gegenüber der Umwelt entspricht. Eine Verbesserung der Energie- und Ressourcenproduktivität sowie eine neue grüne Ökonomie ermöglichen der Wirtschaft nicht nur Kostenvorteile, sondern auch Ertragschancen durch neue Marktpotenziale, sodass der Konflikt zwischen Ökonomie und Ökologie durch hervorragende Win-Win-Potenziale aufgehoben scheint. Da die Effizienzsteigerung nach dem ökonomischen Prinzip eine herausragende Fähigkeit der industriellen Wirtschaft darstellt, ist diese nach ihrer Ausrichtung auf ökologische Ziele zur grünen Effizienzrevolution gleichsam prädestiniert. Dies entspricht auch der Idee schlanker Produktion, nach der jegliche Verschwendung, die dem Produkt keinen Wert hinzufügt, identifiziert und eliminiert wird. Sofern durch Effizienzerhöhungen, etwa infolge von Preissenkungen und entsprechender Kaufkrafterhöhung beim Kunden, der mengenmäßige Verbrauch im Ergebnis gesteigert wird, wirkt dieser Bumerang-Effekt (Rebound Effekt) aus ökologischer Sicht den ökonomisch positiven Effizienzsteigerungen entgegen.

Entkoppelung von Wirtschaftswachstum und Ressourcenverbrauch

Durch Erhöhung der Ressourcen- und Energieeffizienz sollen Ressourceninanspruchnahme und Wirtschaftswachstum entkoppelt werden, was nicht nur zur Verbesserung der Umweltsituation, sondern darüber hinaus auch zur langfristigen Autonomie der ökonomischen Versor-

---

[87] 1995 schloss sich der BCSD mit dem Weltindustrierat (World Industry Council) zum Weltwirtschafsrat für Nachhaltige Entwicklung (World Business Council for Sustainable Development WBCSD) zusammen. Darüber hinaus entstanden weitere ökologisch orientierte Wirtschaftsinitiativen und -netzwerke, etwa 1984 der Bundesdeutsche Arbeitskreis für umweltbewusstes Management (BAUM), 1984 in Kanada und 1991 auch in Deutschland die Responsible Care Initiative der chemischen Industrie, 1987 das Social Venture Network (SVN), 1990 die Global Environmental Management Initiative (GEMI), 1991 das International Network for Environmental Management e.V. (INEM) und 1994 die European Partners for the Environment. Darüber hinaus ist die Wirtschaft auch an zahlreichen nichtstaatlichen Organisationen (NGOs) beteiligt, wie der European Roundtable on Clean Technologies oder das internationale Greening of Industry Network (GIN).

gung beitragen würde. Die deutsche Nachhaltigkeitsstrategie hat zum Ziel, die Energieproduktivität (reales Bruttoinlandsprodukt im Verhältnis zum Primärenergieeinsatz) zwischen
1990 und 2020 und die Rohstoffproduktivität (reales Bruttoinlandsprodukt im Verhältnis zum
eingesetzten abiotischen, d. h. nicht von Lebewesen gebildeten Primärmaterial) von 1994 bis
2020 zu verdoppeln. Sie wird dieses Ziel jedoch voraussichtlich nicht erreichen können,
wenngleich eine gewisse Entkopplung stattfindet.[88] Die abiotische Rohstoffentnahme (inklusive Import) ging 1994–2012 um 14,4 % zurück, während das BIP um 27,6 % stieg. Der
Primärenergieverbrauch sank 1990–2012 um 6,7 % gegenüber einem Anstieg des BIP um
35,7 % (Statistisches Bundesamt 2014a: 6 ff). Die Verbesserung der Energie- und Rohstoffproduktivität (Ökoeffizienz) ist dabei vor allem auf einen starken Anstieg des realen BIP
gegenüber einem moderaten Rückgang des Energie- und Rohstoffverbrauchs begründet.
Sollte das reale Wirtschaftswachstum zukünftig zurückgehen, ginge auch die gemessene
Ökoeffizienz zurück, da diese neben ökologischen gleichzeitig ökonomische Ziele abbildet.

Eine Entkopplung von Wirtschaftswachstum und Ressourcenverbrauch findet bei Wachstum
im Dienstleistungssektor sowie finanzwirtschaftlich induzierten Sozialproduktsteigerungen
statt. Insgesamt ist jedoch weltweit festzustellen, dass Wirtschaftswachstum grundsätzlich
mit einem steigenden Ressourcen- und Energieverbrauch einhergeht. Zwischen ökonomischem Wachstum und ökologischem Verbrauch ist bislang eine deutliche Korrelation zu
beobachten: das Bruttoinlandsprodukt und der Materialverbrauch sind positiv korreliert mit
einem Bestimmtheitsmaß von 0,64 (UNEP Int. Ressource Panel), Bruttoinlandsprodukt bzw.
GDP und CO_2-Verbrauch sind ebenfalls positiv korreliert; die jährliche CO_2-Intensität beträgt
etwa 0,2 kg Kohlenstoff pro US-Dollar GDP. Allerdings wächst der Ressourcenverbrauch
deutlich langsamer als die Bruttowertschöpfung. Nachhaltigkeitsziel wäre die Abkopplung.
Eine 2011 erschienene Studie des Umweltprogramms der Vereinten Nationen konstatiert eine
bereits eingeleitete Entkopplung der Nutzung natürlicher Ressourcen vom Wirtschaftswachstum. So sanken die je 1.000 US-Dollar Wirtschaftsleistung erforderlichen Ressourcen zwischen 1980 und 2002 von 2,1 auf 1,6 Tonnen (UNEP 2011). Das hohe Ziel, mit weniger
Naturkapital mehr Sachkapital bzw. mehr Sachwerte zu schaffen, konnte bislang jedoch nicht
erreicht werden.

Ökologische und sozial-ökonomische Nachhaltigkeit im Ländervergleich

Um Umweltverbrauch und Wohlstand zumindest in Teilaspekten einfach messbar und länderübergreifend vergleichbar zu machen, wurden der ökologische Fußabdruck und der Human Development Index entwickelt.

- Der *ökologische Fußabdruck* (Ecological Footprint) misst die Fläche auf der Erde, die
  unter Fortführung heutiger Produktionsbedingungen notwendig ist, um den Lebensstil
  und Lebensstandard eines Menschen dauerhaft zu ermöglichen. Er wird in Hektar (ha)
  pro Person und Jahr angegeben und umfasst Flächen zur Produktion von Nahrung und
  Kleidung, Bereitstellung von Energie, Entsorgung bzw. Recycling erzeugten Mülls, zum
  Binden freigesetzten Kohlendioxids etc.
- Der *Human Development Index* (HDI) ist ein Wohlstandsindikator für Länder, der im
  jährlich erscheinenden Human Development Report des Entwicklungsprogramms der

---

[88] Bei der Ermittlung der Ökoeffizienz müssen das reale BIP bzw. reale preisbereinigte Kennzahlen verwendet
werden, da bei Verwendung nominaler Größen die Ökoeffizienz durch Inflationseffekte überschätzt würde.

Vereinten Nationen veröffentlicht wird (UNDP 2014: 33 ff). Der HDI errechnet sich als geometrisches Mittel dreier Indizes für die Lebenserwartung, die Bildung (Schulbesuchsdauer) und das durchschnittliche Einkommen.

Als der Tragfähigkeit der Erde entsprechend nachhaltig gilt ein ökologischer Fußabdruck von unter zwei Hektar Grundfläche pro Person und als sozial-ökonomisch nachhaltig eine Bewertung des Lebensstandards von über 0,8 HDI. Die folgende Abbildung zeigt die diesbezügliche Entwicklung zwischen 1980 und 2010 für ausgewählte Länder, wobei vor allem die USA, aber auch Deutschland weit vom Quadranten nachhaltiger Entwicklung entfernt sind, der von (fast) keinem Land dieser Erde erreicht wird.

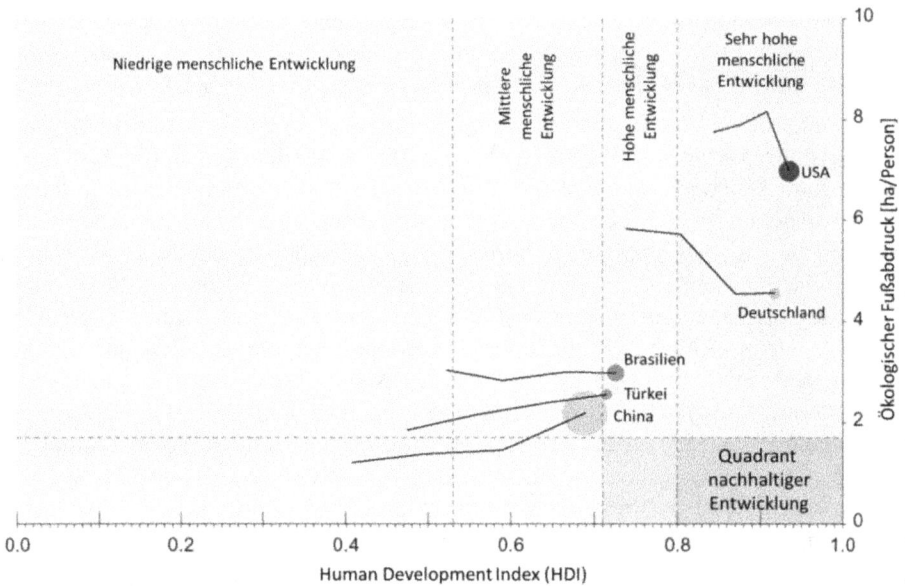

Abb. 6.3:   Entwicklung des ökologischen Fußabdrucks und HDI ausgewählter Länder zwischen 1980 und 2010
            (in Anlehnung an WWF 2014a: 61)

Lediglich Kuba, das aufgrund seiner Gesundheits- und Bildungspolitik sowohl einen für den HDI relevanten hohen Lebenserwartungs- und Bildungsindex als auch einen geringen ökologischen Fußabdruck aufweist, der für geringer entwickelte lateinamerikanische oder afrikanische Länder typisch ist, erfüllt die ökologischen und sozial-ökonomischen Nachhaltigkeitskriterien. Ein über die elementaren, insbesondere Lebenserwartung und Bildung betreffenden Grundbedürfnisse hinausgehender materieller Wohlstand führt in der Regel zur Vergrößerung des ökologischen Fußabdrucks und damit zur Überschreitung der unterstellten Nachhaltigkeitsgrenze von 2 ha Grundfläche pro Person. Den höchsten ökologischen Fußabdruck hat Kuwait mit über 10, den niedrigsten Timor-Leste mit unter 0,5 (WWF 2014a: 35 ff, WWF 2014b: 17).

Der 2011 neu eingeführte *Inequality adjusted Human Development Index* (IHDI) diskontiert die durchschnittlichen Leistungen eines Landes bzgl. Gesundheit (Lebenserwartung), Bildung und Einkommen einzeln nach ihrem Grad der Ungleichheit. Bei vollkommener Gleichheit wäre der IHDI gleich dem HDI, bei Ungleichheit sinkt er unter den HDI. Die Differenz zwischen IHDI und HDI sind als menschliche Entwicklungskosten der Ungleichheit oder auch als Verlust der menschlichen Entwicklung durch Ungleichheit zu interpretieren. Der globale Durchschnittsverlust zum HDI wegen Ungleichheit beträgt etwa 23 % und schwankt zwischen 5,5 % (Finnland) und 44 % (Angola). Die Menschen in Afrika südlich der Sahara erleiden die größten Verluste durch Ungleichheit in allen drei Dimensionen, gefolgt von Südasien, den arabischen Staaten, Lateinamerika und der Karibik. Sub-Sahara-Afrika hat die höchste Ungleichheit in der Gesundheit (36,6 %), während Südasien die höchste Ungleichheit in der Bildung (41,6 %) aufweist. Die Region der arabischen Staaten hat auch die höchste Ungleichheit in der Bildung (38 %), Lateinamerika und Karibik die größte Ungleichheit im Einkommen (36,3 %). Da der IHDI immer unter dem HDI liegt, wird das Nachhaltigkeitskriterium von 0,8 IHDI und einem ökologischen Fußabdruck von unter 2 ha pro Person derzeit von keinem Land der Erde erreicht.

Effizienzrevolution für nachhaltige Entwicklung

Um diese Nachhaltigkeitskriterien zu erreichen, müsste die Ressourcen- und Energieproduktivität bzw. Ökoeffizienz vervielfacht werden. Nach Weizsäcker (2012) ermöglichte eine Verfünffachung der Ressourcenproduktivität durch Brennstoffzellen, Carbonfasern und weniger Servomotoren in Kraftfahrzeugen, Passivhäuser mit 1a-Isolierung, Wärmetauscher, Solarenergie, Altbausanierung mit neuer Klebetechnik und Lüftung, Geopolymerzement, LEDs, ressourceneffiziente Logistik, Stadt- und Verkehrsstruktur, Telepräsenz, Recycling, City-Mining etc. ein fünffaches Schrumpfen der ökologischen Fußabdrücke bei Beibehaltung des HDI der reichen Länder sowie eine fünffache Steigerung der HDI-Bewertung ohne Erhöhung der Fußabdrücke in den Entwicklungsländern. Angestrebt wird eine grüne Effizienzrevolution durch Innovationen im Bereich der Ressourcenproduktivität und erneuerbaren Energien, die einen neuen Kondratjew-Zyklus einleitet und die weltweite Ökonomie und Gesellschaft grundlegend weiterentwickelt (Weizsäcker et al. 2010).

Rebound Effekt

Effizienzsteigerungen sind ökologisch insofern problematisch, als technologische Effizienzsteigerungen in der Vergangenheit meist zu höheren Verbräuchen führten, welche das Einsparpotenzial durch Effizienzverbesserungen teilweise aufhoben oder sogar überschritten. Jevons (1866) beschrieb das heute als Rebound-Effekt bezeichnete Paradoxon, dass technologische Effizienzsteigerungen im Ergebnis nicht zu einem geringeren, sondern zu einem höheren Rohstoffverbrauch führen. So bewirkte die vielfache Effizienzsteigerung der Newcomenschen Dampfmaschine durch James Watt einen dramatischen Anstieg des englischen Kohleverbrauchs im 19. Jahrhundert. Heute ermöglichen sparsamere Heizanlagen, Lampen, Kühlschränke oder Kraftfahrzeuge ihre intensivere Nutzung (direkter Rebound-Effekt) bzw. sparen Geld, das für den Konsum zusätzlicher anderer Güter frei wird (indirekter Rebound-Effekt), sodass ökonomisch und ökologisch sinnvolle Effizienzsteigerungen wieder neutralisiert oder gar überkompensiert werden. Im letzteren Fall eines ökologisch insgesamt negativen Rebound-Effekts von über 100 % spricht man von Backfire.

Rebound-Effekte beschränken sich nicht auf die traditionelle Ökonomie, sondern sind auch in der modernen Informations- und Kommunikationswirtschaft von großer Relevanz: Während sich der Zeit-, Raum-, Material- und Energieverbrauch seit dem ersten PC-Verkauf um den Faktor 1000 verringert hat (Hilty 2008: 13), stieg der Energie- und Materialverbrauch der IT-Branche um das Tausendfache, weil die Datenströme um das Millionenfache zugenommen haben. Seit 1975 sank die Energieintensität in den Vereinigten Staaten, jedoch stieg der Energieverbrauch durch Zersiedelung, SUVs, neue IT- und sonstige Stromanwendungen. Weizsäcker (2012) schlägt deshalb vor, die im langfristigen Durchschnitt seit 200 Jahren gefallenen Energie- und Rohstoffpreise zukünftig parallel zu den Effizienzgewinnen staatlich zu steuern und im Ergebnis anzuheben, wobei ein Ausgleich durch Sozialtarife und Aufkommensneutralität für bestimmte Branchen vorzusehen sei. Dass hohe Energiepreise nicht schädlich für die Wirtschaft sein müssen, sondern zu Innovationen anreizen, zeigt das Beispiel Japans, das trotz höchster Energiepreise seinen technologischen Vorsprung zwischen 1975 und 1990 ausbauen konnte. Durch staatlich gesteuerte Energiepreise wäre Nachhaltigkeit für die Industrie- und Entwicklungsländer erreichbar, wobei Europa, Ostasien und rohstoffarme Entwicklungsländer, die rund 90 % der Menschheit vereinen, von einer ökologischen Preispolitik profitieren könnten, während diese letztlich nur für jene Länder mit den höchsten Emissionen und Verbräuchen nachteilig wäre. Von Weizsäckers Vorschlag läuft auf eine an Effizienzsteigerungen angepasste zunehmende Besteuerung des Energie- und Rohstoffumsatzes hinaus, wodurch sich der ökologisch schädliche Rebound-Effekt verhindern ließe. Die Steuereinnahmen aus einer solchen staatlich gesteuerten ökologischen Preispolitik ließen sich für nachhaltige Investitionen und Sozialtransfers verwenden (Weizsäcker et al. 2010).

Die quantitative Konsumsteigerung ist freilich nicht nur auf den Rebound-Effekt infolge von Effizienzverbesserungen, sondern auch auf technologische und monetäre Wachstumsimpulse zurückzuführen. Unterstützt durch Kreditexpansion, technologischen Wettbewerb, die stetige Erfindung neuer Produkte und die Schaffung neuer Märkte nehmen Produktion und Konsum sukzessive zu, sodass wirtschaftliche Aktivität und Ressourcenverbrauch steigen. Wettbewerb, technischer Fortschritt und Skaleneffekte bewirken Preissenkungen, die Kaufkraft für alternative Verwendungen schaffen, welche wiederum die Nachfrage erhöht, die zu Produktions- und Einkommenswachstum führt, wobei der Mehrverbrauch wiederum mit zusätzlichen Umweltbelastungen einhergeht.

6.2.3   Konsistenzstrategien

Die Konsistenzstrategie strebt eine Kreislaufwirtschaft an, in der die Rohstoffe stets wiederverwendet werden (*Cradle to cradle*, von der Wiege zur Wiege) anstatt in einer linearen Wegwerfwirtschaft nach ihrer Nutzung zu Abfall zu werden (Cradle to grave, von der Wiege zur Bahre). Braungart und McDonough (1999) fordern abfallfreies und ökoeffektives anstatt ökoeffizientes Wirtschaften. Vorbild für das Design von Produkten und Prozessen sei der Kirschbaum, der perfekt in den Naturkreislauf integriert ist und eine Fülle von Blüten und Früchten in die Natur abgibt, die für Tiere, Pflanzen und den Boden Nährstoffe und keine schädlichen Abfälle darstellen. Die Natur produziert seit jeher nicht effizient, aber effektiv. Braungart et al. (2010) fordern analog die Entwicklung von Verbrauchsgütern, die als Nährstoffe im biologischen Kreislauf vollständig abbaubar sind. Für nicht biologisch abbaubare Gebrauchsgüter sollen dagegen geschlossene technische Kreisläufe geschaffen werden, in denen die Produzenten alte Waren zurücknehmen, auseinander bauen und die Stoffe wieder vollständig verwerten. Wenn die Produzenten Eigentümer der Waren blieben und nur deren Nutzung bzw. Funktion an die Kunden verkauften, könnten sie auch hochwertigere wiederverwertbare Werkstoffe verwenden.

Die Grundidee der Konsistenz basiert nach Huber (2000: 6 ff) auf einer zyklusanalytischen Betrachtung: Im *Lebenszyklus* von Organismen und Systemen steigen in der Regel der Output und die Effizienz im Zeitverlauf. Der Output nähert sich irgendwann einer Wachstumsgrenze an, geht jedoch nicht im Sinne von Suffizienz zurück, da kein Organismus freiwillig hinter seinem Potenzial zurückbleibt.[89] Im fortgeschrittenen Lebenszyklus nehmen die Effizienzsteigerungen jedoch sukzessive ab und das Potenzial von Innovationen tendiert zu einem Grenznutzen von Null, weshalb Anstrengungen in Effizienzsteigerungen bei bereits weit fortgeschrittenem Entwicklungsstand, z. B. bei bereits hoch entwickelten Motoren, nicht mehr zukunftsorientiert, sondern strukturkonservierend wirken. Konsistenz zielt auf eine strukturelle Neukonzipierung, aus der sich dann wieder neue Wachstums- und Effizienzverbesserungsprozesse ergeben können. Wirksamer als Effizienzsteigerungen oder ein niedrigerer Verbrauch (Suffizienz) umweltschädlicher Produkte ist deren Ersatz durch konsistente Produkte. Ohne Konsistenz wirken Effizienzsteigerungen nicht nachhaltig.

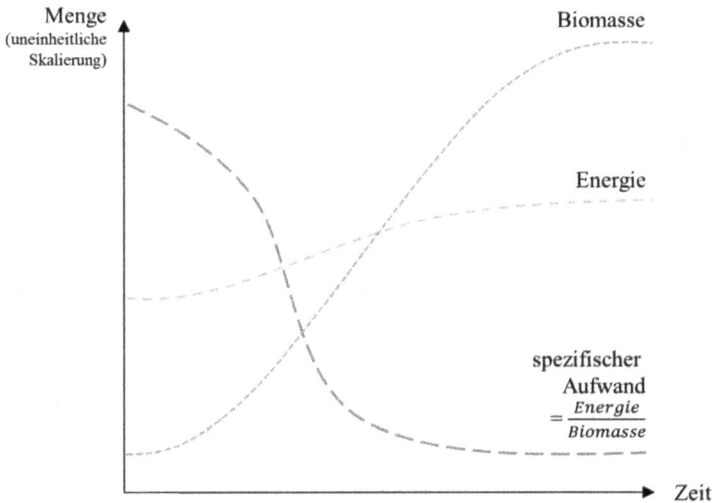

Abb. 6.4:   Veränderung von Biomasse, Energiefluss und Öko-Effizienz im Verlauf der Entwicklung von Organismen oder Ökosystemen (in Anlehnung an Huber 2000: 7)

Die Biomasse, der Energieumsatz und die Ökoeffizienz von Organismen und Ökosystemen zeigen nach Huber (2000: 7 ff) einen durch zahlreiche empirische lebenszyklusanalytische Befunde validierten allgemeingültigen Entwicklungsverlauf: Die absolute Biomasse und der Energieverbrauch wachsen stetig, zunächst beschleunigt und dann verlangsamt (allenfalls in einer späten Degenerationsphase kommt es zu einer marginalen Reduzierung, ansonsten sind Suffizienzstrategien in der Natur nicht zu beobachten), während der spezifische Aufwand als Verhältnis zwischen Energie und Biomasse anfangs beschleunigt abnimmt (Effizienzstrategie), da Organismen und Ökosysteme relativ schnell lernen, ihren spezifischen Aufwand in Relation zur Größe des Organismus zu minimieren und die Ökoeffizienz zu erhöhen. Im späteren Verlauf der Entwicklung kann die Ökoeffizienz dagegen nur noch geringfügig ver-

---

[89] In Haushalten dienen Effizienzsteigerungen nicht dem Schrumpfen (Suffizienz), sondern der Freimachung von Ressourcen für alternative Verwendungszwecke.

bessert werden, weshalb Anstrengungen zur Effizienzsteigerung (Effizienzstrategien) in späten Lebenszyklusphasen wenig Potenzial haben, was beispielsweise auch für das Bestreben nach immer energieeffizienteren Feuerungsanlagen gilt (Huber 2000: 10). Die Erfolgsaussichten, den Verbrauch von Öl, Kohle und Gas durch in der Natur grundsätzlich nicht zu beobachtende Rationierung (Suffizienz) oder in späten Lebenszyklusphasen wenig wirksame Rationalisierung (Effizienz) zu reduzieren, erscheinen weniger erfolgversprechend als eine Konsistenzstrategie, die auf grundlegende ökologieverträgliche Neuerungen und Innovationen zielt, die zunächst da sein müssen, bevor sie wachsen und sich entwickeln können. Während Effizienz und Suffizienz am quantitativen Wachstum ansetzen, zielt Konsistenz auf qualitatives Wachstum. Eine effektive Konsistenzstrategie erfordert nicht nur die Erfindung und Entwicklung neuer Technologien, sondern auch deren Verbreitung und Markteinführung, was sich oft als wesentliche Hürde im Innovationsprozess erweist. Konsistenzstrategien wollen ökologisch behutsame Technik- und Produktentwicklung und naturverträgliche und naturintegrierende Stoff- und Energieströme. Einen ersten Schritt stellen geschlossene Stoffkreisläufe, kaskadische Stoffnutzungen und verbundene Kuppelproduktion dar.

Erneuerbare Energien aus Windkraft, Biomasse, Photovoltaik und Wasserkraft, deren Anteil am deutschen Bruttostromverbrauch 2014 bei 27,8 % lag, erwuchsen hierzulande zur wichtigsten Stromquelle noch vor der Braunkohle (BMWi 2015a: 4). Angesichts der diskontinuierlichen Verfügbarkeit von Wind- und Sonnenstrom und einer gesicherten kontinuierlichen Leistung von nur 0,9 Gigawatt (GW) besteht die größte Herausforderung allerdings nicht in der Erzeugung, sondern der Speicherung von elektrischer Energie. Um eine kontinuierliche Leistung des Wind- und Sonnenstroms von 4,1 GW sicherzustellen, wären 437 Pumpspeicherkraftwerke, die rund 100 Milliarden Euro kosten würden oder alternativ 22 Mio. Batterien (vom Typ der im BMW i3 verwendeten) erforderlich, die derzeit rund 250 Milliarden Euro kosten würden (Sinn 2013b). Innovative Ansätze zur Lösung des Speicherproblems bieten dezentrale Solar-Wasserstoff-Technologien und Brennstoffzellen, etwa zur privaten Energieversorgung von Haushalten: Dabei verwandeln Solarzellen das Sonnenlicht in Strom, der zunächst zur Deckung des unmittelbaren Energiebedarfs dient. Mit überschüssiger Energie spaltet ein Elektrolyseur Wasser in seine Bestandteile Sauerstoff und Wasserstoff, das gespeichert wird. Hieraus wird bei Bedarf, etwa bei Dunkelheit, mittels einer Brennstoffzelle Strom erzeugt. Hohe technische Anforderungen und Kosten scheinen nach jahrzehntelangen Entwicklungsarbeiten sukzessive gelöst zu werden. So sind in Japan mit Wasserstoff fahrende Brennstoffzellenautos, deren Reichweite mit der von Benzinern vergleichbar ist, bereits zu kaufen, ab September 2015 bietet Toyota auch in Deutschland das erste Brennstoffzellenauto in Serie an (Die Welt 3.3.2015).

Konsistenz bedeutet die Entwicklung neuer und umweltverträglicher Produkte und Verfahren, sodass die Bedeutung des industriellen Sektors bestehen bleibt oder sogar größer wird. Dies steht im Widerspruch zu Überlegungen sektoraler Strukturverschiebungen im Sinne einer De-Industrialisierung für mehr Suffizienz und Effizienz. Die Konsistenzstrategie zielt auf grundlegende *Technik- und Produktinnovationen* im Sinne einer metabolischen naturintegrierten industriellen Ökologie. Vielversprechende technologie- und produktbezogene Ansätze, die industriellen Stoffumsätze in ihrer ökologischen Qualität so zu verbessern, dass sie sich in den ökologischen Stoffwechsel einfügen (ökologisches Re-Embedding) wurden nach Huber (2000: 3) im Rioprozess und im Nachhaltigkeitsdiskurs nicht adäquat gewürdigt.[90] Nach Kemp und Soete (1992) beschreiben Wachstum und technologischer Wandel einen komplexen nichtlinearen pfadabhängigen Prozess mit eher kurzfristigen Zielen. Gegenwärtige technologische Entwicklungen, die ihre ökologischen Grenzen erreicht haben, müssten in umweltfreundlichere Bahnen gelenkt werden, was jedoch durch technische, wirtschaftliche und institutionelle *Barrieren* behindert werde, da neue Entwicklungen noch nicht von Skalen- und Lerneffekten profitieren konnten und die auswählende Umgebung noch an das alte Regime angepasst sei. Nach Kemp (1994) können radikale technologische Veränderungen, wie die Substitution kohlenwasserstoffbasierter Energietechnologien nur schrittweise und langsam erfolgen, da sie langer Vorlaufzeiten, spezieller Fähigkeiten, Infrastruktur und institutioneller Veränderungen bedürfen und aufgrund noch nicht eingetretener Lerneffekte kurzfristig hohe Kosten verursachen. Ayres und Simonis (1994) beschreiben verschiedene Aspekte und Auswirkungen des industriellen Metabolismus als einer integrierten Sammlung von physikalischen Prozessen, die Rohstoffe und Energie sowie Arbeit zu Fertigprodukten und Abfällen umwandeln, wobei das ökonomische System eine stabilisierende Funktion einzunehmen hat, da sich die Produktion nicht selbst reguliert.

Die Offenheit für radikale Innovationen im Sinne der Konsistenzstrategie gewinnt im globalen Wettbewerb mit ökonomisch aufstrebenden asiatischen u. a. Wirtschaftsnationen zunehmend an Bedeutung. Alte Regime gefährdende Innovationen können zukünftig immer schwerer zurückgehalten werden, da sonst das Zurückfallen hinter die dann in anderen Ländern stattfindende globale technologische Entwicklung droht. Die global veränderten Rahmenbedingungen werden zukünftig wohl verstärkt dafür sorgen, dass „nichts auf der Welt eine Idee aufhalten kann, deren Zeit gekommen ist".

6.2.4 Nachhaltigkeitsmanagement in Unternehmen

Bewertung von Effizienz, Suffizienz und Konsistenz

Attraktiver als eine Suffizienzstrategie ist zumindest für Unternehmen die Effizienzstrategie, die durch Verbesserung des Input-Output-Verhältnisses, d. h. der technologischen Effizienz, ökonomische und ökologische Ziele gleichermaßen erreichen will. Dadurch wird die Umweltwirkung zwar zumindest relativ reduziert, aber nicht beseitigt. Noch erfolgversprechender erscheint die Konsistenzstrategie, bei der es nicht um eine Effizienzsteigerung bestehender Technologien geht, sondern um die Entwicklung und Innovation neuer Produkte und Verfahren für geschlossene Wertstoffkreisläufe sowie um eine Umgestaltung des industriellen Systems im Sinne ökologisch verträglicher Wertstoffströme. Da Zukunftstechnologien grundsätzlich schwer vorhersehbar sind, geht es neben der Entwicklung neuer Technologien

---

[90] Dabei handelt es sich u. a. um ökologische Technik nach dem Vorbild der Natur (Rechenberg 1973, Gleich 1998), ökologisch designen und produzieren (Paton 1994, Kreibich et al. 1991), Langlebigkeit und Materialrecycling (Stahel 1991, 1992), saubere Technologien (Jackson 1993, Kemp und Soete 1992, Kemp 1993), Stoff- und Materialstrommanagement (Deutscher Bundestag 1994), industrielle Ökologie (Socolow et al. 1994, Graedel 1994), Management des industriellen Metabolismus und geschlossener Stoffkreisläufe (Ayres 1993, 1996, Ayres und Simonis 1994, Ayres 1993, 1996), ökologische Modernisierung von Produktion und Konsum (Mol 1995, Spaargaren 1997, Huber 1995), konstruktive Technikfolgenabschätzung (Rip et al. 1995), ökologische Stoffwirtschaft statt Abfallwirtschaft (Hofmeister 1998), Öko-Effektivität statt Öko-Effizienz (Braungart und McDonough 1999). Diese Ansätze zielen u. a. darauf, technische Systeme durch Nachahmung biologischer Evolutionsvorgänge zu optimieren (Rechenberg 1973), ökologische Technik nach dem Vorbild der Natur zu entwickeln (Gleich 1998) und als industrielle Ökologie bei der industriellen Entwicklung von der Natur zu lernen (Gleich und Gößling-Reisemann 2008).

insbesondere auch um die Förderung von deren Verbreitung. Dies betrifft etwa Technologien zur Rückführung und Wiederverwertung von Rohstoffen und Materialien.

Vom Umwelt- zum Nachhaltigkeitsmanagement

Umweltmanagement bezeichnet die Steuerung von Unternehmen mit dem Ziel, den umweltbezogenen Ansprüchen ihrer Stakeholder hinsichtlich Emissionsreduzierung, Ressourcenschonung und Risikominimierung zu entsprechen. Dabei kann es sich um gesetzliche Verpflichtungen oder auch Anforderung des Marktes oder der Gesellschaft handeln. Unternehmen beziehen Rohstoffe, Energie und Vorprodukte von außerhalb des Unternehmens, d. h. ihrer Umwelt, und erstellen im betrieblichen Transformationsprozess Produkte, die sie wiederum außerhalb des Unternehmens verkaufen. Neben den erwünschten Produkten, die Wertschöpfung darstellen, entsteht auch unerwünschte Schadschöpfung in Form von Emissionen, Abgasen, Abfällen, Abwasser und Risiken, welche die Umwelt belasten. Die ökologischen Systeme dienen dabei einerseits als Ressourcenquelle für natürliche Produkte und andererseits als Senke für nicht mehr verwertbare unnatürliche von Menschen gemachte Stoffe bzw. Schadstoffe, die der Natur zurückgegeben werden (Müller-Christ 2001). Umweltmanagement kann nicht nur ethisch geboten sein, sondern auch zur Kostensenkung beitragen. Umweltmanagement in Form umweltverträglicher Produkt-, Produktions-, Distributions- und Redistributionspolitik sowie umweltorientierter Personal-, Forschungs-, Entwicklungs-, Investitions-, Finanz-, Kontrahierungs- und Kommunikationspolitik ist Bestandteil einer nachhaltigkeitsbezogenen Unternehmensstrategie (Engelfried 2011: 177 ff), wobei ökologische Unternehmensführung, betriebliches Umweltmanagement, Ökomarketing und sonstiges unternehmerisches Umwelthandeln auch unter dem Begriff Umweltmanagement zusammengefasst wird (Huber 2011, Zabel 2002). Umweltmanagementsysteme dienen der Normierung eines freiwilligen umweltbezogenen Planungs-, Entscheidungs-, Steuerungs-, Kontroll- und Berichtsprozesses. Weltweit anerkannte Anforderungen an ein Umweltmanagementsystem werden von der internationalen Umweltmanagementnorm ISO 14001 und dem von der Europäischen Union entwickelten EMAS festgelegt. EMAS umfasst die Anforderungen der ISO 14001 und verpflichtet die von EMAS auditierten Organisationen über gesetzliche Anforderungen hinaus zu einer kontinuierlichen Verbesserung ihrer Umweltleistung. Während die Zahl der EMAS-zertifizierten Organisationen in den letzten Jahren leicht rückläufig ist und Ende 2014 laut EMAS (2015) bei 3.341 lag, konnte sich ISO 14001 als weltweiter Standard mit mittlerweile rd. 300 Tausend zertifizierten Organisationen durchsetzen, was u. a. an den bei ISO 14001 niedrigeren Kosten und Anforderungen zu liegen scheint.

Umweltmanagement entwickelt sich zum Nachhaltigkeitsmanagement, bei dem weiter entwickelte Instrumente und Methoden des Umweltmanagements, des Umweltcontrollings und der Umweltkostenrechnung zur Anwendung kommen, wobei sich die Zielsetzung auch in Richtung Erhalt der natürlichen Ressourcenbasis verschiebt (Colsman 2013, Huber 2011, Baumast und Pape 2008, Michaelis 1999). Ziele der Unternehmen betreffen zunächst den Übergang von der Verschmutzungskontrolle zur Verschmutzungsvermeidung und im zweiten Schritt die stetige Verbesserung der Nutzung ihrer Inputs sowie die Entwicklung besserer und umweltverträglicherer Produkte. Richtig durchgeführte staatliche Regulierung fordert und motiviert Unternehmen zu Innovationen und fördert deren globale Wettbewerbsfähigkeit, weshalb Unternehmen ihre Mittel anstatt für die Bekämpfung von Regulierungen besser für entsprechende Innovationen aufwenden sollten (Porter und van der Linde 1995). Im Zuge einer ökologischen Orientierung setzen sich innovative Unternehmen aktiv für Umweltschutz ein, indem sie ihre Produkte und Prozesse unter Aspekten der Ökoeffizienz und metabolischen Konsistenz weiterentwickeln und umgestalten. In Sinne marktorientierten Umweltmanagements versuchen Unternehmen, Markterfolge durch umweltfreundliche Produkte zu erzielen. Nach Meffert und Kirchgeorg (1998) können Unternehmen durch umweltfreundliche Produkte Marktanteile gewinnen und neue Märkte erschließen, sodass die Anreiz- und Sanktionsmechanismen des Marktwettbewerbs dem Umweltschutz dienen. Als Verursacher von Umweltproblemen haben Unternehmen zudem die größte Lösungskompetenz, umweltorientierte Marktstrategien und Produkte zu entwickeln. Aufgrund ihrer Erfahrungen und ihres Wissens entlang der Produktions- und Verbrauchsketten verfügt die Industrie sowohl über die größten Innovationspotenziale als auch die entsprechenden Finanzierungspotenziale (Huber 2011). Innovative Hochtechnologien bieten Wachstumschancen in den Technologiefeldern und grünen Märkten für Solartechnik, Windkraft, Biotreibstoffe, Biokunststoffe, grüne Architektur, Green Design, Green IT, saubere Autos und Transportlösungen, smarte Infrastruktur und Wasserfiltration (Walther 2009).

Messung und Bewertung von Umweltwirkungen

Um die ökonomischen Auswirkungen auf das ökologische System wirksam steuern zu können, muss man diese zunächst messen und bewerten. Die Bewertung der Umweltwirkungen kann anhand von Bioindikatoren, beispielsweise Schadstoffkonzentrationen in Böden und Gewässern, physikalischen Messgrößen, wie Temperatur oder Strahlung, Niederschlags- und Verdunstungsmengen, Pflanzen- und Tierpopulationen erfasst werden, wobei die Erde heute flächendeckend durch satellitengestützte Verfahren beobachtet werden kann. Die Ergebnisse von Umweltbewertungen dienen neben ökologischen auch ökonomischen Zielen, beispielsweise in der Land- und Forstwirtschaft, der Flächennutzungsplanung oder der Natur- und Landschaftsschutzpolitik (Huber 2011: 61 f).

Das ursprünglich von der OECD entwickelte Pressure-State-Response (PSR) Modell geht davon aus, dass Ressourcenverbrauch und Umweltbelastung (Pressure) die Qualität und die Menge der natürlichen Ressourcen (State) beeinflussen und die Gesellschaft auf diese Veränderungen durch Umwelt-, Wirtschafts- und sektorenbezogene Politik und durch verändertes Bewusstsein und Verhalten (Response) reagiert. Um diese Ursache-Wirkungsbeziehungen abzubilden und Entscheidungsträger und Stakeholder zu unterstützen, sieht das PSR-Modell für die Umweltberichterstattung Pressure-Indikatoren für Ressourcenverbrauch und Emissionsbelastung, die u. a. von Produktions- und Konsummustern abhängen, State-Indikatoren für die Güte von Gewässern, Böden, Nahrung, Klima, Biodiversität und Response-Indikatoren für ökologische Ziele und Maßnahmen vor, beispielsweise Umweltschutzausgaben, umweltbezogene Steuern und Subventionen, Marktanteile von umweltfreundlichen Gütern, Preisstruktur, Recyclingquoten, Compliance-Aktivitäten (OECD 2003: 8 ff). Die auf das Management von Biodiversität bezogenen Untersuchungsergebnisse von Levrel et al. (2009) zeigen die Grenzen des PSR-Modellrahmens, der nicht ausreicht, um interdependente soziale und ökologische Interaktionen zu beschreiben, zu verstehen und zu verwalten.

Ökobilanzierung

Um die Umweltwirkung von Produkten während ihres gesamten Produktlebenszyklus systematisch zu erfassen und zu analysieren, wurde die Lebenszyklusanalyse (Ökobilanzierung) entwickelt, die zu ökologisch nachhaltigen Strategien und Maßnahmen beizutragen vermag. Die Betrachtung geht dabei Cradle to Grave, d. h. von der Wiege zur Bahre bzw. von der

Rohstoffgewinnung der Ressourcen und Energie aus der Natur über die Aufbereitung und Verarbeitung der Naturprodukte in den verschiedenen nachfolgenden Wertschöpfungsstufen zu Zwischen- und Endprodukten, die Nutzung der Produkte bis hin zu deren Entsorgung. Die Analyse der Umweltwirkungen kann sich auf ein einzelnes Produkt (Produkt-Ökobilanz), auf den Vergleich mehrerer Produkte oder auf gesamthafte Stoff- und Energieströme eines Betriebes oder einer überbetrieblichen Supply Chain beziehen. Der methodische Rahmen zur Erstellung einer *Produkt-Ökobilanz* ist in der DIN EN ISO 14040:2009-11 (D) Umweltmanagement – Ökobilanz – Grundsätze und Rahmenbedingungen beschrieben, die folgende vier Phasen vorgibt:

1. Festlegung des von der Organisation zu definierenden *Ziels* und des *Untersuchungsrahmens* in sachlicher und räumlicher Hinsicht, bzgl. Prämissen, Methodik, Kategorien der Wirkungsabschätzung etc., wodurch alle weiteren Phasen der Ökobilanzierung beeinflusst werden,

2. *Sachbilanz*, in der die Datenerfassung und Berechnungsmethodik zur Quantifizierung relevanter Input- und Output-Ströme beschrieben und der Input an Ressourcen und Energie dem Output an Produkten, Emissionen und Abfällen gegenübergestellt wird,

3. *Wirkungsabschätzung*, in der die potentiellen Umweltwirkungen auf Basis der Ergebnisse der Sachbilanz bewertet und hinsichtlich ihrer Wirkungen, z. B. zur Biodiversität, zum Klimawandel, zum Ozonloch etc., kategorisiert werden,

4. *Auswertung* der Sachbilanz und Wirkungsabschätzung unter Bezugnahme auf die eingangs festgelegten Ziele.

Abhängig von der beabsichtigten Zielsetzung und ihren Bedürfnissen dürfen Organisationen Ökobilanzen flexibel unter Anwendung verschiedener Methoden erstellen (DIN EN ISO 14040:2006). Bei der Erstellung der *Sachbilanz* wird auf unterschiedliche Methoden zurückgegriffen, von denen im Folgenden einige wesentliche herausgegriffen werden:

- Die *ABC-Analyse* unterscheidet zwischen wesentlichen und unwesentlichen Problemtreibern (z. B. A: gesetzliche Grenzwerte werden überschritten, B: Grenzwerte werden kurzfristig überschritten, C: Grenzwerte werden eingehalten), zwischen großem und keinem Handlungsbedarf (z. B. A: Stoff steht unter nachhaltiger Kritik, B: unabhängige Institute fordern schärfere Bestimmungen, C: Stoff steht außerhalb jeglicher gesellschaftlicher Kritik), zwischen großen und kleinen ökonomischen Potenzialen (z. B. A: Stoffeinsatz erfolgt mit großem Material- oder Energieverlust, B: mit mittlerem Verlust, C: mit kaum oder keinem Verlust) etc. (Müller 2010: 170).

- Die vom Schweizer Bundesamt für Umweltschutz (1984) entwickelte Methode der *kritischen Volumina* berechnet, welches Volumen eines Mediums, z. B. Luft oder Wasser, durch die Abgabe eines Kilogramms Schadstoff bis zum Grenzwert belastet wird.

- Der *kumulierte Energieaufwand* (KEA) kann mit der in der VDI-Richtlinie 4600 beschriebenen Methodik berechnet werden. „Der KEA ermöglicht die energetische Beurteilung und den Vergleich von Produkten und Dienstleistungen" (VDI 4600 2012: 2) und gibt „die Gesamtheit des primärenergetisch bewerteten Aufwands an, der im Zusammenhang mit der Herstellung, Nutzung und Beseitigung eines ökonomischen Guts (Produkt oder Dienstleistung) entsteht bzw. diesem ursächlich zugewiesen werden kann" (VDI 4600 2012: 6).

- Der *Materialinput pro Serviceeinheit* (MIPS) misst den Naturverbrauch eines Produkts entlang des gesamten Lebenszyklus (Gewinnung bis Entsorgung oder Recycling). Unter der Prämisse, dass weniger Materialinput zu weniger Umweltbelastung führt, kann das MIPS-Konzept zur Bewertung und zum Vergleich von Umwelteigenschaften von Produkten, Verfahren und Dienstleistungen auf einzel- und gesamtwirtschaftlicher Ebene angewendet werden (Wuppertal Institut 2015).

- Die Methode der *ökologischen Knappheit* gewichtet Schadstoffemissionen und Ressourcenverbrauch durch Ökofaktoren, die aus Umweltgesetzen oder entsprechenden politischen Zielen abgeleitet werden. Mit zunehmender Zielüberschreitung steigt die Anzahl der nach Maßgabe der ISO 14044 hergeleiteten Umweltbelastungspunkte (Frischknecht et al. 2013: 48 ff).

- Der *Vermeidungskostenansatz* bewertet Umweltschäden anhand der von Individuen ergriffenen und monetär bewerteten Vermeidungsmaßnahmen.

- Als *Wasser-Fußabdruck* (Water Footprint) wird die Gesamtmenge an virtuellem Wasser erfasst, die für die Produktion eines Gutes gebraucht wird. Dabei wird grundsätzlich zwischen bei der Produktion verdunstendem Grund- und Oberflächenwasser (blauer Fußabdruck), durch die Vegetation verdunstendem Wasser insbesondere in der Landwirtschaft (grüner Fußabdruck) und verunreinigtem Wasser (grauer Fußabdruck) unterschieden (Hoekstra 2008, 2003).

- Die Methodik des *CO_2-Fußabdrucks* (Product Carbon Footprint) als „Bilanz der Treibhausgasemissionen entlang des gesamten Lebenszyklus eines Produkts in einer definierten Anwendung und bezogen auf eine definierte Nutzeinheit" wird vom BMUB et al. (2009: 4ff) beschrieben und Vorschläge zur Methodenintegration zwischen der ISO 14040 ff und dem britischen Standard PAS 2050 unterbreitet.

Auch die *Wirkungsanalyse* erfolgt abhängig vom Untersuchungsziel auf Basis unterschiedlicher Methoden, Wirkungskategorien und -indikatoren:

- Der *Sustainable Process Index* (SPI) rechnet alle für ein Produkt notwendigen Stoff- und Energieströme in Flächen um und unterscheidet dabei zwischen direktem Flächenverbrauch, dem Verbrauch an erneuerbaren, fossilen und nicht erneuerbaren Rohstoffen sowie Emissionen in Luft, Wasser und Boden. Niedrige Flächen- bzw. SPI-Werte kennzeichnen Prozesse, die unter nachhaltigen Bedingungen konkurrenzfähig und langfristig umweltverträglich sind (Narodoslawsky und Krotscheck 1995).

- Der *Eco-Indikator 99* verdichtet die auf Europa bezogenen Umweltwirkungen eines Produkts oder Systems über den gesamten Lebenszyklus in den Schadenskategorien Humangesundheit, Ökosystemqualität und Ressourcenvorrat und berücksichtigt diese dann in einer möglichst zu minimierenden Punktzahl.

- Der *Schadenskostenansatz* (EPS-System) bewertet monetär durch Produkte verursachte Schäden an den Schutzgütern Humangesundheit, Biodiversität, Produktion der Ökosysteme, abiotische Ressourcen und Ästhetik. Bewertungsfaktoren sind die empirisch erhobene monetäre Zahlungsbereitschaft für die Schutzgüter, die Bewertung der Umweltbelastung sowie die Reichweite bzw. Schadenswirkung.

- Die *CML-Methode* des „Centrums voor Milieukunde der Universiteit Leiden" unterscheidet zwischen den Kategorien abiotischer Schwund, Treibhauspotenzial, Ozonabbau, Humantoxizität, aquatische Ökotoxizität, terrestrische Ökotoxizität, photochemikalisches Ozonerzeugungspotential, Versauerungspotential und Eutrophierung (Giunée 2002).

- Die *SETAC* („Society for Environmental Toxicology and Chemistry") differenziert Input-bezogene Wirkungskategorien durch den Einsatz von Rohstoffen (1. Abiotische Ressourcen, 2. Biotische Ressourcen, 3. Flächenverbrauch) sowie Output-bezogene Kategorien durch emissionsbedingte Wirkungen (4. Treibhauseffekt, 5. Abbau stratosphärischen Ozons, 6. Humantoxizität, 7. Ökotoxizität, 8. Bildung von Photooxidantien, 9. Versauerung, 10. Eutrophierung inkl. Sauerstoffzehrung und Wärmeeinleitung, 11. Geruch, 12. Lärm, 13. Strahlung, 14. Unfälle) (Schmitz und Paulini 1999: 6).

Die in Ökobilanzen des Umweltbundesamtes zu berücksichtigenden Wirkungskategorien (i. d. R. direkte Gesundheitsschädigung, direkte Schädigung von Ökosystemen, aquatische Eutrophierung, terrestrische Eutrophierung, Naturraumbeanspruchung, photochemische Oxidantienbildung, Sommersmog, Ressourcenbeanspruchung, stratosphärischer Ozonabbau, Treibhauseffekt, Versauerung) sind entsprechend der Sachbilanzergebnisse zu Indikatoren (z. B. x kg CO_2-Äquivalente für die Kategorie Treibhauseffekt oder y Quadratmeter versiegelte Fläche für die Kategorie Naturraumbeanspruchung) zu aggregieren. Eine Wirkungskategorie oder ein Wirkungsindikator ist umso umweltschädigender und vorrangiger und erhält eine umso höhere ökologische Priorität (zwischen A: höchste und E: niedrigste), je schwerwiegender die Gefährdung der ökologischen Schutzgüter, je weiter der bestehende vom angestrebten Umweltzustand entfernt und je höher der Anteil des jeweiligen Indikatorergebnisses an einem Referenzwert ist (Schmitz und Paulini 1999: 13 ff).

Ökobilanzen können als Entscheidungsgrundlage für die ökologische Verbesserung der Produkte (improvement) dienen, zu umweltpolitischen Entscheidungsprozessen (public policy making) beitragen, vergleichende Aussagen (comparative assertions) und Wirkungsabschätzungen (impact assessments) ermöglichen und auch für Sachbilanzen (Life Cycle Inventory Studies) als eigenständige Bilanzierungsform herangezogen werden (Schmitz und Paulini 1999: 4). Mithilfe der Produkt-Ökobilanz können ökologische Schwachstellen identifiziert und durch entsprechende Weiterentwicklung von Produkten und Prozessen eliminiert werden, weshalb die Ökobilanzierung ein geeignetes Instrument des strategischen Managements und Marketings ökologisch orientierter Unternehmen darstellt.[91]

Das Potenzial der Ökobilanzierung reicht jedoch weiter: Nach Gray (2002: 357 ff) besteht zwischen Nachhaltigkeit und modernem internationalen Finanzkapitalismus ein elementarer Konflikt, welcher den Kern des Finanz- und Rechnungswesens betrifft und weit über methodische und intellektuelle Fragen hinausgeht, wobei Sozial- und Umweltbilanzen eine Möglichkeit bieten, ein moralisches und produktives Finanz- und Rechnungswesen zu gewinnen, welches das Überleben des Menschen in den Mittelpunkt stellt.

6.2.5   Corporate Social Responsibility

Der Nachhaltigkeitsdiskurs hat dazu beigetragen, dass Unternehmen sich heute freiwillig ein nachhaltiges Unternehmensleitbild im Sinne von Corporate Social Responsibility oder Corporate Citizenship geben, die über Corporate Governance hinausgeht.[92]

Corporate Social Responsibility (CSR) bezeichnet die Sozialverantwortung von Unternehmen, die freiwillig ökonomische, ökologische und soziale Ziele ausbalanciert verfolgen. Bei CSR handelt es sich grundsätzlich um nach außen gerichtete oder innere Aktivitäten eines Unternehmens, während Corporate Citizenship meist den Bezug zu einer Non-Profit-Organisation herstellt. Wenngleich CSR und Corporate Citizenship in der Praxis teilweise synonym verwendet werden, wird Corporate Citizenship in der Literatur vorwiegend als Teilaspekt von CSR verstanden, namentlich als besonderes bürgerschaftliches Engagement von Unternehmen zur Lösung sozialer Probleme in ihrem lokalen Umfeld oder als Zusammenarbeit eines Unternehmens mit einer externen Non-Profit-Organisation, etwa durch Spenden, Sponsoring, Stiftungen oder aktives Engagement von Unternehmensangehörigen (Loew et al. 2004, Huber 2011).

---

[91] Die DIN EN ISO 14044:2006-10, in der die bisherigen ISO Normen 14.041 bis 14.043 zusammenfasst wurden, sieht vor der Veröffentlichung einer Ökobilanz eine kritische Prüfung durch unabhängige Sachverständige, ggf. unterstützt durch Vertreter interessierter Kreise, vor, was zur Qualitätssicherung und Vertrauensbildung gegenüber Stakeholdern beiträgt.

[92] Corporate Governance bezeichnet die Gesamtheit gesetzlicher Regelungen und anderer Empfehlungen zur guten und verantwortungsvollen Unternehmensführung und -überwachung. Hierzu gehören z. B. Fragen der Rechnungslegung, der internen und externen Prüfung, der Arbeit des Vorstands, der Transparenz oder der Rolle der Eigentümer (Bundesbank 2006: 304). Der institutionelle Druck insbesondere seitens der Finanzmärkte führt dazu, dass sich börsennotierte Unternehmen heute mit CSR auseinanderzusetzen haben.

CSR wird allgemein als grundlegendes Konzept für Unternehmen verstanden, auf freiwilliger Basis soziale und ökologische Belange in die Tätigkeit des Unternehmens sowie dessen Wechselbeziehungen mit den Stakeholdern zu integrieren und zu versuchen, Sozialkosten zu minimieren. Sozialkosten sind nach Kapp (1979: 10 f) „alle direkten und indirekten Verluste, die Drittpersonen oder die Allgemeinheit als Folge einer uneingeschränkten wirtschaftlichen Tätigkeit zu tragen haben. Die Sozialkosten können in Schädigungen der menschlichen Gesundheit, in der Vernichtung oder Verminderung von Eigentumswerten und der vorzeitigen Erschöpfung von Naturschätzen zum Ausdruck kommen. Sie können als Beeinträchtigung weniger greifbarer Werte auftreten... Die grundsätzlichen Ursachen der Sozialkosten liegen im Profitstreben mit der Minimierung der privaten Produktionskosten. Je größer die Bedeutung des Unternehmertums ist, umso größer ist die Wahrscheinlichkeit von Sozialkosten. Je mehr ein Wirtschaftssystem auf private Anreize und die Verfolgung von privaten Gewinnen abzielt, desto größer ist die Gefahr, dass unbezahlte Sozialkosten entstehen, wenn nicht entsprechende Maßnahmen ergriffen werden" (Kapp 1979: 11). Entsprechende Maßnahmen können entweder durch Schutzgesetze oder auf freiwilliger Basis eingeleitet werden. Während Arbeitsschutz, Umweltschutz, Verbraucherschutz und andere gesetzliche Schutzbestimmungen nur funktionieren, wenn zwischen dem unternehmerischen Handeln und dem eingetretenen Schaden eine Ursache-Wirkungs-Beziehung besteht, was z. B. bei Süßigkeiten und Adipositas der Fall sein kann, aber nicht muss, ist die Idee der freiwilligen Selbstbindung, dass einzelne Unternehmen die Aus- und Nebenwirkungen ihrer Handlungen selbst am besten abschätzen können und daher entscheiden sollten. Dabei stellt sich die Frage, ob freiwillige Selbstbindungen, etwa bezüglich des Ausstoßes von Treibhausgasen oder einer elektronischen Geschwindigkeitsabriegelung bei Autos ausreichen, um ökologische und soziale Ziele zu erreichen. Solange keine verbindliche gesetzliche Verpflichtung besteht, gewinnen Unternehmen Zeit, sich auf Anforderungen der Nachhaltigkeit längerfristig anzupassen (Müller-Christ 2014). Sozial verantwortliches unternehmerisches Handeln erfordert dabei nicht nur, die gesetzlichen Bestimmungen einzuhalten, sondern über die bloße Gesetzeskonformität hinaus ein Mehr in Humankapital, die Umwelt und die Beziehungen zu anderen Stakeholdern zu investieren (KOM 2011: 7). Stakeholder- und nachhaltigkeitsbezogene Diskurse erhöhten den Druck auf Unternehmen, über das gesetzlich Vorgeschriebene hinaus sozial und ökologisch aktiv zu sein und freiwillig den CSR-Verhaltensregeln zu entsprechen (Curbach 2009, Müller und Schaltegger 2008, Googins et al. 2007). Unternehmen werden an ihren nachhaltigen Entwicklungszielen sowie deren Verfolgung und Realisierung gemessen und bewertet. Neben der Einhaltung gesetzlicher Forderungen (Compliance) ist die freiwillige Orientierung an nachhaltiger Entwicklung und unternehmerischer Gesellschaftsverantwortung (CSR) eine unternehmenspolitische und strategisch relevante Aufgabe, wobei hohe selbstverpflichtende Branchenstandards auch durch starke globale Branchenverbände, wie z. B. die Semiconductor Industry Association, durchgesetzt werden können.

Nachhaltiges Management beginnt damit, dass sich das Unternehmen offiziell ein nachhaltiges Unternehmensleitbild in Form einer entsprechenden Vision und/oder Mission gibt. Aus der Definition nachhaltiger unternehmenspolitischer Ziele werden Strategien, Aufträge und Maßnahmen zur Realisierung abgeleitet. Ein Nachhaltigkeitsleitbild besteht erstens aus ökonomischen Zielen (Rentabilität, Wirtschaftlichkeit, Produktivität), zweitens aus sozialen und drittens aus ökologischen Zielen. Prinzipiell wird die Gleichrangigkeit dieser Ziele postuliert, während sich in der Praxis teilweise erhebliche Interessenskonflikte ergeben, weshalb man auch vom magischen Nachhaltigkeitsdreieck spricht, das im Sinne einer Interessen- und

Güterabwägung sowie einer Folgenabschätzung immer neue Kompromisse verlangt. Management orientiert sich heute verstärkt an Nachhaltigkeitsaspekten und -zielen, wobei symbolisches und tatsächliches Handeln zu unterscheiden sind (Huber 2011). Letzteres im Sinne eines nachhaltigen Managements ist heute nicht mehr nur ordnungsrechtlich oder altruistisch, sondern auch ökonomisch motiviert, wobei Verständigungs- und Glaubwürdigkeitspotenziale, strategische Erfolgspotenziale sowie Kosten- und Ertragsvorteile relevant sind. Über gesetzliche Auflagen hinausgehende ökologische und soziale Investitionen in Umweltschutz, Arbeitsbedingungen, Aus- und Weiterbildung, Beziehungen zwischen Management und Beschäftigten usw. sind häufig erforderlich, um die Wettbewerbsposition und Attraktivität für Kunden, Mitarbeiter und andere Stakeholder zu halten und auszubauen. Dies eröffnet neue Wege der Bewältigung des Wandels und neue Möglichkeiten, soziale Errungenschaften mit der Steigerung der Wettbewerbsfähigkeit in Einklang zu bringen (KOM 2001: 7). Die frühzeitige Adaption an gesellschaftliche Entwicklungen und Bedürfnisse verschiedener Stakeholder trägt zur Verbesserung von Image und Marke bei und schafft zusätzliche strategische Erfolgs- und Absatzpotenziale.

Die Grundidee nachhaltigen Wirtschaftens ist, gleichzeitig mit der ökonomischen Wertschöpfung auch soziale bzw. ökologische Werte zu schaffen anstatt diese zu zerstören. Nachhaltiges Wirtschaften bedeutet, Verantwortung für die sozialen und ökologischen Auswirkungen des eigenen Handelns zu übernehmen, indem nicht nur die eigenen Bedürfnisse, sondern auch jene von Gesellschaft und Natur berücksichtigt werden. Nachhaltiges Wirtschaften ist dabei nicht kurzfristig gewinnmaximierend, sondern langfristig gesellschafts- und gewinnorientiert. Die gesellschaftliche Orientierung von Unternehmen im Zuge der Nachhaltigkeit wurde von Michael Porter als Shared Value beschrieben, nachdem sein bisheriges Konzept des strategischen Marketings im Sinne der Five Forces eher darauf abzielte, unvollkommene Marktbedingungen zu Gunsten der Unternehmen zu schaffen. Grundidee des Shared Value ist, dass Unternehmen und Gesellschaft wechselseitig voneinander abhängig und aufeinander angewiesen sind. Um Shared Value zu erreichen, bedarf es einer Neudefinition von Produkten und Märkten, einem weiterentwickelten Produktivitätsverständnis sowie der gesellschaftlichen Netzwerkbildung zur Lösung der Zukunftsaufgaben ökologisch nachhaltiger Energie, Mobilität, Stadtentwicklung etc. Unternehmen nutzen Umweltstrategien, um Innovationen und Werte zu schaffen und Wettbewerbsvorteile auszubauen (Esty und Winston 2006). Umweltverschmutzung verschwendet Ressourcen und bedeutet zusätzlichen Aufwand im gesamten Produktlebenszyklus, während verbesserte Ressourcenproduktivität Unternehmen wettbewerbsfähiger macht (Porter und van der Linde 1995).

Strategische CSR beinhaltet sowohl inside-out als auch outside-in Dimensionen, da hierin die Chancen für Shared value, d. h. eines gemeinsamen Nutzens für die Gesellschaft und die Wettbewerbsfähigkeit von Unternehmen, liegen. Die höchste strategische Wirkung entfaltet CSR, wenn Unternehmen die soziale Dimension in ihre Wertschöpfungskette einfügen, sodass soziale Wirkungen zum integralen Bestandteil der Gesamtstrategie werden. Je stärker gesellschaftliche Fragen direkt mit dem Geschäft eines Unternehmens verbunden sind, desto größer ist allgemein das unternehmerische und gesellschaftliche Chancenpotenzial. Dies setzt voraus, dass Manager die Bedeutung des outside-in-Einflusses im Wettbewerbskontext und die für CSR-Initiativen Verantwortlichen jede Aktivität in der Wertschöpfungskette verstehen. Wenn nachhaltige Wertschöpfungspraktiken und Investitionen im Wettbewerbskontext vollständig integriert sind, lässt sich CSR kaum mehr vom Tagesgeschäft des Unternehmens unterscheiden (Porter und Kramer 2006).

2011 legte die Europäische Kommission eine neue Definition vor, wonach CSR „die Verantwortung von Unternehmen für ihre Auswirkungen auf die Gesellschaft" ist (KOM 2011: 7).[93] Die in Deutschland als DIN ISO 26000 veröffentlichte *ISO 26000* ist ein freiwillig anzuwendender und nicht zertifizierbarer *CSR-Leitfaden*, der Organisationen dabei unterstützt, gesellschaftliche Verantwortung wahrzunehmen. Dass sich die ISO 26000 nicht nur an Unternehmen richtet, sondern universell anwendbar ist, unterscheidet sie beispielsweise von den auf Wirtschaftsorganisationen bezogenen OECD-Leitsätzen für multinationale Unternehmen (BMAS 2011: 7).[94] Die ISO 26000 bietet einen guten Überblick über den breiten Kanon der CSR-Themen und illustriert, inwieweit CSR mittlerweile zu einer Catch-all-Kategorie geworden ist. Einerseits umfasst CSR eine Vielzahl von sozialen und ökologischen Themen, andererseits bieten nach Porter und Kramer (2006) aber nur einige Unternehmen die Mög-

---

[93] In der gleichen endgültigen Mitteilung KOM (2011:16) 681 forderte die EU-Kommission alle großen europäischen Unternehmen auf, sich bis 2014 zu verpflichten, bei der Entwicklung ihres *CSR-Konzepts* mindestens eines der folgenden *Regelwerke* zu berücksichtigen: OECD-Leitsätze für multinationale Unternehmen, Global Compact der Vereinten Nationen oder ISO 26000 zur sozialen Verantwortung. Zudem sind alle in Europa ansässigen multinationalen Unternehmen aufgefordert, sich zu verpflichten, die *Dreigliedrige Grundsatzerklärung des Internationalen Arbeitsamtes (IAA)* über multinationale Unternehmen und Sozialpolitik zu beachten. Diese den globalen CSR-Rahmen bildenden international anerkannten Grundsätze und Leitlinien sind nach KOM (2011: 8 f) „zumindest in den folgenden Bereichen relevant: Menschenrechte, Arbeits- und Beschäftigungspraktiken (z. B. Aus- und Fortbildung, Diversität, Gleichstellung von Frauen und Männern, Gesundheit der Arbeitnehmer und Wohlbefinden) und Ökologie (z. B. Artenvielfalt, Klimawandel, Ressourceneffizienz, Lebenszyklusanalyse und Prävention von Umweltverschmutzung) sowie Bekämpfung von Bestechung und Korruption. Für die Einbindung und Weiterentwicklung der Gemeinschaft, die Integration von Menschen mit Behinderungen sowie die Vertretung der Verbraucherinteressen, einschließlich des Schutzes der Privatsphäre, spielt CSR ebenfalls eine wichtige Rolle. Die Förderung der sozialen und ökologischen Verantwortung über die gesamte Lieferkette und die Offenlegung nicht-finanzieller Informationen sind als wichtige bereichsübergreifende Fragen anerkannt. Die Kommission hat eine Mitteilung über Politik und Freiwilligentätigkeit angenommen, in der freiwilliges Engagement von Beschäftigten als Ausdruck der sozialen Verantwortung anerkannt wird. Darüber hinaus fördert die Kommission die Anwendung der drei Grundsätze des verantwortungsvollen Handelns im Steuerbereich (Transparenz, Informationsaustausch und fairer Steuerwettbewerb) in den zwischenstaatlichen Beziehungen. Die Unternehmen werden aufgefordert, soweit angemessen ebenfalls auf die Umsetzung dieser Grundsätze hinzuarbeiten."

[94] Die *DIN ISO 26000* empfiehlt Organisationen, ihr Verhalten an sieben *Grundsätzen* gesellschaftlicher Verantwortung auszurichten: *Rechenschaftspflicht, Transparenz, ethisches Verhalten, Achtung der Interessen von Anspruchsgruppen, Achtung der Rechtsstaatlichkeit, Achtung internationaler Verhaltensstandards und Achtung der Menschenrechte*. Als Hauptbereiche gesellschaftlicher Verantwortung sollte sich eine Organisation mit den folgenden sieben *Kernthemen* und ihren jeweiligen Handlungsfeldern (diese sind in Klammern durchnummeriert) auseinandersetzen: 1. *Organisationsführung*, 2. *Menschenrechte*: (1) gebührende Sorgfalt, (2) Menschenrechte in kritischen Situationen, (3) Mittäterschaft vermeiden, (4) Missstände beseitigen, (5) Diskriminierung und schutzbedürftige Gruppen, (6) bürgerliche und politische Rechte, (7) wirtschaftliche, soziale und kulturelle Rechte, (8) grundlegende Prinzipien und Rechte bei der Arbeit, 3. *Arbeitspraktiken*: (1) Beschäftigung und Beschäftigungsverhältnisse, (2) Arbeitsbedingungen und Sozialschutz, (3) sozialer Dialog, (4) Gesundheit und Sicherheit am Arbeitsplatz, (5) menschliche Entwicklung und Schulung am Arbeitsplatz, 4. *Umwelt*: (1) Vermeidung der Umweltbelastung, (2) nachhaltige Nutzung von Ressourcen, (3) Abschwächung des Klimawandels und Anpassung, (4) Umweltschutz, Artenvielfalt und Wiederherstellung natürlicher Lebensräume, 5. *Faire Betriebs- und Geschäftspraktiken*: (1) Korruptionsbekämpfung, (2) Verantwortungsbewusste politische Mitwirkung, (3) fairer Wettbewerb, (4) gesellschaftliche Verantwortung in der Wertschöpfungskette fördern, (5) Eigentumsrechte achten, 6. *Konsumentenanliegen*: (1) faire Werbe-, Vertriebs- und Vertragspraktiken sowie sachliche und unverfälschte, nicht irreführende Informationen, (2) Schutz von Gesundheit und Sicherheit der Konsumenten, (3) nachhaltiger Konsum, (4) Kundendienst, Beschwerdemanagement und Schlichtungsverfahren, (5) Schutz und Vertraulichkeit von Kundendaten, (6) Sicherung der Grundversorgung, (7) Verbraucherbildung und Sensibilisierung, 7. *Einbindung und Entwicklung der Gemeinschaft*: (1) Einbindung der Gemeinschaft, (2) Bildung und Kultur, (3) Schaffung von Arbeitsplätzen und berufliche Qualifizierung, (4) Technologien entwickeln und Zugang dazu ermöglichen, (5) Schaffung von Wohlstand und Einkommen, (6) Gesundheit, (7) Investition zugunsten des Gemeinwohls.

lichkeit, hierdurch wirkliche zusätzliche Werte für die Gesellschaft zu schaffen oder Wettbewerbsvorteile zu erreichen. Im Gegensatz zu einer reaktiven CSR, die alle gesellschaftlichen
Aspekte aufzugreifen versucht, ist eine strategische CSR nach Porter und Kramer stärker
selektiv und baut Wettbewerbsvorteile durch richtige Entscheidungen und fokussierte, proak-
tive und integrierte soziale Initiativen im Einklang mit ihren Kernstrategien auf bzw. aus.
Dies entspräche einer Veränderung bzw. Weiterentwicklung des Leitgedankens von der Corporate Social Responsibility zur Corporate Social Integration.

6.2.6   Nachhaltigkeitsberichterstattung

Nachhaltigkeitsberichterstattung im Allgemeinen

Insbesondere große Unternehmen betreiben heute Issues Management (Risiko- und Chancen-
Management), in dem sie sich mit Anliegen ihrer Umwelt auseinandersetzen und für das
Unternehmen relevante Themen systematisch verfolgen (Ingenhoff und Röttger 2008: 323
ff). Hierbei werden risikorelevante Informationen gesammelt und teilweise auch
Stakeholdern zur Verfügung gestellt. Vor allem Großunternehmen erstellen regelmäßig
Nachhaltigkeitsberichte, wobei sich diese hinsichtlich Adressatenkreis, Struktur, Inhalt, Umfang und Detaillierung noch erheblich unterscheiden.[95] Nachhaltigkeitsberichte tragen zunehmenden Informationsansprüchen der Stakeholder Rechnung, indem Aspekte der Umwelt-
, Sozial- und Geschäftsberichterstattung unter Berücksichtigung ihrer Interdependenzen
integriert dargestellt werden (Burschel et al. 2004: 556 ff) und fungieren dabei als Instrument
des Nachhaltigkeitsmanagements sowie der Public Relations. Durch frühzeitige Adaption
sozialer und ökologischer Risiken, die Integration nachhaltiger Ziele und Maßnahmen in die
strategische Unternehmensplanung und entsprechende Unternehmenskommunikation in
Form von Öffentlichkeitsarbeit, Nachhaltigkeits- und Umweltmanagement sowie Nachhal-
tigkeits- und Umweltberichten in Ergänzung der regelmäßigen Geschäftsberichte kann einem
Reputationsverlust vorgebeugt werden (Huber 2011: 261 ff, Herzig und Pianowski 2008: 217
ff, Meckel und Schmid 2008, Michelsen und Godemann 2007).

Für Nachhaltigkeitsberichte gibt es mittlerweile viele Leitlinien, wobei sich die
Sustainability Reporting Guidelines der Global Reporting Initiative (GRI) als international
weit verbreiteter Standard der Nachhaltigkeitsberichterstattung etabliert haben.

Nachhaltigkeitsberichterstattung nach der GRI-Leitlinie G4

Die im Mai 2013 vorgestellte neue GRI-Leitlinie G4 wird die noch bis Dezember 2015 praktizierbare G3-Richtlinie vollständig ablösen. Neben den Berichterstattungsgrundsätzen und
Standardangaben gibt es in der G4 erstmals auch eine Umsetzungsanleitung, welche die
Anwendung der Berichterstattungsgrundsätze, die Aufbereitung offen zu legender Informationen sowie die Interpretation der Konzepte in den Leitlinien erklärt.

---

[95] Die eigenständigen Nachhaltigkeits- und CSR-Berichte oder vergleichbare Berichte deutscher Unternehmen
werden seit 1994 vom Institut für ökologische Wirtschaftsforschung (IÖW) und „future e.V. – verantwortung
unternehmen", einer Initiative nachhaltig wirtschaftender Unternehmen, auf Basis eines umfassenden Kriterien-
katalogs bewertet. Seit 2009 werden getrennte IÖW/future-Rankings für Großunternehmen sowie für kleine und
mittlere Unternehmen (KMU) erstellt, wobei BMW und die Öko-Brauerei Neumarkter Lammsbräu zuletzt den
2011 vom Bundesministerium für Arbeit und Soziales und Rat für Nachhaltige Entwicklung überreichten Preis
für die besten Nachhaltigkeitsberichte von Großunternehmen bzw. Mittelständlern erhielten (IÖW/future 2015).

Die *Berichtsinhalte* sind laut G4 nach folgenden *Grundsätzen* zu bestimmen (GRI 2013a: 7, 16 f): Der Nachhaltigkeitsbericht sollte die wesentlichen wirtschaftlichen, ökologischen, gesellschaftlichen sowie die für Stakeholder maßgeblichen Auswirkungen der Organisation widerspiegeln *(Wesentlichkeit)* und in Umfang, Abgrenzung und zeitlichem Rahmen vollständig sein *(Vollständigkeit)*. Die Leistung der Organisation sollte im größeren Zusammenhang einer nachhaltigen Entwicklung dargestellt werden *(Nachhaltigkeitskontext)*. Die Stakeholder sollten angegeben und erläutert werden, inwiefern auf deren angemessene Erwartungen und Interessen eingegangen wurde *(Einbeziehung von Stakeholdern)*. Die Festlegung der Berichtsinhalte soll unter Einbeziehung von Stakeholdern erfolgen, wobei ein schrittweises Verfahren zur Ermittlung der wesentlichen Aspekte und ihrer Grenzen, ihrer Priorisierung hinsichtlich Wesentlichkeit, Validierung der Vollständigkeit und Evaluierung zur Verbesserung zukünftiger Berichte vorgesehen ist (GRI 2013a: 16 f, 91). Im Vergleich zur G3 fokussiert die G4 stärker auf die wesentlichen Themen (diese werden in der G4 Aspekte genannt) und berücksichtigt hinsichtlich der unternehmerischen Auswirkungen nun die gesamte Wertschöpfungskette. Durch Konzentration auf ausgewählte Aspekte kann sich der Bericht diesen für die Stakeholder wichtigsten Themen intensiver widmen und übersichtlicher gestaltet werden. Die bisherige Unterscheidung in Kern- und Zusatzindikatoren wird in der G4-Leitlinie nicht weitergeführt (GRI 2013a, GRI 2011).

Hinsichtlich der *Berichtsqualität* sollte der Bericht positive und negative Aspekte der Organisationsleistung umfassen, um eine fundierte Beurteilung der Gesamtleistung zu ermöglichen *(Ausgewogenheit)*. Die Informationen sollen konsistent ausgewählt, zusammengetragen und so dargestellt werden, dass die Stakeholder Veränderungen in der Organisationsleistung im Zeitverlauf analysieren und mit anderen Organisationen vergleichen können *(Vergleichbarkeit)*. Die Informationen im Bericht sollten so genau und detailliert sein, dass Stakeholder die Leistung der Organisation bewerten können *(Genauigkeit)*. Die Berichterstattung soll regelmäßig erfolgen, damit die Stakeholder rechtzeitig informiert sind, um fundierte Entscheidungen treffen zu können *(Aktualität)*. Informationen sollten so zur Verfügung gestellt werden, dass sie für Stakeholder, die den Bericht nutzen, verständlich und zugänglich sind *(Klarheit)*. Die für den Bericht verwendeten Informationen und Verfahren sollten so gesammelt, aufgezeichnet, analysiert und weitergegeben werden, dass Qualität und Wesentlichkeit der Informationen überprüft werden können *(Verlässlichkeit)* (GRI 2013a: 17 f).

Der *Nachhaltigkeitsbericht* umfasst laut G4 allgemeine Standardangaben, welche die Organisation und den Berichterstattungsprozess beschreiben, sowie spezifische Standardangaben, die Informationen über das Management und die Leistung der Organisation in Bezug auf wesentliche Aspekte liefern (GRI 2013a: 94). *Allgemeine Standardangaben* betreffen Strategie und Analyse, Organisationsprofil, ermittelte wesentliche Aspekte und Grenzen, Einbindung von Stakeholdern, Berichtsprofil, Unternehmensführung, Ethik und Integrität sowie ggf. branchenbezogene allgemeine Standardangaben, wenn diese für die Branche der Organisation verfügbar sind. *Spezifische Standardangaben* sind Angaben zum Managementansatz (Disclosures of Management Approach DMA) und zu den Indikatoren (GRI 2013a: 20).

„In Übereinstimmung" mit den Leitlinien kann hinsichtlich der Inhalte des Nachhaltigkeitsberichts zwischen einer „Kern-" und einer „umfassenden" Option gewählt werden. Die *Kern-Option* beinhaltet wesentliche Elemente zur Bewertung der Auswirkungen der wirtschaftlichen, ökologischen, gesellschaftlichen und führungsbezogenen Leistung der Organisation. Die *umfassende Option* erfordert zusätzliche Standardangaben zur Strategie und Analyse, Unternehmensführung, Ethik und Integrität sowie einen ausführlicheren Bericht zur Leistung der Organisation (GRI 2013a: 8, 11 f). Diese beiden leicht unterscheidbaren Optionen sind von allen Organisationen anwendbar und substituieren die bisherige Bewertungsskala der G3.1 von C bis A+ (GRI 2011: 5, GRI 2013a: 8, 11 f).

Die *spezifischen Standardangaben* zum Managementansatz und den Indikatoren sind in wirtschaftliche, ökologische und gesellschaftliche Kategorien unterteilt, wobei innerhalb der gesellschaftlichen Kategorie nochmals zwischen den vier Unterkategorien (1) Arbeitsbedingungen und menschenwürdige Beschäftigung, (2) Menschenrechte, (3) Gesellschaft und (4) Produktverantwortung unterschieden wird. Jeder Kategorie sind entsprechende Aspekte zugeordnet. Der Nachhaltigkeitsbericht informiert zu den als wesentlich ermittelten Aspekten, welche die wichtigen wirtschaftlichen, ökologischen und gesellschaftlichen Auswirkungen der Organisation widerspiegeln oder Stakeholder maßgeblich beeinflussen (GRI 2013a: 43).

Spezifische Standardangaben zum Managementansatz (DMA) müssen nur im Zusammenhang mit den als wesentlich ermittelten Aspekten dargelegt werden und aufzeigen, (1) warum und aufgrund welcher Auswirkungen ein Aspekt wesentlich ist, (2) wie die Organisation mit diesem wesentlichen Aspekt oder dessen Auswirkungen umgeht und (3) wie der Managementansatz beurteilt wird und welche Anpassungen sich hieraus ergeben (GRI 2013a: 12, 45 f). Mit der G4 sind diese Angaben für jeden wesentlichen Aspekt nach einem einheitlichen Muster aufzuzeigen und nicht mehr allgemein für eine Kategorie der spezifischen Standardangaben anzugeben.

Über die nachhaltigen Leistungen oder Auswirkungen der Organisation muss in Bezug auf deren wesentliche Aspekte durch Indikatoren informiert werden.[96] In der G4 wurden die Indikatoren, insbesondere der Aspekte „Korruptionsbekämpfung" und „Politik", überarbeitet und erweitert, um das Reporting in diesen wichtigen Bereichen zu verbessern (GRI 2013a: 77 f, GRI 2013c). Die G4-Leitlinie bezweckt eine Harmonisierung zwischen GRI und anderen nachhaltigkeitsbezogenen Regelwerken, insbesondere den zehn Prinzipien des Global Compact, den OECD-Leitsätzen für multinationale Unternehmen und den UN-Leitprinzipien für Wirtschaft und Menschenrechte (UNGPs) (GRI 2013a: 89 ff).[97]

6.3   Wege zu einer ökologiegerechteren Ökonomie

6.3.1   Erdöl, Erdgas und CO_2 als globalstrategische Faktoren

Bislang sind Erdöl, Erdgas und Kohle die wichtigsten Energieträger, welche die Wirtschaft antreiben und auf denen unser heutiger materieller Wohlstand basiert. Die CO_2-Intensität ist immer noch einer der zuverlässigsten Wohlstandsindikatoren (Weizsäcker 2012: 5). Der

---

[96] Für jeden als wesentlich ermittelten Aspekt müssen bei der Erstellung des Nachhaltigkeitsberichts anhand der „Kern"-Option mindestens ein Indikator und bei der „umfassenden" Option alle Indikatoren im Zusammenhang mit dem wesentlichen Aspekt angegeben werden (GRI 2013a: 11 ff). Branchenbezogene spezifische Standardangaben sind bei beiden Optionen erforderlich, wenn diese für die Branche der Organisation verfügbar und wesentlich sind. Die GRI-Branchenangaben wurden für die G4-Leitlinie neu strukturiert und werden unter www.globalreporting.org/reporting/sector-guidance/Pages/default.aspx veröffentlicht (GRI 2013a: 12).

[97] Die G4 verweist an verschiedenen Stellen auf Übereinstimmungen und beschreibt ihre Gemeinsamkeiten zu anderen Regelwerken, im sechsten Teil, den Quicklinks, genauer (GRI 2013a: 89 f). Ferner haben die GRI und ihr Leitfaden nach eigenen Angaben Synergien mit der Earth Charter Initiative, der International Finance Corporation (IFC) und der Welthandels- und Entwicklungskonferenz (UNCTAD).

CO_2-Verbrauch ist erstens von der Anzahl der Menschen (Demografie), zweitens dem pro Person eingesetzten Kapital (soziale Frage), drittens der benötigten Energie pro Kapitaleinheit (technologische Frage) und viertens dem Anteil fossiler Energieträger (technologische Frage) abhängig (Meadows 2011: 14).

Der Energieverbrauch der Welt bzw. EU (Werte in Klammern) wurde 2013 zu 33 (36) % durch Öl, 24 (24) % durch Gas, 30 (17) % durch Kohle, 7 (5) % durch Wasserkraft, 4 (12) % durch Atomkraft und 2 (7) % durch erneuerbare Energien gedeckt (BP 2014: 41).[98] Der Weltenergieverbrauch wird somit zu 87 % durch fossile Energieträger gedeckt (in der EU sind es 77 %), wobei Erdgas hier am umweltfreundlichsten ist, da es nahezu rückstandsfrei und ohne Ruß verbrennt. Zudem hat Erdgas einen höheren Wirkungsgrad als Kohle und Erdöl, jedoch sind Transport und Lagerhaltung bei Gas aufwendiger. Die Verbrennung von Kohle, insbesondere Braunkohle, ist aufgrund verschiedener Verbrennungsrückstände dagegen deutlich umweltschädlicher und hat zudem einen niedrigeren Brennwert. Öl nimmt hinsichtlich Brennwert und Umweltwirkung eine mittlere Rolle ein, ist jedoch als Basis zahlreicher Kraftstoffe und industrieller Grundstoff von großer Wichtigkeit, nachdem althergebrachte Rohstoffe, wie Holz, Metall, Glas und Keramik sukzessive durch ölbasierte Plastik- und Wegwerfprodukte substituiert wurden, deren gesundheitliche und ökologische Risiken (Weichmacher in Plastikflaschen, Plastikmüll in Meeren etc.) öffentlich bereits intensiv diskutiert werden. Verheerende Atomkatastrophen und nukleare Verseuchungen in Tschernobyl und Fukushima, zahlreiche Tankerunglücke und Ölunfälle oder die Förderung von Schiefergas durch aufwändiges und umweltbelastendes Fracking zeigen, dass Umweltbelastung und Risiken großer Umweltzerstörung akzeptiert werden, sobald es um Energiebedarfe geht.

Rohstoff- und energiearme Länder, wie Deutschland, sind bei nicht regenerativen Ressourcen und Energie auf den Import aus anderen Weltregionen angewiesen und fördern entsprechend massiv die natürlicherweise nicht begrenzte regenerative Energiegewinnung durch Nutzung u. a. von Wind- und Sonnenenergie. Der Klimawandel durch CO_2-Emissionen dominiert die Nachhaltigkeitsdiskussion, die auch andere wichtige ökologische Themen wie Biodiversität, Wald- und Meeresschutz betrifft, heute augenscheinlich weniger stark als noch vor einigen Jahren, was ggf. auch an den schwierigen internationalen Klimaverhandlungen oder veränderten politischen Prioritäten, wie der Eurokrise und dem neuen Ost-West-Konflikt, liegt.

Unverändert scheint hingegen die große ökonomische und politische Bedeutung des Zugangs zu Erdöl. Gegen Ende des Zweiten Weltkrieges lag der tägliche weltweite Erdölbedarf bei 6 Millionen Barrel, 1973 bereits bei 50 Millionen Barrel und 2014 bei rd. 90 Millionen Barrel, was etwa 45 Supertankern entspricht.[99] Im Zuge der Ölkrise der 1970er Jahre erhöhte sich der Preis von zwei Dollar auf fünf Dollar und schließlich zehn Dollar pro Barrel. Der damals stark gestiegene Ölpreis machte Tiefseebohrungen in der Nordsee rentabel. Aufgrund des anfangs hohen Innendrucks der Ölquellen in der Nordsee stieg die Fördermenge zunächst an, erreichte aber etwa im Jahr 2000 ihren Höhepunkt (Peak Oil) und geht seitdem in den beiden europäischen Förderländern Norwegen und Großbritannien zurück. Aufgrund des gestiegenen Eigenbedarfs ist Großbritannien heute bereits Nettoimporteur von Öl. Früher verkaufte Großbritannien Öl zu zehn Dollar das Barrel, 2011–2014 musste es Öl für 100 Dollar pro Barrel kaufen. Auch Indonesien erreichte bereits den Förderhöchststand und wurde aufgrund

---

[98] Die Emissionen der weltweiten Energiewirtschaft werden von Crastan (2010) analysiert.

[99] Ein Barrel (ein Fass) sind 159 Liter.

seines gestiegenen Verbrauchs Nettoimporteur (Ganser 2012). Da es seitdem ein Interesse an einem möglichst niedrigen Preis hat, stieg es nach 46 Jahren Mitgliedschaft aus der OPEC aus (manager magazin 28.5.2008).

Die größten heute bekannten Ölvorräte der Welt liegen laut BP (2014: 6) in Venezuela (17,7 %), Saudi-Arabien (15,8 %), Kanada (10,3 %), im Iran (9,3 %), Irak (8,9 %), in Kuwait (6,0 %) und den Vereinigten Arabischen Emiraten (5,8 %). Die größten bestätigten Erdgasvorräte befinden sich im Iran (18,2 %), in Russland (16,8 %), in Qatar (13,3 %), Turkmenistan (9,4 %) und den USA (5,0 %). Die größten bestätigten Kohlereserven weisen die USA (26,6 %), Russland (17,6 %) und China (12,8 %) auf (BP 2014: 20, 30). Da die Hälfte der Weltölreserven im Nahen Osten liegt, ist deren Kontrolle sowohl zur Sicherung der eigenen industriellen Basis als auch des Einflusses auf andere Ökonomien von geostrategischer Bedeutung (Ganser 2012).

Die aus dem Boden gewonnenen fossilen Energieträger enden irgendwann als CO_2 in der Luft, wobei Zertifikate als Steuerungsinstrument bislang wenig bewirken. Der Ölpreis ist der zur Beeinflussung des CO_2-induzierten Klimawandels relevanteste Preis, unterliegt jedoch starken Schwankungen. Der Brent-Rohölpreis, der 2001 bei rd. 25 Dollar je Barrel lag, stieg bis Mitte 2008 kontinuierlich auf in der Spitze über 140 Dollar, brach Ende 2008 auf unter 50 Dollar ein, stieg dann bis 2011 auf rd. 120 Dollar, verharrte bis Mitte 2014 bei über 100 Dollar und brach dann bis Anfang 2015 wieder auf 50 Dollar je Barrel ein.[100] Abgesehen von der Mineralöl- und Umsatzbesteuerung entzieht er sich staatlicher Regulierung und wird frei auf Märkten bestimmt. Während die Ölanbieter konzentriert sind, ist die Ölnachfrage breit diversifiziert und unelastisch, d. h. sie reagiert nur relativ schwach auf Preisschwankungen. Überdies werden die Preise für Öl heute nicht mehr primär vom Gütermarkt bestimmt, sondern sind in erster Linie vom Finanzmarkt beeinflusst, wobei die auf Öl bezogenen Finanzprodukte ein Vielfaches der real gehandelten Ölmenge ausmachen. Bei der Ölpreisentwicklung ist davon auszugehen, dass nicht die Effizienzmarkttheorie greift, sondern Herdenverhalten und vermutlich auch geostrategisches Kalkül eine wesentliche Rolle spielen. Die Akteure an den Finanzmärkten verhalten sich ähnlich wie Fischschwärme, indem sie Informationen für Kauf- und Verkaufsentscheidungen primär endogen aus ihrer eigenen Gruppe heraus ermitteln und sich vor allem am Verhalten der anderen orientieren. 60 bis 80 Prozent der von ihnen für ihre Entscheidungen zu Grunde gelegten Informationen stammen von anderen Marktteilnehmern und nur der kleinere Anteil der Informationen ist exogen. Unklar ist, wie angesichts sich selbst verstärkender irrationaler Marktpreisentwicklungen der Ölverbrauch im Sinne einer klimaverträglichen Politik wirksam gesteuert werden soll (Flassbeck 2013).

6.3.2   Weltweite Wiederbewaldung zur Erreichung des 2°-Klimaziels

Klimaforscher betrachten die Menschheit mittlerweile als einen eigenständigen geologischen Faktor und konstatieren den Beginn eines neuen vom Menschen geschaffenen Erdzeitalters, des Anthropozän, das möglicherweise großangelegte Geoengineering-Projekte, etwa zur Klimaoptimierung erfordere (Crutzen 2011: 10).

---

[100] Die leichte Nordseesorte Brent ist die für Europa wichtigste Rohölsorte, wobei es sich bei dem gehandelten Brent Blend um einen Mix aus den Feldern Brent und Ninian handelt. Nachdem diese beiden Ölfelder ihr Fördermaximum überschritten haben, umfasst Brent-Rohöl heute auch Öl der Felder Forties, Oseberg und Ekofisk, die ihr Fördermaximum ebenfalls bereits erreicht haben (URL: www.oelpreis.cc/brent-oel).

Der Naturkapitalaufbau durch weltweite Wiederaufforstung wäre zur Verbesserung der Biodiversität und zur Bekämpfung des Klimawandels dringend erforderlich und geboten. Jedes Jahr werden etwa 150.000 km^2 Wald gerodet, jedoch nur 50.000 km^2 wieder aufgeforstet. Durch den Verlust an Bäumen geht jährlich mehr CO_2-Speicherkapazität verloren, als durch den Verkehr in der Luft, zu Lande und im Wasser emittiert wird. Die Speicherung von Kohlendioxid in Form von Holz und groß angelegte Aufforstungsprogramme wären der sicherste Weg zur Speicherung von CO_2 (Sinn 2008: 43 f).

Solange die Maßnahmen zur Verringerung des CO_2-Ausstoßes nicht greifen, könnte durch Aufforstung großer Landstriche der durch Menschen verursachte Anstieg des CO_2-Ausstoßes durch einen entsprechend höheren pflanzlichen CO_2-Verbrauch kompensiert werden. Da vor allem die Schwellen- und Entwicklungsländer kaum auf CO_2-induzierten Wohlstand verzichten können und wollen, sollte die CO_2-Bilanz durch Wiederaufforstung großer Waldflächen verbessert werden. Derzeit wird stattdessen global in großem Umfang Wald gerodet, wobei Urwald teilweise durch Palmölplantagen substituiert wird, um durch deren Nutzung als Bio-Sprit die CO_2-Bilanz zu verbessern.

Radermacher (2012b: 31 ff, 2014b) hat folgende Modellrechnung zur Lösung des Weltklimaproblems aufgestellt: Um das 2°-Klimaziel zu erreichen, müsste der fossile Energieverbrauch sehr schnell abgesenkt werden, da bis 2050 maximal noch 600 Milliarden Tonnen CO_2 aus fossilen Energieträgern in die Atmosphäre gelangen dürfen. Dies entspräche einem Durchschnittsemissionsvolumen von 17–18 Milliarden Tonnen pro Jahr. Derzeit liegt die jährliche Emission bei rund 33 Milliarden Tonnen und steigt weiter an. Ohne ein verbindliches Klimaschutzabkommen werden bis 2050 voraussichtlich etwa 1.600 Milliarden Tonnen CO_2 in die Atmosphäre gelangen, also 1.000 Milliarden Tonnen mehr als die rund 600 Milliarden Tonnen, welche für die Erreichung des 2°-Klimaziels gerade noch zulässig wären.

Nach der rechtlich nicht verbindlichen Übereinkunft von Kopenhagen (Copenhagen Accord), die auf der UN-Klimakonferenz in Kopenhagen 2009 von den USA und China avisiert wurde, sollen die Industrieländer ihre Klimaemissionen keinesfalls erhöhen und die Höhe der absoluten CO_2-Absenkung selbst bestimmen. Nicht-Industrieländer sollen ihre Emissionen nicht absolut, sondern nur relativ zu ihrer Wachstumsrate absenken, wobei auch sie die Höhe der Absenkung selbst bestimmen. Selbstverpflichtend will China ab 2030 seine CO_2-Emissionen nicht mehr erhöhen, und die USA wollen ihre Emissionen spätestens 2025 um 26 bis 28 Prozent unter das Niveau von 2005 drücken (DIE ZEIT 12.11.2014). Unter der Annahme, dass sich die Staaten auf eine solche Vertragskurve einigen können, deren genauer Verlauf unklar ist, werden die absoluten weltweiten Emissionen voraussichtlich noch weitere zehn Jahre ansteigen, solange die absolute Emissionsreduzierung der Industrieländer noch unter den zwar relativ abgesenkten, jedoch absolut weiter wachsenden Emissionen der Entwicklungsländer liegt. Erst Ende der 2020er Jahre wäre auch eine absolute Absenkung der bis dato weiter zunehmenden Emissionen zu erwarten. Durch eine solche Vereinbarung würde die Höchstmenge von 600 Milliarden Tonnen bis 2050 zwar überschritten, jedoch wäre die Emissionsmenge mit 1.100 Milliarden Tonnen deutlich niedriger als ohne Klimavereinbarung. Die gegenüber der 2°-Kurve (zulässig wären 600 Mrd. Tonnen CO_2 bis 2050) bestehende Lücke würde durch eine solche politische Vereinbarung von 1.000 Milliarden Tonnen (Kurve ohne Vertrag) auf 500 Milliarden Tonnen (Vertragskurve) ggf. halbiert.

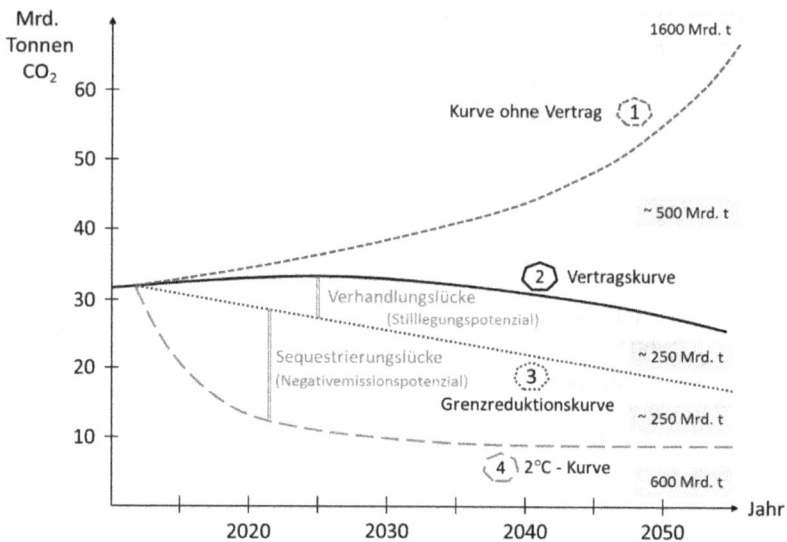

Abb. 6.5:   CO$_2$-Emmissionskurven mit und ohne Vertrag nach Kopenhagen und Cancun (in Anlehnung an Ra-
              dermacher 2014b)

Wenn Industrieländer nur moderat wachsen um keinen Wohlstandsverlust zu erleiden und die sich entwickelnde Welt, v. a. China und Indien, eine angemessene ökonomische und soziale Wachstumsperspektive erhalten, kann bei optimaler Information der Beteiligten und unter optimalen spieltheoretischen Bedingungen theoretisch die Grenzreduktionslinie erreicht werden, die jedoch einen weltweit forcierten ökonomischen Umbau, Wechsel zu grünem Strom, deutlich höhere Energieeffizienz und veränderte Lebensstile erfordert (Radermacher (2012b: 32). Die Verhandlungslücke unterhalb der Vertragskurve könnte etwa durch gezielten Aufkauf und Stilllegung von weltweit gehandelten und auf UN-Ebene regulierten Emissionszertifikaten geschlossen werden (Stilllegungspotenzial). Derzeit wird der CO$_2$-Ausstoß in Europa und der Welt über Klimazertifikate (CDM-Emissionszertifikate) gesteuert, die in der Energiebranche flächendeckend eingeführt sind. Die europäischen Zertifikate (EU Emission Allowances) kosten derzeit nur 6,98 Euro pro Tonne CO$_2$ (EEX, Stand 10.4.2015), da zu viele Zertifikate für eine effektive Steuerungswirkung ausgegeben wurden.

Die durch Stilllegung von Klimazertifikaten theoretisch max. erreichbare Grenzreduktionslinie läge immer noch oberhalb der zur Erreichung des 2°-Ziels erforderlichen Kurve. Allein durch eine Reduktion der CO$_2$-Emissionen lässt sich das 2°-Klimaziel voraussichtlich nicht mehr erreichen. Erforderlich sind weitere ergänzende Maßnahmen zum Schließen der Sequestrierungslücke, wie ein weltweites Programm zu Wiederaufforstung, Waldschutz und Landschaftsrestaurierung sowie das Management von Grünlandflächen, Humusbildung und Feuchtbiotopen, die als negative Größen in die CO$_2$-Bilanz eingehen und diese verbessern (Negativemissionspotenzial). Durch Wiederaufforstungsprogramme ließe sich CO$_2$ binden um bei der Erreichung des Klimaziels zumindest Zeit zu gewinnen. Durch biologische Sequestrierung in Form von Wiederaufforstung, Wiederbefeuchtung der Moore, Humusbildung etc. kann man bei vorsichtiger Rechnung etwa 10 Tonnen CO$_2$ pro Hektar und Jahr kalkulieren. Dies entspricht etwa 1.000 Tonnen CO$_2$ pro Quadratkilometer und Jahr. Derzeit wird über Aufforstungsprogramme auf Flächen von 5 bis 10 Millionen km^2 nachgedacht; letztere entspricht etwa der Fläche Europas bis zum Ural. In diesem Umfang sollten gerodete Flächen wieder aufgeforstet werden, wobei Einkünfte sowohl aus der Waldwirtschaft als auch aus Zertifikaten zu erzielen wären. Indem der wieder aufgeforstete Wald alle 40–60 Jahre geerntet und sogleich wieder neu angepflanzt würde, ließe sich die Wiederaufforstung finanzieren und die CO_2-Lücke über eine längere Zeit hinweg schließen (Radermacher 2012b). Zur Finanzierung eines Wiederaufforstungsprogramms sollten die Vereinten Nationen oder die EU möglichst schnell ein Global Neutral Programm analog dem Global Compact initiieren, das Unternehmen weltweit bzw. europaweit motiviert, sich nach einem individuellen Fahrplan innerhalb von maximal zehn Jahren klimaneutral zu stellen, freiwillig und über gesetzliche Vorgaben hinaus (Radermacher 2014b). Die Allianz SE hat 2012 ihre Klimaneutralität erklärt und investiert direkt in Klimaschutzprojekte, die Emissionszertifikate generieren und so zur Neutralisierung der eigenen verbleibenden CO_2-Emissionen beitragen. Insbesondere beteiligt sie sich an Wildlife Works Carbon LLC (WWC), dem führenden Entwickler von REDD-Projekten (Allianz 2012: 12). REDD bezeichnet die Reduzierung von Emissionen aus Entwaldung und Waldschädigung sowie die Rolle des Waldschutzes, der nachhaltigen Waldbewirtschaftung und des Ausbaus des Kohlenstoffspeichers Wald in Entwicklungsländern und wird seit 2005 auf den Klimaverhandlungen der UNFCCC diskutiert. Auch die Deutsche Bank AG arbeitet seit 2013 klimaneutral und kompensiert nach Öko-Effizienz-Maßnahmen verbleibende Emissionen durch Ankauf und Stilllegung von CO_2-Zertifikaten.

Anspruchsgruppen, wie Kunden und Investoren, tragen dazu bei, dass sich große Unternehmen verstärkt engagieren und dabei den Handlungsdruck auch auf ihre Zulieferer übertragen. Man kann heute bereits klimaneutral fliegen, die Bahn ermöglicht klimaneutrales Zugfahren mit der BahnCard und auch immer mehr produzierende Unternehmen[101] schließen sich der Bewegung an, klimaneutral zu werden, wobei sie dieses Ziel ihrer gesamten Supply Chain vorgeben, sodass die Zulieferer mit angehalten sind, zur Klimaneutralität beizutragen.[102] Wenn die hierdurch generierten Finanzmittel in ein Wiederaufforstungsprogramm geleitet werden könnten, würde dies effektiv zur Erhöhung der Biodiversität und durch negative CO_2-Emissionen wesentlich zur Erreichung der Klimaziele beitragen. Aufforstung ermöglicht darüber hinaus ökonomische Wertschöpfung für arme Entwicklungsländer, deren bäuerliche Bevölkerung von den Erlösmöglichkeiten aus Waldbewirtschaftung eine ökonomisch tragfähige und zukunftsfähige Perspektive bekommt. Wenn die ökonomischen Rahmenbedingungen so gestaltet werden, dass wirtschaftliche Argumente Unternehmen zu weltweiter Wiederaufforstung und Waldbewirtschaftung veranlassen, entstünde eine nachhaltige Ökonomie im Sinne des ursprünglichen aus der Forstwirtschaft stammenden Nachhaltigkeitsbegriffs.

---

[101] Der Kunststoffteile für die Automobilindustrie fertigende Familienbetrieb Beoplast ist nach eigenen Angaben in seiner Branche „der erste klimaneutrale Produktionsbetrieb". Durch Ökostrom aus Wasserkraft, Abwärme zum Heizen und einen Fuhrpark aus Elektrofahrzeugen spare der Betrieb jährlich 1.000 Tonnen CO_2 (Rheinische Post 25.08.2014).

[102] Große Handels- und Industrieunternehmen, insbesondere Anbieter von Endprodukten mit hohen Umsätzen und entsprechender Angebots- und Nachfragemacht können ihren Zulieferern bei Verhandlungen nachhaltigkeitsbezogene Anforderungen an Vorleistungen und deren Erzeugung stellen und damit die soziale und ökologische Qualität der Produkte und Prozesse beeinflussen und ggf. auch Anpassungen oder Innovationen einfordern.

6.3.3   Konsenserfordernis und ökonomische Integration der Weltgemeinschaft

Das ökologische Problem und dessen vielschichtige Ursachen und Interdependenzen betrifft die Weltgemeinschaft als Ganzes. Ausgehend von der Beobachtung, dass in den letzten vier Jahrzehnten der Ressourcenverbrauch in den OECD-Staaten trotz wirtschaftlichen Wachstums stagnierte bzw. in Deutschland und Japan sank, während der Ressourcenverbrauch großer Schwellenländer, wie China, stark zunahm (Fischer-Kowalski 2012: 5 ff), kann die ökologische Herausforderung nur auf globaler Ebene gelöst werden. Der hierzulande niedrigere Ressourcenverbrauch ist auf eine höhere, jedoch hinter dem Ziel zurückbleibende Rohstoff- und Energieproduktivität sowie geringere Rohstoffentnahmen und Importe zurückzuführen (Statistisches Bundesamt 2010, 2012, 2014a). Bei verfünffachter Ressourcenproduktivität wäre weltweite ökologische Nachhaltigkeit möglich, wenn der Rebound-Effekt vermieden würde (Weizsäcker 2012: 11). Umweltschutz erfordert staatliches Handeln, wobei das staatliche Optionenset von Geboten und Verboten, Regulierung bis hin zur Einführung von Umweltsteuern und -abgaben reicht. Die Lösung internationaler Umweltprobleme, wie Biodiversitätsverlust und Klimawandel, erfordert internationale Kooperationen, während über nationale Umweltprobleme autonom innerhalb des betreffenden Landes entschieden werden kann.

Eine nachhaltige Ökonomie bedarf eines Konsenses innerhalb der Weltgemeinschaft, wobei die unterschiedlichen Interessen im Dialog zwischen Ost und West sowie Nord und Süd auszuhandeln sind. So unterschiedlich die Interessen und Verhältnisse in der Welt auch sein mögen, so notwendig ist eine Einigung über gemeinsame Ziele und Wege. Die herausfordernde und schwierige Abstimmung und Verhandlung eines austarierten und von den Beteiligten als gerecht empfundenen Maßnahmenprogramms setzt ein gemeinsames Verständnis über die Ursachen und Folgen der Probleme sowie eine verbindliche Vereinbarung über die gemeinsamen Ziele und Prioritäten sowie die erforderlichen und einzuleitenden Maßnahmen voraus. Soll nachhaltige Entwicklung nicht auf dem Wege von Machtpolitik durchgesetzt werden, was angesichts einer zunehmend multipolaren Welt ohnehin als unrealistisch erscheint, bedarf es begründeter und nachvollziehbarer Argumente, die den Weg zu einer gemeinsamen Verständigung zum Wohle aller bereiten. Hierzu trägt eine valide wissenschaftliche Fundierung der Problemursachen und Folgenwirkungen in Bezug auf die Ökosysteme bei, was sich infolge der Komplexität und vielschichtigen Interdependenzen zwischen den Teilsystemen jedoch häufig als schwierig erweist. Die Einigung auf eine Lösung, bei der die Nutzen und Kosten der Maßnahmen von den Betroffenen als gerecht und fair verteilt wahrgenommen werden, wird durch die derzeitige ungleiche und als ungerecht empfundene Verteilung des Wohlstandes zusätzlich erschwert.

Bei Gültigkeit der in der Umweltökonomik verbreiteten Umwelt-Kuznets-Kurve (Environmental Kuznets Curve) ließe sich eine global ökologiegerechte Ökonomie durch wirtschaftliche Entwicklung lösen. Kuznets (1955, 1963) von Piketty (2014) zwischenzeitlich empirisch widerlegte These, dass im Verlauf der ökonomischen Entwicklung eines Landes die Ungleichheit in der Einkommensverteilung, im Sinne einer umgedrehten U-Funktion, zunächst zunehme und dann wieder zurückgehe, wurde umweltökonomisch auf den Zusammenhang zwischen dem durchschnittlichen Pro-Kopf-Einkommen eines Landes und dem Grad seiner Umweltverschmutzung übertragen. Die Hypothese der Umwelt-Kuznets-Kurve postuliert eine umgekehrte U-förmige Beziehung zwischen dem Pro-Kopf-Einkommen und verschiedenen Schadstoffen. Sie besagt, dass die Umweltverschmutzung in sich entwickelnden Volkswirtschaften zunächst bis zu einem gewissen Pro-Kopf-Einkommen, dem Umkehrpunkt zunehme und nach dessen Überschreitung mit weiter steigendem Pro-Kopf-Einkommen wieder reduziert werde. Gründe hierfür seien mit zunehmenden Einkommen veränderte Präferenzen in Richtung einer saubereren Umwelt, ein ökonomischer Strukturwandel von einer saubereren Agrarwirtschaft über eine umweltbelastende Industriewirtschaft hin zu einer umweltfreundlicheren Dienstleistungswirtschaft, die Verlagerung umweltbelastender Industrien in weniger entwickelte Länder sowie eine bessere Regulierung und höhere Preise natürlicher Ressourcen in entwickelten Ökonomien (Dinda 2004).

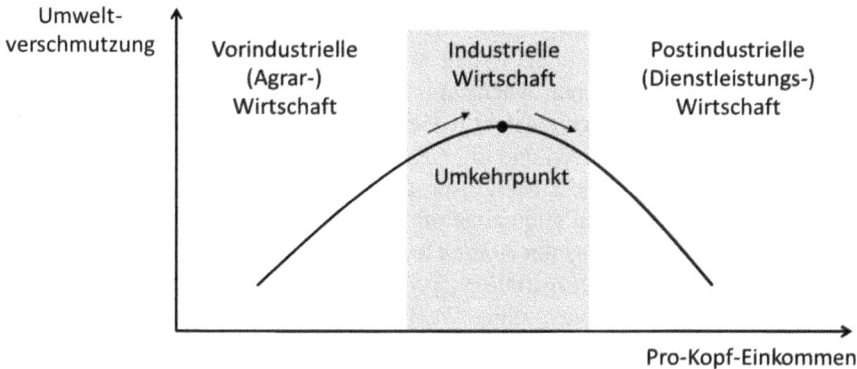

Abb. 6.6: Umwelt-Kuznets-Kurve (in Anlehnung an Panayotou 2003: 3)

Um die ökologischen Grenzen des Planeten nicht zu überschreiten, sollte der Übergang bisheriger Agrarwirtschaften nicht über den umweltverschmutzenden Pfad industrieller Entwicklung entlang der Kuznets-Kurve, sondern idealerweise direkt und umweltschonend zur postindustriellen Dienstleistungswirtschaft erfolgen. Ein direkter Entwicklungspfad von der vorindustriellen zur postindustriellen Ökonomie könnte Entwicklungsländern durch ihre vollständige und ungehinderte wirtschaftliche Integration in die Weltgemeinschaft ermöglicht werden. Durch Schaffung und Ausbau von Infrastrukturen, welche die Arbeitsteilung zwischen den Ländern unterstützen und Entwicklungsländer direkt in moderne Wertschöpfungsprozesse einbinden, könnten diese ggf. vom Umweg über verschmutzungsintensive Industrien abgehalten werden.

Der Nord-Süd-Dialog offenbart unterschiedliche Ziele. Während es dem Süden vorwiegend um materielle und soziale Verbesserungen geht, fordert der Norden die Einhaltung ökologischer Leitplanken. Konzepte der nachhaltigen Entwicklung stehen vor der Herausforderung, dass tatsächlich die Entwicklung des Südens befördert und nicht gebremst wird und gleichzeitig die ökologischen Tragfähigkeitsgrenzen des Planeten beachtet werden. Die Globalisierung als Prozess der Entgrenzung und Netzwerkbildung birgt in Verbindung mit entsprechenden Infrastrukturinvestitionen das Potenzial, weltweit alle Länder in die entwickelten ökonomischen Strukturen mit einzubeziehen. Neben den modernen Informations- und Kommunikationstechnologien spielen hier auch Transporttechnologien eine bedeutende Rolle. Insbesondere die Gütereisenbahn entfaltet ihr volles Potenzial als umweltschonendes und kostengünstiges Transportmittel bei großen Transportmengen über lange Distanzen. Länder und Kontinente übergreifende Warentransporte werden durch die Eisenbahn ökologisch verträglicher und dienen der Integration und Inklusion weiter Landstriche der Erde in moderne Wirtschaftsstrukturen.

6.3.4 Befreiung der Ökologie vom Rendite- und Wachstumszwang

Qualitative Wirtschaftsentwicklung ohne Wachstumszwang

Zur Befriedigung insbesondere der Existenz- und Grundbedürfnisse einer zunehmenden Weltbevölkerung ist ein gewisses Wirtschaftswachstum erforderlich. Im Sinne ökologischer und sozialer Nachhaltigkeit muss jedoch der Wachstumszwang beendet werden, der sich infolge der Geldschöpfung durch Kreditvergabe sowie des Rendite- und Wachstumszwangs ergibt. In früheren Zeiten, als Geld nicht als Kredit, sondern durch die Ausgabe von Münzen in Umlauf gebracht wurde, gab es keinen Wachstumszwang.[103] Durch die Ausgabe von Geld in Form von verzinslichen Forderungen entsteht jedoch ein Wachstumszwang, da die Kredite zuzüglich Zinsen bedient werden müssen und ohne Kreditaufnahme kein neues Geld in Umlauf kommt. Die verteilungsrelevante Zinseszinsproblematik wird durch ein starkes Wirtschaftswachstum ebenso wie durch Inflation abgemildert. Ohne eine ständige Expansion der Wirtschaft und ohne Wirtschaftswachstum kommt es im modernen Kreditgeldsystem, wie aufgezeigt wurde, zu zinsbedingten Umverteilungsprozessen von unten nach oben. Um eine ökologiegerechte und soziale Ökonomie ohne Wachstumszwang zu erreichen, wäre eine Vollgeldreform effektiv, da hier vollgültige gesetzliche Zahlungsmittel ohne Kredit in Umlauf gebracht werden, auf die keine Zinsen zu entrichten sind.

Nachhaltige Ökonomie muss begrenzter Zinsfähigkeit des Naturkapitals entsprechen

Grundidee einer nachhaltigen Ökonomie ist ein langfristig orientiertes Wirtschaften, bei dem Naturverbrauch und Umweltbelastung die ökologische Regenerationsfähigkeit nicht übersteigen. Da Geld nicht wirklich arbeitet, sondern der Mensch, leben wir letztlich weder von den Zinsen noch vom Kapital, sondern von produktiver menschlicher Arbeit, die jedoch auf den Erhalt und Aufbau des Kapitalstocks angewiesen ist, der Human-, Natur- und Sachkapital umfasst. Limitierend ist insbesondere das Naturkapital, aus dem Zinsen bzw. Erträge erwirtschaftet werden sollen. Während die Verzinsung des Finanzkapitals durch vermehrte Schuldenaufnahme zumindest virtuell immer weiter ausgedehnt werden kann, ist die Verzinsung des Naturkapitals aufgrund begrenzter natürlicher Ressourcen limitiert. Da entstandene Schuldverhältnisse entweder durch Schuldenstreichung, Schuldenentwertung oder durch realwirtschaftliche Leistungen getilgt werden können, besteht hinsichtlich des letztgenannten Punktes einer realwirtschaftlichen Leistungserbringung eine enge Verknüpfung zur begrenzten Zinsfähigkeit des Naturkapitals. Verschuldung, der keine gegenwärtige oder zukünftige reale Wertschöpfung entgegensteht, ist Vorspiegelung falscher Tatsachen, während Ressourcen beanspruchendes Wirtschaftswachstum durch ökologische Grenzen limitiert ist. In der Konsequenz bedeutet dies, dass die Zinsen grundsätzlich an die Grenzen der ökologischen

---

[103] Die Differenz zwischen dem Nennwert der neu ausgegebenen Münzen und ihren Produktionskosten diente überdies als Geldschöpfungsgewinn (Seigniorage) zur Staatsfinanzierung. Ein großes Problem stellten früher jedoch die teilweise sehr hohen Zinsen dar, die für Ausleihungen knappen Metallgeldes aus Gold oder Silber zu entrichten waren. Dieses Problem trat zur hochmittelalterlichen Zeit der Brakteaten allerdings nicht auf und ließe sich durch eine staatlich gesteuerte Geldschöpfung, verknüpft mit einer Demurrage auf staatliches Vollgeld, wie oben bereits ausgeführt, lösen.

Tragfähigkeit anzupassen sind. Praktisch bedeutet dies ein sukzessives Absinken des Zinsniveaus gegen Null, was im derzeitigen System jedoch nicht funktioniert, da ohne Renditeerwartung Investitionen ausbleiben. Die Sicherung des Geldumlaufs, der Ersparnisbildung und der Investitionen muss bei einem angestrebten Niedrig- oder Nullzins durch andere Instrumente als den Zins, etwa durch eine Demurrage, sichergestellt werden.[104]

Bei sinkendem Zins werden zuvor unrentable Investitionen lohnenswert, und dies betrifft etwa ökologische Investitionen mit einem geringeren erzielbaren Mehrwert. Bei einem Zins von Null würden zukünftige Einzahlungen und Auszahlungen nicht mehr diskontiert, sondern gingen in ihrem vollen Wertumfang in Planungs- und Investitionsrechnungen ein. Umweltverschmutzungen sowie andere Schädigungen und Aufwendungen würden bei einem niedrigeren Zins dagegen größere Gewichtung erhalten.

6.3.5 Beendigung der Diskontierung langfristiger Umweltfolgen

Die exponentielle Dynamik des Zinseszinses begegnet uns nicht nur beim in die Zukunft gerichteten Aufzinsen, sondern auch beim in die Vergangenheit gerichteten *Abzinsen*. In der dynamischen Investitionsrechnung werden zukünftige Einzahlungen und Auszahlungen mit einem Kalkulationszinssatz abgezinst, um den auf den gegenwärtigen Zeitpunkt bezogenen Kapitalwert zu berechnen. Ein gebräuchliches Verfahren ist der Discounted Free Cashflow-Ansatz, nach dem die erwarteten Free Cashflows zukünftiger Perioden mit den gewichteten Kapitalkosten (Weighted Average Cost of Capital WACC) abgezinst werden. Folge der Discounted Cashflow (DCF) Verfahren ist, dass zukünftige Einzahlungen und Auszahlungen in einen heutigen viel niedrigeren Gegenwartswert umgerechnet und entsprechend niedrig veranschlagt werden. Dieses für rein ökonomische Investitionsentscheidungen mit überschaubarem Zeithorizont durchaus sinnvolle Verfahren ist bei langfristigen bis dauerhaften ökologischen Folgen allerdings problematisch. Dies lässt sich anschaulich am Beispiel der Einlagerung von *Atommüll* illustrieren. Zwei große Atomenergiekonzerne rechneten 2013 mit Kapitalkosten (WACC) vor Steuern von 7,5 bzw. 9 %. Geht man exemplarisch davon aus, dass für die Einlagerung von Atommüll in 100 Jahren Kosten von 10 Millionen Euro anfallen, für die heute Rückstellungen gebildet werden müssen, so errechnet sich bei Abzinsen mit 7,5 % ein Gegenwartswert von 7.230 Euro und bei 9 % ein Gegenwartswert von nur 1.809 Euro. Die zukünftig teure, über viele Tausend Jahre erforderliche Endlagerung von Atommüll wird durch Abzinsen in heute sehr niedrige Kostenwerte verwandelt. Würden zukünftige Lagerkosten ohne Einbeziehung eines Zinses genauso bewertet wie heutige, wäre Atomstrom die mit Abstand teuerste Stromform (Kreiß 2013: 127). Gleiches gilt für alle zukünftigen, insbesondere langfristig wirksamen umweltbezogenen Kosten, die durch Diskontierung klein und damit schön gerechnet werden. Da angesichts der Zinseszinsproblematik nicht davon ausgegangen werden kann, dass ein WACC von 7,5 bis 9 % dauerhaft, d. h. über Jahrzehnte bis Jahrhunderte hinweg, erwirtschaftet wird, fehlt in der Zukunft die Substanz bzw. das Kapital zur Deckung der dann anfallenden ökologischen Kosten. Zur Bewertung langfristiger Umweltfolgen ist die Diskontierung daher nicht geeignet.

---

[104] Eine ausufernde Geldschöpfung ist hierzu ungeeignet, da sie Verbraucherpreis- bzw. Vermögenswertinflation induziert und das ökonomische System destabilisiert.

Im erweiterten Kontext *sozialer Nachhaltigkeit* ist Diskontierung, welche den Nutzen und Schaden zukünftiger Generationen niedriger als den heutigen Nutzen und Schaden bewertet, zumindest ambivalent zu beurteilen.

6.3.6   Schutz und Aufbau von Natur- und Humankapital

Unterschiedliche Bestandssicherung von Natur-, Real- und Finanzkapital

Für den Schutz und Aufbau von Naturkapital, Realkapital und Finanzkapital wird im derzeitigen ökonomischen System unterschiedlich Sorge getragen. So werden bei der Ermittlung der Kosten für Betriebsmittel, Werkstoffe, menschliche Arbeit und Finanzierung systematische Unterschiede gemacht: Zum Substanzerhalt der *Betriebsmittel* respektive des in der Bilanz aktivierten Anlagevermögens werden Abschreibungen vorgenommen. Die Kosten und Gewinne der Zulieferer werden grundsätzlich in den Preisen der Werkstoffe berücksichtigt und somit im Bestand des Umlaufvermögens erfasst. Bei den *Naturprodukten*, die am Anfang der Zuliefererkette von Gewinnungsbetrieben aus der Natur entnommen bzw. abgebaut und als veredelte bzw. weiterverarbeitete Werkstoffe (Roh-, Hilfs- und Betriebsstoffe) in den betrieblichen Produktionsprozess eingehen und immer wieder neu beschafft werden müssen, verhält es sich anders: Während die Kosten für Arbeit und Kapital zuzüglich der Gewinne der die Naturprodukte abbauenden Gewinnungsbetriebe in den Preisen der Naturprodukte enthalten sind, findet für den Abbau der natürlichen Ressourcen generell keine Abschreibung und damit keine Berücksichtigung ihres Bestandsverzehrs statt. Da und solange Naturstoffe quasi gratis der Erde entnommen werden können und keine Abschreibungen für ihren Verbrauch und entsprechende kompensatorische Maßnahmen zum Bestandserhalt des gesamten Naturkapitals vorgenommen werden, sind die Kosten für Naturverbrauch zu gering. Dies ermöglicht Gewinne zulasten der Natur. Während der Bestandserhalt des Naturkapitals kaufmännisch nicht abgesichert wird, wird der Bestand des Realkapitals über Abschreibungen gewährleistet und der Bestand des *Finanzkapitals* nicht nur sichergestellt, sondern durch Zinsen und Renditen exponentiell vermehrt (Senf 2004, 2009: 23 ff).

Der Bestandserhalt und Aufbau von Naturkapital ließe sich vorantreiben, wenn neben dem Sach- und Finanzkapital auch der *Naturkapitalbestand* bilanziell zu erfassen, bei Verbrauch abzuschreiben und bei Aufbau zuzuschreiben wäre, und die bisherige kaufmännische Bilanz um eine entsprechende den Naturkapitalbestand ausweisende Ökobilanz ergänzt würde.

Berichterstattung zum Schutz und Aufbau von Natur- und Humankapital

Im Management gilt: Nur was man misst, kann man auch steuern. Um Naturkapital und auch Humankapital wirksam zu erhöhen, müssen diese Bestände zuerst gemessen sowie buchhalterisch und statistisch erfasst werden. Es wäre daher zielführend, wenn Unternehmen bzw. Organisationen im Rahmen der *Nachhaltigkeitsberichterstattung* explizit zum Aufbau von Naturkapital, Humankapital und Sachkapital berichten würden, um diese wichtigen Nachhaltigkeitsziele voranzutreiben. In Ergänzung zur etablierten Unternehmensbilanzierung müssten Bestandsmehrungen und Bestandsminderungen des Natur- und Humankapitals erfasst werden, wie dies bislang i. d. R. nur beim Finanz- und Sachkapital der Fall ist. Zudem wäre es hilfreich, getrennte Kategorien für Suffizienz-, Effizienz- und Konsistenzmaßnahmen vorzusehen, um die Zuordnung und Beurteilung verschiedener Maßnahmen und ihrer Wirkungen zu erleichtern.

Ökologischer Strukturwandel als Aufgabe des Staates

Um den derzeitigen Abbau von Naturkapital zu beenden und somit die Voraussetzungen für eine dauerhafte Befriedigung der Existenz- und Grundbedürfnisse aller Menschen auf dieser Erde zu schaffen, müssen private und staatliche Akteure verstärkt in den Aufbau von Naturkapital investieren und der Staat durch veränderte Rahmenbedingungen entsprechende Anreize schaffen. Gelenkte *Industriepolitik* hat sich in der Vergangenheit als effektives Instrument zur ökonomischen Entwicklung erwiesen. Wenn bereits industriell-ökonomische Entwicklungen allein vom Markt nicht erreicht werden können, gilt dies umso mehr für eine nachhaltige Entwicklung. Ein erfolgreicher ökologischer Strukturwandel kann letztlich nur gelingen, wenn der Staat aktiv lenkend eingreift.

6.3.7 Staatliche Geldschöpfungshoheit und Naturkapitalaufbau

Für eine ökologiegerechte und soziale Ökonomie müsste das derzeitige System zur Vermehrung des Finanzkapitals in ein System zur Vermehrung des Natur-, Human- und Sachkapitals transformiert werden, was insbesondere eine Reform des Geldsystems erfordert. Die gegenwärtig den Geschäftsbanken zur Verfügung stehenden Mechanismen der Geldschöpfung mit der Möglichkeit, Anlagevermögen aufzukaufen, in der eigenen Bilanz zu aktivieren und als Gegenbuchung auf der Passivseite Giralgeld zu schöpfen und hiermit den Kaufpreis zu bezahlen, könnte dann zur Finanzierung der von den Menschen gewünschten und demokratisch legitimierten Projekte und Investitionen in Natur-, Human- und Sachkapital verwendet werden. Nachhaltige Investitionen könnten in einer staatlichen Bilanz oder Zentralbankbilanz aktiviert und zur Deckung neu geschöpften Geldes verwendet werden. Im ersteren Fall braucht der Staat anstelle einer Einnahmen-Ausgaben-Rechnung eine doppelte Buchführung und Bilanzierung. Zudem müsste die Trennung zwischen der Zentralbank und dem Staat aufgehoben, das Geldschöpfungsmonopol beim Staat angesiedelt und die Geldschöpfung unter demokratische Kontrolle gebracht werden. Wenn durch menschliche Arbeit neue Werte geschaffen werden, erhöhen sich sowohl die Gütermenge als auch die Geldmenge und es entsteht keine Inflation, und zwar weder am Gütermarkt noch am Finanzmarkt. Die frühere Währungsordnung des Goldstandards würde damit zu einem „Humanstandard" und „Naturstandard" weiterentwickelt.

Würde die Grundentscheidung zu einer Demokratisierung des Geldsystems getroffen und durch eine Vollgeldreform das staatliche Hoheitsrecht über die Geldausgabe wiedererlangt, könnte die dann staatliche Giralgeldschöpfung auch für einen effektiven Umwelt- und Naturschutz genutzt werden. Denkbar wäre, dass die Zentralbank Naturkapital, insbesondere Boden, aufkauft und im Sinne einer auf Naturkapitalaufbau zielenden „Nachhaltigkeitspolitik" die Preise für Naturkapital durch Käufe und Verkäufe steuert, wobei das hierzu verwendete Zentralbankgeld durch aufgekauftes Naturkapital gedeckt wäre.

Aufkauf und Kontoführung könnten direkt bei der Zentralbank oder indirekt über Geschäftsbanken erfolgen:

1. Kontoführung bei der Zentralbank: Privatpersonen und Unternehmen bekämen Girokonten bei der Zentralbank eingerichtet. Würde dies flächendeckend für alle Haushalte und Unternehmen erfolgen, könnte überdies der Zahlungsverkehr zentralisiert und vollständige Finanztransparenz im Sinne einer gerechten Besteuerung hergestellt werden. Dies

bedeutete das Ende von Steuerparadiesen, Offshore- und grauen Finanzmärkten, Schattenbanken etc.

2. Beibehaltung der bisherigen Kontoführung bei den Geschäftsbanken: Die Geschäftsbanken wären als Intermediäre zwischengeschaltet, was aus organisatorischer Sicht naheliegend ist, um die bisherigen Strukturen der Geschäftsbanken für die Abwicklung von Transaktionen mit Naturkapital zu nutzen. Andernfalls müssten die Geschäftsbanken in das System der Zentralbank inkludiert oder entsprechend reguliert werden.

Da Boden, natürliche Ressourcen und Rohstoffe von der Natur und nicht vom Menschen geschaffene Güter sind, die grundsätzlich allen Menschen gleichermaßen zustehen, könnte der Staat bzw. die Zentralbank, sofern hierzu demokratisch legitimiert, auch sukzessive Naturkapital aufkaufen und in öffentliches Eigentum überführen um den Ressourcenverbrauch mengenmäßig und ökologieverträglich zu steuern.[105] Um auch den staatlichen Aufkauf von wirtschaftlich genutztem Boden zu ermöglichen und voranzutreiben, könnten privaten Bodeneigentümern vom Staat Rückmietverkäufe angeboten werden, bei denen sie Boden (Naturkapital) verkaufen und zur weiteren Nutzung zurückpachten (Sale-and-Rent-Back). Die privaten Verkäufer des Bodens blieben dann weiterhin Eigentümer der auf dem Boden errichteten Gebäude und Einrichtungen und bekämen den Boden gegen Pacht langfristig zur Nutzung überlassen. Als Anreiz würden die Verkäufer des Bodens nicht mehr mit Grundsteuern belastet, erhielten für den verkauften Boden Liquidität zur anderweitigen, idealerweise nachhaltigen Verwendung sowie Rechtssicherheit für dessen weitere langfristige Nutzung, z. B. für einen generationenüberschreitenden Zeitraum von 99 Jahren. Naturkapital und Boden könnten so sukzessive vom Staat aufgekauft werden und allmählich in das Eigentum der Allgemeinheit übergehen, der dann die Bodenrenten zuflössen. Die Pachtverträge könnten eine nachhaltige Bewirtschaftung und ökologische Schutzanforderungen vorsehen, die sicherstellen, dass die Natur nicht ausgebeutet wird. Die Höhe der Pacht könnte im Zeitverlauf den ökonomischen Verhältnissen angepasst und auch von der Bestandsentwicklung des Naturkapitals abhängig gemacht werden. Nach Ablauf der Pachtverträge könnten die Grundstücke dann jeweils an Meistbietende versteigert werden. Die zu entrichtenden Pachtzahlungen wären abhängig vom Bestand und der positiven oder negativen Veränderung des auf dem Boden befindlichen Naturkapitals. Bei Verbrauch von Naturkapital würden die Staatseinnahmen steigen, wodurch sich zusätzliche Maßnahmen zur Kompensation des Naturverbrauchs finanzieren ließen, beispielsweise Wiederaufforstungsprogramme, Ausbau von Naturschutzgebieten, Schutz und Wiederansiedlung gefährdeter Tier- und Pflanzenarten, aber auch notwendige Arbeitsplätze im ökologischen und sozialen Bereich.

---

[105] Derzeit besteht allerdings die Möglichkeit bzw. Gefahr, dass nachhaltige staatliche Regulierung und Steuerung durch die geplante Transatlantische Handels- und Investitionspartnerschaft zwischen der EU und den USA (Transatlantic Trade and Investment Partnership TTIP), durch das geplante Abkommen über den Handel mit Dienstleistungen (Trade in Services Agreement TiSA) und durch das geplante Freihandelsabkommen zwischen der EU und Kanada (Comprehensive Economic and Trade Agreement CETA) dauerhaft konterkariert wird. Sollte darin vereinbart werden, dass sämtliche Bereiche liberalisiert werden müssen, die nicht explizit auf Negativlisten genannt sind bzw. Standstill- und Ratchet-Klauseln ratifiziert werden, nach denen stets das jeweils höchste erreichte Liberalisierungsniveau verankert wird, bedeutete dies die Festschreibung einer immer weitgehenderen Liberalisierung und die dauerhafte Verhinderung einer nachhaltigkeitsorientierten staatlichen Regulierung.

7   Schlussbetrachtung

Die menschlichen Bedürfnisse könnten effektiver, effizienter und umweltverträglicher als heute befriedigt werden, wenn die bereits sehr weit fortgeschrittenen technologischen Innovationen und Produktivitätssteigerungen um entsprechende ökologie- und verteilungsgerechte ökonomische Systeminnovationen ergänzt würden. Hemmend wirken neben tradierten Verhaltensmustern und Konditionierungen insbesondere Konstruktionsfehler im monetären System. Das heutige Geldsystem erzeugt einen langfristig nicht durchzuhaltenden Wachstumszwang und Umverteilungseffekte von unten nach oben, hat negative ökologische und soziale Auswirkungen und verursacht ökonomische Instabilitäten, ist im Ergebnis also nicht nachhaltig. Während falsch konstruierte Maschinen häufig gar nicht funktionieren oder kurzfristig Störungen zeigen, führen exponentielle Wachstumsprozesse in einer Zinswirtschaft erst nach einigen Jahrzehnten zu in der Geschichte stets wiederkehrenden ökonomischen Krisen und schlimmstenfalls zu Kriegen.

Eine ökologisch und sozial gerechtere und stabilere Ökonomie wäre möglich und realisierbar, wenn die Mechanismen der Geldschöpfung zur Finanzierung der von den Menschen gewünschten und demokratisch legitimierten Projekte und Investitionen verwendet würden und die Menschen das monetäre Recht erhielten, für sie und die Natur langfristig nutzbringende Investitionen ohne kurzfristigen Renditezwang finanzieren und realisieren zu dürfen. Hierzu bedarf es Geld, das derzeit nur zu einem kleinen Teil von den Zentralbanken, größtenteils jedoch von den Geschäftsbanken geschöpft wird, indem diese Kredite vergeben. Normalerweise wird Buchgeld geschöpft, das auf der Passivseite der Bankbilanz steht. Seine Deckung erhält es durch den gegebenen Kredit, der auf der Aktivseite verbucht wird. Die Kreditforderung auf der Aktivseite und die Sichteinlagen auf der Passivseite führen zur Verlängerung der Bankbilanz. Man könnte dieses Prinzip verwenden, um sozial und ökologisch sinnvolle Investitionen zu finanzieren. Hierzu müsste der Staat jedoch zunächst die Geldschöpfungshoheit wiedererlangen. Dann könnte die Geldschöpfung unter demokratische Kontrolle gebracht, die strikte Trennung zwischen Zentralbank und Staat aufgehoben und die Geldschöpfung durch doppelte Buchführung und Bilanzierung von der öffentlichen Hand übernommen werden. Von den Menschen gewünschte nachhaltige Investitionen könnten dann in der staatlichen Bilanz aktiviert und zur Deckung neugeschöpften Geldes verwendet werden. Inflation entstünde durch diese Geldschöpfung nicht, da und solange durch menschliche Arbeit neue Werte geschaffen werden, somit Geld- und Gütermenge proportional wachsen. Diese Idee ist theoretisch ganz einfach, wäre aber höchst wirkungsvoll, denn eine Demokratisierung des Geldsystems könnte eine derzeit unmöglich erscheinende positive ökonomische, soziale und ökologische Entwicklung der Menschheit und des Planeten einleiten. Die technische Realisierung erscheint einfach, jedoch stehen dieser zukunftsweisenden Idee gewisse Konditionierungen, Konventionen und Herrschaftsinteressen entgegen.

Das Nachhaltigkeitsproblem der Wirtschaft besteht nicht darin, dass sie wächst, sondern darin, dass sie wachsen muss. Die Ursache für den Wachstumszwang liegt im durch das Geld induzierten Zins und den daraus auf alle anderen Kapitalien übertragenen Renditezwang, der eine stetige Umverteilung von unten nach oben bewirkt, denen durch staatliche Steuerpolitik unter den Bedingungen nationaler Entgrenzung und Globalisierung kaum mehr entgegenzuwirken ist. In unserer Zins- und Renditewirtschaft verstärken sich die ungleiche Einkommens- und Vermögensverteilung und damit die gesellschaftliche Polarisierung im Zeitverlauf. Während die Bezieher der niedrigsten Einkommen diese meist vollständig für Konsum ausgeben müssen, können die Bezieher der höchsten Einkommen diese überwiegend sparen und bekommen hierauf Zinsen und Renditen. Diese werden von den Menschen vor allem durch den Kauf von Produkten bezahlt, in deren Preisen durchschnittlich über ein Drittel an Zinskosten enthalten sind, die von Unternehmen für aufgenommenes Kapital an Investoren zu entrichten und entsprechend einkalkuliert sind, wobei der Zinsanteil in den Preisen mit der Kapitalintensität steigt. Folge ist eine ständige zinsbedingte Umverteilung von unten nach oben, von der nur ein kleiner Teil der Haushalte profitiert, während die meisten Menschen netto verlieren.

Um eine zinsfreie nachhaltige und zugleich marktwirtschaftliche Ökonomie zu erreichen, in der weiterhin freiwillig und ohne planwirtschaftliche Steuerung investiert wird, muss zunächst die Ursache des Zinses richtig erkannt werden, was von Gesell geleistet wurde, dessen Befund auch heute noch zutrifft. Obgleich es keinen Goldstandard mehr gibt, sondern von den Banken frei geschöpftes Papier- und Giralgeld, ist dies trotz Inflation grundsätzlich wertbeständiger als verderbliche Waren, weshalb Menschen lieber Geld horten als Warenvorräte anzulegen. Geld muss jedoch fließen und umlaufen; sonst wird (durch Geldhortung) der Wirtschaftskreislauf gestört und wirtschaftliche Aktivität sowie (bezahlte) menschliche Arbeit gebremst bzw. verhindert. Aufgrund der im Vergleich zu anderen Gütern besseren Wertaufbewahrungsfunktion des Geldes geben seine Besitzer dieses nur dann wieder in den Wirtschaftskreislauf zurück, wenn sie entweder etwas kaufen oder ihnen ein positiver Zins für das Verleihen des Geldes gezahlt wird. Der für den Geldverleih geforderte und erzielbare Zins lag in den letzten Jahrhunderten sowie bereits in der Antike relativ konstant bei jährlich etwa 4 bis 5 %. Dies bildet den Maßstab für alle anderen Kapitalien, die im Wettbewerb zur Geldhaltung stehen und deshalb auch entsprechende Kapitalrenditen erwirtschaften müssen, da ansonsten Investitionen unterbleiben. Ein privater Kapitalstock in Höhe des 6- bis 7-fachen Nationaleinkommens, der in den europäischen Kernstaaten zwischen 1870 und 1910 zu beobachten war, scheint hier eine Höchstgrenze darzustellen, bei dem noch die geforderte Mindestrendite erreicht werden kann. Höhere Renditeforderungen, etwa nach dem Shareholder Value-Konzept, können dazu führen, dass es bereits bei einem geringeren Kapitalstock zu Investitionsschwächen kommt, wie dies bereits zu beobachten ist.

Ungeachtet vieler weltweit bedürftiger Menschen, denen es an Kaufkraft mangelt, werden Produktionskapazitäten zu Überkapazitäten, sobald Investitionen nicht mehr die geforderte Verzinsung abwerfen. Dann unterbleiben Realkapitalinvestitionen und es werden bevorzugt spekulative Finanzinvestitionen getätigt, die immerhin kurzfristige Renditen versprechen und durch die Geldschöpfungsmöglichkeit der Geschäftsbanken, die Giralgeld vorzugsweise durch die Vergabe von Finanzkrediten erschaffen, heutzutage in einem historisch einmaligen Maße genährt werden. So erleben wir eine Inflation auf den Finanzmärkten, die von eher deflationären Realmärkten entkoppelt erscheinen. Sofern es sich bei Finanzvermögen um ungedeckte Forderungen handelt, wären diese kaufmännisch abzuschreiben, und es ist nur eine Frage der Zeit, wann eine realistische Betrachtung dies erforderlich macht und bei Sparern allgemeine Enttäuschung einsetzen wird.

Eine nachhaltige Ökonomie bedarf eines *neuen Kapitalismus*, der nicht mehr auf die monetäre Kapitalverzinsung, sondern stattdessen auf die Vermehrung von Human-, Natur- und Sachkapital zielt, welches eine entscheidende Rolle für ökologische, soziale und ökonomische Prosperität spielt. Um dies zu erreichen, wird im ersten Schritt eine Vollgeldreform vorgeschlagen, um dann im zweiten Schritt eine Demurrage von jährlich 5 % auf das staatliche Vollgeld einzuführen. Die Kombination dieser beiden Instrumente ermöglichte ein langfristig stabiles Geld und eine Ökonomie, in die auch ohne Rendite- und Wachstumszwang investiert wird.

Die Geldmenge würde dann nur noch von der staatlichen Zentralbank und nicht mehr von privaten Geschäftsbanken gesteuert, wobei die Geldmenge jährlich mindestens in Höhe des Wirtschaftswachstums zuzüglich des Geldschwundes durch Demurrage erhöht werden müsste, um Deflation zu vermeiden. Darüber hinaus könnte die Geldmenge bei Arbeitslosigkeit bzw. unausgelasteten Kapazitäten zur Finanzierung von sozialen und ökologischen Projekten und Stimulierung von wirklich nachhaltigem Wirtschaftswachstum erhöht werden, ohne hierdurch Verbraucherpreisinflation oder Vermögenswertinflation zu erzeugen, sodass eine Geldeinheit als Recheneinheit stabil bliebe. Auch der Geldwert von Vermögensgegenständen bliebe langfristig konstant, während lediglich die Geldhortung mit einer Gebühr (Demurrage) belastet würde.

Mit zunehmendem Kapitalstock würden die am Markt erzielbaren Zinsen und Renditen (wie heute) allmählich verschwinden, es würde jedoch weiterhin investiert werden. Nachhaltige Investitionen, etwa in soziale und ökologische Projekte, wären auch bei niedriger oder fehlender Rendite lohnenswert. Bei einem Zinsfuß von Null würden zukünftige Umweltschäden nicht mehr abgezinst und schön gerechnet, sondern gingen in voller Höhe in die Planung und Kalkulation ein. In der Folge würden Investitionen mit langfristig schädlichen Umwelteinwirkungen nun deutlich schlechter bewertet und unterblieben, während sich langfristig orientierte soziale, ökologische, bildende oder infrastrukturelle Projekte mit Einzahlungsüberschüssen in der ferneren Zukunft nun rechnen würden. Langfristige Investitionen fänden private Investoren und Unternehmer, die Geld nun auch ohne Zins bzw. Rendite einsetzen würden anstatt dieses zu horten, um die Demurrage auf Geldhaltung zu vermeiden. Für Investoren gäbe es zwar keinen positiven Zins mehr, jedoch auch keine negative Inflation. Dieses Szenario einer zinsfreien Wirtschaft, in der weiterhin investiert wird, ist grundlegend zu unterscheiden von der heutigen Situation, in der es aufgrund hoher Überschussliquidität und geringer Investitionsnachfrage auch einen niedrigen Marktzins gibt, die Kreditnachfrage gering ist, es an rentablen Investitionsmöglichkeiten mangelt, Unternehmen lieber Geld horten als zu investieren, daher de facto wenig Kredite für Realinvestition ausgereicht werden, und man über die Ursachen der „Kreditklemme" trotz niedriger Zinsen der EZB rätselt.

Generell erstrebenswert und erreichbar wäre eine nachhaltige Ökonomie im Einklang und nicht gegen unsere Natur, in der die Selbstheilungs- und Regenerationsfähigkeit von Mensch und Natur nicht überfordert werden, sondern indem wir Menschen uns der Natur und ihren Rhythmen wieder besser anpassen und die ökonomischen und sozialen Systeme ökologischer und damit nachhaltiger gestalten. Wenn wir die Fülle der Natur sowie deren Regenerationskräfte besser nutzten, ließe sich unsere naturbezogene Lebensqualität jenseits des quantitativen BIP-Wachstums verbessern, wobei das BIP lediglich Wirtschaftsaktivität statistisch erfasst und noch nichts über dessen Qualität aussagt. Der Verzicht auf geplanten Verschleiß (Obsoleszenz), manipulative Werbung, unnötige Produktangebote, Zettelwirtschaft und sonstiges durch Renditezwang ausgelöstes Verhalten könnten ebenso wie verstärkte Kooperation anstatt Konkurrenz, offene arbeitsteilige Vernetzung, Teilen geistigen Eigentums etc. zu mehr Wohlstand bei verkürzter individueller Erwerbsarbeitszeit und einem stressfreieren Leben beitragen. Dies ebenso wie der durch Aufklärung und Bildung geförderte Konsum gesunder naturbelassener Lebensmittel und mehr Zeit zur Regeneration würden die Gesundheit der Menschen verbessern, medizinische Leistungen teilweise entbehrlich machen, den Verbrauch an Medikamenten reduzieren und deren Nebenwirkungen vermeiden helfen. Im Zuge der vorgeschlagenen Geldreform könnten die Löhne steigen und die Arbeitszeiten sinken. Da das berufsbedingte Mobilitätserfordernis in der Regel größer ist als das private, ginge dies auch mit einer Reduzierung der CO_2-Emissionen einher. Die Menschen hätten mehr Zeit für Privates, Soziales, Bildung, Fürsorge, Pflege, Naturschutz und anderes zivilgesellschaftliches Engagement, was die Lebensqualität erhöhen, Burn-out-Syndrome mindern, den sozialen Zusammenhalt stärken und die Zufriedenheit verbessern würde.

Heute leben über sieben Milliarden Menschen auf der Erde, das sind vermutlich etwa ein Zwanzigstel aller modernen Menschen, die jemals diesen Planeten betraten. Viele verbinden hiermit in allererster Linie Gefahren und Risiken, aber wir sollten auch die Chancen sehen, die in den geistigen Potenzialen der vielen Menschen stecken, die wirkmächtig werden könnten, wenn wir die modernen Technologien der Vernetzung richtig einsetzten und von der Konkurrenz zur Kooperation übergingen. Die chinesische Schrift hat für Risiko und Chance nur ein Zeichen, und China ist als Reich der Mitte gerade dabei, die alte Seidenstraße durch moderne Infrastruktur wiederzubeleben, die Europa, Mittelasien und Ostasien eineinhalb Jahrtausende lang auf dem Landweg verband. Die Reaktivierung der Seidenstraße, die vom ersten Jahrhundert vor Christus bis ins Hochmittelalter des 13. Jahrhunderts ihre größte Bedeutung hatte, soll 65 Länder verbinden, die rund zwei Drittel der Weltbevölkerung und ein Drittel der globalen Wirtschaftsleistung repräsentieren (Die Welt 30.3.2015). Das Seidenstraßenprojekt hilft, Asien und Europa durch infrastrukturelle Vernetzung nachhaltig zu entwickeln und hat nicht nur das Potenzial, Ökonomien durch Wirtschaftswachstum zu stabilisieren, sondern könnte durch die Vernetzung und Inklusion von Milliarden Menschen in die arbeitsteilige Weltökonomie möglicherweise den nächsten Kondratjew-Zyklus einleiten. Durch große Aufforstungsprogramme entlang der Seidenstraße könnte Desertifikation und Landverödung entgegengewirkt und Kohlendioxid in Holz gebunden werden.

Wenn wir Mitteleuropäer ins 13. Jahrhundert zurückblicken, so entdecken wir eine hochmittelalterliche Ökonomie, in der es trotz relativ bescheidener technischer Möglichkeiten, Handarbeit ohne Energie/Sklaven und zahlreicher Feiertage und Feste zu einem Aufblühen der Städte kam und Gebäude, Kunstwerke sowie Kathedralen für die Ewigkeit geschaffen wurden. Damals hatten die Menschen ein einfaches Vollgeldsystem gepaart mit einer Demurrage auf Geldhaltung, welche den Geldumlauf sicherstellte, wirtschaftliche Aktivitäten ungebremst ermöglichte und den Geldwert stabilisierte. Dieser verschütteten Idee sollten wir uns besinnen, um ein neues Geldsystem zu erschaffen, das menschliche Arbeit fördert anstatt blockiert. Die Lohnquote würde wieder steigen, die Wertschöpfung breit unter den Menschen verteilt, die sie zu einem guten Leben sowie zum Aufbau von Human-, Natur- und Sachkapital verwenden könnten, um endlich das Zeitalter einer nachhaltigen Ökonomie einzuleiten.

Literaturverzeichnis

1998/743/EG, Beschluss des Rates vom 21. Dezember 1998 über die Einzelheiten der Zusammenset-zung des Wirtschafts- und Finanzausschusses, Amtsblatt Nr. L 358 vom 31/12/1998, S. 109–110.

1999/8/EG, Beschluss des Rates vom 31. Dezember 1998 über die Satzung des Wirtschafts- und Fi-nanzausschusses, Amtsblatt Nr. L 005 vom 09/01/1999, S. 71.

Aachener Stiftung Kathy Beys (2014a), Lexikon der Nachhaltigkeit, Europarat, URL:
https://www.nachhaltigkeit.info/artikel/europarat_623.htm, 7.4.2015.

Aachener Stiftung Kathy Beys (2014b), Lexikon der Nachhaltigkeit, Bundesministerium für wirtschaft-liche Zusammenarbeit und Entwicklung (BMZ), URL:
https://www.nachhaltigkeit.info/artikel/bmz_bm_wirtsch_zusammenarbeit_588.htm, 7.4.2015.

AIIB Asian Infrastructure Investment Bank (2015a), About Us, The Asian Infrastructure Investment Bank, URL: http://aiibank.org/yatouhang_04.html, 16.4.2015.

AIIB Asian Infrastructure Investment Bank (2015b), Prospective Founding Members, URL:
http://aiibank.org/yatouhang_04.html, 16.4.2015.

Akerlof, George A., Shiller Robert J., Animal Spirits, How Human Psychology Drives the Economy, and Why It Matters for Global Capitalism, Princeton 2009.

Allianz Gruppe, Unsere Verantwortung, Highlights 2011, München 2012.

Arbeitsgruppe Alternative Wirtschaftspolitik, Memorandum 2006, Mehr Beschäftigung braucht eine andere Verteilung, Köln 2006.

Aristoteles, Politik, Höffe, Otfried (Hrsg.), Reihe Klassiker auslegen, Berlin 2001.

Aristoteles, Politik, Schütrumpf, Eckart (Hrsg.), Meiner, Hamburg 2012.

Arndt, Helmut, Markt und Macht, Mohr 1973.

Arrow, Kenneth J., Debreu, Gérard, Existence of an Equilibium for a Competitive Economy, Econometrica 22 (3), S. 265–290, 1954.

Arrow, Kenneth, Hahn, Frank, General Competitive Analysis, 1971.

Auswärtiges Amt (2013), Über den Tellerrand hinaus: Nachhaltige Entwicklung in Europa, URL:
http://www.auswaertiges-amt.de/DE/Europa/Themen/Nachhaltigkeit/Uebersicht_node.html, 7.4.2015.

Ayres, Robert U., Industrial Metabolism, Closing the Materials Cycle, in: Jackson, Tim (Hrsg.), S. 165–188, 1993.

Ayres, Robert U., Ayres, Leslie W., Industrial Ecology, Towards Closing the Materials Cycle, Edward Elgar, Cheltenham 1996.

Ayres, Robert U., Simonis, Udo Ernst (Hrsg.), Industrial Metabolism, Restructuring for Sustainable Development, United Nations University Press, Tokyo 1994.

Bach, Stefan, Vermögensabgaben: Ein Beitrag zur Sanierung der Staatsfinanzen in Europa, DIW-Wochenbericht 79.28 2012, S. 2–11.

BaFin Bundesanstalt für Finanzdienstleistungsaufsicht (2015a), Financial Stability Board (FSB), URL:
http://www.bafin.de/DE/Internationales/GlobaleZusammenarbeit/FSB/fsb_node.html, 4.4.2015.

BaFin Bundesanstalt für Finanzdienstleistungsaufsicht (2015b), Baseler Ausschuss, URL: http://www.bafin.de/DE/Internationales/GlobaleZusammenarbeit/BaselerAusschuss/baselerausschuss_ node.html, 4.4.2015.

BaFin Bundesanstalt für Finanzdienstleistungsaufsicht (2015c), International Association of Insurance Supervisors (IAIS), URL: http://www.bafin.de/DE/Internationales/GlobaleZusammenarbeit/IAIS/iais_node.html, 4.4.2015.

BaFin Bundesanstalt für Finanzdienstleistungsaufsicht (2015d), Einheitlicher Bankenaufsichtsmechanismus (SSM), URL: http://www.bafin.de/DE/Aufsicht/BankenFinanzdienstleister/SSM/ssm_artikel.html, 7.4.2015.

Baumast, Annett, Pape, Jens, Betriebliches Umweltmanagement, Nachhaltiges Wirtschaften in Unternehmen, Eugen Ulmer, Stuttgart 2008.

Baumast, Annett, Pape, Jens (Hrsg.), Betriebliches Nachhaltigkeitsmanagement, Eugen Ulmer, Stuttgart 2013.

Baumgartner, Rupert J., Nachhaltigkeitsorientierte Unternehmensführung. Modell, Strategien und Managementinstrumente, Rainer Hampp, München (Mering) 2010.

Bernays, Edward L., Propaganda, Horace Liveright, New York 1928.

Beck, Ulrich, Schöne neue Arbeitswelt – Vision: Weltbürgergesellschaft, Campus, Frankfurt 1999.

Becerra, Jorge, Damisch, Peter, Holley, Bruce, Kumar, Monish, Naumann, Matthias, Tang, Tjun, Zakrzewski, Anna, Global Wealth 2012, The Battle to Regain Strength, Boston Consulting Group, Boston, 2012.

Benes, Jaromir, Kumhof, Michael, The Chicago plan revisited, IMF Working Paper WP/12/202, Washington, DC 2012.

Berliner Zeitung vom 25.5.2012, Bischoff, Katrin, Jahrhunderte alter Schuldschein, Berlin schuldet Mittenwalde ein Vermögen, URL: http://www.berliner-zeitung.de/berlin/jahrhunderte-alter-schuldschein-berlin-schuldet-mittenwalde-ein-vermoegen,10809148,16110222.html.

Bernholz, Peter, Breyer, Friedrich, Grundlagen der politischen Ökonomie, Bd. 1: Theorie der Wirtschaftssysteme, Mohr, Tübingen 1993.

Bernholz, Peter (2015), Vollgeld mit Hilfe der direkten Demokratie?, in: Finanz und Wirtschaft, Zürich, URL: http://www.fuw.ch/article/vollgeld-mit-hilfe-der-direkten-demokratie, 20.3.2015.

BiB Bundesinstitut für Bevölkerungsforschung (2015), Nettoreproduktionsziffer, Nettoreproduktionsrate, URL: http://www.bib-demografie.de/SharedDocs/Glossareintraege/DE/N/nettoreproduktionsziffer.html, 15.4.2015.

Billeter, Gustav, Geschichte des Zinsfusses im griechisch-römischen Altertum bis auf Justinian, Teubner, Leipzig 1898, URL: https://archive.org/details/geschichtedeszi00billgoog, 10.1.2015.

Binswanger, Hans Christoph, Geissberger, Werner, Ginsburg, Theo (Hrsg.), Der NAWU-Report: Wege aus der Wohlstandsfalle, Strategien gegen Arbeitslosigkeit und Umweltkrise, S. Fischer, Frankfurt 1978.

Binswanger, Hans Christoph, Die Wachstumsspirale in der Krise, Ansätze zu einem nachhaltigen Wachstum, Dresden Discussion Paper in Economics 03/2009, Dresden.

Binswanger, Hans Christoph, Die Wachstumsspirale, Geld, Energie und Imagination in der Dynamik des Marktprozesses, 4. Aufl., Metropolis, Marburg 2013.

Binswanger, Mathias, Die Tretmühlen des Glücks: Wir haben immer mehr und werden nicht glücklicher, Was können wir tun? Herder 2006.

BIS Bank for International Settlements (2014), Statistical release, OTC derivatives statistics at end-June 2014, Monetary and Economic Department, November 2014.

BIS Bank for International Settlements (2015a), About BIS, URL: http://www.bis.org/about/index.htm, 4.5.2015.

BIS Bank for International Settlements (2015b), Basel Committee on Banking Supervision, URL: http://www.bis.org/bcbs/, 4.5.2015.

BIS Bank for International Settlements (2015c), Committee on Payments and Market Infrastructures (CPMI), URL: http://www.bis.org/cpmi, 4.5.2015.

Blanchard, Olivier, Illing, Gerhard, Makroökonomie, 5. aktualisierte und erweiterte Auflage, Pearson Studium, München 2009.

BMAS Bundesministerium für Arbeit und Soziales (Hrsg.), Die DIN ISO 26000 „Leitfaden zur gesellschaftlichen Verantwortung von Organisationen" – Ein Überblick, Bonn November 2011.

BMAS Bundesministerium für Arbeit und Soziales, Lebenslagen in Deutschland, Der vierte Armuts- und Reichtumsbericht der Bundesregierung, Bonn 2013.

BMBF Bundesministerium für Bildung und Forschung (2015a), BMBF-Rahmenprogramm Forschung für Nachhaltige Entwicklungen (FONA), URL: http://www.fona.de/de/10011, 8.4.2015.

BMBF Bundesministerium für Bildung und Forschung (2015b), Forschungsforum Energiewende, URL: http://www.bmbf.de/de/12337.php, 8.4.2015.

BMBF Bundesministerium für Bildung und Forschung (2015c), Bildung für nachhaltige Entwicklung, URL: http://www.bmbf.de/de/18448.php, 8.4.2015.

BMEL Bundesministerium für Ernährung und Landwirtschaft, Nachhaltigkeit (2015), URL: http://www.bmel.de/SharedDocs/Dossier/Ministerium/Nachhaltigkeit.html#HierherSpringen, 7.4.2015.

BMF Bundesministerium der Finanzen (2010), Basel III, Strengere Kapitalvorschriften für Banken, URL:
http://www.bundesfinanzministerium.de/Content/DE/Standardartikel/Service/Einfach_erklaert/2010-09-20-basel-III-strengere-kapitalvorschriften-fuer-banken.html, 20.09.2010.

BMF Bundesministerium der Finanzen (2015a), Pressemitteilung vom 17.03.2015, Internationales/Finanzmarkt, Nr. 12, Asian Infrastructure Investment Bank (AIIB).

BMF Bundesministerium der Finanzen (2015b), Treffen von ECOFIN-Rat & Eurogruppe, URL: http://www.bundesfinanzministerium.de/Content/DE/Standardartikel/Service/Einfach_erklaert/2010-11-04-einfach-erklaert-basel-III-flash-infografik.html, 7.4.2015.

BMFSFJ Bundesministerium für Familien, Senioren, Frauen und Jugend (2015), Nachhaltige Politik für alle Generationen, URL: http://www.bmfsfj.de/BMFSFJ/aeltere-menschen,did=38844.html, 7.4.2015.

BMG Bundesministerium für Gesundheit, Ressortbericht des Bundesministeriums für Gesundheit zur Sitzung des Staatssekretärsausschusses für nachhaltige Entwicklung am 21. Januar 2013, Nachhaltige Entwicklung in Gesundheit und Pflege, Berlin 2013.

BMUB Bundesministerium für Umwelt, Naturschutz, Bau und Reaktorsicherheit, UBA, Öko-Institut, Memorandum Product Carbon Footprint, Berlin 2009.

BMUB Bundesministerium für Umwelt, Naturschutz, Bau und Reaktorsicherheit (2013), EU-Nachhaltigkeitsstrategie, URL: www.bmub.bund.de/P842, 7.4.2015

BMUB Bundesministerium für Umwelt, Naturschutz, Bau und Reaktorsicherheit (2015a), Themen, URL: http://www.bmub.bund.de/themen, 7.4.2015

BMUB Bundesministerium für Umwelt, Naturschutz, Bau und Reaktorsicherheit (2015b), Klima – Energie, URL: http://www.bmub.bund.de/themen/klima-energie, 7.4.2015

BMVI Bundesministerium für Verkehr und digitale Infrastruktur (2015), Nachhaltige Mobilität, URL: http://www.bmvi.de/SharedDocs/DE/Artikel/UI/nachhaltige-mobilitaet.html, 8.4.2015.

BMWi Bundesministerium für Wirtschaft und Energie, Forschung für eine umweltschonende, zuverlässige und bezahlbare Energieversorgung, Das 6. Energieforschungsprogramm der Bundesregierung, Berlin 2011.

BMWi Bundesministerium für Wirtschaft und Energie (2015a), Erneuerbare Energien im Jahr 2014, Erste Daten zur Entwicklung der erneuerbaren Energien in Deutschland auf Grundlage der Angaben der Arbeitsgruppe Erneuerbare Energien-Statistik, Berlin 2015.

BMWi Bundesministerium für Wirtschaft und Energie (2015b), Leitprinzip Nachhaltigkeit – Realisierung nur mit der Wirtschaft, URL: http://www.bmwi.de/DE/Themen/Industrie/Industrie-und-Umwelt/leitprinzip-nachhaltigkeit.html, 7.4.2015.

BMZ Bundesministerium für wirtschaftliche Zusammenarbeit und Entwicklung, Die Millenniums-Entwicklungsziele, Hintergründe – Zielerreichung – Engagement, BMZ Informationsbroschüre 4/2010.

BMZ Bundesministerium für wirtschaftliche Zusammenarbeit und Entwicklung (2015a), Weltbankgruppe, URL: http://www.bmz.de/de/was_wir_machen/wege/multilaterale_ez/akteure/weltbank/index.html, 7.4.2015.

BMZ Bundesministerium für wirtschaftliche Zusammenarbeit und Entwicklung (2015b), Internationale Bank für Wiederaufbau und Entwicklung, URL: http://www.bmz.de/de/was_wir_machen/wege/multilaterale_ez/akteure/weltbank/ibrd/index.html, 7.4.2015.

BMZ Bundesministerium für wirtschaftliche Zusammenarbeit und Entwicklung (2015c), Internationale Entwicklungsorganisation, URL: http://www.bmz.de/de/was_wir_machen/wege/multilaterale_ez/akteure/weltbank/ida/index.html, 7.4.2015.

BMZ Bundesministerium für wirtschaftliche Zusammenarbeit und Entwicklung (2015d), Internationale Finanz-Corporation, URL: http://www.bmz.de/de/was_wir_machen/wege/multilaterale_ez/akteure/weltbank/ifc/index.html, 7.4.2015.

BMZ Bundesministerium für wirtschaftliche Zusammenarbeit und Entwicklung (2015e), Multilaterale Investitions-Garantie-Agentur, URL: http://www.bmz.de/de/was_wir_machen/wege/multilaterale_ez/akteure/weltbank/miga/index.html, 7.4.2015.

BMZ Bundesministerium für wirtschaftliche Zusammenarbeit und Entwicklung (2015f), Internationales Zentrum für die Beilegung von Investitionsstreitigkeiten, URL: http://www.bmz.de/de/was_wir_machen/wege/multilaterale_ez/akteure/weltbank/icsid/index.html, 7.4.2015.

BMZ Bundesministerium für wirtschaftliche Zusammenarbeit und Entwicklung (2015g), Zukunftscharta EINEWELT – Unsere Verantwortung, Berlin 2015, URL: http://www.bmz.de/de/mediathek/publikationen/reihen/infobroschueren_flyer/infobroschueren/Material ie250_zukunftscharta.pdf, 7.4.2015.

Böhm-Bawerk, Eugen von, Kapital und Kapitalzins, Geschichte und Kritik der Kapitalzins-Theorien, 4. Aufl., Gustav Fischer, Jena 1921.

Bofinger, Peter, Grundzüge der Volkswirtschaftslehre, 3. Auflage, Pearson Studium, München 2011.

Bofinger, Peter (2012), in: FTD Financial Times Deutschland vom 10.4.2012, Wirtschaftsweiser im Interview: Bofinger geißelt „Mickymaus-Modelle" der Ökonomen, URL: http://www.economics.uni-wuerzburg.de/fileadmin/12010100/sonstiges/FTD_10.04.12.pdf, 9.4.2015.

Bontrup, Heinz-Josef, Lohn und Gewinn: Volks- und betriebswirtschaftliche Grundzüge, Oldenbourg, München 2008.

Bontrup, Heinz-Josef, Zur größten Finanz- und Wirtschaftskrise seit achtzig Jahren, Ein kritischer Rück- und Ausblick mit Alternativen, Hannover 2011.

Bontrup, Heinz-Josef, Massarrat, Mohssen, Arbeitszeitverkürzung und Ausbau der öffentlichen Beschäftigung jetzt, Manifest zur Überwindung der Massenarbeitslosigkeit, Sonderdruck in Ossietzky, Zweiwochenschrift für Politik, Kultur, Wirtschaft 2011.

Bontrup, Heinz-Josef, Massarrat, Mohssen, Arbeitszeitverkürzung jetzt, 30-Stunden-Woche fordern, Bergkamen 2013.

Boulding, Kenneth E., Economics as a moral science, The American Economic Review (1969), S. 1–12.

Boulding, Kenneth E., Energy reorganization act of 1973: Hearings, Ninety-third Congress, first session, on H.R. 11510, in: United States Congress House 1973.

Boulding, Kenneth E., The Economics of the Coming Spaceship Earth, Valuing the earth: economics, ecology, ethics (1996), S. 297.

BP (2014), Statistical Review of World Energy, 63rd edition, London, June 2014, URL: bp.com/statisticalreview, 9.4.2015.

Braungart, Michael, McDonough, William A., Von der Öko-Effizienz zur Öko-Effektivität, Die nächste industrielle Revolution, Politische Ökologie, 17. Jg., Heft 62, S. 18–22, September 1999.

Braungart, Michael, McDonough, William A., Schuler, Karin, Pesch, Ursula, Einfach intelligent produzieren, Cradle to cradle: Die Natur zeigt, wie wir die Dinge besser machen können, Berliner Taschenbuch-Verlag 2010.

Bredemeier, Sonning, Erfahrungen mit der Kreditplafondierung, Vol. 7, Duncker & Humblot, Berlin 1972.

Brekke, Kjell Arne, Economic growth and the environment: on the measurement of income and welfare, Edward Elgar Publishing Ltd, Cheltenham 1997.

Broer, Wolfgang, Schwundgeld, Bürgermeister Michael Unterguggenberger und das Wörgler Währungsexperiment 33 (1932).

Bundesamt für Umweltschutz, Ökobilanzen von Packstoffen, Schriftenreihe Umweltschutz, Nr. 24, Bern 1984.

Bundesbank, Die Deutsche Bundesbank, Aufgabenfelder, Rechtlicher Rahmen, Geschichte, Frankfurt, April 2006.

Bundesbank, Deutsche Bundesbank, Zentralbereich Banken und Finanzaufsicht, Basel III – Leitfaden zu den neuen Eigenkapital- und Liquiditätsregeln für Banken, Frankfurt 2011.

Bundesbank (2015a), Bank für Internationalen Zahlungsausgleich (BIZ), URL: http://www.bundesbank.de/Navigation/DE/Aufgaben/Finanz_und_Waehrungssystem/Internationale_Zusammenarbeit/BIZ/biz.html?nsc=true, 5.4.2015.

Bundesbank (2015b), European Systemic Risk Board (ESRB), URL: http://www.bundesbank.de/Navigation/DE/Aufgaben/Finanz_und_Waehrungssystem/Internationale_Zusammenarbeit/ESRB/esrb.html, 5.4.2015.

Bundesbank (2015c), EU-Gremien, URL:
http://www.bundesbank.de/Navigation/DE/Aufgaben/Finanz_und_Waehrungssystem/Internationale_
Zusammenarbeit/EU_Gremien/eu_gremien.html, 5.4.2015.

Bundesbank (2015d), Financial Stability Board (FSB), URL:
http://www.bundesbank.de/Navigation/DE/Aufgaben/Finanz_und_Waehrungssystem/Internationale_
Zusammenarbeit/FSB/fsb.html, 5.4.2015.

Bundesbank (2015e), Committee on the Global Financial System (CGFS), URL:
http://www.bundesbank.de/Navigation/DE/Aufgaben/Finanz_und_Waehrungssystem/Internationale_
Zusammenarbeit/CGFS/cgfs.html, 10.4.2015.

Bundesregierung, Perspektiven für Deutschland, Unsere Strategie für eine nachhaltige Entwicklung,
Berlin 2002.

Bundesregierung (2012), Nationale Nachhaltigkeitsstrategie, Fortschrittsbericht 2012, Berlin.

Bundesregierung (2015a), Der Parlamentarische Beirat für nachhaltige Entwicklung, URL:
http://www.bundesregierung.de/Webs/Breg/DE/Themen/Nachhaltigkeitsstrategie/3-nachhaltige-
entwicklung-alle-sind-Partner/parlamentarischer-beirat/_node.html, 7.4.2015.

Bundesregierung (2015b), Staatssekretärsausschuss für nachhaltige Entwicklung, URL:
http://www.bundesregierung.de/Webs/Breg/DE/Themen/Nachhaltigkeitsstrategie/2-der-
Staatssekretaersausschuss/aufgaben/_node.html;jsessionid=8E9A4C31B5C81A1377965E602A847D57
.s2t1, 7.4.2015.

Bundesregierung (2015c), Euro-Schutzschirm, Was sind ESM, EFSM und EFSF? URL:
http://www.bundesregierung.de/Webs/Breg/DE/Themen/Euro/EFSFundESM/esm_efsm_efsf/_node.ht
ml, 12.4.2015.

Bureau of Labour Statistics (2015), Labor Force Statistics from the Current Population Survey, Data
extracted on: January 1, 2015 (6:43:46 AM), URL:
http://data.bls.gov/timeseries/LNU04000000?years_option=all_years&periods_option=specific_periods
&periods=Annual+Data, 1.1.2015.

Burschel, Carlo, Losen, Dirk, Wiendl, Andreas, Betriebswirtschaftslehre der Nachhaltigen Unternehmung, Oldenbourg, München 2004.

Busch, Ulrich, Schlaraffenland – eine linke Utopie, UTOPIE kreativ, Heft 181 (2005), S. 978–991.

BVerfG Bundesverfassungsgericht, Beschluss vom 22. Juni 1995, Az. 2 BvL 37/91.

Carson, Rachel (1962), Silent Spring, Mariner Books 2002.

Cassidy, Emily S., West, Paul C., Gerber, James S., Foley, Jonathan A., Redefining agricultural yields:
from tonnes to people nourished per hectare, Environmental Research Letters 8, 2013.

CIA Central Intelligence Agency (2015), The World Factbook, Field Listing: Median Age, URL:
https://www.cia.gov/library/publications/the-world-factbook/fields/2177.html#145, 27.3.2015.

Club of Rome, Wachstum? Ja bitte – aber 2.0! 7 Thesen zur Wachstums-Diskussion 40 Jahre nach den
„Grenzen des Wachstums", Deutsche Gesellschaft CLUB OF ROME, Hamburg 2012.

Colsman, Bernhard, Nachhaltigkeitscontrolling, Springer Gabler, Wiesbaden 2013.

Crastan, Valentin, Weltweite Energiewirtschaft und Klimaschutz 2009, Springer, Heidelberg 2010.

Creutz, Helmut, Das Geld-Syndrom, Wege zu einer krisenfreien Marktwirtschaft, Ullstein, Frankfurt
1995.

Creutz, Helmut, Armut und Reichtum driften auseinander, Die Rolle der zinsbedingten Umverteilung,
Eine Überschlagsrechnung bezogen auf das Jahr 2007, in: Humane Wirtschaft 05/2010, S. 2–7.

Crowther, Geoffrey, An Outline of Money, Nelson, London 1940.

Crutzen, Paul J., Die Geologie der Menschheit, in: Crutzen, Paul J. et al., Das Raumschiff Erde hat keinen Notausgang, Suhrkamp, Frankfurt, Berlin 2011, S. 7–10.

Daly, Herman E., Steady-state economics, San Francisco 1977.

Daly, Herman E., Allocation, distribution, and scale: towards an economics that is efficient, just, and sustainable, Ecological Economics 6.3 (1992), S. 185–193.

Debreu, Gérard, Werttheorie, Eine axiomatische Analyse des ökonomischen Gleichgewichts, Berlin 1976.

Deutscher Bundestag, Bericht der Enquete-Kommission „Schutz des Menschen und der Umwelt" des Deutschen Bundestages, Die Industriegesellschaft gestalten, Perspektiven für einen nachhaltigen Umgang mit Stoff- und Materialströmen, Drucksache 12/8260, Bonn 12.07.1994.

Deutscher Bundestag, Schlussbericht der Enquete-Kommission „Wachstum, Wohlstand, Lebensqualität – Wege zu nachhaltigem Wirtschaften und gesellschaftlichem Fortschritt in der Sozialen Marktwirtschaft", Drucksache 17/13300, Berlin 2013.

Deutscher Bundestag (2014a), Einführung einer Finanztransaktionssteuer in Stufen, Drucksache 18/2995, 18. Wahlperiode, 28.10.2014.

Deutscher Bundestag (2014b), Protokoll der 18. Sitzung des Finanzausschusses des Deutschen Bundestages der 18. Wahlperiode am 24.9.2014.

Die Presse (2015), Welche Staaten noch ein Top-Ranking besitzen, URL: http://diepresse.com/home/wirtschaft/international/685662/Der-erlauchte-TripleAClub, 5.3.2015.

Die Welt vom 3.3.2015, Doll, Nikolaus, Genfer Autosalon, Toyota geht mit der Brennstoffzelle in Serie, URL: http://www.welt.de/138035691, 9.4.2015.

Die Welt vom 30.3.2015, Mit einer neuen Seidenstraße endgültig zur Weltmacht, URL: http://www.welt.de/138941273, 9.4.2015.

DIE ZEIT vom 12.11.2014, USA und China einigen sich auf neue Klimaziele, URL: http://www.zeit.de/wirtschaft/2014-11/klimaschutz-usa-china, 9.4.2015.

DIN ISO 26000, 2011-01 (D), Leitfaden zur gesellschaftlichen Verantwortung (ISO 26000:2010).

DIN EN ISO 14044:2006-10 (D) Umweltmanagement - Ökobilanz - Anforderungen und Anleitungen (ISO 14044:2006).

DIN EN ISO 14040:2009-11 (D) Umweltmanagement - Ökobilanz - Grundsätze und Rahmenbedingungen (ISO 14040:2006).

Dinda, Soumyananda, Environmental Kuznets Curve Hypothesis: A Survey, in: Ecological Economics 49 (2004), S. 431–455.

Doll, Frank, Das Ende des Petro-Dollar, in: Wirtschaftswoche vom 7.9.2013, URL: http://www.wiwo.de/politik/ausland/wertverfall-das-ende-des-petro-dollar-seite-all/8756352-all.html, 1.1.2015.

Drucker, Peter Ferdinand (1977), People and Performance, Routledge 2013.

Drucker, Peter Ferdinand, Management: tasks, responsibilities, practices, HarperBusiness 1993.

DW Deutsche Welle vom 11.9.2014, Asien, Anti-westliche Allianz in Asien, URL: http://www.dw.de/anti-westliche-allianz-in-asien/a-17912346, 9.4.2015.

Easterlin, Richard A., Does Economic Growth Improve the Human Lot, in: David, Paul A., Reder, Melvin W. (Hrsg.), Nations and Households in Economic Growth, Essays in Honor of Moses Abramovitz, Academic Press, New York 1974, S. 89–125.

Easterlin, Richard A., Income and Happiness: Towards a Unified Theory, in: The Economic Journal, 111 (2001), S. 465–484.

Easterlin, Richard A. (2003), Building a Better Theory of Well-Being, IZA Discussion paper series, No. 742.

Easterlin, Richard A., Angelescu McVey, Laura, Switek, Malgorzata, Sawangfa, Onnicha, Smith Zweig, Jacqueline, The happiness-income paradox revisited, in: Proceedings of the National Academy of Sciences 107.52 (2010), S. 22463–22468.

Easterly, William, What did structural adjustment adjust? The association of policies and growth with repeated IMF and World Bank adjustment loans, Journal of Development Economics, Vol. 76, Issue 1, February 2005, S. 1–22.

EEX European Energy Exchange (2015), EU Emission Allowances, Secondary Market, URL: https://www.eex.com/de/marktdaten/emissionsrechte/spotmarkt/european-emission-allowances#!/2015/04/10, 10.4.2015.

Eionet European Environment Information and Observation Network (2015), URL: http://www.eionet.europa.eu, 7.4.2015.

EMAS Eco Management and Audit Scheme (2015), Evolution of organizations and sites, Quarterly Data 15/12/2014, URL: http://ec.europa.eu/environment/emas/documents/articles_en.htm, 16.4.2015.

Engelfried, Justus, Nachhaltiges Umweltmanagement, Oldenbourg, München 2011.

ESDN European Sustainable Development Network (2015), Overview, URL: http://www.sd-network.eu/?k=about%20us%20and%20contact, 7.4.2015.

Esty, Daniel C., Winston, Andrew S., Green to gold: How smart companies use environmental strategy to innovate, create value, and build competitive advantage, Yale University Press, New Haven 2006.

EUA Europäische Umweltagentur (2015), Was ist neu, URL: http://www.eea.europa.eu/de, 7.4.2015.

Euchner, Walter, Ideengeschichte des Sozialismus in Deutschland, Teil I, in: Grebing, Helga et al. (Hrsg.), Geschichte der sozialen Ideen in Deutschland, Sozialismus - Katholische Soziallehre - Protestantische Sozialethik, ein Handbuch, VS Verlag für Sozialwissenschaften 2005.

Eucken, Walter, Das ordnungspolitische Problem, ORDO, Jahrbuch für die Ordnung von Wirtschaft und Gesellschaft, 1, 1948, S. 56–90.

Europarat (2015), Der Europarat in Kürze, URL: http://www.coe.int/de/web/about-us, 7.4.2015.

European Commission (2015), Sustainable Development, URL: http://ec.europa.eu/environment/eussd, 7.4.2015.

EZB Europäische Zentralbank, Die Geldpolitik der EZB, Frankfurt 2011.

EZB Europäische Zentralbank (2015), Aufgaben, URL: http://www.ecb.europa.eu/ecb/tasks/html/index.de.html, 7.4.2015.

FAZ Frankfurter Allgemeine Zeitung vom 3.2.2011, Hein, Christoph, Bernau, Patrick, Arme Bauern in der Schuldenfalle, URL: http://www.faz.net/aktuell/wirtschaft/wirtschaftspolitik/mikrokredite-arme-bauern-in-der-schuldenfalle-1582856.html, 10.4.2015.

FAZ Frankfurter Allgemeine Zeitung vom 18.7.2012, Schubert, Christian, Die Wohlhabenden werden zur Kasse gebeten, URL: http://www.faz.net/aktuell/wirtschaft/frankreich-die-wohlhabenden-werden-zur-kasse-gebeten-11824694.html, 10.4.2015.

FAZ Frankfurter Allgemeine Zeitung vom 19.11.2014, Plickert, Philip, Ökonom Rogoff will Bargeld abschaffen, URL: http://www.faz.net/-hss-7wizk, 10.4.2015.

FAZ Frankfurter Allgemeine Zeitung vom 18.3.2015, Merkel bei Krisentreffen gegen den „Grexit", URL: http://www.faz.net/-gqe-815p1, 10.4.2015.

Federal Reserve, The Federal Reserve System, Purposes Functions, Board of Governors of the Federal Reserve System Washington, D.C., Ninth Edition, June 2005.

Fekete, Antal E., Vom Gold-Anker zum Gold-Amboss, Währungsstabilität als Voraussetzung zur Kapitalbildung, URL: http://www.youtube.com/channel/UC8NqJ_v46_-FjzsaaDujVsg, 16.11.2014.

Felber, Christian, Die Gemeinwohl-Ökonomie, Erweiterte Neuausgabe, Deuticke, Paul Zsolnay Verlag, Wien 2012.

Finanztransaktionssteuer.de (2015), Definition, Erklärung der Finanztransaktionssteuer in Deutschland & EU, URL: http://www.finanztransaktionssteuer.de, 10.4.2015.

Fischer-Kowalski, Marina, Nachhaltigkeit und Wachstum - ein Widerspruch? Kommissionsdrucksache 17(26)75, Präsentation zum Symposium der Enquete-Kommission Wachstum, Berlin 2012.

Fisher, Irving, Economists in Public Service: Annual Address of the President, The American Economic Review 9.1 (1919), S. 5–21.

Fisher, Irving, Cohrssen, Hans R. L., Fisher, Herbert Wescott, Stamp scrip, New York, Adelphi Company 1933.

Fisher, Irving, 100% Money: Designed to keep checking banks 100% liquid; to prevent inflation and deflation; largely to cure or prevent depressions; and to wipe out much of the National Debt, Adelphi Publication, New York 1935.

Fisher, Irving (1936), 100% Money and the Public Debt, Economic Forum, Spring Number, April-June 1936, S. 406–420.

Fisher, Irving, Die Brakteaten, Seminar für freiheitliche Ordnung, Fragen der Freiheit, Heft 144, Mai/Juni 1980, S. 46–47, aus: Fisher, Irving, Cohrssen, Hans R. L., Feste Währung (Stable Money), Uchtdorf-Weimar-Leipzig 1937.

Flassbeck, Heiner, Die Marktwirtschaft des 21. Jahrhunderts, Frankfurt 2011.

Flassbeck, Heiner (2012a), Zehn Mythen der Krise, 4. Aufl., Suhrkamp, Berlin 2012.

Flassbeck, Heiner (2012b), Herrschende Irrlehre, in: Capital 2012.

Flassbeck, Heiner (2012c), Wege aus der Euro-Krise, Vortrag gehalten am 7.3.2012 in Düsseldorf, URL: https://www.youtube.com/watch?v=mfKuosvO6Ac, 10.4.2015.

Flassbeck, Heiner (2013), Wem gehört die Welt? Machtkampf um Ressourcen, SWR Tele-Akademie, URL: http://www.tele-akademie.de/begleit/video_ta130929.php, 10.4.2015.

Freeman, R. Edward, Strategic management: A stakeholder approach, Cambridge University Press 2010.

Friedman, Milton, The Social Responsibility of Business is to Increase its Profit, The New York Time Magazine, 13.9.1970.

Frischknecht, Rolf, Büsser Knöpfel, Sybille, Flury, Karin, Stucki, Matthias, Ökofaktoren Schweiz 2013 gemäss der Methode der ökologischen Knappheit, Methodische Grundlagen und Anwendung auf die Schweiz, Umwelt-Wissen Nr. 1330. treeze und ESU-services GmbH im Auftrag des Bundesamt für Umwelt (BAFU), Bern 2013.

FSB Financial Stability Board (2015a), FSB Members, URL: http://www.financialstabilityboard.org/about/fsb-members/?page_moved=1, 13.4.2015.

FSB Financial Stability Board (2015b), Financial Stability Board Charter, URL: http://www.financialstabilityboard.org/wp-content/uploads/r_090925d.pdf?page_moved=1, 13.4.2015.

Galbraith, John K., Die moderne Industriegesellschaft, München, Zürich 1968, S. 356–362.

Ganser, Daniele, Europa im Erdölrausch, Die Folgen einer gefährlichen Abhängigkeit, Orell Füssli 2012.

Gapminder World (2015), a fact-based worldview, URL: http://www.gapminder.org, 16.1.2015.

GEF Global Environment Facility (2015), What is the GEF, URL: http://www.thegef.org/gef/whatisgef, 7.4.2015.

Georgescu-Roegen, Nicholas, The Entropy Law and Economic Process, Harvard University Press, Cambridge 1971.

Gesell, Silvio (1949), Die Natürliche Wirtschaftsordnung, 9. Aufl., Zitzmann Rudolf Verlag, Nürnberg Lauf, Walker, Karl (Hrsg.) 1949, Röhrig, Wolfgang (HTML) 1997, Seiffert, Florian (PDF) 2003, URL: http://userpage.fu-berlin.de/~roehrigw/gesell/nwo/nwo.pdf, 7.4.2015.

Giunée, Jeroen B. (Hrsg.), Handbook on Life Cycle Assessment, Operational Guide to the ISO Standards, Eco-Efficiency in Industry and Science, Vol. 7, Springer 2002.

Glattfelder, James B., The network of global corporate control, Decoding Complexity, Springer, Berlin, Heidelberg, 2013, S. 95–119.

Gleich, Arnim von (Hrsg.), Bionik, Ökologische Technik nach dem Vorbild der Natur? Teubner, Stuttgart 1998.

Gleich, Arnim von, Gößling-Reisemann, Stefan, Industrial Ecology, Erfolgreiche Wege zu nachhaltigen industriellen Systemen, Vieweg+Teubner, Wiesbaden 2008.

Global Marshall Plan (2015), Was ist der Global Marshall Plan? URL: http://www.globalmarshallplan.org/was-ist-der-global-marshall-plan, 7.4.2015.

Gossen, Hermann Heinrich, Entwickelung der Gesetze des menschlichen Verkehrs, und der daraus fließenden Regeln für menschliches Handeln, Friedrich Vieweg & Sohn, Braunschweig 1854.

Grabka, Markus M., Frick, Joachim R., Vermögen in Deutschland wesentlich ungleicher verteilt als Einkommen, DIW Wochenbericht 74.45 2007, S. 665–672.

Grabka, Markus M., Westermeier, Christian, Anhaltend hohe Vermögensungleichheit in Deutschland, DIW Wochenbericht Nr. 9/2014, S. 151–164.

Graedel, Thomas (1994), Industrial Ecology, Definition and Implementation, in: Socolow et al. (Hrsg.), Industrial Ecology and Global Change, Cambridge, University Press, S. 23–42.

Gray, Rob, Of Messiness, Systems and Sustainability: Towards a more Social and Environmental Finance and Accounting, British Accounting Review (2002) 34, S. 357–386.

GRI Global Reporting Initiative (2011), RG Sustainability Reporting Guidelines G 3.1, URL: https://www.globalreporting.org/resourcelibrary/G3.1-Guidelines-Incl-Technical-Protocol.pdf, 5.4.2015.

GRI Global Reporting Initiative (2013a), G4 Leitlinien zur Nachhaltigkeitsberichterstattung, Berichterstattungsgrundsätze und Standardangaben, URL: https://www.globalreporting.org/resourcelibrary/German-G4-Part-One.pdf, 5.4.2015.

GRI Global Reporting Initiative (2013b), G4 Leitlinien zur Nachhaltigkeitsberichterstattung Teil 2, Verwendung der Umsetzungsanleitung, URL: https://www.globalreporting.org/resourcelibrary/German-G4-Part-Two.pdf, 5.4.2015.

GRI Global Reporting Initiative (2013c), Overview of changes in standard disclosures from G3.1 to G4 guidelines, URL: https://www.globalreporting.org/resourcelibrary/GRI-G4-Overview-Tables-G3.1-vs-G4.pdf, 5.4.2015.

Günther, Tina (2014), Die demografische Entwicklung und ihre Konsequenzen für das Personalmanagement, in: Preißing, Dagmar (Hrsg.), S. 1–48.

Harborth, Hans-Jürgen, Dauerhafte Entwicklung statt globaler Selbstzerstörung, Eine Einführung in das Konzept des Sustainable Development, Edition Sigma, Berlin 1991.

Hartmann, Kathrin, Das Ende der Märchenstunde, Wie die Industrie die Lohas und Lifestyle-Ökos vereinnahmt, Random House, Blessing 2009.

Haub, Carl, How many people have ever lived on earth, World 6.23 (2002), S. 983–987.

Hauff, Michael von, Kleine, Alexandro, Nachhaltige Entwicklung, Grundlagen und Umsetzung, Oldenbourg, München 2009.

Hauff, Michael von, Jörg, Andrea, Nachhaltiges Wachstum, Oldenbourg, München 2013.

Hauff, Volker (Hrsg.), Unsere gemeinsame Zukunft – der Brundtland-Bericht der Weltkommission für Umwelt und Entwicklung, Greven 1987.

Hayek, Friedrich August von, Geldtheorie und Konjunkturtheorie, Hölder-Pichler-Tempsky 1929.

Hayek, Friedrich August von, Der Weg zur Knechtschaft, Eugen Rentsch, Erlenbach ZH 1943.

Hayek, Friedrich August von, Die Verfassung der Freiheit, 4. Auflage, Mohr Siebeck, Tübingen 2005.

Heinsohn, Gunnar, Steiger, Otto, Eigentum, Zins und Geld, Ungelöste Rätsel der Wirtschaftswissenschaft, Metropolis, Marburg 2009.

Herlyn, Estelle L.A., Radermacher, Franz Josef, Ökosoziale Marktwirtschaft: Wirtschaften unter Constraints der Nachhaltigkeit, in: Rogall, Holger (Hrsg.), Nachhaltige Ökonomie, Metropolis, Marburg 2012.

Herzig, Christian, Pianowski, Mathias (2008), Nachhaltigkeitsberichterstattung, in: Baumast und Pape (Hrsg.), S. 217–232.

HFCN Household Finance and Consumption Network (2013a), Statistics Paper Series No 1, The Eurosystem Household Finance and Consumption Survey, Methodological Report for the first wave, EZB, April 2013.

HFCN Household Finance and Consumption Network (2013b), Statistics Paper Series No 2, Results from the first wave, EZB, April 2013.

HFCN Household Finance and Consumption Network (2013c), Statistical Tables, URL: https://www.ecb.europa.eu/home/html/researcher_hfcn.en.html, EZB, July 2013.

Hilty, Lorenz M., Information Technology and Sustainability, Essays on the Relationship between ICT and Sustainable Development, Books on Demand, Norderstedt 2008.

Hoekstra, Arjen Y. (Hrsg.), Virtual water trade Proceedings of the International Expert Meeting on Virtual Water Trade, Value of Water Research Report Series No. 12, IHE Delft 2003.

Hoekstra, Arjen Y. (2008), Human appropriation of natural capital, A comparison of ecological footprint and water footprint analysis, Ecological Economics, 68 (7), S. 1963–1974.

Hofmeister, Sabine, Von der Abfallwirtschaft zur ökologischen Stoffwirtschaft, Wege zu einer Ökonomie der Reproduktion, Westdeutscher Verlag, Opladen 1998.

Homann, Karl, Blome-Drees, Franz, Wirtschafts- und Unternehmensethik, UTB, Stuttgart 1992.

Hörmann, Franz, Die Krise der Bewertungstheorien – Plädoyer für einen Paradigmenwechsel, in: Seicht, Gerhard, Rechnungslegung und Unternehmensführung in turbulenten Zeiten, Festschrift für Gerhard Seicht, Ed. Herbert R. Haeseler, LexisNexis-Verlag ARD Orac 2009.

Hörmann, Franz, Pregetter, Otmar, Das Ende des Geldes: Wegweiser in eine ökosoziale Gesellschaft, Galila-Verlag 2011.

Horn, Gustav Adolf, Des Reichtums fette Beute: wie die Ungleichheit unser Land ruiniert, Campus Verlag, Frankfurt 2011.

Huber, Joseph, Nachhaltige Entwicklung, Edition Sigma, Berlin 1995.

Huber, Joseph, Industrielle Ökologie, Konsistenz, Effizienz und Suffizienz in zyklusanalytischer Betrachtung, „Global Change" VDW-Jahrestagung, Berlin, 28.–29. Oktober 1999, in: Simonis, Udo Ernst (Hrsg.), Global Change, Nomos, Baden-Baden 2000.

Huber, Joseph, Reform der Geldschöpfung – Wiederherstellung des staatlichen Geldregals durch Vollgeld, in: Zeitschrift für Sozialökonomie, 41. Jahrgang, 142. Folge, S. 13–21, September 2004.

Huber, Joseph, Geld regiert die Welt, Wer regiert das Geld? Neuer Finanzkapitalismus und veraltete Geldordnung, in: Ästhetik & Kommunikation 40.144/145 (2009), S. 35–43.

Huber, Joseph, Allgemeine Umweltsoziologie, 2. Auflage, Springer, Wiesbaden 2011.

Huber, Joseph, Monetäre Modernisierung, Zur Zukunft der Geldordnung: Vollgeld und Monetative, Metropolis, Marburg 2013.

Huber, Joseph, Modern Money Theory and New Currency Theory, A Comparative Discussion, real-world economics review 66 (2014), S. 38–57.

Huber, Joseph (2015), Das Verbot der direkten Staatsfinanzierung durch die Zentralbank nach Artikel 123 (1) AEUV, URL: http://www.vollgeld.de/verbot-der-direkten-zentralbank-staatsfinanzierung, 16.4.2015.

Huber, Joseph, Karwat, Klaus, monetative.de (2012), Vollgeld statt Giralgeld - Ausweg aus der Staatsschuldenkrise, 16.02.2012, URL: https://www.dialog-ueber-deutschland.de/DE/20-Vorschlaege/20-Wovon-Leben/Einzelansicht/vorschlaege_einzelansicht_node.html?cms_idIdea=9728, 22.12.2014.

Huber, Joseph, Robertson, James, Geldschöpfung in öffentlicher Hand, Weg zu einer gerechten Geldordnung im Informationszeitalter, Gauke, Kiel 2008.

IAIS International Association of Insurance Supervisors (2015), URL: http://www.iaisweb.org, 4.4.2015.

IFRS Foundation IASB (2014), Who we are and what we do, URL: http://www.ifrs.org/About-us/Pages/Who-We-Are.aspx, 7.4.2015.

IMF International Monetary Fund (2011), Articles of agreement of the International Monetary Fund 1944, Washington, D.C.

IMF International Monetary Fund (2015a), Overview, URL: http://www.imf.org/external/about/overview.htm, 5.4.2015.

IMF International Monetary Fund (2015b), IMF Members' Quotas and Voting Power, and IMF Board of Governors, URL: http://www.imf.org/external/np/sec/memdir/members.aspx, 5.4.2015.

Ingenhoff, Diana, Röttger, Ulrike (2008), Issues Management, Ein zentrales Verfahren der Unternehmenskommunikation, in: Meckel und Schmid (Hrsg.), S. 323–354.

Initiative Vermögender für eine Vermögensabgabe (2015), Appell für eine Vermögensabgabe, URL: http://www.appell-vermoegensabgabe.de/index.php5, 28.3.2015.

IÖW/future Institut für ökologische Wirtschaftsforschung/future e.V. (2015), Ranking Nachhaltigkeitsberichte, URL: www.ranking-nachhaltigkeitsberichte.de, 10.4.2015.

IRS Internal Revenue Service (2015), Foreign Account Tax Compliance Act, FATCA Current Alerts and Other News, URL: http://www.irs.gov/Businesses/Corporations/Foreign-Account-Tax-Compliance-Act-FATCA, 14.3.2015.

Jackson, Tim (Hrsg.), Clean Production Strategies, Developing Preventive Environmental Management in the Industrial Economy, Lewis Publishers 1993.

Jevons, William Stanley, The Coal Question: An Inquiry Concerning the Progress of the Nation, and the Probable Exhaustion of Our Coal-Mines, Macmillan and Co., London 1866.

Kahneman, Daniel, Tversky, Amos, Prospect theory: An analysis of decision under risk, Econometrica, Vol. 47, No. 2, 1979, S. 263–291.

Kahneman, Daniel, Tversky, Amos (1992), Advances in prospect theory: cumulative representation of uncertainty, in: Kahneman und Tversky (Hrsg.), Choices, values and frames, Cambridge University Press, Cambridge, 2000, S. 44–66.

Kahneman, Daniel, Schnelles Denken, langsames Denken, Siedler, München 2012.

Kaldor, Nicholas (1957), A Model of Economic Growth, The Economic Journal 67 (268), S. 591–624.

Kalecki, Michał, Politische Aspekte der Vollbeschäftigung (1943), in: Kalecki, Michal, Krise und Prosperität im Kapitalismus, ausgewählte Essays 1933–1971, Metropolis, Marburg 1987, S. 235–241.

Kanning, Helga, Nachhaltige Entwicklung – Die gesellschaftliche Herausforderung für das 21. Jahrhundert, in: Baumast, Annett, Pape, Jens (Hrsg.), S. 21–43.

Kapp, Karl William, Social costs of private enterprise, Schocken Books, New York 1950.

Kapp, Karl William, Soziale Kosten der Marktwirtschaft: Das klassische Werk der Umwelt-Ökonomie, Fischer-Taschenbuch-Verlag, Frankfurt 1979.

Kemp, René, An Economic Analysis of Cleaner Technology, Theory and Evidence, in: Fischer, Kurt, Schot, Johan (Hrsg.): Environmental Strategies for Industry, International Perspectives, Island Press, S. 79–116, Washington/Covelo 1993.

Kemp, René, Technology and the Transition to Environmental Sustainability: The Problem of Techno-logical Regime Shifts, Futures, Elsevier 1994.

Kemp, René, Soete, Luc, The Greening of Technological Progress, Futures, Elsevier 1992.

Keynes, John Maynard (1936), Allgemeine Theorie der Beschäftigung, des Zinses und des Geldes 1936, Waeger, Fritz (Übersetzer), 7. Aufl., unveränderter Nachdruck der 1. Aufl. von 1936, Duncker & Humblot, Berlin 1994.

Keynes, John Maynard, Relative Movement of Wages and Output, The Economic Journal, Vol. 49, No. 193, 1939.

Keynes, John Maynard, General Theory of Employment, Interest and Money, Atlantic Publishers & Dist, 2006.

King, Willford Isbell, The wealth and income of the people of the United States, Macmillan 1915.

Klein, Kurt, Die Kreditplafondierung: eine geld- und kreditpolitische Notwendigkeit; Erfahrungen mit quantitativen und qualitativen Beschränkungen der Kreditgewährung der Geschäftsbanken als Mittel der Notenbankpolitik in Großbritannien, Österreich, der Schweiz und der Bundesrepublik Deutschland, Duncker & Humblot 1967.

Kleist, Karsten von, Pêtre, Denis, OTC derivatives market activity in the first half of 2011, Monetary and Economic Department, November 2011, URL: http://www.bis.org/publ/otc_hy1111.pdf, 9.4.2015.

Knedlik, Tobias, Der IWF und Währungskrisen – vom Krisenmanagement zur Prävention?, in: Knorr, Andreas et al. (Hrsg.), Berichte aus dem Weltwirtschaftlichen Colloquium der Universität Bremen, Nr. 87, Februar 2004.

KOM Europäische Kommission, Grünbuch Europäische Rahmenbedingungen für die soziale Verant-wortung der Unternehmen, KOM(2001) 366 endgültig, Brüssel 18.7.2001.

KOM Europäische Kommission (2010), EUROPA 2020, Eine Strategie für intelligentes, nachhaltiges und integratives Wachstum, KOM(2010) 2020 endgültig, Brüssel 3.3.2010.

KOM Europäische Kommission (2011), Mitteilung der Kommission an das Europäische Parlament, den Rat, den Europäischen Wirtschafts- und Sozialausschuss und den Ausschuss der Regionen, Eine neue EU-Strategie (2011–14) für die soziale Verantwortung der Unternehmen (CSR), KOM(2011) 681 endgültig, Brüssel 25.10.2011.

Kondratjew, Nikolai D., Die langen Wellen der Konjunktur, in: Archiv für Sozialwissenschaft und Sozialpolitik 56, 1926, S. 573–609.

Korotayev, Andrey V., Tsirel, Sergey V. (2010), A Spectral Analysis of World GDP Dynamics: Kondratiev Waves, Kuznets Swings, Juglar and Kitchin Cycles in Global Economic Development, and the 2008–2009 Economic Crisis, Structure and Dynamics, Vol. 4, No. 1. S. 3–57.

KPMG, Studie Vermögensbesteuerung – wer besteuert wie? Deutsche Regelungen im Vergleich zu der Besteuerung in Frankreich, Großbritannien, Italien, den Niederlanden, Österreich, der Schweiz und den USA, Frankfurt 2012.

Kreibich, Rolf, Rogall, Holger, Boes, Hans (Hrsg.), Ökologisch produzieren, Beltz, Weinheim 1991.

Kreiß, Christian, Profitwahn: Warum sich eine menschengerechtere Wirtschaft lohnt, Tectum, Marburg 2013.

Küstenmacher, Werner Tiki, Seiwert, Lothar J., simplify your life, Einfacher und glücklicher leben, Campus, Frankfurt 2004.

Kuznets, Simon, Shares of Upper Income Groups in Income and Savings, National Bureau of Economic Research, New York 1953.

Kuznets, Simon, Economic Growth and Income Inequality, The American Economic Review, Vol. 45, No. 1, Mar. 1955, S. 1–28.

Kuznets, Simon, Quantitative Aspects of the Economic Growth of Nations, Economic Development and Cultural change, Vol. XI, No. 2, Part II, Jan. 1963.

Landais, Camille, Piketty, Thomas, Saez, Emmanuel, Pour une révolution fiscal, Un impôt sur le revenu pour le XXIe siècle, Seuil, Paris 2011.

Lane, Timothy et al., The macrofinancial implications of alternative configurations for access to central counterparties in OTC derivatives markets, CGFS Publication 46/2011, URL: http://www.bis.org/publ/cgfs46.pdf, 12.4.2015.

Layard, Richard, Die glückliche Gesellschaft, Kurswechsel für Politik und Wirtschaft, Frankfurt 2005.

Layard, Richard, Die glückliche Gesellschaft, Was wir aus der Glücksforschung lernen können, Frankfurt 2009.

Lenin, Wladimir Iljitsch Uljanow, Der Imperialismus als höchstes Stadium des Kapitalismus, Ausgewählte Werke, Bd. 1, Berlin 1961.

Levrel, Harold, Kerbiriou, Christian, Couvet, Denis, Weber, Jacques, OECD pressure–state–response indicators for managing biodiversity: a realistic perspective for a French biosphere reserve, Biodiversity and Conservation, June 2009, Vol. 18, No. 7, S. 1719–1732, Springer Netherlands 2009.

Lieb, Ralf, Direkte Steuerprogression: Geschichtliche Entwicklung und kritische Würdigung ihrer Begründungen, Deutscher Universitäts-Verlag, Wiesbaden 1992.

Lietaer, Bernard, Das Geld der Zukunft, über die destruktive Wirkung des existierenden Geldsystems und die Entwicklung von Komplementärwährungen, Riemann, München 1999.

Lietaer, Bernard, The Future Of Money, Random House, New York 2013.

Lietaer, Bernard, Arnsperger, Christian, Goerner, Sally, Brunnhuber, Stefan, Money and Sustainability, The Missing Link, THE CLUB OF ROME - EU CHAPTER to Finance Watch and the World Business Academy, Triarchy Press, Devon 2012.

Lietaer, Bernard, Ulanowicz, Robert E., Goerner, Sally J., McLaren, Nadia, Is Our Monetary Structure a Systemic Cause for Financial Instability? Evidence and Remedies from Nature, Journal of Futures Studies, Special Issue on the Financial Crisis, April 2010.

List, Friedrich (1841), Das Nationale System der Politischen Ökonomie, Basel, Tübingen 1959.

Loew, Thomas, Ankele, Kathrin, Braun, Sabine, Bedeutung der internationalen CSR-Diskussion für Nachhaltigkeit und die sich daraus ergebenden Anforderungen an Unternehmen mit Fokus Berichterstattung, Münster, Berlin 2004.

Lorenz, Jarass, Obermaier, Gustav M., Sinkende Steuerbelastung von Unternehmens- und Vermögenseinkommen, Wirtschaftsdienst 3/2004, S. 152–160.

Lutz, Friedrich A., Zinstheorie, 2. Auflage, Mohr, Tübingen 1967.

Malthus, Thomas Robert (1826), Eine Abhandlung über das Bevölkerungsgesetz oder eine Untersuchung seiner Bedeutung für die menschliche Wohlfahrt in Vergangenheit und Zukunft, nebst einer Prüfung unserer Aussichten auf eine künftige Beseitigung oder Linderung der Übel, die es verursacht, aus dem englischen Original nach der Ausgabe letzter Hand, 6. Aufl., 2 Bände, Fischer, Jena 1924/25.

manager magazin vom 28.05.2008, Opec – Indonesien tritt aus, URL: http://www.manager-magazin.de/unternehmen/artikel/a-555972.html, 12.4.2015.

Martin, Hans-Peter, Schumann, Harald, Die Globalisierungsfalle: der Angriff auf Demokratie und Wohlstand, Rowoldt, Hamburg 1996.

Martin, Paul C., Lüftl, Walter, Der Kapitalismus, Ein System das funktioniert, Ullstein, Berlin 1986.

Marx, Karl, Das Kapital, Kurzfassung aller drei Bände, 2. verbesserte Auflage, kommentiert und zusammengefasst von Wal Buchenberg, VWF, Berlin 2006.

Maslow, Abraham H., Motivation und Persönlichkeit, Walter, Olten 1977.

Mayer, Thomas, Eine österreichische Antwort auf die Krise der modernen Makro- und Finanztheorie, Hayek-Vorlesung, Freiburg 4.12.2012.

Meadows, Dennis L., Meadows, Donella H., Randers, Jürgen, Behrens, William W., The limits to growth - a report for the Club of Rome's project on the predicament of mankind, New York 1972.

Meadows, Dennis L., From 40 Years Observing Limits to Growth: Perspectives on Growth, Wellbeing, Quality of Life, Berlin 24.10.2011.

Meckel, Miriam, Schmid, Beat F. (Hrsg.), Unternehmenskommunikation, Gabler, Wiesbaden 2008.

Meffert, Heribert, Kirchgeorg, Manfred, Marktorientiertes Umweltmanagement: Konzeption – Strategie – Implementierung mit Praxisfällen, 3. Aufl., Stuttgart 1998.

Mehler, Franz, Ziel, Mittel, Konflikte als Problem der Wirtschaftspolitik, Duncker & Humblot, Berlin 1970.

MEW Marx-Engels-Werke, Dietz Verlag, Berlin 1968.

Michaelis, Peter, Betriebliches Umweltmanagement, Grundlagen - Funktionsbereiche - Fallbeispiele, Neue Wirtschaftsbriefe (NWB), Herne, Berlin 1999.

Michelsen, Gerd, Godemann, Jasmin (Hrsg.), Handbuch Nachhaltigkeitskommunikation, Grundlagen und Praxis, ökom-Verlag, München 2007.

Miegel, Meinhard, Exit: Wohlstand ohne Wachstum, Berlin 2010.

Minart, Gérard, Jean-Baptiste Say (1767–1832), Maître et pédagogue de l'Ecole française d'économie politique libérale, Institut Charles Coquelin, Paris 2004.

Mises, Ludwig von, Nationalökonomie: Theorie des Handelns und Wirtschaftens (1940), Ludwig von Mises Institute 2007.

Mol, Arthur P. J., The Refinement of Production, Ecological Modernization Theory and the Chemical Industry, van Arkel, Utrecht 1995.

Monetative (2015), Unsere Initiativerklärung, URL: http://www.monetative.de/unsere-initiativerklrung, 12.4.2015.

Mühsam, Erich (1930), Ein Wegbahner, Nachruf zum Tode Gesells 1930, in: Schmitt, Klaus, Silvio Gesell - „Marx" der Anarchisten?, Karin Kramer Verlag, Berlin 1989.

Müller, Armin, Umweltorientiertes betriebliches Rechnungswesen, Oldenbourg, München 2010.

Müller-Christ, Georg, Umweltmanagement: Umweltschutz und nachhaltige Entwicklung, Vahlen, München 2001.

Müller-Christ, Georg, Nachhaltiges Management: Einführung in Ressourcenorientierung und widersprüchliche Managementrationalitäten, 2. Auflage, Nomos, Baden-Baden 2014.

Narodoslawsky, Michael, Krotscheck, Christian, The sustainable process index (SPI): evaluating processes according to environmental compatibility, Journal of Hazardous Materials, Vol. 41, Issues 2–3, May 1995, S. 383–397.

Neuhaus, Carla, Finanztransaktionssteuer, Die Abgabe kommt - aber nur als Sparversion, Der Tagesspiegel vom 1.11.2014, URL: http://www.tagesspiegel.de/wirtschaft/finanztransaktionssteuer-die-abgabe-kommt-aber-nur-als-sparversion/10920044.html, 14.12.2014.

Neumann, Manfred, Neoklassik, in: Issing, Otmar (Hrsg.), Geschichte der Nationalökonomie, 4. Aufl., München, S. 271–288, 2002.

NZZ Neue Zürcher Zeitung vom 20.3.2015, Bundesrat will Schweizer Beteiligung an Asiatischer Entwicklungsbank AIIB, URL: www.nzz.ch/wirtschaft/newsticker/bundesrat-will-schweizer-beteiligung-an-asiatischer-entwicklungsbank-aiib-1.18506549, 2.4.2015.

OECD (2003) Environment Directorate Environmental Performance and Information Division, OECD Environmental Indicators, Development, Measurement and Use, Reference Paper, URL: http://www.oecd.org/environment/indicators-modelling-outlooks/24993546.pdf, 4.12.2014.

OECD Organisation for Economic Co-operation and Development, Renten auf einen Blick 2009: Renteneinkommenssysteme in OECD-Ländern, OECD Publishing 2009.

OECD Directorate for Employment, Labour and Social Affairs, FOCUS on Top Incomes and Taxation in OECD Countries: Was the crisis a game changer?, May 2014, URL: http://www.oecd.org/social/inequality-and-poverty.htm, 28.11.2014.

Office of Management and Budget, Historical Tables, Table 7.1, Federal Debt at the End of Year: 1940–2020, URL: http://www.whitehouse.gov/omb/budget/Historicals, 16.4.2015.

Onken, Werner, Ein vergessenes Kapitel der Wirtschaftsgeschichte, Schwanenkirchen, Wörgl und andere Freigeldexperimente, in: Zeitschrift für Sozialökonomie, 57/58. Folge, 20. Jahrgang, Mai 1983, S. 3–20.

Onken, Werner, Modellversuche mit sozialpflichtigem Boden und Geld, Fachverlag für Sozialökonomie 1997.

Onken, Werner, Silvio Gesell - Biografisches, in: Onken, Werner (Hrsg.), Silvio Gesell - Gesammelte Werke, Band 1 bis 18, Verlag für Sozialökonomie 2000, URL: http://www.silvio-gesell.de/html/gesammelte_werke.html, 5.1.2015.

Ortlieb, Claus Peter, Methodische Probleme und methodische Fehler der mathematischen Modellierung in der Volkswirtschaftslehre, Mitteilungen der Mathematischen Gesellschaft in Hamburg 23, S. 1–24, 2004a.

Ortlieb, Claus Peter, Markt-Märchen, Zur Kritik der neoklassischen akademischen Volkswirtschafts-lehre und ihres Gebrauchs mathematischer Modelle, EXIT! Krise und Kritik der Warengesellschaft 1, S. 166–183, 2004b.

Ott, Konrad, Döring, Ralf, Theorie und Praxis starker Nachhaltigkeit, Metropolis, Marburg, 2004.

Ottacher, Gebhard, Der Welt ein Zeichen geben – Das Freigeldexperiment von Wörgl 1932/33, Kiel 2007.

Oxfam, Working for the Few, Political capture and economic inequality, January 2014, URL: http://www.oxfam.de/sites/www.oxfam.de/files/bp-working-for-few-political-capture-economic-inequality-200114-en-oxfam.pdf, 10.4.2015.

Paech, Niko, Befreiung vom Überfluss, Auf dem Weg in die Postwachstumsökonomie, Marburg 2012.

Paech; Niko (2013), Zeitknappheit, Konsum und Glück, URL: http://www.youtube.com/watch?v=lI0Xc2CWPjM, 23.01.2013.

Panayotou, Theodore (2003), Economic Growth and the Environment, Harvard University and Cyprus International Institute of Management, URL: http://www.unece.org/fileadmin/DAM/ead/sem/sem2003/papers/panayotou.pdf, 12.4.2015.

Paton, Bruce, Design for Environment, A Management Perspective, in: Socolow et al. (Hrsg.), S. 349–358, 1994.

Phelps, Edmund, The golden rule of accumulation: a fable for growthmen, The American Economic Review (1961), S. 638–643.

Phillips, Ronnie J., The Chicago Plan and New Deal Banking Reform, Working Paper No. 76, Levy Economics Institute, June 1992.

Piketty, Thomas, Das Kapital im 21. Jahrhundert, C.H. Beck, München 2014 (Original: Le Capital au XXIe siècle, Paris 2013).

Piketty, Thomas, Saez, Emmanuel, Stantcheva, Stefanie, Optimal taxation of top labor incomes: A tale of three elasticities, Working Paper 17616, National Bureau of Economic Research, Cambridge 2011.

Pomrehn, Wolfgang (2014), Schanghaier Organisation: In Asien zeichnen sich die Ansätze eines neuen länderübergreifenden Zusammenschlusses ab, in: junge Welt vom 15.09.2014, URL: http://www.ag-friedensforschung.de/themen/SOZ1/gipfel2014.html, 12.4.2015.

Porritt, Jonathon, Capitalism as if the World Matters, Earthscan, London 2007.

Porter, Michael E., Kramer, Mark R., Strategy and society, The link between competitive advantage and corporate social responsibility, Harvard Business Review, December 2006.

Porter, Michael E., van der Linde, Claas, Green and Competitive, Ending the Stalemate, Harvard Business Review, September/October 1995, S. 120–134.

Preißing, Dagmar (Hrsg.), Erfolgreiches Personalmanagement im demografischen Wandel, Walter de Gruyter, Berlin 2014.

Preißing, Dagmar, Kolb, Katrin (Hrsg.), Erfolgreiches Personalmanagement im demografischen Wandel – Die Praxisbeispiele, Walter de Gruyter, Berlin 2015.

Proudhon, Pierre Joseph (1840), Qu'est-ce que la propriété? Ou recherches sur le principe du droit et du gouvernement, Premier mémoire, Chicoutimi, Québec 2002.

Proudhon, Pierre Joseph, Völkening, Lena (Übersetzerin), Was ist das Eigentum? Untersuchungen über den Ursprung und die Grundlagen des Rechts und der Herrschaft, Unrast 2014.

Quesnay, Francois, Das Naturrecht, Analyse der Wirtschaftstabellen, Allgemeine Grundsätze der wirtschaftlichen Regierung eines ackerbaulichen Reiches, Jena 1924.

Radermacher, Franz Josef, Beyers, Bert, Welt mit Zukunft: Die ökosoziale Perspektive, Murmann, Hamburg 2011.

Radermacher, Franz Josef, Welt im Stress – Systemische Überlegungen in kritischer Lage, Beitrag zum Top-Management-Symposium des Universitäts-Club Klagenfurt, FAW, Ulm 2012a.

Radermacher, Franz-Josef, Ist die Lösung des Weltklimaproblems nach Durban noch möglich? Energiewirtschaftliche Tagesfragen, 62. Jg. (2012b) Heft 9, S. 31–36.

Radermacher, Franz Josef (2014a), Interview am Rande der hochkarätigen Podiumsdiskussion Überleben im 21. Jahrhundert der JW Gmunden, URL: http://www.salzi.tv/video/berleben-im-21-jahrhundert-hochkartige-podiumsdiskussion-der-jw-gmunden/163dfc859e1e5dec974ec49736b2534e, 10.06.2014.

Radermacher, Franz Josef (2014b), Nachhaltiger Klimaschutz, Weltweite Wiederbewaldung, Zentraler Baustein zur Erreichung des 2-Grad-Ziels, Urania Wien, 26.5.2014.

Radermacher, Franz Josef (2014c), Globalisierung, Nachhaltigkeit, Zukunft: Zum Potenzial einer weltweiten Ökosozialen Marktwirtschaft, in: TUHH Spektrum, Oktober 2014, S. 89.

Rae, Douglas W., Capitalism: Success, Crisis, and Reform – Property, Freedom, and the Essential Job of Government, 16.9.2009, URL: http://oyc.yale.edu/political-science/plsc-270/lecture-5, 12.4.2015.

Rappaport, Alfred, Creating shareholder value: the new standard for business performance, Free Press 1986.

Rat der Europäischen Union, Verordnung (EU) Nr. 1024/2013 des Rates vom 15. Oktober 2013 zur Übertragung besonderer Aufgaben im Zusammenhang mit der Aufsicht über Kreditinstitute auf die Europäische Zentralbank, Amtsblatt der Europäischen Union L 287/63, 29.10.2013.

Rat für Nachhaltige Entwicklung (2015a), Was ist Nachhaltigkeit? URL: http://www.nachhaltigkeitsrat.de/nachhaltigkeit, 15.4.2015.

Rat für Nachhaltige Entwicklung (2015b), Auftrag an den Rat für Nachhaltige Entwicklung, URL: http://www.nachhaltigkeitsrat.de/de/der-rat/auftrag-des-rates/?size=veludpckmnfzxu, 7.4.2015.

Rathenau, Walther, Von kommenden Dingen, Berlin 1917.

Rathenau, Walther, Die neue Wirtschaft, Berlin 1918.

Rathenau, Walther, Der neue Staat, S. Fischer, Berlin 1919a.

Rathenau, Walther, Autonome Wirtschaft, Jena 1919b.

Rathenau, Walther, Gesammelte Reden, Berlin 1924.

Rechenberg, Ingo, Evolutionsstrategie, Optimierung technischer Systeme nach Prinzipien der biologischen Evolution, Frommann-Holzboog-Verlag, Stuttgart 1973.

Reuters vom 8.4.2010, Aspan, Maria, Ex-Citi CEO defends "dancing" quote to U.S. panel, 8.4.2010 1:42pm.

Rheinische Post vom 25.08.2014, Beoplast ist klimaneutraler Produktionsbetrieb, URL: http://www.beoplast.de/cms/download.php?f=d88f1564172b292831a587b5460ae72f, 12.4.2015.

Rhodes, David, Stelter, Daniel, Collateral Damage, Back to Mesopotamia – the Looming Threat of Debt Restructuring, Collateral Damage series, Boston Consulting Group, Boston 2011.

Ricardo, David, Grundsätze der politischen Ökonomie und der Besteuerung, Neumark, Fritz (Hrsg.), Athenäum Fischer, Frankfurt 1972.

Rip, Arie, Misa, Thomas J., Schot, Johan (Hrsg.), Managing Technology in Society, The Approach of Constructive Technology Assessment, Pinter, London, New York 1995.

Robinson, Joan, Das Problem der Vollbeschäftigung, Wirtschaftswissenschaftliches Institut der Gewerkschaften, Workers' Educational Association, Bund-Verlag 1949.

Robinson, Joan, Review of Money, Trade and Economic Growth by Johnson, H.G., in: Economic Journal 72, Sept. 1962, S. 691.

Robinson, Joan, Markets, in: Collected Economic Papers, Vol. 5, Oxford, S. 146–167, 1979.

Rockström, Johan et al., Planetary boundaries: exploring the safe operating space for humanity, Ecology and Society 14(2): 32, 2009.

Rürup, Bert et al. (2003), Nachhaltigkeit in der Finanzierung der sozialen Sicherungssysteme, Bericht der Kommission, Bundesministerium für Gesundheit und Soziale Sicherung, Berlin, August 2003.

Rürup, Bert, Heilmann, Dirk, Fette Jahre: Warum Deutschland eine glänzende Zukunft hat, Hanser, München 2012.

RV Radio Vatikan 13.06.2014 sk, Home / Vatikanische Dokumente, Papst-Interview: „Ich habe kein persönliches Projekt unterm Arm, sondern führe aus, was wir Kardinäle überlegt haben", Übersetzung: Stefan Kempis, URL: http://de.radiovaticana.va/storico/2014/06/13/papst-interview_%E2%80%9Eich_habe_kein_pers%C3%B6nliches_projekt_unterm_arm%2C/ted-806669, 17.4.2015.

Sachs, Wolfgang, Die vier E's: Merkposten für einen maßvollen Wirtschaftsstil, in: Politische Ökologie 33 (1993), S. 69–72.

Say, Jean-Baptiste, Traité d'économie politique, in: Tiran, André (Hrsg.): Jean-Baptiste Say – Œuvres Complètes, Vol. I, Economica, Paris 2005.

Schaltegger, Stefan, Sturm, Andreas, Ökologische Rationalität, Die Unternehmung 4.90 (1990), S. 273–290.

Schmidheiny, Stephan, Business Council for Sustainable Development, Kurswechsel: globale unternehmerische Perspektiven für Entwicklung und Umwelt, Artemis & Winkler 1992.

Schmitz, Stefan, Paulini, Inge, Bewertung in Ökobilanzen, Methode des Umweltbundesamtes zur Normierung von Wirkungsindikatoren, Ordnung (Rangbildung) von Wirkungskategorien und zur Auswertung nach ISO 14042 und 14043 (Version '99), Berlin 1999.

Schrader, Heiko, Entwicklungsmodelle für und Entwicklungen in Zentralasien, Institut für Soziologie der Otto-von-Guericke-Universität Magdeburg, Arbeitsbericht Nr. 58, Internet-Fassung, Januar 2010, URL: http://www.isoz.ovgu.de/isoz_media/downloads/arbeitsberichte/58int.pdf, 12.4.2015.

Schridde, Stefan, Kreiß, Christian, Geplante Obsoleszenz, Gutachten im Auftrag der Bundestagsfraktion Bündnis 90/ Die Grünen, Berlin 2013.

Schumpeter, Joseph Alois, Theorie der wirtschaftlichen Entwicklung, Nachdruck der 1. Aufl. von 1912, Duncker & Humblot, Berlin 1952.

Schumpeter, Joseph Alois, Kapitalismus, Sozialismus und Demokratie, 8. Aufl., UTB, Stuttgart 2005.

Schweitzer, Rosmarie von (1976), Von den ökonomischen Schriften des Aristoteles zur Haushaltswissenschaft unserer Tage, Gießener Universitätsblätter, 091, S. 74–83, URL: http://geb.uni-giessen.de/geb/volltexte/2013/9937, 12.4.2015.

Schweizerischer Konsumenten-Verband (2010), 2. Konsumenten-Kongress 11.09.2010, URL: http://www.konsumentenverband.ch/kongress/programm.php, 12.4.2015.

SDC Sustainable Development Commission, Prosperity without growth? The transition to a sustainable economy (2009), URL: www.sd-commission.org.uk/publications.php?id=914, 13.4.2015.

Sen, Amartya, Ökonomie für den Menschen: Wege zu Gerechtigkeit und Solidarität in der Marktwirtschaft, 2. Auflage, Carl Hanser Verlag, München 2000.

Senf, Bernd, Der Tanz um den Gewinn, Von der Besinnungslosigkeit zur Besinnung der Ökonomie, 3. Auflage, Verlag für Sozialökonomie, Kiel 2004.

Senf, Bernd, Der Nebel um das Geld, 10. Auflage, Verlag für Sozialökonomie, Kiel 2009.

Senf, Bernd, Die blinden Flecken der Ökonomie, Wirtschaftstheorien in der Krise, 6. Auflage, Metropolis-Verlag, Marburg 2014.

Shaxson, Nicholas, Christensen, John, Mathiason, Nick, Inequality: You don't know the half of it, Tax Justice Network, 19th July 2012.

Shiller, Robert J., The American Economic Review, Vol. 71, No. 3, June 1981.

Shiller, Robert J., Irrational Exuberance, 2nd Edition, Princeton University Press 2009.

Simon, Julian L., The Ultimate Resource 1981, überarbeitet: The ultimate resource II, Princeton University Press 1998.

Simon, Hermann, Hidden Champions des 21. Jahrhunderts, Die Erfolgsstrategien unbekannter Weltmarktführer, Campus, Frankfurt 2007.

Simon, Hermann (2011a), Schluss mit der Geldvermehrung, von Pascal Gudorf geführtes Interview, in: JAPANMARKT, Dez. 2011, S. 16–17.

Simon, Hermann (2011b), 24-Stunden-Vertriebs-Webinar „Wir sind Umsatz" am 23.9.2011, URL: https://www.youtube.com/watch?v=YBhT-94pP3k, 13.4.2015.

Sinn, Hans-Werner, Das grüne Paradoxon: Warum man das Angebot bei der Klimapolitik nicht vergessen darf, Ifo Working Paper No. 54, München 2008.

Sinn, Hans-Werner, Rescuing Europe, CESifo Forum 11, Sonderheft, München, August 2010.

Sinn, Hans-Werner, Die europäische Zahlungsbilanzkrise, ifo-Schnelldienst, 64. Jg., 34.–35. KW, 31.8.2011.

Sinn, Hans-Werner, Die Europäische Fiskalunion, Gedanken zur Entwicklung der Eurozone, Perspektiven der Wirtschaftspolitik 13.3 (2012), S. 137–178.

Sinn, Hans-Werner (2013a), Verantwortung der Staaten und Notenbanken in der Eurokrise, Gutachten im Auftrag des Bundesverfassungsgerichts, Zweiter Senat, Verfassungsbeschwerden 2 BvR 1390/12, 2 BvR 1439/12 und 2 BvR 1824/12, Organstreitverfahren 2 BvE 6/12, Sitzung 11. und 12. Juni 2013.

Sinn, Hans-Werner (2013b), Energiewende ins Nichts, Vortrag am 16.12.2013 an der Ludwig-Maximilian-Universität in München.

Slade, Giles, Made to break, Technology and obsolescence in America, Harvard University Press, 2009.

Smith, Adam (1776), An inquiry into the nature and causes of the wealth of nations, London 1776, deutsche Ausgabe von G. Grünfeld, 3. Aufl., Bd. 1, Jena 1923, S. 6 ff.

Smith, Adam, Untersuchung über Wesen und Ursachen des Reichtums der Völker, übersetzt von Monika Streissler, 2 Bände, Düsseldorf 1999.

Socolow, Robert, Andrews, Clinton, Berkhout, Frans, Thomas, Valerie (Hrsg.), Industrial Ecology and Global Change, University Press, Cambridge 1994.

Solow, Robert, A Contribution to the Theory of Economic Growth, Quarterly Journal of Economics, 70, 1956, S. 65–94.

Soto, Hernando de, The mystery of capital: Why capitalism triumphs in the West and fails everywhere else, Basic Books 2003.

Spaargaren, Gert, The Ecological Modernization of Production and Consumption, Essays in environmental sociology, Thesis Landbouw Universiteit Wageningen 1997.

Spranger, Eduard, Lebensformen, Ein Entwurf, in: Festschrift für Alois Riehl, Von Freunden und Schülern zu seinem 70. Geburtstage dargebracht, Niemeyer, Halle (Saale) 1914, S. 416–522.

Springer Gabler Verlag (Hrsg.), Gabler Wirtschaftslexikon, Stichwort: ökonomische Nachhaltigkeit, online im Internet: http://wirtschaftslexikon.gabler.de/Archiv/21339691/oekonomische-nachhaltigkeit-v2.html, 28.2.2015.

Stahel, Walter, Langlebigkeit und Materialrecycling, Vulkan Verlag, Essen 1991.

Stahel, Walter, Gemeinsam nutzen statt einzeln verbrauchen, in: Vernetztes Arbeiten, Design und Umwelt, Rat für Formgebung (Hrsg.), Frankfurt 1992.

Statistisches Bundesamt, Bevölkerung Deutschlands bis 2060, 12. koordinierte Bevölkerungsvorausberechnung, Wiesbaden 2009.

Statistisches Bundesamt, Nachhaltige Entwicklung in Deutschland, Indikatorenbericht 2010, Wiesbaden 2010.

Statistisches Bundesamt, Nachhaltige Entwicklung in Deutschland, Indikatorenbericht 2012, Wiesbaden 2012.

Statistisches Bundesamt, Nachhaltige Entwicklung in Deutschland, Indikatorenbericht 2014, 2. korrigierte Fassung vom 27. Oktober 2014, Wiesbaden 2014a.

Statistisches Bundesamt, Fachserie 18 Reihe 1.4, Volkswirtschaftliche Gesamtrechnungen, Inlandsproduktsberechnung, Detaillierte Jahresergebnisse 2013, erschienen am 2.12.2014, Wiesbaden 2014b.

Steurer, Reinhard, Paradigmen der Nachhaltigkeit, Zeitschrift für Umweltpolitik und Umweltrecht 24.4 (2001), S. 537–566.

Steurer, Reinhard, Die Wachstumskontroverse als Endlosschleife: Themen und Paradigmen im Rückblick, Wirtschaftspolitische Blätter 4/2010, S. 423–435.

Stiglitz, Joseph E., Growth with exhaustible natural resources: efficient and optimal growth paths, The review of economic studies (1974), S. 123–137.

Stiglitz, Joseph E., Schmidt, Thorsten (Übersetzer), Die Schatten der Globalisierung, Berlin 2002.

Stiglitz, Joseph E., Im freien Fall, Vom Versagen der Märkte zur Neuordnung der Weltwirtschaft, München, Siedler 2010.

Stiglitz, Joseph E., Inequality – Of the 1%, by the 1%, for the 1%, Vanity Fair, May 2011.

Stiglitz, Joseph E., The price of inequality, Penguin UK, 2012.

Stiglitz, Joseph E., Sen, Amartya, Fitoussi, Jean-Paul et al., Report by the Commission on the Measurement of Economic Performance and Social Progress (2009), URL: www.stiglitz-sen-fitoussi.fr, 13.4.2015.

Stiftung Weltbevölkerung, Datenreport 2014, URL: http://www.weltbevoelkerung.de/publikationen-downloads/publikationen.html, 2.9.2014.

Straub, Ute, Kapitalverkehrskontrollen: Schutz vor den Kosten eines instabilen Finanzsystems, Weed Schuldenreport (2004), S. 71–75.

Suhr, Dieter, Geld ohne Mehrwert, Entlastung der Marktwirtschaft von monetären Transaktionskosten, Fritz Knapp, Frankfurt 1983.

SVR Sachverständigenrat zur Begutachtung der gesamtwirtschaftlichen Entwicklung, Jahresgutachten 2014/15, Mehr Vertrauen in Marktprozesse, Wiesbaden 2014.

SZ Süddeutsche Zeitung vom 22.5.2013, Kläsgen, Michael, Reiche Franzosen zahlen mehr als 100 Prozent Steuern, URL: http://www.sueddeutsche.de/wirtschaft/vermoegensteuer-in-frankreich-reiche-franzosen-zahlen-mehr-als-prozent-steuern-1.1677567, 13.4.2015.

Tax Justice Network, Revealed: global superrich has at least $21 trillion hidden in secret tax havens, The Price of Offshore Revisited: Press Release 19th July 2012.

Tuchtfeldt, Egon (Hrsg.), Schweizerische Wirtschaftspolitik zwischen gestern und morgen, Festgabe zum 65. Geburtstag von Hugo Sieber, Bern 1976.

Ulrich, Peter, Fluri, Edgar, Management Taschenbuch, 6., neu bearbeitete und ergänzte Auflage, UTB, Bern, Stuttgart 1992.

UN Population Division (2013), Department of Economic and Social Affairs, World Population Prospects: The 2012 Revision, File POP/1-1: Total population (both sexes combined) by major area, region and country, annually for 1950–2100 (thousands), URL: http://esa.un.org/wpp/Excel-Data/population.htm, 2.9.2014.

UN World Summit for Social Development, Report of the World Summit for Social Development, A/CONF.166/9, Distr. GENERAL 19.4.1995, Kopenhagen 1995.

UNCED United Nations Conference on Environment and Development, Bundesministerium für Umwelt, Naturschutz und Reaktorsicherheit (Hrsg.), Agenda 21, Berlin 1992a.

UNCED United Nations Conference on Environment and Development, Bundesministerium für Umwelt, Naturschutz und Reaktorsicherheit (Hrsg.), Dokumente der Rio-Konferenz der Vereinten Nationen für Umwelt und Entwicklung (Klimakonvention, Konvention über die Biologische Vielfalt, Rio-Deklaration, Walderklärung), Berlin 1992b.

UNCHE United Nations Conference on the Human Environment, Report of the United Nations Conference on the Human Environment, Stockholm, 5–16 June 1972.

UNCTAD United Nations Conference on Trade and Development, Trade and Development Report 2012, Policies for inclusive and balanced growth, Genf 2012.

UNCTAD United Nations Conference on Trade and Development (2015), About UNCTAD, Who we are, URL: http://unctad.org/en/Pages/AboutUs.aspx, 7.4.2015.

UNDP United Nations Development Programme, Human Development Report 2014, Sustaining Human Progress: Reducing Vulnerabilities and Building Resilience, New York 2014.

UNECE United Nations Economic Commission for Europe, Canberra Group Handbook on Household Income Statistics, Second Edition 2011, United Nations, Geneva 2011.

UNEP United Nations Environment Programme, Decoupling Natural Resource use and Environmental Impacts from Economic Growth, International Resource Panel 2011.

UNEP United Nations Environment Programme (2015), About UNEP, URL: http://www.unep.org/About, 14.4.2015.

UNGC United Nations Global Compact (2015), Die Zehn Prinzipien, URL: http://unglobalcompact.org/Languages/german/die_zehn_prinzipien.html, 13.4.2015.

VDI 4600, VDI-Gesellschaft Energie und Umwelt, Kumulierter Energieaufwand (KEA), Berlin 2012.

Vereinte Nationen, Millenniums-Entwicklungsziele, Bericht 2014, New York 2014, URL: http://www.un.org/depts/german/millennium/MDG%20Report%202014%20German.pdf, 13.4.2015.

Vitali, Stefania, Glattfelder, James B., Battiston, Stefano, The Network of Global Corporate Control, PloS one 6.10 (2011): e25995.

Wagner, Helmut, Einführung in die Weltwirtschaftspolitik, Globalisierung: internationale Wirtschaftsbeziehungen – internationale Organisationen – internationale Politikkoordinierung, Oldenbourg 2009.

Wagner, Helmut, Europäische Wirtschaftspolitik: Perspektiven einer Europäischen Wirtschafts- und Währungsunion (EWWU), Springer 2013.

Wallich, Henry C., Newsweek, 13. März 1972, S. 103.

Walras, Leon, Elements of pure economics, Routledge, Taylor and Francis 2013.

Walther, Dietrich, Green Business, das Milliardengeschäft, Gabler, Wiesbaden 2009.

Warneke, Matthias, Zehn Argumente gegen die Vermögensteuer, Nr. 12, KBI kompakt, Karl-Bräuer-Institut des Bundes der Steuerzahler e.V., Berlin 2012.

WCED World Commission on Environment and Development, Our Common Future (Brundtland-Bericht) 1987, URL: http://www.un-documents.net/our-common-future.pdf, 13.4.2015.

Weber, Jürgen, Georg, Johannes, Janke, Robert, Mack, Simone, Nachhaltigkeit und Controlling, WILEY-VCH, Weinheim 2012.

Weber, Max, Die Protestantische Ethik, Winckelmann, Johannes (Hrsg.), Siebenstern Taschenbuch Verlag, Gütersloh 1981.

Weizsäcker, Ernst Ulrich von, Möglichkeiten und Grenzen zur Steigerung der Ressourceneffizienz, Deutscher Bundestag, Enquete-Kommission Wachstum, Wohlstand, Lebensqualität, Kommissionsdrucksache 17(26)70, Berlin 2012.

Weizsäcker, Ernst Ulrich von, Hargroves, Karlson, Smith, Michael, Faktor Fünf, die Formel für nachhaltiges Wachstum, Droemer, München 2010.

Weltbank (2015a), Aufbau und Funktionsweise der Weltbankgruppe, URL: http://web.worldbank.org/WBSITE/EXTERNAL/EXTABOUTUS/ORGANIZATION/BODEXT/EXTEDS05/0,,contentMDK:21906394~pagePK:64099144~piPK:64099061~theSitePK:380676,00.html, 7.4.2015.

Weltbank (2015b), Internationale Bank für Wiederaufbau und Entwicklung (IBRD), URL: http://web.worldbank.org/WBSITE/EXTERNAL/EXTABOUTUS/ORGANIZATION/BODEXT/EXTEDS05/0,,contentMDK:21906412~pagePK:64099144~piPK:64099061~theSitePK:380676,00.html, 7.4.2015.

Weltbank (2015c), Internationales Zentrum zur Beilegung von Investitionsstreitigkeiten (ICSID), URL: http://web.worldbank.org/WBSITE/EXTERNAL/EXTABOUTUS/ORGANIZATION/BODEXT/EXTEDS05/0,,contentMDK:21907496~pagePK:64099144~piPK:64099061~theSitePK:380676,00.html, 7.4.2015.

Weltbank (2015d), Internationale Entwicklungsorganisation (IDA), URL: http://web.worldbank.org/WBSITE/EXTERNAL/EXTABOUTUS/ORGANIZATION/BODEXT/EXTEDS05/0,,contentMDK:21907447~pagePK:64099144~piPK:64099061~theSitePK:380676,00.html, 13.4.2015.

Weltbank (2015e), Multilaterale Investitionsgarantie-Agentur (MIGA), URL: http://web.worldbank.org/WBSITE/EXTERNAL/EXTABOUTUS/ORGANIZATION/BODEXT/EXTEDS05/0,,contentMDK:21907472~pagePK:64099144~piPK:64099061~theSitePK:380676,00.html, 13.4.2015.

Werner, Götz W., Einkommen für alle, der dm-Chef über die Machbarkeit des bedingungslosen Grundeinkommens, Kiepenheuer & Witsch, Köln 2007.

Werner, Richard A., New Paradigm in Macroeconomics, Solving the Riddle of Japanese Macroeconomic Performance, Palgrave Macmillan, Houndmills 2005.

Werner, Richard A., Neue Wirtschaftspolitik, Was Europa aus Japans Fehlern lernen kann, Vahlen, München 2007.

Werner, Richard A., Geld- und Zinswirtschaft ohne volkswirtschaftliches Wachstum, Denkwerk Zukunft, Konferenz Leben ohne Zins und Wachstum, Berlin 1.12.2012.

Werner, Richard A., What´s wrong with our financial system, Transforming Finance Conference, London 2013a.

Werner, Richard A. (2013b), Kreditpolitik der Banken erzeugt Blasen und Krisen, URL: http://www.youtube.com/watch?v=xJuWKTBK-jI, 25.1.2015.

Werner, Richard A. (2014a), Can banks individually create money out of nothing? The theories and the empirical evidence, International Review of Financial Analysis, 36, S. 1–19.

Werner, Richard A. (2014b), How do banks create money, and why can other firms not do the same? An explanation for the coexistence of lending and deposit-taking, International Review of Financial Analysis, 36, S. 71–77.

Werner, Richard A. (2014c), Enhanced Debt Management: solving the eurozone crisis by linking debt management with fiscal and monetary policy, Journal of International Money and Finance, S. 1–27.

Westermeier, Christian, Grabka, Markus M. (2015), Große statistische Unsicherheit beim Anteil der Top-Vermögenden in Deutschland, DIW-Wochenbericht 82.7 2015, S. 123–133.

Wilkinson, Richard, Pickett, Kate, Gleichheit ist Glück, Warum gerechte Gesellschaften für alle besser sind, Berlin 2009.

Williamson, John (1990), What Washington Means by Policy Reform, Chapter 2 from Latin American Adjustment: How Much Has Happened? Peterson Institute for International Economics Nov. 2002.

Wissenschaftlicher Beirat beim Bundesministerium der Finanzen, Gutachten Nachhaltigkeit in der Finanzpolitik, Konzepte für eine langfristige Orientierung öffentlicher Haushalte (Heft 71), Berlin 2001.

WTO World Trade Organization (2015a), What is the WTO? URL: http://www.wto.org/english/thewto_e/whatis_e/whatis_e.htm, 7.4.2015.

WTO World Trade Organization (2015b), Members and Observers, URL: http://www.wto.org/english/thewto_e/whatis_e/tif_e/org6_e.htm, 7.4.2015.

Wuppertal Institut (2015), MIPS Online, URL: http://wupperinst.org/de/projekte/themen_online/mips, 9.4.2015.

WWF, Zoological Society of London, Global Footprint Network, Water Footprint Network, Living Planet Report 2014, Species and spaces, people and places, WWF, Gland/Schweiz 2014a.

WWF, Zoological Society of London, Global Footprint Network, Water Footprint Network, Living Planet Report 2014, Kurzfassung, WWF Deutschland, Berlin 2014b.

Zabel, Hans-Ulrich (Hrsg.), Betriebliches Umweltmanagement – nachhaltig und interdisziplinär, Erich Schmidt, Berlin 2002.

ZEITmagazin 32/2011 vom 8.8.2011, Faller, Heike, Der alte Mann und das Mehr, Paul Volcker, Ex-Notenbankchef der USA, erklärt, wie es zur Weltwirtschaftskrise kam - und ob die Gier je zu zähmen sein wird.

ZEW Zentrum für Europäische Wirtschaftsforschung, Endbericht an das Bundesministerium der Finanzen zum Forschungsauftrag fe 11/11: Sparen und Investieren vor dem Hintergrund des demografischen Wandels, Mannheim, 25. Juni 2012.

Ziegler, Jean, Das Imperium der Schande, Der Kampf gegen Armut und Unterdrückung, Bertelsmann, München 2005.

Zwiefelhofer, Hans, Ökonomischer Wandel, in: Deutsches Institut für Fernstudien an der Universität Tübingen (Hrsg.), Funkkolleg Sozialer Wandel, Studienbegleitbrief 2, Beltz, Weinheim, Basel 1974.

Personenregister

www.ingramcontent.com/pod-product-compliance
Lightning Source LLC
Chambersburg PA
CBHW080356030426
42334CB00024B/2896